Johannes Schultz-Tesmar

Schlesien

Der Reiseführer durch das Land an der Oder

VERLAG GERHARD RAUTENBERG

Alle zeitgenössischen Aufnahmen
in diesem Reiseführer stammen
von Michael Welder, wie auch das Umschlag-Bild.
Alle anderen Abbildungen stellte das Verlagsarchiv
zur Verfügung.

CIP-Titelaufnahme der Deutschen Bibliothek

Schultz-Tesmar, Johannes:
Schlesien: der Reiseführer durch das Land an der Oder/
Johannes Schultz-Tesmar. - 2. Aufl. - Leer: Rautenberg, 1991
ISBN 3-7921-0379-6

2. stark verbesserte Auflage 1991

Gesamtherstellung: Druckerei G. Rautenberg, 2950 Leer

ISBN 3-7921-0379-6

Inhaltsverzeichnis

Vorwort

Schlesien, das Land mit seinen sprichwörtlichen 666 Dichtern, ist mit einem Spiegel zu vergleichen, in dem sich auf engem Raum die Vielfalt fast der ganzen deutschen Landschaft und Kunstdenkmäler widerspiegelt. Aus der weiten, fruchtbaren, wald- und wasserreichen Niederung steigen in breiten Stufen die Gebirge empor, die im Süden die Provinz in mehr als 220 km Ausdehnung als natürlichen Schutzwall begrenzen. Liebliche Mittelgebirge leiten über zu den Hochkämmen im Süden, die im Riesengebirge bis zu der 1602 m hohen Schneekoppe ansteigen.

Seit der Mitte des 12. Jh., als die schlesischen Herzöge deutsche Siedler ins Land riefen, ist Schlesien eng mit Deutschland verbunden. Als Sinnbild dieser deutschen Ostbewegung im südlichen Mitteleuropa steht an ihrem Anfang die bayrische Fürstentochter Hedwig, die zusammen mit ihrem Gemahl, Herzog Heinrich I., die planmäßige Besiedlung des damals nur schwach von slavischen Stämme bewohnten Landes in Angriff nahm und nach dem verheerenden Mongolensturm von 1241 verstärkt fortführte. Noch heute wird die später Heiliggesprochene als Landespatronin verehrt. Nach langer deutsch-böhmischer und habsburgischer Zeit wurde das Land nach der Eroberung durch den großen König Friedrich II. im Jahre 1742 zu einer der reichsten Provinzen Preußens. Schlesier wie K. H. Langhans (Erbauer des Brandenburger Tores in Berlin), die Dichter Gustav Freytag und Gerhart Hauptmann und nicht zuletzt der Schöpfer des Preußischen Landrechts Svarez, um nur einige zu nennen, haben zum Aufbau Preußens entscheidend beigetragen.

Groß war der Anteil Schlesiens auch 1813 am Befreiungskrieg gegen Napoléon. In Breslau wurde die Erhebung vorbereitet, die den korsischen Diktator schließlich ins Exil auf Elba und St. Helena trieb.

Unterbrochen wurde die wirtschaftliche Entwicklung Schlesiens, die seit dem Befreiungskrieg gegen Napoléon bis 1945 immer nach oben führte, durch die Abtretung des östlichen Teils Oberschlesiens nach dem Ersten Weltkrieg an Polen, obwohl 59,4% der Oberschlesier für den Verbleib beim Deutschen Reich gestimmt hatten. Doch gelang es in wenigen Jahren, diesen Verlust durch verstärkte Anstrengungen in dem verbliebenen Teil des oberschlesischen Industriereviers zu verkraften.

Kaum hatte sich Schlesien von den Schlägen des Ersten Weltkrieges erholt, wurde es in den Strudel des Zweiten Weltkrieges gerissen. Die Wehrmacht mußte im Frühjahr 1945 die preußische Provinz räumen und den Russen und Polen überlassen.

Seit Mitte der 70er Jahre sind zwar die meisten Orte wieder aus den Trümmern erstanden, doch einige sind verwahrlost oder, wie viele Gebirgsdörfer, verlassen.

Den in ihrer Heimat zurückgebliebenen, auf mehrere Hunderttausend Personen geschätzten deutschen Schlesiern werden bis heute die elementarsten Menschenrechte wie Gottesdienst und Schulunterricht in der Muttersprache verweigert.

Den Reigen der schlesischen Gebirge eröffnet an der Sächsisch-Lausitzer Grenze das einsame Isergebirge mit seinen über 1000 m hoch gelegenen Mooren, tief eingeschnittenen Schluchten und den bekannten Heilbädern Flinsberg und Schwarzbach. Infolge der Luftverschmutzung gibt es in großen Teilen des Isergebirges keinen Wald mehr.

Über dem großen Kurort und Wintersportplatz Schreiberhau steigen die Wälder zu den Kämmen des Riesengebirges an, das in der Schneekoppe, den tief in die Felsen eingebetteten Bergseen „Großer und kleiner Teich", mit den Steilabstürzen der Schneegruben seinen alpinen Charakter am stärksten zum Ausdruck bringt. Tiefe wasserdurchrauschte Quertäler führen von den Kämmen zu den romantischen Städten und Dörfern am Fuße des Riesengebirges, von denen u. a. Krummhübel, Brückenberg, Schmiedeberg, Seidorf, Hain und Hermsdorf als Luftkurorte und Wintersportplätze, Bad Warmbrunn aber als heilkräftiges Rheumabad weit und breit bekannt sind. Nicht zu vergessen die altertümliche Stadt Hirschberg am Zusammenfluß von Bober und Zacken, vor dem Kriege ein bedeutender Handelsplatz.

An das Riesengebirge schließt sich nach Osten die Bergwelt des Landeshuter Kammes und des Rabengebirges an, mit den Städten Landeshut, Liebau und Schömberg und Kloster Grüssau mit seinem herrlichen schlesischen Barock.

Im Waldenburger Bergland, das in seiner vielfachen Gliederung über 900 m Höhe erreicht, findet sich die Lieblichkeit thüringischer Landschaft wieder. Rings von weiten Bergwäldern umgeben, liegen hier der einst berühmte Luftkurort und Lungenheilort Görbersdorf, Bad Charlottenbrunn und vor allem Bad Salzbrunn, das größte Katarrhheilbad des Ostens, und die Fürstliche Schloßgärtnerei in Liebichau sind besonders sehenswert.

Ehe sich die schlesischen Hochkämme zum Eulengebirge emporschwingen, treten südlich von Schweidnitz die mit Bergwald bestandenen Ufer der Weistritz zurück, um am Fuße der Kynsburg dem großen Stausee im Schlesiertal Raum zu geben.

Das Eulengebirge setzt in über 1000 m hohen bewaldeten Kämmen den Zug der Sudeten nach Osten fort, ein gut erschlossenes Wandergebiet und im Winter beliebtes Skigebiet. Vom Turm auf der Hohen Eule bietet sich ein großartiger Ausblick über das schlesische Land und hinüber nach Böhmen.

Hohe waldreiche Gebirgszüge umschließen in weiten Bogen den von der Neiße durchflossenen Kessel der Grafschaft Glatz: Heuscheuergebirge mit den eigenartigen und bizarren Sandsteingebilden, Hohe Mense, Adlergebirge und Habelschwerdter Kamm am Westrand, Glatzer Schneegebirge mit dem 1425 m hohen Glatzer Schneeberg, Bielengebirge und Reichensteiner Gebirge.

Neben vielen kleineren Erholungsorten geben die geschützt an den Hängen dieser Gebirge liegenden Heilbäder und Kurorte: Kudowa, Reinerz, Altheide, Langenau, Wölfelsgrund und Landeck der Grafschaft Glatz dem schlesischen Bäderland ihr besonderes Gepräge.

Nach Osten zu klingen die Hochgebirgskämme im Altvatergebirge (1491m) aus, dessen Nordausläufer im Gebiet der Bischofskoppe zwischen Neustadt und Ziegenhals in Oberschlesien eine Höhe von 900 m erreichen. Am Fuße der Bischofskoppe liegt der liebliche Ort Wildgrund.

Mit diesem Hochgebirge ist die Fülle der landschaftlichen Schönheiten Schlesiens bei weitem nicht erschöpft. Besuchenswert sind auch das Isergebirge und das Bober-Katzbach-Gebirge mit ihren vielen Burgen und altertümlichen Städten; das Gebiet der großen Talsperren von Mauer, Goldentraum und Marklissa; das unvermittelt aus der schlesischen Ebene unweit Breslau emporsteigende Zobtengebirge mit seinen Felsen und Wäldern und Erinnerungen aus der germanischen Vorzeit und aus den Befreiungskriegen.

Zeugen deutscher Baukunst aus mehreren Jahrhunderten begegnet man in zahlreichen schlesischen Städten, besonders aber in Görlitz, Liegnitz, Löwenberg, Bunzlau, Striegau, Reichenbach, Glogau,

Brieg, Oppeln, Neisse, um nur einige zu nennen. Unter den schönen Städten am silbernen Band der Oder gebührt der alten schlesischen Hauptstadt mit ihren prächtigen Baudenkmälern, Promenaden und Parks, Theatern und Museen besondere Erwähnung.

Unvergeßliche Eindrücke vermittelt eine Fahrt auf der Oder oder entlang den Flußufern. An dem breiten Strom, der seit alters her der Lebensnerv Schlesiens ist, stehen auf Anhöhen zwischen uralten Eichenwäldern Schlösser und Klöster wie das 1946 ausgebrannte Renaissance-Schloß Carolath und Leubus. Von besonderem Reiz sind das Seengebiet von Militsch, Trachenberg und Sulau, die Wälder des Katzengebirges, das Grünberger Weinland und der Schlesiersee mit seinem langen Badestrand. Vergessen wir auch nicht das oberschlesische Industrierevier, in dem es trotz des Überwiegens der Industriebauten so manche architektonische Kostbarkeit und — an seinem Rande — landschaftliche Schönheit zu entdecken gibt.

Um dem Leser die Orientierung zu erleichtern, stehen in diesem Reiseführer die polnischen Bezeichnungen der deutschen Orte in Klammern.

Der vorliegende Reiseführer ist in einen allgemeinen geographischen und geschichtlichen Überblick, einen Teil mit Hinweisen für Anreise und Reisen im Lande, einen Hauptteil mit detaillierten Routenbeschreibungen und einen praktischen Informationsteil gegliedert. Soweit Preise angegeben sind, beziehen sie sich auf Ende 1990. Die Anfang 1991 in Kraft getretenen z. T. beträchtlichen Preiserhöhungen konnten nur teilweise berücksichtigt werden.

Obwohl alle Angaben mit Sorgfalt zusammengestellt wurden, sind angesichts der Fülle der Informationen Fehler unvermeidlich. Autor und Verlag bedanken sich deshalb im voraus für alle Hinweise, die zur Korrektur etwaiger Mängel und zur Aktualisierung künftiger Auflagen beitragen.

Mein besonderer Dank gilt meiner Frau für ihre Geduld mit mir, Frau Louise Schramm und Frau Angela Schlieder für das Tippen des Manuskripts, dem Herder-Institut (Marburg/Lahn), der Bücherei des Deutschen Ostens in Herne, der Staats- und Universitätsbibliothek Hamburg, dem Kulturwerk Schlesien (Würzburg) sowie den vielen Schlesiern, die mir mit Informationen geholfen haben.

Johannes Schultz-Tesmar

Allgemeine Informationen

LAGE UND GRÖSSE

Die einst preußische Provinz Schlesien ist rund 47 421 km^2 (1945) groß. Im Westen reicht die Region zwischen Brandenburg und Sachsen wie ein Keil über die Autobahn Berlin—Dresden bis an die Grenze der Provinz Sachsen-Anhalt (westlich von Ruhland), im Osten bis zur oberen Warthe und in die Westbeskiden. In nordöstlicher Richtung erstreckt sich Schlesien von südlich Odereck (Provinz Brandenburg) bis an den Kamm des Sudetengebirges. Mit zwei Ausbuchtungen (Glatzer Kessel und Hultschiner Ländchen) reicht Schlesien weit ins Sudetenland und nach Mähren (Österreichisch-Schlesien) hinein. 1939 lebten in Schlesien 4,8 Millionen Deutsche. Politisch war Schlesien in die Regierungsbezirke Breslau, Liegnitz und Oppeln gegliedert. 1945 fielen ganz Oberschlesien und der östlich der Oder-Neiße-Linie liegende Teil Niederschlesiens an Polen. Der westliche Teil wurde 1945 dem Land Sachsen angegliedert und 1952 auf die Bezirke Dresden und Cottbus aufgeteilt.

DER NAME SCHLESIEN

Der Name der Provinz geht auf den des hier in frühgeschichtlicher Zeit lebenden wandalischen Stammes der Silingen zurück. Die Wandalen ließen sich hier um 100 v. Chr. nieder.

GEOGRAPHIE UND GEOLOGIE

In der langgestreckten fruchtbaren schlesischen Tieflandbucht (Schlesische Bucht) greift das Ostelbische Tiefland am weitesten nach Südosten vor. Bis vor 40 Jahren war diese Mulde eines der wichtigsten deutschen Ackerbaugebiete. Der breite Lößgürtel des Westelbischen Tieflandes, der in der Kölner Tieflandbucht beginnt und zwischen 4–10 m stark ist, reicht über die Leipziger Tieflandbucht nach Osten über die Elbe nach Schlesien fort. Rechts der Oder gab es in deutscher Zeit auf sandigeren Böden inmitten von Kiefernwäldern weite Roggenfelder und Kartoffeläcker, links der Oder, vor allem am Fuß der Sudeten auf fruchtbarsten Löß- und Geschiebelehmböden aus der Eiszeit, lag eines der bedeutendsten Gemüseanbaugebiete und bei Grünberg die nördlichsten Weinberge der Erde. Die Bucht mit den flachen Mulden des Breslau-Magdeburger und des Glogau-Baruther Urstromtales liegt zwischen den flachwelligen Hügelketten des schlesischen Landrückens mit dem Katzengebirge (255 m), den Dalkauer Bergen (217 m), dem Oberschlesischen Muschelkalkrücken im Osten (Tarnowitzer Höhen mit Annaberg, 413 m) und dem Gebirgszug der Sudeten links des Oderstromes. Im Westen der Tiefebene dehnen sich auf diluvialem Sandboden bis in unsere Tage mehrere mit Kiefern-wäldern bedeckte Heiden (Muskauer, Görlitzer, Sagauer Heide) aus.

Der Schlesische Landrücken ist im allgemeinen sandig. Auf den mageren Böden gedeihen vor allem Kartoffeln, Kiefern und Roggen. Der Landrücken ist Teil eines von Schottland über das Ruhrgebiet, Lothringen und die Lausitz reichenden erz- und kohlehaltigen Gebietes. Oberschlesien war mit seinen großen Steinkohle-, Blei-, Zink- und Eisenerzvorkommen eines der größten Bergbaugebiete Europas und eines der bedeutendsten Industriegebiete des Deutschen Reiches.

Das Schlesische Bergland, das Schlesien nach Süden hin begrenzt, ist ein Teil des Mitteldeutschen Gebirgslandes (lat. Hercynia Silva), das sich im Westen bis zum Rheinischen Schiefergebirge und im Osten bis zu den Beskiden erstreckt.

Die mitteldeutschen Gebirge entstanden durch Faltung und waren ursprünglich ein Hochgebirge, höher und länger als die Alpen. Durch Wasser (Erosion) und Verwitterung verwandelte sich das hohe Faltengebirge in eine Hochfläche. Diese wurde durch vulkanische Kräfte und Zerstückelung in Schollen, die dabei verschoben, verworfen, gehoben oder gesenkt wurden, in eine reichgegliederte Gebirgslandschaft verwandelt.

Der Gebirgswall der Sudeten, eines der ältesten europäischen Gebirgsmassive, ist 300 km lang und 40 km breit und steigt sanft an zu den mittelhohen Bergketten der Karpaten weiter im Osten. Täler und Mulden zerlegen ihn in die folgenden Teilgebiete: das Lausitzer Gebirge, das Isergebirge (Hinterberg, 1126 m), das Riesengebirge (Schneekoppe, 1605m; Doppelkamm, dazwischen in den moorigen „Sieben Gründen“ das Quellgebiet der Elbe), das Waldenburger Bergland mit Eulen-, Reichensteiner-, Habelschwerdter- und Heuscheuergebirge, den Glatzer Gebirgskessel (Glatzer Schneeberg, 1425m), das Altvatergebirge (1490m), das Mährische Gesenke und das Odergebirge. Der Name Sudeten ist keltischen Ursprungs und bedeutet „Sauwald“, weil in seinem Eichenbestand vermutlich das

Wildschwein stark vertreten war. Auf der ptolemäischen Karte steht für das den Nordosten Böhmens und Mährens begrenzende Gebirge der Name Asbicurgius Mons (von germ. aska = Esche). Es sind zumeist Waldgebirge, die durch mehrere Pässe seit Urzeiten einen regen Handelsverkehr über die Bernsteinstraßen von der Ostsee zur Adria ermöglichten. Bei der Oderfurt Breslau kreuzten sich eine der wichtigsten Bernsteinstraßen und die Hohe Straße aus West- nach Osteuropa. Weitere wichtige Fernhandelsstraßen führten in vorgeschichtlicher Zeit durch die Landeshuter Pforte, den Warthe-Paß, die Mährische Pforte und den Jablunka-Paß nach Böhmen, Mähren und Ungarn, und von dort weiter nach Italien und Griechenland.

In römischer Zeit waren die Karpaten als Carpatus Mons bekannt. Der Name Beskiden geht auf den in den ganzen Karpaten sehr oft vorkommenden Namen Beskid zurück. Es ist ein sehr alter, wohl vorslavischer Name. Die Sprachwissenschaftler leiten ihn aus der Thraziensprache ab. In der nordischen Edda heißt das Karpaten-Gebirge Mirkwidu, der Schwarze Wald, über den die Schwanenjungfrauen nach dem Süden fliegen. Hier am Weichselwalde (ymb Wislawudu), dem Lande der germanischen Wislanen kämpften die Goten gegen die Hunnen. So ist es in der isländischen Hervarar-Saga und im angelsächsischen Widsith-Lied überliefert.

Bis 1945 wurde hier vor allem hochentwickelte Forst- und Holzwirtschaft betrieben, in den Tälern auch intensiver Ackerbau (Flachs) und auf den Bergwiesen Viehzucht. Seit 1945 ist die arbeitsintensive Bewirtschaftung der höheren Lagen zurückgegangen.

Vor 1000 Jahren waren die Gebirge zwischen Saale und der oberen Oder ein einziger Urwald. Deutsche Bauern aus dem übervölkerten Westen des Reiches besiedelten ihn. Sie folgten dem Lauf der Bäche und rodeten zu beiden Seiten in mühseliger Arbeit den Wald. Jeder Bauer erhielt ein gleichgroßes Stück Land, Waldhufe genannt. So entstanden zahlreiche Waldhufendörfer, die z. T. sehr langgestreckt sind. Langenbielau im Eulengebirge z. B. ist 12 km lang. Hier war vor dem Kriege das Hausgewerbe („Weberdörfer") stark verbreitet. Im Waldenburger Bergland wurden 1938 rund 6 Millionen Tonnen Steinkohle gefördert. Parallel zum Kamm der sächsisch-schlesischen Gebirge gab es einst eine Kette bedeutender Industriestädte wie Bunzlau, Hirschberg, Langenbielau und Glatz.

Den Sudeten sind mehrere Inselberge wie der Zobten (719 m), die Striegauer Berge (353 m) und die Strehlener Berge (Rummelsberg,

393 m) vorgelagert. Westlich der Oder erheben sich die Lausitzer Höhen (230 m).

Schlesien ist sehr wasserreich. Von der Oder (lat. Odera oder Viadua = Wandalenfluß), der Hauptverkehrsachse Schlesiens, die im Odergebirge (25 km östlich von Olmütz) im südlichen Sudeten entspringt und die die Provinz von Südosten nach Nordwesten durchzieht, zweigen zahlreiche Nebenflüsse ab. Die wichtigsten sind rechts: Ostrawitza, Olsa, Ruda, Birawka, Klodnitz, Melapane, Stober, Weide, Bartsch; links: Oppa, Zinna, Hotzenplotz, Glatzer Neiße, Ohle, Lohe, Striegauer Wasser, Weistritz, Katzbach, Bober (mit Queis) und Lausitzer (Görlitzer) Neiße. Südlich des Riesengebirges ist das Quellgebiet der Elbe, im Osten Schlesiens das der Warthe und der Weichsel. Im Nordwesten wird Schlesien durch Spree und Schwarze Elster zur Elbe hin entwässert. In den ausgedehnten Bruchgebieten von Prosna, Bartsch und Obra wird intensive Fischzucht getrieben. Im Teichgebiet (Karpfenzucht) an der Bartsch wurden 172 Vogelarten registriert.

Das Gewässernetz ist in starkem Maße von den Bewegungen und Grenzen des Inlandeises bestimmt worden. Die großen Flüsse folgen den Urstromtälern und den glazial geformten Vertiefungen. Die Flußrichtungen ändern sich unvermutet, wenn der Strom, der Abdachungsrichtung folgend, einen Endmoränenzug durchbrochen hat. Die verhältnismäßig hohe Dichte des Gewässernetzes ist teilweise in der wasserstauenden Wirkung des Bodens begründet, die in der Verbreitung der sumpfigen Flächen zum Ausdruck kommt. An ihrer Trockenlegung wird schon lange gearbeitet. Das geringe Gefälle bewirkt, daß die Flüsse in ihrem Mittel- und Unterlauf träge dahinströmen.

Die Kontinentalität des Klimas kommt auch in der Dauer des Eisgangs zum Ausdruck: Während der Rhein durchschnittlich an 21 Tagen und die Elbe an 39 Tagen Eis führen, sind es bei der Oder 47 Tage. Während dieser Zeit ruht auf den Wasserwegen jeder Transport.

Unter den Stauseen ist die Ottmachauer Talsperre mit einem Fassungsvermögen von 143 Millionen cbm die größte Ostmitteleuropas.

KLIMA

Das Gebiet Schlesiens stellt keine ausgesprochen eigenständige klimatische Region dar. Es präsentiert sich vielmehr als ein Übergangsraum zwischen Mittel- und Osteuropa mit einem gemäßigten Übergangsklima zwischen Meeres- und Kontinentalklima. Das Klima erhält seine Prägung durch die kalten Winter mit langen, aber meist von Tauwetter unterbrochenen Frostperioden, Schneefällen und Frostbildungen sowie durch die recht warmen Sommer. Der Frost hält in einigen Gebieten sehr lange an, der Schnee liegt fast 40 Tage im Westen und 170–180 Tage im Gebirge. Aber auch atlantische Einflüsse sind spürbar: Die ozeanischen Winde bewirken oft einen unvermittelt eintretenden Temperaturanstieg, der dann zu raschen Schneeschmelzen führt.

In Ostmitteleuropa kennt man sechs Jahreszeiten: der schneereiche, nicht allzu strenge Winter (Dezember bis Februar) mit reichlichen Schneefällen im Osten und in den Bergen geht in den Vorfrühling mit sonnigen und warmen Tagen über, wobei es allerdings Mitte Mai etliche kühle Tage mit Nachtfrösten geben kann. Es folgt der gewöhnlich warme Frühling, der in einen warmen Sommer übergeht. Dieser dauert 80—90 Tage (Juni bis August) und hat oft heiße Tage mit Temperaturen über 30 Grad Celsius. Der „goldene Herbst" (September bis Oktober) ist zumeist sonnig und trocken. Diese Jahreszeit ist besonders in den Bergen und Wäldern sehr reizvoll. Sie wird abgelöst durch den nebligen Vorwinter. Der meiste Sonnenschein ist im Sommer an der Ostsee und im Winter in den Karpaten zu verzeichnen.

Die jährlichen Temperaturamplitude beträgt etwa 19 bis 22 Grad Celsius. Das Januarmittel liegt meist unter dem Gefrierpunkt. Die entsprechenden Julimittel betragen 17,4 und 18,7 Grad. Die vorwiegend sommerlichen Niederschläge verteilen sich recht gleichmäßig über das Land. In der Tiefebene fallen zwischen 400 und 600 mm, im Hügelland bis zu 800 mm Regen, während die Gebirgszonen 1300 – 1450 mm erhalten. Regen fällt an durchschnittlich 150 Tagen und nimmt von Norden nach Süden zu. Niederschläge treten im Sommer häufig verbunden mit Gewittern (vor allem in den Bergen) auf.

PFLANZENWELT

Der klimatische Übergangscharakter Schlesiens findet seinen Ausdruck auch im Pflanzenwuchs. Mitteleuropäische Florenelemente mischen sich mit jenen der südrussischen Steppe. Einst aus weiten Wäldern bestehend, die dem europäischen Laubmischwaldgebiet zuzuordnen waren, ist die Vegetation des Landes während der langen Besiedlung stark verändert worden. Anstelle der Wälder sind in den Tälern der größeren Flüsse Wiesen und Futterkulturen getreten. Die Hügel tragen Weiden und Kulturwiesen. In den Mittelgebirgen überwogen Mischwälder mit Ahorn, Buchen, Eichen, Erlen, Föhren und Linden. Dann folgt bis in eine Höhe von 600 m eine Zone, in denen Buchen, Fichten, Föhren und Tannen überwiegen. In Höhen über 1500 m findet man vor allem Fichten. Im Süden des Landes findel man noch Zwergbirken, Silberwurz und Lappländische Weiden aus der Eiszeit.

TIERWELT

In den Gebirgen trifft der Wanderer häufig auf Wildschweine, Hirsche, Rehe, Hasen und Wildschafe. Die Militscher Seenplatten ist Tummelplatz einer Unzahl von Vögeln. Im nordöstlichen Schlesien gibt es seit Jahrhunderten große Fischteiche.

NATIONALPARKS UND NATURSCHUTZGEBIETE

In Schlesien gibt es eine große Anzahl von Naturschutzgebieten. Das größte ist der Riesengebirgs- (Karkonoski) Nationalpark bei Hirschberg. In der Militscher Seenplatte wurde ein 5302 ha großes Gelände zum Vogelschutzgebiet erklärt.

Geschichte

Das unter dem Namen Schlesien bekannte Territorium hat früher auch heute außerhalb davon gelegene Gebiete umfaßt. Dazu gehörten das Land Lebus und das Herzogtum Crossen im Norden und Nordwesten, die im 16. Jahrhundert an Brandenburg-Preußen kamen. Lange gehörten auch Sewerien und das Herzogtum Auschwitz-Zator bis zur Skawina im Osten zu Schlesien.

Nach dem ersten Schlesischen Krieg (1742) wurde das damals 40 625 km² große Schlesien geteilt: 37 480 km² kamen an Preußen, der Rest (Herzogtum Teschen, der südliche Teil des Herzogtums Troppau-Jägerndorf des Neisse-Grottkauer Bistumslandes) blieb bei Österreich. 1796 kam das alte schlesische Gebiet um Imielin (34 km²), das im 15. Jahrhundert von Polen besetzt worden war, an Preußen.

Nunmehr umfaßte die preußische Provinz Schlesien 37 514 km², während Österreichisch-Schlesien 1849 nach Gebietserweiterungen in Mähren 5147 km² groß war.

Bei der dritten Teilung Polens (1795) erhielt Preußen ein Neuschlesien genanntes Gebiet (das ehemalige Sewerien) bis zur Pilica, das jedoch 1815 an Russisch-Polen fiel. Anfang des 19. Jahrhunderts trat Sachsen in der Oberlausitz 3340 km² an Preußen ab. Bis 1919 umfaßte die preußische Provinz nun 40 300 km².

Nach dem verlorenen Ersten Weltkrieg mußten im Osten und Südosten 4232 km² an Polen und 4455 km² an die Tschechoslowakei abgetreten werden. 1922 wurde Schlesien in die Provinzen Niederschlesien (26 592 km²) und Oberschlesien (9713 km²) geteilt. 1938 wurden die beiden Provinzen zur Provinz Schlesien vereinigt und erhielten im Nordosten (Kreise Fraustadt und Bomst) Zuwachs.

Nach dem Münchener Abkommen (15. 4. 1939) gelangte das Hultschiner Ländchen an Schlesien, im Herbst 1939 wurden die Gebiete Sewerien, Auschwitz-Zator sowie ehemals polnische Gebiete Schlesien angeschlossen. 1941 entstanden die Provinzen Niederschlesien (26 985 km²) und Oberschlesien (20 636 km²) mit den Hauptstädten Breslau und Kattowitz neu.

Seit 1945 ist Schlesien wieder geteilt: Während der östlich der Oder liegende Landesteil unter polnische Verwaltung geriet, wurde die

Oberlausitz auf die ehemaligen DDR-Bezirke Dresden und Cottbus aufgeteilt. Das Hultschiner Ländchen und das Olsa-Gebiet stehen unter tschechischer Verwaltung.

Bei der polnischen Verwaltungsgliederung von 1975 wurde das östliche Schlesien auf die Wojewodschaften Grünberg, Hirschberg, Liegnitz, Breslau, Waldenburg, Lissa, Kalisch, Tschenstochau, Oppeln, Kattowitz und Bielitz-Biala aufgeteilt.

Die frühesten Funde menschlicher Siedlung in Schlesien stammen aus der Altsteinzeit (500 000 v. Chr.). Sie folgten den zurückweichenden Gletschern nach Norden. Am Rande des Eises erstreckten sich damals riesige Tundren und Steppen, in denen gewaltige Herden von Groß-Säugetieren wie Mammuts, wollhaarige Rhinozerosse, Bisons, Wildpferde und Rentiere lebten. Dieses Wild, besonders aber die massigen Dickhäuter, stellte eine leichte und sehr lohnende Beute für die dürftig bewaffneten paläolithischen Jäger dar. Diese schufen der Verfolgung solcher Tiere angepaßte Kulturen, die allerdings verfielen, sobald die besonderen Bedingungen, die sie hervorgerufen hatten, verschwanden. Während des ersten Vorrückens der letzten Eiszeit war Europa offenbar ausschließlich von den noch in Höhlen hausenden Neandertalern (Homo neandertalensis) bevölkert, die vornehmlich von der Jagd auf Mammuts lebten. Sie jagten diese Tier mit ihren mit Feuersteinspitzen versehenen Wurfspeeren, schweren Wurfgeschossen und vielleicht auch mit Hilfe einfacher Fallen.

Während der klimatischen Besserung erschienen die ersten modernen Menschen vom Homo sapiens-Typus. Mit ihren neuen Werkzeugen konnten sie nun auch Knochen, Geweihe und Elfenbein verarbeiten. So verstanden sie es, leichte Wurfgeschosse mit scharfen Spitzen herzustellen, deren Anwendung die Jagdbeute und damit die Nahrungsmenge steigerte, was wiederum einen rapiden Bevölkerungszuwachs zur Folge hatte.

Schließlich ging die lange Eiszeit zu Ende. Die Gletscher zogen sich auf die hohen Berge zurück. Waldbäume drangen in die Steppen und Tundren vor. Das Mammut war schon ausgestorben, und das Rentier folgte der Eisgrenze nach Norden. Sie wurden ersetzt durch Rotwild, Rehwild, Wildochsen und wilde Eber, deren Verfolgung eine kühnere Taktik und neue Waffen erforderte. Das bedeutete auch das Ende der alten Kulturen. Sie wurden durch die mesolithischen Kulturen abgelöst, die zwar auch auf Jagen, Fischen und

Nahrungs-Sammeln gegründet waren, doch von mehr oder weniger gezähmten Hunden unterstützt wurden.

Von der Donau zogen um 4000 v. Chr. Bauern und Hirten nach Norden und ließen sich im östlichen Mitteleuropa nieder. Sie brachten das jetzige Getreide und Haustiere mit.

Die Donau-Völker waren vorwiegend Bauern und Vegetarier und besaßen nur wenige Kühe, Schweine, Ziegen und Schafe. Neben verschiedenen Weizenarten bauten sie Gerste, Bohnen, Erbsen, Linsen und Flachs an. Nach zwei bis drei Ernten war der Boden erschöpft und wurde, wie auch das alte Dorf, verlassen. Das Gebiet der Donau-Völker wurde von zahlreichen Handelsstraßen durchzogen, auf denen u. a. Bernstein aus dem ostpreußischen Samland und Schmuckstücke aus den Spondylus-Muscheln des Mittelmeeres durch Schlesien transportiert wurden.

Die Kriegerbauern benutzten im Kampf neben Bogen und Pfeilen Streitäxte aus Hirschgeweihen oder Kupfernachahmungen von diesen oder steinerne Nachbildungen der Metalläxte. Sie beherrschten die Bernsteinfundorte an der Ostsee und tauschten ihre Waren gegen Kupferartikel aus dem Donauraum und kostbare Perlen.

In der Bronzezeit (1800—800 v. Chr.) entstanden aus der Vorbevölkerung und aus dem Norden eingewanderten Völkern die indoeuropäischen Völker der Balten, Illyrer, Thraker, Veneter und Germanen. In der jüngeren Bronzezeit und der frühen Eisenzeit (1700 bis 1200 v. Chr.) herrschte in Ostdeutschland, Böhmen, Mähren, Niederösterreich und Teilen Ungarns die Lausitzer Kultur. Diese nach ihrer hauptsächlichen Verbreitung in der Nieder-Lausitz benannte Urnenfelder-Kultur wurde von den Illyrern und Thrakern getragen.

Die Ur-Germanen drangen um 1000 v. Chr. von Westen her in das Mündungsgebiet der Weichsel ein. Im 8. Jahrhundert v. Chr. stießen die ostgermanischen Bastarnen und Skiren, von ihren Wohnsitzen in Skandinavien kommend, längs den Flüssen Oder, Warthe, Weichsel und Bug nach Südosten vor. Grund für diese und spätere Wanderungen nord- und ostgermanischer Stämme waren klimatische Veränderungen und Überbevölkerung in den ursprünglichen Wohngebieten. Die Skiren (Sidonen) siedelten zwischen Oder und Weichsel, die Bastarnen südlich und südöstlich von ihnen. Odoaker (493), der 476 den letzten römischen Kaiser Augustulus absetzte, war ein Skirenfürst.

Um 500 v. Chr. siedelten zwischen Ostsee und Sudeten/Karpaten sowie zwischen Oder, Weichsel und Bug ostgermanische Stämme.

Im 2. Jahrhundert v. Chr. wanderten die ursprünglich aus Norwegen stammenden ostgermanischen Wandalen, die bereits um 800 v. Chr. bezeugt sind, aus dem nördlichen Jütland im Wartheland ein und dehnten sich bis zum 3. Jahrhundert n. Chr. von der Oder bis Galizien aus.

Der oderaufwärts ziehende Hauptzug der Wandalen (Lugier und Silingen) traf in Mittelschlesien auf die keltischen Bojer, in Oberschlesien und im westlichen Kleinpolen auf andere Kelten. Diese waren zwischen 400 und 100 v. Chr. über den Warthepaß und durch die Mährische Pforte aus Böhmen nach Norden vorgedrungen. Der wandalische Stamm der Silinger gab Schlesien seinen Namen. Nach Nordosten reichte das wandalische Siedlungsgebiet bis in den Süden Litauens.

Im 4. Jahrhundert überrannten die asiatischen Hunnen das Reich der Goten, das im Osten des wandalischen Siedlungsgebietes lag. Während die Westgoten vor ihnen ins Römische Reich ausweichen konnten, wurden die Ostgoten, Gepiden, Heruler, Rugier und Skiren gezwungen, an der Seite der Hunnen zu kämpfen. Auf den Katalaunischen Feldern in Frankreich, wo Römer und Westgoten 451 n. Chr. den Vormarsch des Reitervolkes stoppten, standen den Hunnen und ihren germanischen Hilfsvölkern u. a. Westgoten und Wandalen gegenüber.

Mit dem Zerfall des Hunnenreiches begann die Völkerwanderung. Dabei hat die Mehrzahl der Germanen ihre Wohnsitze nicht verlassen. Nur einzelne Stämme und Jungmannschaften waren ausgewandert und nach West- und Südeuropa gezogen. Noch in der zweiten Hälfte des 6. Jahrhunderts lebten im baltischen Raum und zwischen Weichsel und Memel Goten, zwischen Elbe und Oder Wandalen, Rugier und Heruler und zwischen Elbe, Lausitz und Riesengebirge suebische Stämme.

Zu der Scheidung Germaniens in einen fränkischen, christlichen Teil und einer von Heiden bewohnten Wüstenei im ostelbischen Ostgermanien kam es erst in der Zeit Karls des Großen.

Adam von Bremen erwähnt im 11. Jahrhundert in seiner *Gesta Hammaburgensis Ecclesiae Pontifcum* in diesem Zusammenhang als *Sclaveni* die Wandalen.

In der Orosius-Völkerbeschreibung des englischen Königs Alfred des Großen vom Anfang des 10. Jahrhunderts wird alles Land zwischen Rhein und Don als Germanien bezeichnet. In seiner *Chronica Sclavorum* schreibt Helmold von Bosau im 12. Jahrhundert über die damals mächtigen Wandalen in Pommern und die Heruler und Rugier zwischen Elbe und Oder. Bis zu ihrer Christianisierung wurden auch die Sachsen als *Sclavi* bezeichnet. In langjährigen, unseligen Auseinandersetzungen wurde über die Identität des mönchslateinischen Begriffs *sclavi* mit dem Sammelbegriff Slaven gestritten, um jeweils wechselseitige „Ansprüche" auf Schlesien rechtfertigen zu können.

Im 10. Jahrhundert taucht im Schrifttum das Reich des Mesikos im Gebiet des Posener Landes auf Dieser Mesiko oder Miseco, der das damals größte Reich im nordöstlichen Mitteleuropa regierte, war ein norwegischer Wikinger mit Namen Dago, Dag oder Dagr. Mesiko war nach nordischem Vorbild ein Beiname. Dago faßte die Po-lanen (= Feldanwohner) und die Wis-lanen (= Weichselanwohner) zu einem Staat zusammen. Bis 990 dehnte Dago-Mesiko sein Reich auch auf Schlesien aus.

Wie mittelalterliche Chronisten berichten, versuchte Dago mehrmals, die Herrschaft über den unteren Oderlauf von Küstrin bis nach Wollin zu erkämpfen. Doch andere Wikingerfürsten hatten diesen wichtigen Zugang zur Ostsee bereits besetzt. Wie weiter östlich entlang der Wolga und ihren Nebenflüssen, wo die schwedischen Rus Handelsstützpunkte errichteten und schließlich das russische Reich gründeten, so bauten norwegische Wikinger auf der späteren Dominsel bei Posen eine Burg, von der aus sie das Wandalenreich beherrschten. Erst gegen Ende des 10. Jahrhunderts trat Gnesen an die Stelle von Posen.

Einige Historiker glauben, daß Dago der Nachkomme einer einheimischen germanischen Adelsfamilie gewesen sei. Nach verbreiteter polnischer Überlieferung soll Mesiko dagegen von einem Bauern namens Piast abstammen, der bei Kruschwitz (östlich Posen) gelebt habe. Selbst heute noch führen mehrere polnische und schlesische Uradelsgeschlechter ihre Abstammung auf ostgermanische Wandalen, Quaden oder Markomannen zurück. Viele uradelige polnische Familien führen germanische Runenzeichen.

Dago oder Mesiko (auch Miseco, Mesico, Mesko oder pol. Mieszko), der am 25. Mai 892 geboren wurde, ist der erste namentlich bekannte

Herrscher im Wartheland. Er war von den einheimischen Germanen zur Hilfe gegen die Waräger gerufen worden, die von Osten zur Weichsel vorstießen.

Dago, der bis zum Jahre 991 regierte, vereinigte die altansässigen Wandalen, Burgunder, Goten und Warnen im Raum zwischen Oder und Weichsel und machte sein Reich zur Keimzelle des heutigen polnischen Staates.

Dem Herzog standen als Mitregenten sein Bruder Sigibur und seine Schwester Athleit zur Seite. 963 wurde Dago Kaiser Otto I. lehnspflichtig.

Nach seiner Heirat (966) mit Domberta, der christlichen Tochter des ebenfalls vom deutschen Kaiser lehnsabhängigen suebischen oder normannischen Herzogs Boleslaus I. von Böhmen ließ sich Dago taufen und nahm für sein Land das Christentum in römischer Form an.

Die ersten Bischöfe des Landes waren die Deutschen Jordan und Unger, und deutsche Geistliche, besonders Mönche aus Fulda und Corvey spielten bei der Christianisierung des Reiches von Dago-Mesiko durch zahlreiche Klostergründungen eine entscheidende Rolle. Im Jahre 968 wurde das von Magdeburg abhängige Bistum Posen gegründet.

Im Jahre 986 heiratete Mieszko in zweiter Ehe die deutsche Prinzessin Oda, Tochter des Markgrafen Dietrich von der Nordmark (der heutigen Altmark). Kurz darauf, 990, fiel Mieszko in das böhmische Oderland ein und löste damit eine 150jährige Phase kriegerischer Auseinandersetzungen zwischen Böhmen und Polen um den Besitz Schlesiens aus. 992 „kommendierte" (übergab) Mieszko sein Land dem Heiligen Stuhl, um der Kirche für die Entwicklung der Eigenstaatlichkeit seines Reiches größeren Einfluß einzuräumen.

Mieszkos Sohn Boleslaus I., der Tapfere (Bolesław Chrobry), der von 992 bis 1025 regierte, und mit Thyra, der Tochter des Dänenkönigs Harald Blauzahn, vermählt war, leistete Kaiser Otto III. den Lehnseid. Dann besetzte er die unabhängigen Fürstentümer Pommern, Böhmen, Mähren, Schlesien und die Lausitz, vorübergehend auch Kiew. Sein Ziel war ein christliches Großreich zwischen Oder und Düna und von der Ostsee bis zum Schwarzen Meer.

Als im Jahre 997 der von Boleslaus I. für eine Missionsreise zu den heidnischen Prußen gewonnene Bischof Adalbert von Prag, ein Freund Kaiser Ottos III., im heutigen Ostpreußen ermordet wurde, pilgerte der weltfremde Kaiser im Jahre darauf zu seinem Grabe nach Gnesen, der Hauptstadt des Boleslaus, und gründete hier ein unabhängiges lateinisches Erzbistum, dem die neuen Bistümer Krakau, Breslau, Kolberg und schließlich auch Posen unterstellt wurden.

Damit wurde das Land aus der kirchlichen Oberhoheit Magdeburgs gelöst. Gleichzeitig entließ der Kaiser den Fürsten „als Freund und Bundesgenossen" aus der deutschen Oberhoheit.

Kaum war Otto III. gestorben, da zog Boleslaus I. gegen dessen Nachfolger Heinrich II. in den Krieg. Doch wurde er geschlagen und mußte im Jahre 1005 erneut die Lehnsoberhoheit des Deutschen Reiches anerkennen und 1018 das besetzte Böhmen wieder herausgeben. 1025 heiratete er Oda, die Tochter des Markgrafen Ekkehard von Meißen, und ließ sich nach dem Tode Heinrichs II. mit Unterstützung Johannes' XIX. in Gnesen zum König krönen.

Boleslaus' Nachfolger Mieszko II. Lambert, der von 1025—1034 regierte, konnte die von diesem eroberten Nachbargebiete nicht halten und mußte ihnen ihre Freiheit zurückgeben. 1032 huldigte der mit Richeza von Lothringen, der Nichte des Kaisers Otto II., verheiratete Mieszko II. in Merseburg Kaiser Konrad II. und verzichtete darauf, sich König zu nennen. Nach seinem Tode war der Bestand des Christentums in Polen gefährdet. 1038 drang Herzog Bretislaus von Böhmen durch Schlesien bis nach Gnesen vor und holte die Gebeine seines Landsmanns Adalbert nach Prag zurück.

Der Sohn Władisław I. Hermann (1079—1102), Boleslaus III. Schiefmund (1102—1138), der seit 1110 mit der schwäbischen Gräfin Salome v. Berg verheiratet war, rief seinen Verwandten Bischof Otto von Bamberg ins Land und bat ihn, die in einem unabhängigen Fürstentum lebenden Pommern zu bekehren. Wenig später zog er gegen Kaiser Heinrich V. zu Felde, mußte aber 1135 in Merseburg die Lehnshoheit Konrads III. anerkennen. In seinem Testament teilte er das Land unter seinen vier Söhnen auf, suchte den Zusammenhalt der einzelnen Teile aber durch Einsetzung des Seniorats, der Vorherrschaft des Ältesten mit dem Titel „Princeps", und dem Sitz in Krakau zu wahren. Damit wurde Krakau praktisch zur Hauptstadt bestimmt, und der Schwerpunkt Polens verlagerte sich von Gnesen-Posen („Großpolen") nach Süden („Kleinpolen"). Der 1098 gestiftete Zisterzienserorden und der 1120 entstandene Prämonstratenserorden gewannen in der Folgezeit durch die Gründung zahlreicher

Klöster und von deutschen Bauern besiedelten Dörfern große Bedeutug für das Land.

Der Glatzer Pfingstfrieden 1137, der den größten Teil Schlesiens nördlich der Sudeten Polen zusprach, beendete die 150jährigen kriegerischen Auseinandersetzungen zwischen Böhmen und Polen. Polen mußte jedoch Böhmen Tribut zahlen. Beide Staaten waren dem Deutschen Reich lehnspflichtig. Ein Jahr darauf wurde Schlesien anläßlich einer Erbregelung zu einem eigenen Fürstentum unter Władisław erhoben.

1157 griff Kaiser Friedrich Barbarossa durch einen erfolgreichen Feldzug in die verworrenen polnischen Verhältnisse ein. Auf seinen Druck gelangten 1163 die Söhne Władisław II. (1138—1146) als Lehnsleute des deutschen Kaisers in den Besitz Schlesiens zurück. Während Boleslaus I. Herzog von Breslau wurde, erhielt Mieszko Ratibor. Von diesen beiden stammten die zahlreichen schlesischen Piastenlinien ab, die im Mittelalter mehrere Teilfürstentümer gründeten. 1202 erlosch die Schlesien einbeziehende polnische Senioratsverfassung. Das Land wurde dadurch ein selbständiges, neben den polnischen Herzogtümern und dem Deutschen Reich stehendes Fürstentum.

Im Jahre 1218 schrieb Bischof Vinzenz Kadlubek von Krakau im Einvernehmen mit dem Vatikan, der die Macht des Hohenstaufer-Kaisers Friedrich II. im Osten schwächen wollte, in einer Zelle des Zisterzienserklosters bei Krakau seine *Chronica polonorum* in lateinischer Sprache. Darin taucht zum ersten Male der Begriff „Polen" sowie sein piastisches Fürstengeschlecht auf Die germanische Silbe „po" hat die Bedeutung „von", „bei", „an", während das germanische „lan" die Bedeutung „Feld", „Land" hat. Die Polanen sind also die Feldanwohner des Inlands im Gegensatz zu den Po-mer-anen (den Meeresanwohnern) an der Ostsee. Nach Ansicht anderer Forscher könnte der Begriff „Polen" aus dem Namen des Boleslaus (Bolesław) I. (992—1025) entwickelt worden sein.

Der Name „Polen" für das Daglingerreich setzte sich nur zögernd durch. In Krakau und anderen Herzogtümern wurde der Begriff erst gegen Ende des 14. Jahrhunderts offiziell anerkannt. Auf der Landessynode von Lenschütz (Łeczyca) von 1257 verfügten die Bischöfe, daß die von den griechischen Mönchen Kyrillos (eigentlich Konstantinos) und seinem Bruder Methodios im 9. Jahrhundert erfundene Sprache, das Glagolitische oder „Kirchenslawische" als einzige polnische Sprache des Landes zu gelten habe. Dadurch entfremdete sich das ostelbische Germanien nach dem Wunsche der römischen Kurie vom westlichen Reichsteil.

Herzog Heinrich I. stiftete 1237 das Krakauer Franziskanerkloster, das von Prag aus mit deutschen Mönchen besetzt wurde. Im Gegensatz zu den Zisterziensern und Prämonstratensern bevorzugten die franziskanischen Bettelmönche die Städte.

Wie sein Vater, so holte Herzog Heinrich II. von Schlesien (1238 bis 1241), aber auch die Bischöfe von Breslau und die Zisterzienser (Klöster Leubus um 1175, Heinrichau 1221, Grüssau 1292 u. a.), Bauern, Handwerker, Kaufleute und Bergleute aus Thüringen, Obersachsen, Franken, dem Rhein-Main-Gebiet, Hessen und Norddeutschland ins Land, die bis 1350 rund 120 Städte und mehr als 1200 Dörfer nach Magdeburger Recht gründeten und sich mit den dort ansässigen Bewohnern zum Neustamm der Schlesier vermischten. Im Jahre 1241 brach über Schlesien die erste große Katastrophe seiner Geschichte herein: Die Mongolen drangen von Osten her mordend und plündernd in Schlesien ein und zerstörten dabei zahlreiche Städte, Dörfer und Klöster. Am 9. April 1241 kam es auf der Wahlstatt bei Liegnitz zur Entscheidungsschlacht. Heinrich II. und sein Verbündeter Boleslaus von Mähren sowie große Teile des abendländischen Ritterheeres fielen.

Nach dem Abzug der Mongolen riefen Heinrichs Nachfolger erneut deutsche Siedler. Bis ins 15. Jahrhundert kamen sie zu Tausenden und kultivierten das Land. Die zahlreichen von ihnen gegründeten Städte erhielten fast ausschließlich Magdeburger Recht, das auf altes rheinisches und flämisches Recht zurückgeht. Daneben entstanden zahlreiche deutsche Dörfer.

Nachdem durch die Verträge von 1335,1338,1356 und 1376 die dagonisch-polnischen Könige auf ihre schlesischen Ansprüche verzichtet hatten, kam Schlesien unter die Lehnshoheit der deutschen Könige von Böhmen (seit 1327 Luxemburger, ab 1526 Habsburger).

Besonders der im August des Jahres 1335 auf der Burg Trentschin an der Waag abgeschlossene Vertrag ist ein Markstein in der Geschichte Schlesiens. Am 24. August unterzeichneten hier König Johann von Böhmen und sein Sohn, Markgraf Karl (später Kaiser Karl IV.), auf der einen und Bevollmächtigte des polnischen Königs Kasimir III. auf der anderen Seite den Trentschiner Vertrag. In diesem erkannten die Polen die Zugehörigkeit Schlesiens zum Reichsgebiet Böhmen an.

Die schlesischen Herzogtümer bewahrten sich aber weitgehend ihre innere Autonomie. Das zeigte sich besonders bei der Ausbreitung der Reformation.

Der Dreißigjährige Krieg brachte dem Land viele Leiden. 1620 huldigten die Schlesier dem Winterkönig Friedrich I. von Böhmen. Sechs Jahre darauf zog der Graf v. Mansfeld durch Schlesien bis zum Jablunkapaß. Ihm folgten plündernd die kaiserlichen Heere unter Wallenstein. Zwischen 1639 und 1648 tobte zwischen Schweden und den Kaiserlichen ein zerstörerischer Kampf um den Besitz Schlesiens.

Das weitgehend protestantisch gewordene Schlesien wurde von den Habsburgern im Zuge der Gegenreformation zwischen 1648 und 1654 zwangsrekatholisiert. Den Protestanten waren im Westfälischen Frieden nur drei Friedenskirchen (in Schweidnitz, Jauer, Glogau) zugestanden. Über 600 protestantische Kirchen wurden katholisiert. 1707 erreichte Karl XII. von Schweden im Vertrag von Altranstädt die Rückgabe von 121 Kirchen an die Protestanten und das Recht, sechs Gnadenkirchen (in Sagan, Freystadt, Militsch, Landeshut, Teschen, Hirschberg) zu bauen.

1740 begann der erste der drei Schlesischen Kriege. Ausgelöst wurden sie durch die Streitigkeiten um die Erbfolge des am 20. 10. 1740 gestorbenen Kaisers Karl VI. Der preußische König Friedrich der Große nahm die brandenburgischen Ansprüche auf die schlesischen Fürstentümer Liegnitz, Brieg, Wohlau und Jägerndorf zum Anlaß, um am 16. 12. 1740 in Schlesien einzurücken. Er besiegte ein österreichisches Heer bei Mollwitz (10. 4. 1741), schloß ein Bündnis mit Frankreich, fiel in Mähren ein und siegte bei Chotusitz in Böhmen (17. 5. 1742). Maria Theresia sah sich gezwungen, im Vorfrieden von Breslau (11. 6. 1742), dann im Frieden von Berlin (28. 7. 1742) Schlesien bis zur Oppa und die Grafschaft Glatz an Preußen abzutreten.

Die Erfolge Maria-Theresias im Österreichischen Erbfolgekrieg von 1740—1748 bedrohten den Besitz Schlesiens. Deshalb erneuerte Friedrich der Große mit Frankreich den Vertrag und eroberte im Zweiten Schlesischen Krieg am 16. 9.1744 Prag, doch mußte er unter schweren Verlusten Böhmen räumen. Der entscheidende Sieg über das nach Mittelschlesien vorgedrungene österreichisch-sächsische Hauptheer bei Hohenfriedberg (4. 6.1745) rettete den Preußenkönig aus der gefährdeten Lage. Bei einem erneuten Vorstoß siegte er bei Soor (30. 9.) und konnte, als Fürst Leopold von Anhalt die Sachsen bei Kesselsdorf (15.12.) geschlagen hatte, in Dresden einziehen. Der Dresdener Friede (25. 12. 1745) bestätigte ihn im Besitz Schlesiens. Friedrich erkannte Maria Theresias Gemahl, Franz I., als Kaiser an. Doch Maria Theresia und ihr leitender Minister Kaunitz waren entschlossen, Schlesien zurückzugewinnen. Kaunitz bemühte sich deshalb um Frankreich, nachdem Rußland sich 1746 mit Österreich verbündet hatte. Nachdem Friedrich der Große am 16.1.1756 mit England die Neutralitätskonvention von Westminster vereinbart hatte, schloß Frankreich am 1. 5.1756 mit Österreich ein Bündnis. Für den Sommer 1756 wurde zwischen Österreich und Rußland ein Angriff auf Preußen verabredet, dann jedoch auf das Frühjahr 1757 verschoben. Als Friedrich der Große am 29. 7. 1756 der drohenden Gefahr mit dem Einmarsch in das ebenfalls mit Österreich verbündete Kursachsen zuvorkam, begann der Siebenjährige Krieg, der gleichzeitig zum Dritten Schlesischen Krieg wurde. Während auf seiten Friedrichs England-Hannover und Braunschweig-Kassel in den Krieg eintraten, schloß sich Schweden seinen Feinden an. In den hin- und herwogenden Kämpfen, in denen die Österreicher 1757 Breslau einnahmen, gewann Friedrich der Große schließlich nach den Siegen von Leuthen, Zorndorf und Liegnitz und dem Tod der russischen Kaiserin Elisabeth (5. 1. 1762) die Oberhand. Nach dem Sieg von Burkersdorf (21. 7. 1762) eroberte Friedrich fast ganz Schlesien zurück. Am 15. 2. 1763 wurde der Hubertusburger Friede zwischen Preußen, Österreich und Sachsen geschlossen. Friedrich behauptete Schlesien, und die europäische Großmachtstellung Preußens war gesichert.

Unter Friedrich dem Großen entwickelte sich Schlesien zum Musterland der preußischen Verwaltung. Der König besiedelte systematisch die oberschlesischen Waldgebiete und das Gebirge mit Siedlern aus West- und Süddeutschland und Böhmen. Ab 1778 gründete F. W. v. Reden als Berghauptmann von Schlesien die oberschlesische Montanindustrie und betrieb die Fertigstellung des Klodnitzkanals zwischen Gleiwitz und Cosel-Oderhafen (1802). Damit wurde das oberschlesische Industriegebiet an die Oder-Wasserstraße angeschlossen. 1806/07 war Schlesien Mittelpunkt des Widerstandes

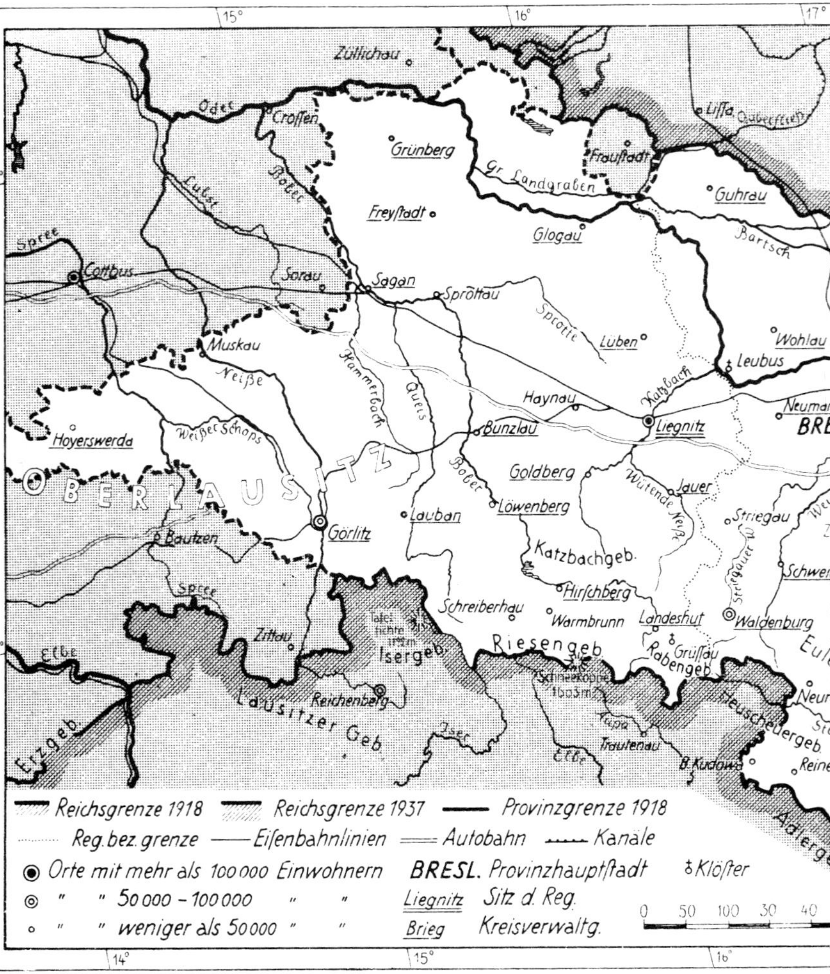
Züllichau
Oder
Crossen
Grünberg
Fraustadt
Lissa
Gr. Landgraben
Guhrau
Bober
Lubst
Freystadt
Glogau
Bartsch
Spree
Cottbus
Sorau
Sagan
Sprottau
Sprotte
Lüben
Wohlau
Muskau
Leubus
Neiße
Hammerbach
Queis
Katzbach
Haynau
Liegnitz
BRE
Hoyerswerda
Weißer Schöps
Bunzlau
OBERLAUSITZ
Goldberg
Wütende Neiße
Jauer
Löwenberg
Lauban
Görlitz
Striegau
Bautzen
Katzbachgeb.
Schweid
Spree
Hirschberg
Schreiberhau
Warmbrunn
Landeshut
Waldenburg
Zittau
Isergeb.
Riesengeb.
Grüssau
Rabengeb.
Eule
Elbe
Schneekoppe 1603 m
Reichenberg
Lausitzer Geb.
Iser
Trautenau
Heuscheuergeb.
Erzgeb.
Elbe
B. Kudowa
Reine
Adlergeb.
Reichsgrenze 1918
Reichsgrenze 1937
Provinzgrenze 1918
Reg.bez.grenze
Eisenbahnlinien
Autobahn
Kanäle
Orte mit mehr als 100000 Einwohnern
" " 50000 – 100000 " "
" " weniger als 50000 " "
BRESL. Provinzhauptstadt
Liegnitz Sitz d. Reg.
Brieg Kreisverwaltg.
Klöster
0 50 100 30 40
15°
16°
17°
14°
15°
16°

SCHLESIEN
Wojewodschaftsgrenze
N
18°
19°
17°
51°
50°
Kalisch
Bartsch
Prosna
Militsch
Gr. Wartenberg
Kempen
Warthe
Liswarta
Katzengeb.
Oels
Weide
Namslau
Kreuzburg
Rosenberg
Tschenstochau
Stober
Ohlau
Brieg
Oder
Guttentag
Malapane
Lohe
Ohle
Oppeln
Himmelwitzer W.
Tarnowitzer Höhen
Strehlen
Tarnowitz
Grottkau
Falkenberg
Gr. Strehlitz
Sosnowiec
Beuthen
OBERSCHLESIEN
Annaberg
Hindenburg
Münsterberg
Klodnitz
Gleiwitz
Königshütte
Kattowitz
Frankenstein
Steinau
Hotzenplotz
Neiße
Cosel
Patschkau
Ottmachau
Reichensteiner G.
Neustadt
Glatz
Ziegenhals
Leobschütz
Rybnik
Pleß
Plesse
Biele
Zinna
Ratibor
Troja
Habelschwerdt
Altvater
Jägerndorf
Gr. Schneeberg 1425m
Altvater 1490 m
Gebirge
Troppau
Hultschin
Bielitz
Oppa
M. Ostrau
Olsa
Weichsel
Mohra
Sola
km

gegen Napoléon. Berühmt wurde die Verteidigung der Festungen Glatz, Neisse, und Cosel.

Die 1807 gebildete preußische Provinz Schlesien wurde 1815 durch den größten Teil der bisher sächsischen Oberlausitz vergrößert. 1811 erhielt Breslau eine Universität, an der Hendrik Steffens die Studenten zum Befreiungskampf gegen die französische Unterdrückung aufrief. 1813 war Breslau Sammelpunkt der antinapoléonischen Kräfte und Ausgangspunkt der Befreiungskriege. Am 10. März stiftete König Friedrich Wilhelm III. in Breslau das Eiserne Kreuz und hielt drei Tage später seinen „Aufruf an mein Volk". Mit der Schlacht an der Katzbach am 26. 8. 1813, in der Blücher und Gneisenau über Napoléons General Macdonald siegten, wurde Schlesien befreit.

Nach dem Befreiungskrieg erlebte Schlesien einen rasanten wirtschaftlichen Aufschwung. Mit dem Bau der Eisenbahnstrecke Breslau—Myslowitz wurde Oberschlesien 1846 an das europäische Verkehrsnetz angeschlossen und entwickelte sich zu einem der größten europäischen Industriezentren. 1844 kam es als Folge des Freihandels und der Einführung moderner Maschinen zu Weberunruhen, die von Gerhart Hauptmann literarisch bearbeitet wurden.

Im Vertrag von Versailles (1919) kamen das Hultschiner Ländchen an die Tschechoslowakei, während mehrere östliche Grenzgebiete (Teile der Kreise Groß-Wartenberg und Namslau) des Regierungsbezirks Breslau an Polen abgetreten werden mußten. Im Vertrag von St. Germain (1919) wurde der größte Teil Österreichisch-Schlesiens der Tschechoslowakei zugesprochen und mit Mähren vereinigt, das Teschener Gebiet 1920 zwischen der Tschechoslowakei und Polen zugeteilt.

Für den größten Teil Oberschlesiens wurde eine Volksabstimmung festgesetzt. Anfang 1920 übernahm eine Internationale Kommission unter französischem Vorsitz die Regierungsgewalt im Abstimmungsgebiet. Vor und nach der Abstimmung kam es zu blutigen Auseinandersetzungen zwischen Anhängern des polnischen Journalisten und Politikers Wojciech Korfanty (1922/23 der stellvertretende Ministerpräsident Polens) und dem deutschen Selbstschutz. Das schlecht bewaffnete Freikorps „Oberland" befreite am 21. 5. 1921 nach erbittertem Kampf mit polnischen Kampfgruppen den Annaberg. Obwohl die überwältigende Mehrheit der Bevölkerung am 20. 3. 1921 für den Verbleib ihres Gebietes beim Deutschen Reich stimmte, entschied sich der Völkerbundrat unter polnischem und französischem Druck für eine Teilung Oberschlesiens. Polen erhielt danach ein Drittel des Gebietes mit 50 % der Bevölkerung, vier Fünftel der Industrie und die meisten Kohlenlager. Am 15. 5. 1922 wurden in einem deutsch-polnischen Abkommen wirtschaftliche und minderheitenrechtliche Sonderbestimmungen auf 15 Jahre getroffen.

Im Oktober 1938 marschierten polnische Truppen in das 1920 an die Tschechoslowakei gefallene Olsa-Gebiet bei Teschen ein. Gleichzeitig kehrte das Hultschiner Ländchen zum Deutschen Reich zurück. 1939 wurden nach dem deutschen Sieg über Polen auch die an Polen abgetretenen Gebiete mit Schlesien wiedervereinigt sowie das ganze Teschener Gebiet, das Olsagebiet und die Landschaften Sewerien und Auschwitz-Zator sowie andere Gebiete angegliedert.

In der letzten Phase des Zweiten Weltkrieges brach die Katastrophe über Schlesien herein. Nachdem die Rote Armee das Land besetzt hatte, kamen die Polen undbegannen gemeinsam mit dem russischen Partner schon vor der Potsdamer Konferenz mit der Vertreibung von 3,5 Millionen Deutschen. Tausende wurden in Konzentrationslager eingeliefert oder zur Zwangsarbeit verpflichtet.

Lange wurde das nach dem Potsdamer Protokoll polnischer Verwaltung unterstellte Schlesien ausgeplündert. Viele Städte verwahrlosten oder erlitten durch Brandstiftung schwere Zerstörungen. Auf dem flachen Land und besonders in den Gebirgen wurden zahlreiche Dörfer zu Wüstungen.

Mit Beginn der 70er Jahre versucht Polen verstärkt Städte wiederaufzubauen, historisch Wertvolles zu restaurieren und das Land zu kultivieren. Aber wirtschaftliche und politische Hindernisse verzögern und verhindern immer wieder große Fortschritte. Erschreckend hat in den letzten Jahren die Zerstörung der Umwelt zugenommen.

Anreise

ALLGEMEINE INFORMATIONEN

Zwischen dem westlichen Mitteleuropa und Schlesien gibt es gute Verkehrsverbindungen. Neben Flügen von den wichtigsten europäischen Flughäfen stehen dem Reisenden mehrere Züge über Berlin (nach Warschau, Krakau und Breslau) zur Verfügung. Eine Anzahl von Veranstaltern bietet auch Pauschalreisen (Flug, Bahn- und Busreisen) an. Am unabhängigsten ist man allerdings mit dem eigenen Wagen.

ANREISE MIT DEM AUTO

Autofahrer können ohne einem Einreisevisum Polens über jeden zugelassenen Grenzübergang einreisen. Es besteht Haftpflichtzwang. Wichtig sind ferner ein beleuchtetes großes National-kennzeichen, ein internationaler und ein nationaler Führerschein mit Lichtbild und eine internationale Zulassung. Falls der Fahrzeughalter nicht selbst mitfährt, benötigt man außerdem eine Benutzungsvollmacht (Vordrucke in den ADAC-Geschäftsstellen erhältlich).

. . . VON DEUTSCHLAND

Mitgeführte Gegenstände und Devisen müssen deklariert werden. Für Reisende aus Deutschland ist die Fahrt über die Grenzübergänge Forst (Zasieki Olszyna) (E 36/Autobahn) bei Cottbus und Görlitz (Zgorzelec) nach Breslau oder Hirschberg empfehlenswert. Über Frankfurt/Oder/Świecko gelangt man nach Ostbrandenburg, von wo man über Crossen (Krosno Odrzańskie)— Grünberg (Zielona Góra) nach Breslau gelangt.

Verkehrsregeln: Straßenbahnen haben Vorfahrt, Kreisverkehr nicht. Linksabbieger haben bei grünem Signal die Kreuzung oder Einmündung zu verlassen. Absolutes Alkoholverbot für Autofahrer.

Notruf: Polizei 110, Unfallrettung: 115. Straßenhilfsdienst: Anschriften bei Tankstellen und Raststätten.

. . . VON DER TSCHECHOSLOWAKEI

Zwischen der Tschechoslowakei und Schlesien gibt es eine ganze Reihe von Straßenverbindungen, darunter: bei Bad Kudowa (Kudowa Słone) an der E 67 von Prag nach Breslau; Jakobstal (Jakuszyce) an der E 65 nach Hirschberg oder an der Nr. 91 Bohumin-Chałupki nach Gleiwitz. Von Brünn (E 15) oder Olmütz (E 7) gelangt man nach Teschen (Cieszyn).

Bei Reisen in die ČSFR benötigt man ein Touristenvisum oder, wenn man nur durchreist, ein Transitvisum. Beide Visaarten erhält man bei der Botschaft der Tschechoslowakei, Ferdinandstr. 27, 5300 Bonn-Ippendorf, Tel. 02 28/28 50 81

Höchstgeschwindigkeiten: in Ortschaften 60 km/h, außerhalb 90 km/h, auf Autobahnen 110 km/h.

Benzin: Normalbenzin und Superbenzin gibt es nur auf Gutscheine. Auskunft bei Čedok-Reisen, Kaiserstr. 54, 6000 Frankfurt/Main 1, Tel. 0 69/23 29 75.

Alternativen zum Auto

MIT DER BAHN

Das Faltblatt „Polen-Tips und Informationen“ der Deutschen Bundesbahn enthält Fahrpläne und -preise.
Die wichtigste Zugverbindung vom westlichen Mitteleuropa nach Schlesien ist der Fernschnellzug Ruhrgebiet—Hannover—Leipzig—Görlitz—Breslau—Krakau, der Fernschnellzug München— Leipzig—Dresden—Breslau—Kattowitz und der Chopin-Expreß (D 202)

von Wien über Prag nach Warschau. Dazu kommt der D 451 Frankfurt/Main—Bebra—Breslau—Warschau. Auch mit den folgenden Zügen kann man nach Schlesien gelangen:

. . . ÜBER DIE EHEMALIGE DDR

Von den Grenzübergängen Büchen/Schwanheide, Helmstedt/ Marienborn, Bebra/Gerstungen, Hof/Gutenfürst oder Ludwigstadt/ Probstzella nach Frankfurt/Oder/Kunersdorf (Kunowice) oder Görlitz (Zgorzelec) und von dort weiter über Posen oder Breslau nach Warschau bzw. Krakau. Auch von Wolfsburg/Oebisfelde gibt es eine Zugverbindung nach Görlitz.

. . . ÜBER DIE TSCHECHOSLOWAKEI

Von den Grenzübergängen Schirding/Eger (Cheb) oder Furth i. Wald (Českę Kubice) nach Petrovice und Karviną/Zebrzydowice oder Lichkov und von dort nach Kattowitz bzw. Glatz (Klodzko) und Breslau.

. . . MIT DEM BUS

Der Europabus EB 168 verkehrt über Helmstedt/Marienborn—Frankfurt/Oder nach Posen und Warschau. Auskunft: Deutsche Touring GmbH, Am Römerhof 17, Postfach 90 02 44, 6000 Frankfurt/M. 90, Tel. 0 69/7 90 30.
Auch die polnische Linie Pekaes unterhält vom 11. 4.—23. 12. eine regelmäßige Busverbindung von Köln über Düsseldorf—Essen—Dortmund—Hannover—Braunschweig nach Breslau und Kattowitz. Auskunft: bei Orbis oder Polorbis bzw. in Warschau, ul. Żurawia 26, Tel. 28 23 56.

. . . MIT DEM FLUGZEUG

Die polnische Fluggesellschaft LOT verbindet Berlin, Hamburg, Köln/Bonn, Frankfurt/M., Wien und Zürich mit Warschau. Außerdem fliegt die Lufthansa von Frankfurt/M. und Köln/Bonn nach Warschau, während Austrian Airlines auf der Strecke Wien—Warschau und Swissair auf der Route Zürich—Warschau verkehren.

Sonstige Reisemöglichkeiten

FAHRRAD

Will man mit dem Fahrrad nach Schlesien reisen, so sollte man es entweder im Wagen oder mit der Bahn befördern. In Polen gibt es keine Beschränkungen. Über Fahrrad-Gruppenreisen von PTTK informiert Polorbis.

TRAMPEN

Das Fahren per Autostopp nach Ostdeutschland und Polen ist von westlichen Ländern nicht leicht. Man kann zwar an den Grenzübergängen versuchen, ob man einen durchfahrenden Wagen findet. Doch ist dabei mit langen Wartezeiten zu rechnen.

MITFAHRERZENTRALEN

Sicherer als das Trampen ist das Reisen mit Hilfe einer Mitfahrerzentrale. Es gibt sie bei uns in allen größeren Städten. Auskunft erteilt u. a. die Mitfahrerzentrale Hamburg, Amsinckstr. 4, Tel. 0 40/23 17 71 Interconnections, Belfortstr. 55, 7800 Freiburg/Breisgau, Tel. 07 61/3 07 33, hat ein Mitfahrerzentralen-Verzeichnis herausgegeben.

PAUSCHALREISEN

Bei Pauschalreisen entfällt der obligatorische Pflichtumtausch. Besonders wer die Betreuung durch ortskundige Reiseführer vorzieht, dem sei Rautenberg-Reisen, Blinke 8, Postfach 1909, 2950 Leer, Tel. 04 91/41 43, empfohlen.

Reisen in Schlesien

MIT DEM AUTO UNTERWEGS

Man darf sich auf dem Straßennetz Schlesiens frei bewegen. Die Straßen entsprechen zwar nicht immer westlichem Standard, doch kann man auf ihnen gewöhnlich sicher fahren. Der Verkehr ist wesentlich geringer als im Westen Europas. Vorsicht sollte man auf Nebenstraßen und in kleineren Ortschaften walten lassen, da hier häufig Menschen und Tiere unvermittelt die Straße überqueren, ohne sich um den Verkehr zu kümmern. Nachts ist es besonders gefährlich, da viele Fahrzeuge nur ungenügend Licht oder gar keine Beleuchtung haben und Bauern während der Emtezeit schon frühmorgens unterwegs sind.

AUTOMOBILCLUB

Bei Autopannen hilft der Polnische Motorverband PZM (PZMot). Er hat Büros in allen größeren Städten. Wichtig: den Mitgliedsausweis des heimischen Automobilclubs nicht vergessen!

NOTRUF

Polizei: (Staatspolizei – Policja państwowa): 997, Unfall: 999, Straßenhilfsdienst: Die Rufnummern erhält man in den PZM-Büros, s. a. Kurzinformationen im Routenteil.

VERKEHRSREGELN

Höchstgeschwindigkeiten: Außerhalb geschlossener Ortschaften für Pkw auf Autobahnen und Schnellstraßen 90—110 km/h, auf sonstigen Straßen 90 km/h, Pkw mit Anhänger 70 km/h, Motorrad 90 km/h, in Ortschaften jeweils 60 km/h.
Die polnischen **Verkehrsregeln und -zeichen** entsprechen den internationalen Vorschriften. In größeren Städten besteht Hupverbot. Überholen ist im Bereich von Kreuzungen verboten. Kreisverkehr hat Vorfahrt, ebenso die von Haltestellen abfahrenden öffentlichen Verkehrsmittel in geschlossenen Ortschaften. Halten ist innerhalb von 100 m vor und nach Bahnübergängen verboten. **Vorsicht:** Bahnübergänge sind gefährliche Hindernisse, deshalb nur ganz langsam passieren! Vorsicht auch vor plötzlich auftauchenden

Schlaglöchern. **Promillegrenze:** 0,25. Autofahrer und der Mitfahrende auf dem Vordersitz müssen Sicherheitsgurte anlegen, Motorradfahrer Schutzhelme tragen. **Radarkontrollen** (Messung auch von vorne) gibt es an vielen Straßen. **Ortsschilder** in weißer Farbe bezeichnen den Anfang einer geschlossenen Ortschaft, dieselben rot durchstrichen, ihr Ende. Wichtig: Autos müssen über den hinteren Rädern Schmutzfänger, Motorradfahrer einen Sturzhelm tragen. Bei Verkehrsunfällen (Personen- und größere Sachschäden) müssen die Staatspolizei (Policja Państwowa) und die staatlichen Versicherungsanstalten PZU oder Warta benachrichtigt werden. Man sollte bei allen Fahrzeugschäden ein Protokoll verlangen, da man sonst bei der Ausreise Schwierigkeiten bekommt. Ratsam ist die Mitnahme eines Unfallmerkblattes des heimischen Automobilclubs.

WERKSTÄTTEN (WARSZTAT NAPRAWCZY)

In größeren und mittleren Städten gibt es staatliche und private Reparaturwerkstätten, die nur montags bis samstags geöffnet sind. Neben der staatlichen (Polmozbyt) gibt es private und genossenschaftliche Werkstätten wie PZMot. Bei Pannen kann der Straßennotdienst des PZMot (Pomoc Drogowa PZ Mot) in Anspruch genommen werden.

TANKSTELLEN (STACJA BENZYNOWA)

Die meisten Tankstellen (CPN) sind im Sommer wochentags zwischen 6 und 22 Uhr, sonn- und feiertags von 7—17 Uhr geöffnet. Einige Tankstellen an Fernstraßen und in den größeren Städten sind auch durchgehend Tag und Nacht geöffnet. Da die einzelnen Zapfstellen oft weit auseinander stehen (20—30 km), ist es ratsam, immer voll zu tanken. An einigen Tankstellen gibt es seit Sommer 1988 bleifreies Benzin (1 Liter = 0,55 Dollar). Diese Tankstellen sind durch eine grüne Tafel mit der Aufschrift „Pb“ gekennzeichnet.

BENZINPREISE

94 Oktan: 4000 zł (ca 0,80 DM) pro Liter, Diesel: 4000 zł (ca 0,80 DM) pro Liter. Besitzer von Personenwagen mit Katalysator dürfen aufgrund einer Sondergenehmigung bleifreies Benzin in unbegrenzter Menge in Reservekanistern in Polen einführen.

LEIHWAGEN

Leihwagen kann man bei Orbis mieten. Sie sind jedoch verhältnismäßig teuer. Vermietet werden Pkw der Marken FSO 1500 und Polonez sowie Ford Sierra. Die Autos können in anderen Städten auch im Ausland zurückgegeben werden. Das Mindestalter der Mieter beträgt 21 Jahre.

Alternativen zum Auto

MIT DER BAHN

Bei Polorbis (Köln oder Hamburg) oder bei allen Orbis-Wechselkassen gegen westliche Währung kann man einen Polrail-Paß für 8, 15, 21 Tage oder einen Monat kaufen. Preise: zwischen 48 und 72 (2. Klasse) bzw. 72—108 US-Dollar (1. Klasse). Es gibt in Polen drei Arten von Zügen: osobowy (Personenzüge)—halten an allen Stationen, pośpieszny (Schnellzüge)—halten nur in größeren Städten, und ekspresowy (Expreßzüge)—halten nur in Großstädten. Für Expreß-Züge und Züge, die ins Ausland fahren, benötigt man eine Platzkarte (miejscówka). In einigen Zügen gibt es Schlaf- bzw. Liegewagen und WARS-Speisewagen. Alle Züge (außer S-Bahnen) verfügen über 1. und 2. Klasse. Fahr- und Platzkarten kann man bis 60 Tage (90 Tage für die Rückfahrt) im Binnenverkehr oder 30 (60) Tage im Auslandsverkehr vor Antritt der Reise bei Polres auf den größeren Bahnhöfen oder bei Orbis kaufen.

. . . DEM BUS

Das Busnetz des staatlichen Autobusverkehrs (PKS) ist sehr dicht. Fast jeden Ort Schlesiens kann man mit Bussen erreichen. Es gibt Normal-, Schnell- und Expreßbusse. Busfahrkarten sind 7 Tage vor Reiseantritt an den PKS-Schaltern oder bei Orbis erhältlich. Busfahrkarten sind auch beim Busfahrer erhältlich. Es gibt auch kombinierte Bahn-Bus-Tickets. Bei vielen Fahrten ist es empfehlenswert, eine touristische Fahrkarte zu lösen, die zu einer unbegrenzten Anzahl von Busfahrten im Normalverkehr berechtigt und zwei oder drei Wochen gültig ist. Bushaltestellen werden przystanek PKS und Busbahnhöfe Dworzec PKS genannt.

... DEM FLUGZEUG

Die Fluggesellschaft LOT verbindet Warschau mit Breslau (Wrocław), Grünberg (Zielona Góra) und Kattowitz (Katowice).

ORTSVERKEHR

In den größeren und mittleren Städten verkehren Busse, Straßenbahnen und Trolleybusse. In den einzelnen Städten sind die Einheitspreise verschieden. Im Oberschlesischen Industrierevier gibt es einen Zonenverkehr und S-Bahnen. Fahrkarten erhält man in den RUCH-(Zeitungs-)Kiosken. Man muß sie im Wagen entwerten.

Sonstige Reisemöglichkeiten

FAHRRAD

Wer einen geruhsamen Urlaub verbringen möchte, dem sei trotz der langen Anfahrt die Mitnahme eines Fahrrades empfohlen. Ein Klapprad kann man beispielsweise gut in einem Wohnmobil unterbringen. Wegen der Steigungen im Gebirge ist eine gute Gangschaltung nötig. Unbedingt erforderlich ist die Mitnahme von Ersatzteilen und Flickzeug, da diese Mangelware sind. Vorsicht auch vor Diebstählen.

TRAMPEN (AUTOSTOPP)

Auf den Hauptstraßen, wo dichter Verkehr herrscht, ist das Trampen leicht. In den dünner besiedelten Gegenden allerdings kann es manchmal länger dauern, bis ein Fahrzeug vorbeikommt. Empfehlenswert ist die Anschaffung eines Anhalterausweises. Er enthält Kupons für insgesamt 2000 km Fahrt. Erhältlich ist der Aus weis an 300 Stellen in ganz Polen (it-Zentren, Almatur, PTSM, Orbis, PTTK). Das Mindestalter für Anhalter beträgt 17 Jahre. Die Anhalteraktion dauert von Mai bis Ende September. Da Autofahrer gewöhnlich sehr früh unterwegs sind, sollte man bei längeren Strecken schon ab 6 Uhr an der Straße stehen. Wichtig: nicht den Daumen zeigen, sondern winken! Auskunft: Biuro Autostopu, 02-536 Warszawa, ul. Narbutta 28a. Tel.: 49 62 08.

Routen durch Schlesien

1. Auf der E 36, E 40 von Forst/Oder nach Liegnitz

Entfernungen: Forst—Sagan/Żagań (51 km)—Liegnitz/Legnica (93 km)—Breslau/Wrocław (70 km).

Dies ist die schnellste Route für Reisende, die aus oder über Berlin nach Schlesien reisen wollen. Von Berlin fährt man zunächst auf der nach Dresden führenden Autobahn (E 55) und biegt dann bei Lübbenau in die in Richtung Cottbus nach Osten führende Autobahn ein. Bei Klein-Bademeusel (südlich von Forst) wird die Lausitzer Neiße erreicht.

Nach Überqueren des Flusses gelangen wir in den kleinen Ort **Erlenholz** (Olszyna), der eine sehenswerte Doppelkirche besitzt. Auf dem Galgenberg erhebt sich der einzige erhaltene mittelalterliche Galgenunterbau der Mark Brandenburg.

Statt nun auf der Autobahn (E 36, E 40) direkt ins 172 km entfernte Breslau zu fahren, lohnen sich Abstecher in die rechts und links der Straße gelegenen brandenburgischen und schlesischen Kreise.

Zunächst fahren wir dazu auf der E 36 bis zur Ausfahrt **Jockelsdorf** (Jagłowice) und biegen dann in die links nach **Teuplitz** (Tuplice) führende Landstraße ein. Vor dem Kriege war Teuplitz Sitz eines bedeutenden Hohlglas-Hüttenwerks (Bleikristall) und einer Glasschleiferei.

Dann wenden wir uns nach Nordwesten und gelangen nach 12 km in den Ostteil der heute geteilten Stadt **Forst** (Zasieki). Auf dem gegenüberliegenden Ufer kann man die in der ehemaligen DDR gelegene Altstadt von Forst sehen. Einst war Forst Mittelpunkt der Lausitzer Tuchindustrie.

Von Forst geht es nun in nordöstlicher Richtung nach **Pförten**

(Brody), das in einer wald- und seenreichen Umgebung in einem geschützten Tal an der alten Heerstraße von Sachsen nach Polen liegt.

1740 machte der Reichsgraf und einflußreiche Minister August III. von Sachsen und Polen, Heinrich Graf v. Brühl (1700—1763), der die Herrschaft Pförten von den Grafen v. Watzdorf gekauft hatte, den Ort zu seinem zweiten Domizil. In dieser Zeit entstanden in dem Landstädtchen zahlreiche Rokokobauten. Im Siebenjährigen Krieg wurde Pförten von den Preußen eingeäschert, da Brühl Anstifter der gegen Friedrich den Großen gerichteten Koalition zwischen Österreich, Sachsen und Rußland war. Beachtenswert sind das einst prächtige Barockschloß des Reichsgrafen (1758) mit Park, Orangerie und der Bergparkanlage Christiansruh sowie das Forster Tor mit einer erhaltenen deutschen Inschrift. Einen Ausflug lohnt der nahegelegene pittoreske Pförtnersee.

Unser nächstes Ziel ist das 13 km entfernte

SOMMERFELD (LUBSKO).

Die ehemals niederlausitzische Stadt an der Lubst ist 1990 mit 15 318 Einwohnern (1939: 10800) der zweitgrößte Ort des brandenburgischen Kreises Crossen/Oder und war früher ein bedeutendes Tuchmacherzentrum. Sommerfelder Tuche wurden bis in die USA exportiert. Der Ort wurde um das Jahr 1200 von Markgraf Dietrich von Meißen gegründet, erhielt 1220 Stadtrecht und wechselte ab 1315 zwischen Brandenburg, Böhmen und Meißen mehrmals den Besitzer. Bis 1482 gehörte es dann zu Schlesien. Nach dem Glogauer Erbstreit kam es schließlich zusammen mit dem Fürstentum Crossen an den Kurfürsten von Brandenburg. Sehenswert sind die in der zweiten Hälfte des 13. Jahrhunderts errichtete und im 15./16. Jahrhundert ausgebaute Stadtpfarrkirche (prächtige Malereien und Renaissance-Altar), der mittelalterliche Büttelturm, das Renaissance-Rathaus (1580) und das ehemalige, von einem Park umgebene Schloß aus dem 15.—18. Jahrhundert. Unmittelbar an die Stadt grenzt der „Staatbusch", ein von der Lubst durchflossener, 400 Morgen großer Laubwald. Die hügelige, waldreiche Landschaft der Umgebung bietet noch viel unberührte Urwüchsigkeit mit seltenen Pflanzen, Wild und einer großen Anzahl von Vögeln.

KURZINFORMATIONEN

JUGENDHERBERGE: Internat Liceum Ekonomicznego, ul. Dąbrowskiego 1, Tel. 2 03-98 (nur Juli – August geöffnet)

RESTAURANTS: Zacisze, ul. Reja 11; Dom Wycieczkowy „Mały", ul. Reja 13, Tel. 2 08 03.

Unser nächstes Ziel ist das 6 km südöstlich von Sommerfeld gelegene Gassen (Jasień). Das Städtchen wurde 1660 durch Herzog Christian von Sachsen-Merseburg für evangelische Flüchtlinge aus dem damals streng katholischen Schlesien gegründet. Im einige Kilometer westlich des Ortes gelegenen **Dolzig** (Dłużek) stehen eine Feldsteinkirche (14. Jahrhundert) und ein Gut der Familie des berühmten Generals v. Falckenstein, der im Befreiungskrieg gegen Napoléon eine bedeutende Rolle spielte. Seit 1850 gehörte das Gut dem Herzog Friedrich von Schleswig-Holstein-Sonderburg-Augustenburg. 1858 wurde hier dessen Tochter Auguste Viktoria, später letzte deutsche Kaiserin, geboren.

Von Gassen fahren wir in südwestlicher Richtung nach **Zilmsdorf** (Cielmów). Kurz darauf kreuzen wir auch die Autobahn Berlin—Breslau (E 36, E 40) bei **Jockelsdorf** (Jagłowice).

Nun geht es auf der historischen „Niederen Straße" oder „Salzstraße", die einst Muskau mit Sagan verband, nach Triebel (Trzebiel). Der kleine Ort besitzt ein Barockschloß und die Ruine einer „wendischen Kirche" aus dem 16. Jahrhundert. Dann führt unsere Reise entlang der Lausitzer Neiße ins 19 km südöstliche **Lugknitz** (Łęknica).

1597 bis 1945 gehörte die kleine Stadt, die 1505 erstmals erwähnt wird, zur Herrschaft Muskau.

Bad Muskau, das bis 1429 Stechin hieß, war der Mittelpunkt der zuerst Schönaichschen, dann Dohnanschen und Pucklerschen Herrschaft, zu der 470 km^2 mit 41 Orten und 16 000 Einwohnern gehörten. Berühmt ist Bad Muskau, das zum oberlausitzischen Kreis Rothenburg gehört und 2 km nordwestlich liegt, für seinen beiderseits des Flusses gelegenen, 4000 Morgen großen Landschaftspark, der in den Jahren 1815—1834 von dem weitgereisten Fürsten Ludwig Heinrich Hermann von Pückler-Muskau (1785—1871), einem der bedeutendsten Landschafts- und Gartenkünstler seiner Zeit und bekanntesten Reiseschriftsteller im englischen Stil, angelegt wurde. Da Pückler sich durch den Aufwand bei der Parkschöpfung finanziell übernommen hatte, mußte er die Herrschaft 1845 an den Prinzen Heinrich der Niederlande verkaufen. Die Anlage war vor dem Kriege einer der schönsten Landschaftsparks Deutschlands. Der größte Teil des Parks liegt auf dem Westufer des Flusses in der ehemaligen DDR. Der Ostteil der Herrschaft Muskau ist verwahrlost. Viele Bäume wurden abgeholzt. Sehenswert ist in Muskau ferner die evangelische Stadtpfarrkirche (16. bis 18. Jahrhundert). Das Renaissance-Schloß des Fürsten wurde 1361 errichtet und später mehrmals (zuletzt 1863—66) umgebaut. Bis 1845 gehörte es dem Fürsten Hermann v. Pückler-Muskau, der hier nach einer ausgedehnten Ägyptenreise mit seiner Zweitfrau Machbuba, einem 14jährigen äthiopischen Sklavenmädchen, lebte. Letzter Besitzer war bis 1945 Hermann Graf v. Arnim. Als die Rote Armee Muskau am 20. 4. 1945 besetzte, zündete sie das Schloß an.

In **Groß Särchen** bei Muskau wurde der Metaphysiker und Begründer der experimentellen Psychologie, Gustav Theodor Fechner (1801—1887), geboren.

Von Lugknitz fahren wir weiter parallel zur Lausitzer Neiße am Rande der ausgedehnten Wälder der Saganer Forsten und der Priebuser Heide nach **Priebus** (Przewóz). Im Mittelalter kreuzten sich in diesem Tuchmacherstädtchen der Neißeweg (Görlitz-Guben) und die Niedere Straße (Spremberg—Sagan). Der 1202 erstmals erwähnte Ort gelangte 1210 von der Diözese Meißen an Schlesien. 1280 entstand die Stadt Priebus. 1413—1932 gehörte Priebus zu Sagan, dann bis 1945 zum Kreis Rothenburg. Beachtenswert sind hier der Hungerturm des Schlosses (13. Jahrhundert) im Nordwesten des Ortes, die Reste der Stadtmauern, die Stadtpfarrkirche (15. Jahrhundert) und die evangelische Kirche im nahen **Grenzkirch** (Podrosche). Sie wurde 1668 in dem zur sächsischen Oberlausitz gehörenden Dorf gegründet und 1712 neu erbaut. Die Grundmauern des Gotteshauses stehen übrigens auf einem illyrischen Ringwall (700—300 v. Chr.). In der nahen Strachwitzer Heide gibt es noch Rehe und Hirsche. Bei **Sichdichführ** (Jamno, 2 km südwestlich) liegt der idyllische Pechofensee.

Nach 6 km sind wir in **Dobers** (Dobrzyń), dem Mittelpunkt der Dobersschen Schweiz. Hier biegen wir in die nach Norden führende Straße ein und gelangen über das 1285 gegründete Städtchen **Freiwaldau** (Gozdnica) an der Priebuser Heide, (1939: 2929 Einwohner, 1990: 3718), einst Standort einer keramischen Industrie, nach weiteren 11 km in die ehemalige Industrie- und Blumenstadt **Halbau** (Iłowa), die in der niederschlesischen Heide liegt. Bis 1830 besaß Halbau die Stadtrechte. 1848 wurde die Textilindustrie und 1870 die Glasfabrikation begründet. 1962 wurde Halbau erneut zur Stadt erhoben. Beachtenswert ist das Barock-Schloß von 1626, das im 18. Jahrhundert und 1902 erweitert wurde und bis 1919 dem Grafen Friedrich Max v. Hochberg-Fürstenstein gehörte. Heute befindet sich in dem 1966 bis 1971 restaurierten Bauwerk eine technische Lehranstalt. Sehenswert ist ferner die spätromanische, im 16. Jahrhundert und 1965 erweiterte bzw. restaurierte Dorfkirche.

Ausflüge lohnen in die **Niederschlesische Heide** (Bory Dolnośląskie), das größte zusammenhängende Waldgebiet Schlesiens. Die Kiefernwälder, zwischen den Dolkauer Bergen bei Glugau und der Lausitzer Heide, die von den Flüssen Bober, Queis, Tscherne, Neiße und Spree durchflossen werden, werden in die Sprottauer, Bunzlauer und Görlitzer Heide gegliedert. Einst wurde hier Rasenerz gewonnen.

Rund 3 km nördlich des Ortes überqueren wir abermals die Autobahn Berlin—Breslau (E 36, E 40) und fahren nun entlang dem idyllischen Hammerbach (Czerna) ins 13 km entfernte Sagan.

Die 27 333 (1990) Einwohner zählende Kreisstadt **Sagan** (Żagań) ist die nordwestliche Eingangspforte nach Schlesien und war 1906—1945 ein bedeutender Eisenbahnknotenpunkt (sieben Linien). 1939 lebten hier 22 770 Menschen. Die ehemalige herzogliche Residenzstadt, bis 1918 Sitz des gleichnamigen Lehnsfürstentums, liegt geschützt eingebettet ins weite Bobertal, inmitten einer waldreichen Umgebung. Im Mittelalter und bis in die Neuzeit war die Tuchmacherei neben der Bierbrauerei und dem Eisenhandel die wichtigste Einnahmequelle der Bewohner. Ab 1820 entstanden in Sagan große Textilfabriken. Heute gibt es hier chemische Werke und eine Gießerei. Bekannt ist Sagan auch für die Tatsache, daß hier 1425 das älteste Orgelstück Ostdeutschlands, eine Orgelmesse, komponiert wurde.

Sagan wird erstmals im Jahre 1202 als Kastellanei erwähnt. Um 1210 begannen deutsche Siedler mit der Rodung der Wälder und der

Anlage von Waldhufendörfern. 1230 entstand die Stadt mit deutschem Recht. Im Jahre 1284 wurde das Augustiner-Chorherrenstift von Naumburg nach Sagan verlegt. Zwischen 1413 und 1549 war Sagan ein selbständiges Fürstentum. Dann kam es zu Habsburg. 1628 wurde Wallenstein von Kaiser Ferdinand II. mit dem Fürstentum belehnt und nannte sich nun Herzog von Sagan. 1648 erhielt Fürst Wenzel von Lobkowitz die Herrschaft Sagan als Lehen. 1786 gelangte Sagan in den Besitz des Herzogs Peter Biron von Kurland. Von ihm erbten es seine drei Töchter. Ab 1844 war die Herrschaft ein „Preußisches Thronlehn Fürstentum Sagan". 1923 wurde die Stadt Verwaltungssitz des neuen Kreises Sagan-Sprottau.

Im Stadtzentrum steht die Stadtpfarrkirche **St. Mariä Himmelfahrt** des ehemaligen Augustiner-Chorherrenstifts, eine dreischiffige Hallenkirche aus dem 13.—14. Jahrhundert, die zwischen 1732 und 1738 durch Martin Frantz innen barockisiert und 1971/73 restauriert wurde. Auf dem Turm errichtete der Abt Felbinger 1769 den ersten Blitzableiter Schlesiens.

Beachtenswert sind die spätgotischen Treppengiebel an der Westseite, der Turm (1604, Nothaube von 1730) und die von dem Liegnitzer Baumeister Martin Frantz (1732—38) stammende barocke Gestaltung des Inneren. Besonders prachtvoll ist der Dreifaltigkeitsaltar, einer der schönsten Schnitzaltäre Schlesiens (Renaissancestil). Das angeschlossene **Kloster** mit seiner schönen barocken Bibliothek wurde nach 1810 (Säkularisierung) als Pfarrhaus und Amtsgericht genutzt. Im Klostergang die Gräber von Äbten und des Glogauer Herzogs Heinrich IV. (gest. 1342). Sehenswert sind außerdem die Reste der einst starken **Stadtmauern** und die hohen **GIEBELHÄUSER** aus der Zeit zwischen 1544 und 1619 mit ihren kunstvollen Toren und Portalen, die ebenso wie die großzügig angelegten **Marktplätze** (Alter und Neuer Ring) vom Fleiß und Wohlstand ihrer deutschen Bürger zeugen. Beachtenswert ist auch das an der Ecke Ring (Rynek) und Hohestraße (ul. Warszawska) stehende **Rathaus**, das 1331 erbaut, 1468 erneuert und 1869 mit einer Loggia nach florentinischem Vorbild ergänzt wurde. Der Turm stammt aus dem Jahre 1340. Am nahen Korn- und Buttermarkt stehen einige wiederaufgebaute Giebelhäuser.

Die 1709 im Fachwerkstil errichtete **evangelische Gnadenkirche**, eine von sechs in Schlesien, wurde, obwohl nur wenig beschädigt, 1965 gesprengt. Nur der neugotische Turm von 1845 steht in den Grünanlagen am Nordrand der Altstadt. Neben der auf einer Anhöhe stehenden katholischen **Bergelkirche** (westlich des Bober) an der Sorauer Chaussee (ul. Zarska), die 1444 erbaut und im 17. Jahrhundert erweitert wurde, liegt ein „Heiliges Grab", das 1598 nach Görlitzer Vorbild (Emmerischsche Kapelle von 1485) erbaut wurde. Sehenswert sind ferner die 1692—99 umgebaute Kirche **St. Peter und Paul** (Jesuitenkirche, ab 1773 Gymnasialkirche) am Ludwigsplatz (plac Słowiański) und die angeschlossenen barocken **Kolleggebäude** der Jesuiten (1689 bis 1697 von de la Porta), die vor 1945 als Gymnasium, Landratsamt und Museum dienten und heute eine Textilfachschule beherbergen. Vor den Jesuiten waren die Franziskaner Besitzer des Klosters und der Kirche.

Vor dem Kriege war das 1945 von der Roten Armee verwüstete **Schloß**, das sich seit dem 19. Jahrhundert als Waldgut Herrschaft Sagan im Besitz der Familie Talleyrand-Valençay befand, die größte Sehenswürdigkeit der Stadt. Das Saganer Schloß war wohl der seltsamste Erbfall im Pfänderspiel der Geschichte. Es gehörte bis 1472 den Glogauer Fürsten, dann bis 1549 den Herzögen von Sachsen, gelangte über Böhmen an Brandenburg, nach fünf Jahren abermals an Böhmen, von diesem an die Bischöfe von Promnitz, dann an Kaiser Ferdinand II., der es 1628 dem Herzog von Wallenstein (1583—1634) übergab, um die kaiserlichen Schulden bei ihm zu begleichen. Sagan war eine von 58 Herrschaften, die sich Wallenstein mit Hilfe von Enteignungen protestantischer Adliger „besorgte". Nach dem Tode Wallensteins wechselte das Schloß 1646 in den Besitz des böhmischen Fürsten von Lobkowitz über. Dessen Nachkommen verkauften es wiederum an den Herzog von Kurland. Im Erbgang kam das Schloß dann an eine Fürstin von Hohenzollern-Hechingen und deren Schwester, die Prinzessin Dorothea von Talleyrand-Périgord (1842 bis 1862) und Herzogin von Dino, schließlich an deren Sohn, den Pair von Frankreich und Herzog von Sagan und Valençay. Deren Besitz wurde im Versailler Vertrag ausdrücklich bestätigt.

Der imposante Bau wurde 1630 im Auftrage des Herzogs von Wallenstein als „Wunderpalatium" von dem Italiener Vicentio Boccacci 1628—1630 begonnen. Zwischen 1628 und 1630 war der Astronom Johannes Kepler auf dem Schloß Gast und errichtete hier ein Observatorium. 1670 ließ Fürst Ferdinand von Lobkowitz von dem Italiener Antonio de la Porta das Schloß hufeisenförrnig mit innerer Hofarkade, äußerer Rustifizierung und Maskarons wie das Lobkowitz-Schloß in Raudnitz (Böhmen) und beim Palazzo del Te in Mantua im Barockstil umbauen. Nach 1945 plünderten Sowjets und Polen das Schloß und zündeten es an. 1960 wurde mit dem Wiederaufbau begonnen. Das Schloß ist heute für Besucher zugänglich.

Das Bauwerk barg bis 1945 in seinen vielen Sälen die reichen Kunstschätze, die Herzog Peter von Kurland (1786—1800) aus seinen baltischen Schlössern hierher überführt hatte, nachdem er sein Land an Rußland abgetreten hatte.

Zu diesem Besitz kamen die Kostbarkeiten hinzu, mit denen die jüngste Tochter Peters, die Herzogin Dorothea von Sagan (1793—1862) als Universalerbin des französischen Ministers Charles Maurice Talleyrand (1754—1838), dessen Nichte sie war, das Schloß in üppiger Weise ausstattete. Unter den Möbeln befand sich auch der Tisch, auf dem am 9. Juni 1815 die Beschlüsse des Wiener Kongresses unterzeichnet wurden.

Das Schloß ist umgeben von einem einst herrlichen, heute verwilderten Park, den die Herzogin Dorothea in 13jähriger Arbeit nach dem Vorbild von Muskau aus einer Wildnis schuf. Die 1844—1860 durch ihren Hofgärtner Teichert begonnene und 1898 vollendete

KURZINFORMATIONEN: SAGAN

VERKEHR: Sagan liegt an der Bahnlinie Cottbus—Forst — Liegnitz—Breslau. PKS-Busse verbinden die Stadt mit Sprottau, Bunzlau, Liegnitz und anderen Orten.

HOTELS: ** Hotel Nadbobrzański, ul. Kilińskiego 1, Tel. 3120; ** Dom Turysty (PTTK), plac Klasztorny 1, Tel. 28 02.

JUGENDHERBERGE: Internat, ul. Wasilewskiej, Tel. 24 56 (geöffnet Juli—August).

CAMPING: PTTK (13 km, in Gorzupia Dolna, Tel. 14 91, (Mai—September).

RESTAURANTS: Piastowska, ul. 1 Maja 27, Tel. 2940; Zamkowa, ul. Szprotawska 2, Tel. 23 64. .

Anlage mit ihren Wasserkünsten zählte zu den schönsten Landschaftsgärten Deutschlands. Zur Herrschaft Sagan gehören außerdem über 23 000 ha Landbesitz, darunter zahlreiche Wälder. Gegenüber dem Schloß erhebt sich an der Sprottauer Straße (ul. Szprotawska) die neugotische **Kreuzkirche** (1847—1859), die als herzogliche Begräbniskirche diente.

AUSFLÜGE VON SAGAN

Eine landschaftlich reizvolle Route führt von Sagan entlang dem rechten Ufer des Bober ins 22 km nördlich gelegene alte Städtchen **Naumburg a. Bober** (Nowogrod Bobrzański). Die brandenburgische Stadt war einst bekannt für ihre Heilquellen. Sie wird urkundlich zuerst um 1202 als Kastellaneisitz und 1217 als Niederlassung der Augustiner-Chorherren erwähnt und erhielt 1263 Magdeburgisches Stadtrecht. Beachtenswert sind die Ruine des 1945 zerstörten Schlosses von 1602, das auf den Fundamenten einer älteren Burg errichtet und 1796—1798 ausgebaut wurde, die Burgkirche Bartholomäus (1217) im gotischen Stil (für die Augustiner gebaut) und die Propsteikirche von 1227 (1693—1695 barockisiert).

Auf dem gegenüberliegenden Bober-Ufer liegt—ebenfalls in Brandenburg—der Ort **Christianstadt** (Krzystkowice), eine 1659 von Herzog Christian von Sachsen-Merseburg für evangelische Glaubensflüchtlinge aus dem von der Gegenreformation heimgesuchten Schlesien gegründete Stadt. 1945 wurde der Ort schwer zerstört.

Von Christianstadt fahren wir ins 20 km südlich gelegene

Sorau (Żary).

Die ehemalige Leinen- und Tuchmacherstadt im südöstlichen Zipfel der Mark Brandenburg in der Niederlausitz und an der Hauptbahnstrecke Berlin—Breslau hatte 1990 39 172 Einwohner (1939: 25 900). Sorau wird urkundlich bereits im Jahre 1008 als Hauptort des alten Gaues Zara erwähnt, dem ab 1200 durch deutsche Bauern (Waldhufendörfer) besiedelten früheren Niemandsland zwischen der Lausitz und Schlesien. 1260 erhielt der Ort als älteste Siedlung der Niederlausitz Deutsches (Magdeburger) Stadtrecht. 1815 gelangte Sorau an Preußen. Vor dem Zweiten Weltkrieg bestand hier eine bedeutende Porzellan- und Textilindustrie. 1945 zerstörte die Rote Armee 60% der Stadt. Heute wird in der Umgebung vor allem Braunkohle abgebaut.

Beachtenswert sind in der schachbrettartig angelegten Stadt die Ruine des barocken, ehemals **kgl. Promnitzschlosses**, das 1710—1716 erbaut wurde; das ebenfalls 1945 zerstörte **Bibersteinsche Schloß**, ein um 1550 auf den Fundamenten einer alten Wasserburg entstandener Renaissancebau, und die **Stadtmauer** (14. Jahrhundert) mit dem Wächter- und Pumpturm. Letztere bilden zusammen mit dem Glokkenturm (14.—15. Jahrhundert) der spätgotischen **Stadthauptkirche „Unsere Lieben Frauen"**, die 1308/1430 auf romanischen Resten errichtet wurde; mit der Barbarakapelle (1445, jetzt Sakristei) und der Grabkapelle der Familie v. Promnitz, das Ensemble „Die drei Getreuen". Bemerkenswert ist auch der Staffelgiebel an der Westseite des 1864 und 1975/80 restaurierten Gotteshauses. Daneben das gotische **Pfarrhaus** (15. Jahrhundert, 1980 wiederaufgebaut). Das **Rathaus** stammt aus dem 14. Jahrhundert und wurde mehrmals umgebaut. Im Erdgeschloß befanden sich einst die Tuchhallen.

Ausflüge führen in den **Sorauer Wald** im Süden der Stadt mit seinen Laub- und Nadelbäumen und dem 229 m hohen Rückenberg, der höchsten Erhebung des Niederlausitzer Landrückens (Lausitzer Grenzwall).

KURZINFORMATIONEN

VERKEHR: PKS-Busse in alle Richtungen.

HOTEL: Łużycki, ul. M. Buczka 15, Tel. 35 32.

JUGENDHERBERGE: Szkola Podstawowa, ul. Witosa, Tel. 31 52. Geöffnet Juni - August.

RESTAURANTS: Im Zentrum gibt es mehrere Gaststätten, darunter eine im Rathaus.

Nach dieser Rundfahrt kehren wir zur 10 km südlich von Sorau entlangführenden Autobahn Berlin—Breslau (E 36, E 40) zurück und fahren auf dieser in südöstlicher Richtung über die E 40 zur 54 km entfernten Ausfahrt **Kreibau** (Krzywa).

Von hier geht es auf der Landstraße ins 10 km östlich an der Schnellen Deichsa gelegene Industriestädtchen **Haynau** (Chojnów). Der

1989 14 000 (1939: 11 114) Einwohner zählende Ort wurde 1241 gegründet. 1248 kam Haynau nach der Teilung Niederschlesiens zum Herzogtum Liegnitz. Ab 1399 residierten hier zeitweise die Herzöge.

Im Mittelalter lebten die Haynauer vorwiegend von der Weberei, die im 16. Jahrhundert von der Tuchmacherei abgelöst wurde. Unter Friedrich dem Großen erlebte das Städtchen einen wirtschaftlichen Aufschwung. 1845 wurde es an die Bahnlinien nach Bunzlau und Liegnitz angeschlossen. Bis 1945 gab es in Haynau zahlreiche Fabriken, die u. a. Zucker, Papier, Tonwaren, Möbel, Maschinen, Raubtierfallen und Handschuhe herstellten. Am Kriegsende wurden große Teile der Stadt zerstört. Heute ist die Reparatur von Maschinen aus den Lüben-Glogauer Kupferbergwerken von Bedeutung. Am 26. 5. 1813 siegte hier die preußische Kavallerie über die französische Division Maison.

An der Westseite des langgestreckten Marktes, eines der größten Plätze Schlesiens, stehen die Reste des alten **Schlosses**. Es wurde von Herzog Friedrich III. von Liegnitz im gotischen Stil errichtet und in der Renaissance umgestaltet. Bemerkenswert das Portal mit den Brustbildern Friedrichs III. und seiner Gemahlin Katharina von Mecklenburg. Heute beherbergt das Gebäude ein Heimatmuseum. Beachtenswert sind das **Renaissance-Schloß** (1546—1547) mit seinem schönem Portal, die Reste der **Stadtmauern** mit einem **Wehrturm** und der **Weber-Bastei** von 1400 (16. Jahrhundert erneuert). Am Markt steht die **Stadt-Pfarrkirche** „Zu Unserer Lieben Frau", ein gotischer Bau aus dem 13.—14. Jahrhundert mit einem massiven Turm und der Buswoy-Kapelle im Stil der Renaissance (Mitte des 16. Jahrhunderts). Beachtenswert sind ferner die Sterngewölbe des Mittelschiffs (1468,1651 erneuert) und die hölzerne Kanzel (17. Jahrhundert). Das einstige **Rathaus** wurde 1865 nach einem Brand abgerissen.

Im Nordwesten der Altstadt stand die einschiffige **Maria- und Josef-Kirche** (18. Jahrhundert), die 1964 abgebrannt ist.

Ein Abstecher lohnt sich ins 6 km nordöstlich an der Straße nach Lüben (Lubin) gelegene Dorf **Samitz** (Zamienice). Hier steht eine schöne, 1618 erbaute Kirche. Beachtenswert: das Grabmal des Grafen Erdmann von Promnitz († 1704) in lebensgroßer Gestalt.

In Haynau biegen wir von der E 40 nach rechts ab und sind nach 19 km in der alten schlesischen Gartenstadt Liegnitz.

Liegnitz; Ring mit „Heringsbuden"

2. Liegnitz

Die 102 823 (1989 auf 35 km², 1939: 83 681 auf 27,13 km²) Einwohner zählende Regierungsbezirkshauptstadt und bedeutende Industriestadt **Liegnitz** (Legnica) zwischen Bober-Katzbach-Gebirge und Oder, unweit der Autobahn Berlin—Breslau an der Vereinigung von Schwarzwasser und Katzbach (Kaczawa), wurde vor 750 Jahren gegründet.

Der Name Liegnitz soll von dem keltischen Schamanen Lug, dem Inbegriff des adeligen Kriegers, abgeleitet sein. Liegnitz wird 1149 als Marktort, 1175 als Burgort erwähnt. Im Jahre 1241 wehrte ein schlesisches Ritterheer auf der nahen Wahlstatt die Mongolen ab. Zwischen 1163 und 1164 war Liegnitz, das 1242—1252 als deutsche Stadt angelegt und 1250 mit Neumarkter Recht versehen, das 1264 auf Magdeburger Recht übertragen wurde, Sitz der Herzöge von Breslau, 1248—1311 Hauptstadt des Herzogtums Liegnitz, 1311—

1329 Sitz der Herzöge von Liegnitz-Brieg, kam 1329 mit dem Herzogtum unter böhmische Oberherrschaft, 1526 mit Böhmen an die Habsburger, 1675 als erledigtes Lehen unmittelbar an die Habsburger und wurde 1742 preußisch. Dank seiner günstigen Lage am Schnittpunkt der Hohen Straße Görlitz—Breslau mit der Hauptstraße Glogau—Jauer war Liegnitz schon im Mittelalter ein bedeutendes Wirtschaftszentrum.

Am 15. 8. 1760 errang Friedrich der Große in der Nähe seinen großen Sieg über die Osterreicher. Durch diese Schlacht entzog sich der große Preußenkönig einer drohenden Umklammerung. Knapp 200 Jahre später, am 26. 8. 1813, besiegte Blücher in der Schlacht an der Katzbach Napoléon entscheidend und erhielt daraufhin den Titel eines Fürsten v. Wahlstatt. Er erwarb 1847 das Gut Wahlstatt.

1816 wurde Liegnitz Sitz eines Regierungspräsidenten. Das 19. Jahrhundert brachte den wirtschaftlichen Aufschwung. Liegnitz war bald der wichtigste Ort Niederschlesiens nach Breslau und Mittelpunkt eines der größten deutschen Gemüseanbaugebiete des Deutschen Reiches. Daneben gab es Textil-, Möbel-, Maschinen- und andere Fabriken. Außerdem war Liegnitz Sitz von zwei Landwirtschaftsschulen. Seit 1865 war die Stadt bekannt durch ihre Gartenbauausstellungen. Berühmt waren vor 1945 auch die Liegnitzer sauren Gurken, das hier gezogene Sauerkraut und die süßen „Liegnitzer Bomben" (Weihnachtsgebäck). Weit über Deutschlands Grenzen bekannt waren auch die Liegnitzer Klavierfabrik Seiler (heute Legnica) und die traditionsreiche Wollweberei. Heute ist Liegnitz, das 1945 erst nach der Besetzung durch Sowjets und Polen zu 60 % zerstört wurde, wieder ein großes Industriezentrum mit Kupferhütte, Textil- und Nahrungsmittelfabriken und elektronischen Betrieben. Außerdem gibt es hier eine große sowjetische Garnison.

Zu den berühmtesten Liegnitzern gehörten der Dichter Daniel v. Czepko (1605—1660) und der Reichstagspräsident Paul Löbe (1867 bis 1975). Aus der Gegend von Liegnitz stammte auch der Neuplatoniker Witelo (13. Jahrhundert).

Aus dem Mittelalter und den folgenden Jahrhunderten haben sich zahlreiche bedeutende Baudenkmäler erhalten. Am rechteckigen Großen Ring (Rynek) erhebt sich die evangelische gotische Basilika **Peter und Paul** (Oberkirche von 1327—1390),1892—1894 neogotisch erneuert. Das Gotteshaus, das von zwei je 80 m hohen Türmen (einer trägt noch die Haube von 1650) überragt wird, besitzt schöne Portale (Nordportal, 14. Jahrhundert; Türbogenfeld mit Anbetung der Heiligen Drei Könige und Peter und Paul; Westportal, 16. Jahrhundert) und ein schönes Interieur. Neben der prunkvollen Kanzel (1588) sind der Barockaltar (1767), die Holzschnitzereien, der romanische Taufkessel („Zinntaufe") in versilbertem Bronzeguß (Ende 13. Jahrhundert) in einer Kapelle des südlichen Seitenschiffes sowie die große Marienfigur aus Sandstein (14. Jahrhundert) und die Altäre, Plastiken und die Epitaphien beachtenswert. Daneben steht das spätbarocke **Rathaus** von Franz M. Scheerhofer (1737—1741), mit schöner Fassade von dem Liegnitzer Martin Frantz und eleganter Doppeltreppe, mit dem **Neptunbrunnen** und dem »Gabeljürje" (1731). Daran schließen sich **Renaissance-Patrizierhäuser** aus dem 16. Jahrhundert mit sgraffitogeschmückten Fassaden (bemerkenswert das Haus zum „Wachtelkorb" mit Runderkern) sowie die sogenannten **Heringsbuden** (16.Jahrhundert), acht schmale Giebelhäuser mit Lauben, Zweifenster-Frontscheibe und Sgraffittomalereien an. Am Kleinen Ring steht das **Stadttheater**, 1842 von C. F. Langhans d. J. nach dem Vorbild des Palazzo Strozzi in Florenz errichtet. Am weiter nordwestlich gelegenen **Kohlmarkt** lohnt eine Besichtigung der prachtvollen spätbarocken **St. Johanniskirche**, die nach dem Abriß der mittelalterlichen Kirche 1714—1727 von dem Breslauer Georg Knoll und dem Liegnitzer M. Frantz nach dem Vorbild des Klosters Banz neu errichtet wurde. Sie enthält eine kreisrunde Grabkapelle (Fürstengruft) der Liegnitzer Herzöge mit barocken Fresken und Statuen von dem Italiener Carlo Rossi und dem Wiener Matthias Rauchmiller. Nebenan steht das ehemalige barocke **Jesuiten-Kollegium** (1700—1706 von Georg Knoll und Martin Frantz im Prager Barockstil an der Stelle eines Franziskanerklosters errichtet; heute leben hier wieder Franziskaner). Gegenüber an der Ecke Johannisgasse (ul. św. Jana) und Haynauer Straße (ul. Chojnowska) steht die eindrucksvolle **Ritterakademie** (1726—1738), berühmte Bildungsstätte des Adels (1646—1675), dann ab 1708 auch Gymnasium für Bürgerliche, nach Plänen des Wiener Baumeisters J. E. Fischer von Erlach von Johann Christian Hertel und A. E. Martinelli errichtet. Im spätbarocken **Palais der Äbte von Leubus** (1728) am Kohlmarkt (ul. Partyzantów 1) wurde 1962 ein Kupfer-Museum (Okręgowe Muzeum Miedzi, Tel. 2 49 49, geöffnet Mi.– So. 11.00 – 17.00 Uhr) eingerichtet. In der Nähe ragt der im 15. Jahrhundert errichtete **Haynauer Torturm** (Brama Chojnowska) in den Himmel.

Im Norden der Altstadt liegt das **Schloß**. Man erreicht es vom Kohlmarkt (ul. Partyzantów) und dem Neuen Weg (ul. Nowa). Eine befestigte Burg gab es hier bereits im 8. Jahrhundert. Heinrich der Bärtige (gest. 1238) errichtete das große Schloß. Es wurde 1530 im Renaissancestil und 1835 von Schinkel klassizistisch ausgebaut und nach der Zerstörung durch die Rote Armee 1945 inzwischen rekonstruiert. Von 1816 bis 1945 war das Bauwerk Sitz des Regierungspräsidenten. Beachtenswert sind das Renaissance-Portal von Georg von Amberg, im Stil der niederländischen Renaissance (1533) mit den Wappen Herzog Friedrichs II. von Liegnitz und seiner Gemahlin Sophie von Ansbach-Hohenzollern, der runde Hedwigsturm und der achteckige Petersturm (13.–15. Jahrhundert) sowie die Reste einer spätromanischen Burg und Kapelle aus der ersten Hälfte des 13. Jahrhunderts. Das Schloß stammt aus dem Jahre 1532 und ist mit seinen schweren, „wie alte Feldschlangen wirkenden Säulen" sehr eindrucksvoll. Unweit der Burg steht der am Anfang des 14. Jahrhunderts errichtete **Glogauer Torturm** (Brama Glogowska).

Geht man durch die Schloßstraße (ul. Zamkowa) in südöstlicher Richtung weiter, so gelangt man zum Marienplatz (pl. Mariacki), auf dem die **Liebfrauenkirche** (heute Marienkirche) steht. Dieses früher Niederkirche genannte Gotteshaus wurde im 14. Jahrhundert auf den Fundamenten einer bereits 1192 errichteten Kirche erbaut. Nach einem Blitzschlag (1822) baute August Theinert sie wieder auf. Heute dient das baufällige Gebäude der griechisch-orthodoxen, der nationalpolnischen (altkatholischen) und der evangelisch-augsburgischen Gemeinde als Gebetstätte. Schlüssel bei Jan Zajączkowski, ul. Engelsa 7, Tel. 2 23 41. Vom Turm der Liebfrauenkirche genießt man einen weiten Rundblick. Südwestlich der Kirche lohnt ein altes **Bürgerhaus** aus der Renaissancezeit an der ul. Rosenbergów mit Sgraffitti eine Betrachtung. Nun wenden wir uns wieder in Richtung Norden und gehen zum nahen Klosterplatz (plac A. Zawadzkiego), auf dem die barocke **St. Mauritiuskirche** steht. Seit 1810 ist sie Schule.

Im Osten der Stadt vom Klosterplatz über den Wilhelmsplatz (plac Wilsona) und die Königsallee (al. Orła-Białego) zu erreichen, erstreckt sich der 25 ha große **Stadtpark** mit dem Palmenhaus von 1898 (geöffnet Di., Sa. 10—12 Uhr, Do. 15—17 Uhr) und sechzig Springbrunnen, die im Sommer Di., Do. und Sa. von 17—21 Uhr, an Sonn- und Feiertagen von 11—21 Uhr in Betrieb sind.

KURZINFORMATIONEN

ORTSVERKEHR: Busse verbinden das Stadtzentrum mit den Vororten. Auskunft: Tel. 2 37 58.

TAXI: ul. Kolejowa, neben dem Bahnhof, Tel. 2 10–99, ul. Niedzialkowskiego, Tel. 2 22–10.

BAHN: Liegnitz liegt an den Bahnlinien Leipzig—Forst—Breslau und Dresden—Görlitz—Breslau. Bahnhof: Dworzec PKP, Tel. 910.

BUS: PKS-Busse verbinden die Stadt mit Breslau und zahlreichen weiteren Orten, darunter Wahlstatt (Legnickie Pole), Lüben (Lubin), Polkwitz (Polkowice) und Parchwitz (Prochowice). Busbahnhof Dworzec PKS, Bahnhofstraße (ul. Dworcowa) Tel. 2 35 24.

PARKPLÄTZE bewacht: Haynauer Straße (ul. Chojnowska); unbewacht: Ring (Rynek); Peter-und-Paul-Platz (plac Chopina); Schulstraße (ul. Szkolna).

FREMDENVERKEHRSBÜROS: Orbis, Breslauer Straße (ul. Wrocławska) 10, Tel. 2 29 23 (geöffnet Mo.—Fr. 10—17 Uhr, Sa. 10—15 Uhr); it, Hotel Cuprum; PTTK, Ring (Rynek) 27, Tel. 2 33 27 (geöffnet Mo.—Fr. 8—18 Uhr, Sa. 8—14 Uhr, deutsche Fremdenführer).

BIBLIOTHEK: Ring (Rynek) 57, auch deutsche Bücher, geöffnet Mo. 8—12 Uhr, Di., Mi., 16—19 Uhr, Do., Fr. 12—16 Uhr, Sa. 11—14 Uhr.

STRASSENHILFSDIENST: Pomoc Drogowa TOS, ul. Głogowska 83, Tel. 2 38 06; PZ Mot, ul. Mickiewicza 10, Tel. 2 73 20 (8—16 Uhr), danach Tel. 2 52 78; Polmozbyt, ul. Ścinawska, Tel. 2 37 62, und ul. Jaworzyńska, Tel. 2 67 96.

TANKSTELLEN: Autobahn (Autostrada), Tel. 2 77 01, ganztägig; ul. Spokojna, Tel. 2 42–70, tagsüber; ul. Poznańska, Tel. 60–5 50, 7—18 Uhr.

HAUPTPOST: Bahnhofstraße 4 (ul. Dworcowa), 7—20 Uhr.

KONTAKTE ZU DEUTSCHEN: Deutsche evangelische Gemeinde, Ecke Jauer- und Marthastraße (ul. Jaworzyńska/ ul J. Krasickiego), Kruzifix im Fenster.

HOTEL: *** Cuprum, ul. Skarbowa 7, Tel. 2 85 44.

JUGENDHERBERGE: ul. Jordana 17, Tel. 2 54 12.

CAMPING: Jeziorany, Tel. 8 22 25 (WPK-Bus No. 6 oder PKS-Bus).

GASTSTÄTTEN: Piast, ul. Dworcowa 9, Tel. 2 37 56; Polonia, ul. Skarbowa l; Sródmiejska, Frauenstraße (ul. Rosenbergów) 62; Stara Zagora, Ring (Rynek) 14.

CAFÉ: Baronowska, Klosterplatz (pl. A. Zawadzkiego); Ratuszowa (Ratskeller), Rynek 56; Stronie, Stadtpark; W—Z, Breslauer Straße (ul. Wrocławska).

UNTERHALTUNG: Stadttheater, Ring (Rynek) 59, Tel. 2 58 50.

VERANSTALTUNGEN: Chorfestival „Legnica canta".

3. Zwischen Liegnitz und Breslau

5 km südöstlich von Liegnitz (Autobahneinfahrt) führt eine Nebenstraße nach rechts zum 4 km entfernten **Wahlstatt** (Legnickie Pole) mit der gotischen Klosterkirche St. Hedwig. Hier fand am 9. April 1241 die Entscheidungsschlacht des schlesischen Rittertums und schlesischer Bauern gegen die zahlenmäßig überlegenen Mongolen der Goldenen Horde (Altun Ordŭ) unter dem Prinzen Kaidu statt. Obwohl die meisten der 8 000 schlesischen Ritter und Fußtruppen, denen sich Tempelritter, Deutschritter, der Markgraf von Mähren und die Bergknappen der Stadt Goldberg angeschlossen hatten, darunter Heinrich II., der Fromme von Schlesien, dabei den Tod

fanden und die Mongolen siegten, wurde deren Vormarsch nach Westen gestoppt. Denn im fernen China war ihr Großkhan Ügedei gestorben, und die Mongolen zogen nach Ungarn weiter, nachdem sie, der Legende nach, das Haupt Heinrichs II. im Koischwitzer See bei Koischwitz (Koskowice) nördlich von Wahlstatt versenkt hatten.

In dem kleinen Dorf Wahlstatt steht ein 1727—1731 von Stiftsbaumeister Kilian Ignaz Dientzenhofer errichtetes spätbarockes Benediktiner-Kloster mit einer der schönsten Kirchen östlich der Oder. Schon von weitem kann man die „Herzogshüte" des Schweidnitzer Kupferschmiedes Weiß sehen, welche die Türme der Abteikirche krönen. Ihr Interieur ist mit prächtigen Fresken des Münchners Cosmas Damian Asam und Skulpturen des Pragers Karl Joseph Hiernle geschmückt. Beachtenswert auch das große Gemälde des Hochaltars von dem Antwerpener Franz de Backer.

Vorher befand sich an dieser Stelle eine von der heiligen Hedwig, der Mutter Heinrichs II., gestiftete Benediktinerabtei (mit Mönchen aus Opatowitz bei Königgrätz/Böhmen), die 1535 von den Hussiten zerstört wurde. Nach der Reformation zog Herzog Friedrich II. von Liegnitz das Kloster ein und verkaufte es. 1838 wurde es Sitz eines preußischen Kadettenhauses, das bis 1920 bestand. Berühmteste Zöglinge waren u. a. Hindenburg und der Flieger Manfred v. Richthofen. Danach war das Gebäude bis 1945 Schule. Heute dient es als Anstalt für geistig Behinderte.

Daneben, in der kleinen gotischen, ehemals evangelischen Kirche befindet sich ein Museum mit Informationen über die Mongolenschlacht.

Von Wahlstatt fahren wir nun weiter auf der Autobahn durch die dichtbesiedelte, fruchtbare Schlesische Tiefebene, in der neben dem Anbau von Weizen und Zuckerrüben die Milchviehzucht vorherrschte, ins 72 km entfernte Breslau.

KURZINFORMATIONEN

VERKEHR: Von Liegnitz fahren die Stadtbusse Nr. 17 und 20 von der Bahnhofstraße (ul. Dworcowa) und der Immelmannstraße (ul. Świerczewskiego) nach Wahlstatt.

JUGENDHERBERGE: Wahlstatt (Juni—September).

4. Breslau und Umgebung

Mit 642 334 Einwohnern im Jahre 1990 (1939: 625 565) ist **Breslau** (Wrocław) die größte Stadt der Provinz Schlesien, Hauptstadt Niederschlesiens und bis 1945 Sitz des Oberpräsidenten der Provinz Schlesien. Sie war bis 1919 außerdem königliche Residenzstadt und kultureller und wirtschaftlicher Mittelpunkt des südlichen Ostdeutschland.

Breslau liegt an der Oder und ihren zahlreichen Flußarmen und Nebenflüssen inmitten der fruchtbaren Schlesischen Tiefebene. Seit Jahrhunderten ist die Stadt, die eine Fläche von 292,8 km^2 bedeckt, ein bedeutendes Kultur- und Wirtschaftszentrum und ein wichtiger Verkehrsknotenpunkt im Schnittpunkt der Handelsstraßen von Nord- nach Südeuropa und von West- nach Osteuropa. Daneben besitzt sie zehn Hochschulen, zahlreiche wissenschaftliche Institute und Forschungsanstalten, elf Museen, ein Opern- und Operettenhaus, eine Philharmonie und sechs Theater.

Die Industrie stellt vornehmlich Transportmittel, Metallwaren, Maschinen, Kleider und Nahrungsmittel her. Die Flußwerft und der Hafen sind ziemlich klein und haben zur Zeit wenig wirtschaftliche Bedeutung. Aber auch für den Touristen ist die alte schlesische Hauptstadt seit alters her ein Magnet: Die zahlreichen gotischen und barocken Baudenkmäler und ihre großen Parkanlagen machen Breslau zu einem der größten Touristenzentren des südlichen Preußens.

GESCHICHTE

In vorgeschichtlicher Zeit führte die Bernsteinstraße von der Danziger Bucht nach Aquileia (Italien) durch die Breslauer Oderfurt. Schon vor mehr als 2000 Jahren gab es auf dem Gebiet der heutigen Stadt eine keltisch-illyrische Siedlung. Später ließen sich hier wahrscheinlich ostgermanische Wandalen nieder. Im 9. Jahrhundert bestand an dieser Stelle die wehrhafte Siedlung Frodeslau (erwähnt bei Bischof von Freising). Daraus entwickelte sich später Vroclaw (Vratsao). Um 900 gehörte sie zum Reich des Böhmenherzogs Wratslav I., auf den die eigentliche Stadtgründung zurückgehen dürfte.

Blick von der Elisabethkirche auf den Ring

Breslau; Blick von der Holteihöhe auf Kreuzkirche und Dom

Damals soll Herzog Wratislaw von Böhmen (gest. 921), zu dessen Territorium ganz Mittel- und Niederschlesien gehörte, an der Oderfurt eine Burg errichtet haben. Zwischen 990 und 994 eroberte der polnische Herzog Mesiko (Mieszko) I. Schlesien. Im Jahre 1000 gründete Kaiser Otto III. das Bistum Breslau (Wrotizla), das der Bischof Johannes als Teil des Erzbistums Gnesen verwaltete.

Seit der Mitte des 11. Jahrhunderts, als sich hier immer mehr deutsche Kaufleute und Handwerker ansiedelten, gehörte Breslau (das 1149 erstmals als „Civitas“ erwähnt wird) zu den bedeutendsten Städten Schlesiens. Im Jahre 1093 wurde Magnus Graf Wlast Statthalter Schlesiens. Er wurde 1037 in Dänemark geboren und heiratete 1057 eine Prinzessin aus dem schwedischen Warägergeschlecht von Naugard (Nowgorod). Wlast gehörte zur dänischen Sippe „der drei Schwäne“ (daher sein Schwanenwappen). Sein Sohn Peter (geb. 1078) wurde 1108 zweiter Landeshauptmann von Schlesien und gründete hier Anfang des 12. Jahrhunderts 77 Kirchen und Klöster, darunter die Vincenzkirche auf dem Elbing. 1150 kam ein Prämonstratenserkloster hinzu. In Dänemark gibt es noch heute eine Adelsfamilie Wlast. Peter Wlast fiel einer polnischen Intrige zum Opfer, weil er sich gegen die Besatzer gewandt hatte.

Nach schweren Kämpfen gegen den deutschen Kaiser Friedrich Barbarossa bei Posen mußten die Polen kapitulieren und Schlesien herausrücken. 1163 traten die drei Herzöge Boleslaus, Mesiko und Konrad, Söhne des Herzogs Wladislaus, die gemeinsame Herrschaft in Breslau an.

Nachdem die Tataren die Stadt im Jahre 1241 zerstört hatten, wurde sie an der heutigen Stelle am linken Ufer der Oder wieder aufgebaut und erhielt unter Herzog Heinrich III. und seinem Bruder Władisław 1261 Magdeburger Stadtrecht. 1466 taucht erstmals der Name „Breslau“ auf. Die lückenlos seit 1287 vorhandene Ratslinie beweist, daß die Stadt bis 1945 nur von Deutschen regiert wurde.

1335 gelangte Breslau zusammen mit dem größten Teil Schlesiens auf Bitten der schlesischen Herzogswitwe Agnes, Enkelin des deutschen Kaisers Konrad III., im Vertrag von Trentschin wieder unter die Oberhoheit des deutschen Lehnstaates Böhmen. Der polnische König Kasimir III. verzichtete in Trentschin „für ewige Zeiten“ auf die Lehnshoheit über die schlesischen Fürstentümer. Breslau erhielt eine reichsstädtische Verfassung. Schon bald nach ihrer Neugründung entwickelte sich die Stadt zu einem der größten Handelsplätze des Deutschen Reiches.

Von den böhmischen Königen, namentlich Karl IV. (1346—1378), wurde Breslau sehr begünstigt, so daß sich trotz der Stürme der Hussitenkriege und der folgenden Jahrhunderte ein wohlhabendes deutsches Bürgertum herausbildete. Der Handel der Stadt, die zwischen 1368 und 1474 der Hanse angehörte, reichte bis nach Venedig.

In dieser Periode erhielt Breslau auch sein architektonisches Gepräge. Die meisten Kirchen der Stadt wurden damals neu- oder umgebaut. Unter den Gotteshäusern zeigen die Elisabethkirche und der Dom, unter den Profanbauten das Rathaus die Gotik am glänzendsten. Die herzögliche Burg stand auf dem Platz der jetzigen Universität. Die Schlußentwicklung des gotischen Stils und die Anfänge der Renaissance, die hier früh aufgenommen wurde, fanden einen günstigen Boden. Der Renaissancestil wurde jedoch mehr an einzelnen Bauteilen, namentlich Portalen und Türmen, und an Grabmälern gleichsam erprobt, zur Ausführung großer Werke kam es außer dem Leinwandhaus nicht. Später hat der Jesuitenstil in der Universität ein prunkvolles Denkmal hinterlassen.

1526 kam die 1523 protestantisch gewordene Stadt an das Haus Habsburg. Im 16. Jahrhundert erlebte Breslau eine kulturelle Blüte. Seit dem ausgehenden Mittelalter war es mit 36 000 Einwohnern die viertgrößte Stadt Deutschlands. Im Dreißigjährigen Krieg verarmte das 1633 von Schweden, Sachsen und Brandenburg verwüstete Breslau.

Am 10.8.1741 besetzten preußische Truppen Breslau. Durch den Breslauer Frieden (11. 6. 1742) kam Schlesien mit der Grafschaft Glatz, aber ohne die Herzogtümer Jägerhof, Teschen und Troppau, von Österreich an Preußen. Damit begann eine neue Blütezeit. Noch einmal (1757) wurde die Stadt von den Österreichern besetzt, wenig später jedoch von Friedrich nach der Schlacht bei Leuthen befreit. 1760 schlug General Graf v. Tauentzin einen Angriff Loudons zurück. 1806/7 belagerte Vandamme die Stadt und ließ nach der Übergabe die Festungswerke schleifen. Bis zum Ende des 19. Jahrhunderts wuchs die Bevölkerung auf 400 000 Personen an. Die 1811 neugegründete Universität wurde zum geistigen Zentrum des deutschen Widerstandes gegen die Napoléonische Unterdrückung. Auf der Breslauer Schmiedebrücke hatte das berühmte Lützower Freikorps, auch als „Schwarze Schar“ bekannt, sein Standquartier. Am 17. März 1813 erging von Breslau aus der Aufruf Friedrich

Wilhelm III. „An mein Volk". Er war der Startschuß zur Vertreibung Napoléons von deutschem Boden. In Breslau wurde auch das Eiserne Kreuz gestiftet.

Bis 1945 war die Stadt Sitz zahlreicher Behörden (Oberpost- und Reichsbahndirektion, Oberbergamt, Reichsbankhauptstelle u. a.) und Hochschulen (Universität, Technische Hochschule, Akademie für Kunst und Kunstgeschichte) sowie ein bedeutender Messeplatz und Kulturzentrum mit mehreren Theatern, Museen und Bibliotheken. Vor dem Zusammenbruch war Breslau die viertgrößte Stadt Preußens (nach Berlin, Köln und Essen) und die achtgrößte Stadt des Deutschen Reiches.

Als sich im Februar 1945 die Russen und ihre polnischen Hilfstruppen der schlesischen Hauptstadt näherten, wurde diese am 15. 2. zur Festung erklärt. Während der dreimonatigen Belagerungszeit kamen 40 000 Menschen vor Hunger und Kälte um. 70 % der Stadt fielen dem Feuer der sowjetisch-polnischen Artillerie zum Opfer. Nachdem die Festung am 6. Mai (vier Tage nach Berlin) kapituliert hatte, richteten die Besatzer unter den Überlebenden ein Blutbad an. Die Polen, die am 9. Mai die Verwaltung Breslaus übernahmen, vertrieben die meisten der damals 200 000 deutschen Einwohner.

Nur langsam kam der Wiederaufbau voran. Noch heute kann man in der Innenstadt die Spuren des Krieges sehen, auch wenn eine große Anzahl der alten Bauwerke inzwischen restauriert oder rekonstruiert worden sind.

BERÜHMTE BRESLAUER

Breslau ist Geburtsort zahlreicher deutscher Wissenschaftler, Philosophen und Künstler, darunter des Arztes Johannes Crato von Krafftheim (gest. 1585), der Philosophen Friedrich Schleiermacher (1768—1834) und Christian Wolff (1679—1754), des Malers Adolph von Menzel (1815—1905), der Nobelpreisträger Fritz Haber (1868 bis 1934), Friedrich Bergius (1884—1949, Chemie) und Max Born (1882—1970, Physik), des Baumeisters Carl Ferdinand Langhans (1781—1869), des Dichters Christian Hofmann von Hofmannswaldau (1617—1679), des Mystikers Angelus Silesius (1624—1677, eigentlich Johannes Scheffler), des Dirigenten Otto Klemperer (1885 bis 1973), des Theaterintendanten Boleslaw Barlog (geb. 1906), des Theaterkritikers Alfred Kerr (1867—1948), des Lokomotivbauers

August Borsig (1804—1854), des Fliegers Manfred Freiherr v. Richthofen (1892—1918), der „Puppenmutter" Käthe Kruse (1883—1969), der heiliggesprochenen katholischen Religionsphilosophin Edith Stein (1891—1942 in Auschwitz), des evangelischen Theologen Dietrich Bonhoeffer (1906—1945 im KZ Flossenbürg), der Schriftstellerin Ilse Langner (1899—1987) und des Generalfeldmarschalls und Widerstandskämpfers Erich v. Witzleben (1881—1944).

Bis 1933 war Breslau auch der Hauptsitz der jüdischen Wissenschaft. Es verdankte dies dem 1834 von Jonas Fraenckel (1773—1846) gegründeten Jüdisch-theologischen Seminar (Fraenkelsche Stiftung). Seine wertvolle Bibliothek wurde 1938 vernichtet. An diesem Seminar lehrte Heinrich Graetz (1817—1876, der größte Historiker des Judentums).

STADTBESICHTIGUNG

Da das Zentrum Breslaus verhältnismäßig klein ist, kann man die meisten Sehenswürdigkeiten bequem zu Fuß erreichen. Um die Stadt richtig kennenzulernen, benötigt man wenigstens drei Tage. Eilige Besucher sollten wenigstens das Rathaus, die Universität, die Sandkirche, den Dom, die Maria-Magdalenen-Kirche, das National- und das Diözesanmuseum sowie die Jahrhunderthalle besichtigen.

ERSTER RUNDGANG

Wir beginnen unseren Rundgang auf dem groß und weit (4 ha) gestalteten **Ring** (Rynek), dem ehemaligen Marktplatz und Mittelpunkt der Altstadt mit seinen spitzgiebeligen Patrizierhäusern mit gotischem Grundriß (14.—15. Jahrhundert) und Barockfassaden (17—18. Jahrhundert). Die meisten Giebelhäuser wurden 1945 von der Roten Armee zerstört und in den letzten Jahren größtenteils originalgetreu wiederaufgebaut.

Auf dem südöstlichen Teil des Ringes erhebt sich das gotische altstädtische **Rathaus** (Ratusz). Es ist der künstlerisch reifste Profanbau des späten Mittelalters in Europa im Stil der Gotik. Der Backsteinbau mit Sandsteingliedern von 1327 wurde Ende des 15. Jahrhunderts ausgebaut und 1884—1891 gut wiederhergestellt. Den Zweiten Weltkrieg überstand das Bauwerk unzerstört. Auf die hanseatischen Stufengiebel wurden nach 1945 die Schwalbenschwanz-Zinnen aufgesetzt.

Beachtenswert ist vor allem die Ostfassade mit ihren drei reichverzierten Giebeln, einer Uhr von 1580 und einem schönen Erker (1471). An der Südseite sieht man oben zwei schmale humoristische Figurenfriese und zwölf moderne Sandsteinbilder. Beachtenswert ist auch der 66 m hohe Turm (1261) an der Westseite mit einem Renaissancehelm von 1565. Der Eingang liegt an der Westseite (ein frühbarockes Portal aus dem Jahre 1615). An der Südseite (am südwestlichen Erker) steht der kleine Bärenbrunnen, ein Bronzewerk von Geyger (1902). Die Bärenfigur wurde nach 1945 zerstört.

Im Erdgeschoß rechts befindet sich die alte Ratsstube, außerdem die Bürgerdinghalle und der Gerichtssaal. Eine breite Marmortreppe von 1890 führt in den ersten Stock zum Großen Saal (Remter) hinauf, dort befindet sich auch eine schöne Wandverkleidung in Holzmosaik von 1563 im Ratsältestensaal. Links kommt man zum prachtvollen Fürstensaal, der, von vier Kreuzgewölben überdacht, auf einem Pfeiler ruht. Hier fanden früher Versammlungen der schlesischen Fürsten und Stände statt. Letztere huldigten an dieser Stelle am 7. 6. 1741 Friedrich dem Großen. Der Saal besitzt zahlreiche kostbare Kunstwerke. An den Wänden hingen bis 1945 die Bilder der früheren Ratsältesten und Oberbürgermeister. Es folgen das Amtszimmer des Oberbürgermeisters mit dem Gemälde einer Ratssitzung von 1667 und das Bürgermeisterzimmer mit Kassettendecke im Erker und der kleine Sitzungssaal.

Im **Historischen Museum** (Muzeum Historyczne) des Rathauses gibt es wertvolle Ausstellungsstücke, darunter zahlreiche Werkstücke Breslauer oder schlesischer Handwerker aus Silber und Zinn (geöffnet Di., Do., Fr. 10—16 Uhr, Sa. 10—17 Uhr, So. 10—18 Uhr).

Berühmt war vor 1945 die mittelalterliche Kneipe des **Schweidnitzer Kellers** (Piwnica Świdnicka) mit schönen Gewölben und dem ausgemalten Ratsstübchen. Der Ratskeller wurde 1273 zum ersten Male erwähnt und ist damit der älteste Ratskeller Deutschlands neben dem von Bremen.

An das Rathaus schließt sich nordwestlich das an der Stelle des früheren Leinwandhauses von Stüler 1863 erbaute **Stadthaus** an. Die 1492 errichtete **Staupsäule** (mit hohem gotischen Aufsatz, der einst eine Statue des Scharfrichters mit Rute und Schwert trug) östlich vom Rathaus erinnert an die alte Rechtspflege. Der Pranger wurde 1945 schwer beschädigt und Anfang 1986 wieder aufgestellt. Bis 1945 standen hier außerdem die Bronzereitbilder Friedrichs des Großen (1847) und Friedrich Wilhelms III. (1861) von Kiß.

Das jetzt vor dem Rathaus an der Stelle des Monuments Friedrichs Wilhelms III. aufgebaute Denkmal des polnischen Komödiendichters Alexander Fredro (1793—1876) stand bis 1945 in der ukrainischen Stadt Lemberg (Lwów).

Die vier Seiten des Rings heißen Naschmarkt (im Norden), Sieben-Kurfürsten-Seite (Westen), Goldene-Becher-Seite (Süden) und Grüne-Röhr-Seite (Osten).

Auf der Sieben-Kurfürsten-Seite stehen u. a. das 1500 erbaute Haus **„Zur Blauen Sonne"** (Nr. 7), einst Absteigequartier der böhmischen Könige und das Haus **„Zur Goldenen Sonne"** (Nr. 6), von dessen Balkon General v. d. Marwitz 1742 die Proklamation des Friedens von Breslau, in dem Maria Theresia Schlesien an Preußen verlor, verlas. Am prächtigsten ist das **Greifenhaus** (Nr. 2) mit drei Kellergeschossen und sieben Stockwerken. Der herrliche Giebel des im 16. Jahrhundert errichteten Gebäudes wurde von dem Breslauer Stadtbaumeister Friedrich Groß geschaffen. Beachtenswert ist auch das Haus **„Zum goldenen Adler"** (Nr. 4) mit einem Barockportal, das einst das ehemalige Schreyvogelsche Palais in der Albrechtstraße schmückte und von Lukas v. Hildebrandt geschaffen wurde. An der Ecke Ohlauer Straße (ul. Oławska) wurde das **„Haus zur goldenen Krone"** wiederaufgebaut.

Auf dem südlich an den Ring anschließenden **Blücherplatz** oder Salzring (Rynek Solny), heute Blumenmarkt, stand bis 1945 das erzene Monument des großen Generalfeldmarschalls Blücher von Christian Rauch aus dem Jahre 1827. An der Südseite des Platzes erhebt sich die 1822—1824 von Langhans d. J. aufgeführte klassizistische **Alte Börse** (Dawna Giełda). Die Häuser am Salzring (an seiner Westseite) wurden während der Belagerung Breslaus zerstört. Die heutte dort stehenden wurden 1960–196l wieder aufgebaut. Vor 1945 hatten die Häuser andere Fassaden (die Rekonstruktionen wurden anhand früherer ikonographischer Materialien vollzogen). Das Haus Nr. 4 an der Nordseite ist eines der schönsten Barockgebäude des heutigen Breslau.

Unweit östlich, an der Junkernstraße (ul. Ofiar Oświęcimskich) Nr. 1, kann man am **Haus des Kaiserlichen Rats Rybisch** den Renaissancestil von 1529 bewundern. An der **Roßmarkt** (ul. K. Szajnochy) genannten Straße unterhalb des Blücherplatzes stehen neben ehemaligen Handwerkerhäusern aus dem 16. Jahrhundert die ehemalige **Städtische Sparkasse** (Nr. 7/9), die 1891 von Plüddemann erbaut wurde, die neogotische **Stadtbibliothek** (sie besaß vor 1945 mehr als 164 000 Bücher und 43 000 Handschriften, heute hat hier die Universitätsbibliothek ihren Sitz), das alte **Stadtarchiv** sowie das **Palais Wallenberg-Palacky** (1785—1787 von C. G. Langhans) mit hohem Portikus, schönem Treppenhaus und herrlichem Saal (derzeit unzugänglich). 1790 besuchte Goethe das Palais.

Nebenan stand das **Geburtshaus Ferdinand Lassalles** (1825—1864), des Gründers des „Allgemeinen Deutschen Arbeiterverein". Vom Karlsplatz (bis 1826 Judenplatz), jetzt pl. Bohaterów Getta, gelangt man durch die Antonienstraße (ul. św. Antoniego) zur barocken St. **Antoniuskirche**, 1685 von Matthäus Biener als Hallenkirche mit Emporen errichtet.

Wenige Schritte nordwestlich vom Ring erhebt sich an der Ecke Nikolai- und Oderstraße (ul. św. Mikołaja/Odrzańska) die katholische Stadtpfarrkirche **St. Elisabeth** (Kościół św.. Elżbiety), die einst größte Kirche Schlesiens. Das dreischiffige, 29,7 m hohe Gotteshaus wurde 1241 begonnen und am Ende des 14. Jahrhunderts neu erbaut und besaß große Kunstschätze in den Ratsherrenkapellen. Das 1945 nicht zerstörte Bauwerk brannte am 20. 9. 1975 und am 9. 6. 1976 völlig aus. 1983/87 wurden das Dach des Kirchenschiffes und der Turm repariert.

Die Elisabethkirche besitzt drei polygon geschlossene Chöre und einen 83 m hohen Turm (1486) dessen Haube von 1535 während eines Brandes 1976 eingestürzt ist. Die heutige Haube ist eine Rekonstruktion. Von diesem Turm konnte man bis zum Zobten blicken.

Das Innere des Gotteshauses war vor den Bränden reich an Bildwerken (Plastiken, Epitaphien und Grabtafeln). Am Hochaltar (er befindet sich zur Zeit im National-Museum in Warschau) hing ein leider nicht erhaltenes Gemälde von Michael Willmann (1553), rechts und links Bildnisse Luthers und Melanchthons von Lucas Cranach (1564). Links vom Altar befindet sich ein 15 m hohes spätgotisches Sakramenthäuschen aus Sandstein von Jodokus Tauchen (1455). Sehr schön ist auch das spätgotische Chorgestühl. In der Dumlose-Kapelle hing die berühmte Dumlose-Kreuzigung von 1400 (zur Zeit im National-Museum in Warschau).

In der dritten nördlichen Kapelle vom Nordwest-Eingang aus stand bis 1945 ein Marienaltar mit dem Bildnis „Maria mit dem Einhom" von 1470, der 1946 von seinem Auslagerungsort Kamenz nach Warschau gebracht wurde und dort heute im Nationalmuseum steht. Die Szenen am Altar wurden nach den Kupferstichen von Martin Schongauer geschaffen. Daneben gab es in dem Gotteshaus zahlreiche Grabdenkmäler deutscher Patrizierfamilien. Hervorzuheben ist das des kaiserlichen Rates Heinrich Rybisch (gest. 1544), rechts vom Hochaltar das des kaiserlichen Leibarztes Crato v. Krafftheim (gest. 1585) mit feinem Alabasterrelief im nördlichen Seitenschiff am zweiten Pfeiler vom Altar aus. Beachtenswert waren ferner das Grabmal Sebald Sauermanns (gest. 1597), das Epitaph Johann Georg v. Wolffs (gest. 1722) von Fischer von Erlach mit einer Büste von Maximilian Brockhoff Berühmt war auch die größte Barockorgel Schlesiens (Engler-Orgel). Sie wurde ein Opfer des Brandes von 1976. Neben der Elisabeth-Kirche lohnen in der Oderstraße (ul. Odrzańska) ein gotisches (15. Jahrhundert) und ein barockes Haus (Altaristenhäuser „Hänsel und Gretel", 17. Jahrhundert) einen Blick.

Dann gehen wir auf der Nikolaistraße (ul. św. Mikołaja) in westlicher Richtung zur diese kreuzenden, einst überaus malerischen **Weißgerberohle** (ul. Bialoskórnicza). Sie war neben dem Molinarihaus in der Albrechtstraße Schauplatz von Gustav Freytags Roman „Soll und Haben". Die Gasse wurde bis 1866 von der Ohle durchflossen und besaß einzigartige Erkerhäuser aus dem Mittelalter.

Westlich erhebt sich an der Nikolaistraße (ul. św. Mikołaja) die im 14. Jahrhundert als Tochterkirche von St. Elisabeth erbaute und der russisch-orthodoxen Gemeinde dienenden **Barbarakirche** (Kościół św.. Barbary) mit mittelalterlichen Wandmalereien. Im Vorbau der Sakristei hing bis 1945 das älteste Tafelbild Schlesiens, das die 1309 verstorbene Barbara Poley mit zwei Töchtern, von Johannes d. Evangelisten dem Heiland empfohlen, zeigte.Der herrliche Barbaraaltar befindet sich heute im Nationalmuseum in Warschau, das Tafelbild ist verschwunden. Beachtenswert auch das Pesttor an der Südseite mit dem Spruch: „Dein Endt, O Mensch, ist vor der Tür. Thu Buß, weil du noch lebst allhier" von 1632, als in Breslau die Pest ausgebrochen war.

Geht man von der Barbarakirche gen Norden, so gelangt man zum **Allerheiligenhospital** (szpital im J. Babińskiego), das 1526 von dem

Breslauer Reformator Dr. Johann Heß erbaut und 1837, 1871 und 1902 zu einem der modernsten Krankenhäuser des Deutschen Reiches ausgebaut wurde. Noch weiter nördlich steht an der Oder das **Zeughaus** (Arsenał), daneben ehemalige Speicher und Wehrmauern aus dem 15. bis 16. Jahrhundert. Zur Zeit beherbergt das Zeughaus eine Abteilung des Historischen Museums.

Von der Barbarakirche gehen wir zum nahen **Königsplatz** (plac 1 maja) am Stadtgraben, wo früher das Nikolaitor stand. Bis 1945 erhob sich auf dem Platz ein **Bronzemonument des Fürsten Bismarck** von Breuer (1900). Erhalten dagegen ist der Bismarckbrunnen mit zwei Sandsteingruppen und Kaskaden von Seger (1905) und L. Sehring.

In der westlich anschließenden Nikolai-Vorstadt steht in der Fischergasse (ul. Rybacka), die vom westlich des Königsplatzes gelegenen Wachtplatz (plac Czerwony) nach rechts abzweigt, ein Holzkreuz, das zur Erinnerung an die 1945 zerstörte **Nikolaikirche** hier errichtet wurde. Die dreischiffige Basilika wurde 1175 von Fischem gegründet und 1883 erneuert.

ZWEITER RUNDGANG

Vom Ring gehen wir diesmal durch die an dessen Ostseite beginnende Ohlauer Straße (ul. Oławska) zur **St.-Maria-Magdalenen-Kirche** (Kościół św.. Marii Magdaleny). Das dreischiffige und zweitürmige Gotteshaus im Stil der Gotik wurde 1359—1386 auf den Fundamenten einer älteren Kirche errichtet. Im 16. Jahrhundert fanden hier die ersten Predigten des Reformators Johann Hess statt. Am 7. 5. 1945 brannte die mächtige evangelische Kirche aus (durch Brandstiftung) und wurde nach ihrem Wiederaufbau der katholischen polnischen Nationalkirche als Bethaus übergeben. An der Südseite der Hallenkirche befindet sich ein über 5 m hohes spätromanisches Portal im burgundischen Stil. Es stammt von dem 1529 abgebrochenen Vinzenzkloster Elbing. Das Tympanon des Portals, das mit seinem reichen Figurenschmuck zu den schönsten romanischen Arbeiten in Schlesien gehört, befindet sich jetzt im Nationalmuseum in Breslau. Daneben ein Renaissance-Portal von 1578. Im Südturm hing bis 1945 die sogenannte „Arme-Sünder-Glocke" (1386). Die ganze Ostwand wurde früher von einem riesigen Fenster eingenommen.

Rechts vom Altar steht ein von Friedrich Groß geschaffener Taufstein. Das kunstvolle Eisengitter stammt aus dem Jahre 1576 und wurde von

Simon Laubner geschaffen. Links vom Altar sieht man eine schöne Wendeltreppe mit schmiedeeisernem Geländer von 1661. In der Kapelle über dem Nord-Eingang hängt ein aus Holz geschnitztes Hochrelief, der heilige Lukas, die Jungfrau malend, vom Anfang des 16. Jahrhunderts. Sehenswert sind ferner die zahlreichen Epitaphien an der Außenmauer, u.a. von Oswald Winckler (1517), Adam Caspar v. Arzat, Margarethe Irmisch (1518) und Octavio Pestaluzzi v. Rauchmiller.

In einer Seitenkapelle der Magdalenenkirche befindet sich die früher an einer Ecke des Predigerhauses stehende Betsäule von 1491, fälschlich Dompnigsäule genannt, nach dem 1490 hingerichteten Ratshauptmann Heinz Dompnig.

In der Albrechtstraße (ul. Wita Stwosza), die nördlich der Kirche in West-Ost-Richtung verläuft, befindet sich (Nr. 32) das Gebäude des **Oberpräsidiums** von Langhans d. Ä. im klassizistischen Stil, nach 1760 als Palais des Fürsten Hatzfeld erbaut. Nur der Portikus ist vom alten Gebäude erhalten. Zur Zeit beherbergt es eine Galerie der modernen Kunst. Vom ebenfalls an der Albrechtstraße stehenden Molinariushaus, in dem Gustav Freytags Roman „Soll und Haben" spielt, stehen nur noch die gotischen Gewölbe.

Am östlichen Ende der Straße, Ecke Katharinenstraße (ul. sw. Katarzyny) erhebt sich die frühgotische **St. Adalbertkirche** (Dominikaner-Kirche, Kościół św.. Wojciecha) aus dem 13. und 14. Jahrhundert mit Fundamenten von 1112. Erbauer war Boleslaus, der Bruder des Wikingers Peter Wlast. An der Westseite befindet sich ein malerischer Backstein-Giebel von 1492 und an der Südseite die schöne barocke Ceslauskapelle (Czesław Odrowąż) von Benedikt Miller (1711 bis 1718). Das 1945 schwer beschädigte Gotteshaus wurde inzwischen wiederaufgebaut und innen modern gestaltet. Von der alten Kirche sind die Fresken von Jakob Eybelwieser und die Gemälde von Franz de Backer sowie der Sarkophag von Leonhard Weber (1725) erhalten.

Dort, wo sich die Kirche befindet, kreuzten sich einst zwei uralte Handelsstraßen, die von der Ostsee zum Mittelmeer führende „Bernsteinstraße" und die „Hohe Straße" von Mitteldeutschland über Krakau und Lemberg nach Kiew. Hier machten einst die böhmischen Pilger auf ihrem Weg von Prag zum Grab des heiligen Adalbert in Gnesen Station. Nördlich anschließend an die Adalbertkirche erhebt sich die gotische **Katharinenkirche** (Kościół św. Katarzyny) aus dem

15. Jahrhundert. Sie diente seit 1843 den Altlutheranern als Gotteshaus und beherbergt z. Zt. eine Imbißstube.

Geht man von der Adalbertkirche über den Dominikanerplatz (plac Dominikański) in östlicher Richtung, so kommt man zur Kirchstraße (ul. Bernardyńska), in die wir nach links einbiegen. Einige Schritte weiter erheben sich rechter Hand am Ohlauer Ufer (ul. J. Słowackiego) **Kloster und Kirche zu St. Bernhardin** (Kościol i klasztor bernardynów), das Reste eines Kreuzganges vom Ende des 15. Jahrhunderts besitzt. Heute ist in dem Bauwerk, das 1450 von dem fanatischen italienischen Mönch Johannes Capistrano gestiftet wurde, ein Architektur-Museum (Muzeum Architekury) untergebracht. Beachtenswert sind besonders das romanische Jaxa-Tympanon von 1165 und die Glasfenster (geöffnet Mi., Sa. 11—16 Uhr, Do., Fr. 11 bis 15 Uhr, So. 11—17 Uhr).

Von hier gehen wir zurück zur Katharinenstraße und biegen in diese nach rechts zum nördlich gelegenen **Neumarkt** (Nowy Targ) ein. Auf dem 1263 angelegten Markt, dessen alte, 1945 zerstörte Giebelhäuser durch schlichte Wohnbauten ersetzt wurden, stand vor 1945 ein Springbrunnen mit einer Neptunfigur, die den Dreizack schwang. Die Breslauer nannten sie liebevoll „Gabeljürge". Die aus dem Jahre 1732 stammende Figur ist heute verschwunden. Weithin bekannt waren der früher auf dem Neumarkt stattfindende Kindlmarkt, der älteste Weihnachtsmarkt Deutschlands (noch vor dem Nürnberger gegründet) und (seit 1908) der Tippelmarkt.

DRITTER RUNDGANG

Von der Ostseite des Rings gehen wir diesmal auf der Schweidnitzer Straße (ul. Swidnicka), der alten Hauptgeschäftsstraße der Stadt, in südlicher Richtung zu der 1351 von dem deutschen Kaiser Karl IV. gestifteten turmlosen **Dorotheenkirche** (Kościół św. Doroty i św. Stanisława), die durch ihr gewaltiges Giebel- und Strebewerk beeindruckt. Die 83 m lange Hallenkirche gehörte zunächst den Augustinern. Das einst danebenstehende Franziskanerkloster wurde 1890 abgerissen. An seiner Stelle wurde ein Kaufhaus im Jugendstil erbaut, das nach 1895 in das Hotel „Monopol" umgestaltet wurde. Die Kirche überstand das Inferno von 1945 und besitzt ein gewaltiges Dach und im gotischen Innern ein prachtvolles Barock- und Rokoko-Interieur (1720—1730). Baumeister soll der Sohn des Peter Parler gewesen sein , der entscheidend am Bau des Prager Veitsdoms (1352) mitgewirkt hat. Beachtenswert: das Bildnis der Muttergottes und des Schmerzenmannes (um 1410) und das Grabmal des Freiherrn von Spaetgen, rechts vom Eingang. Das 1753 von Franz Joseph Mangold geschaffene Denkmal gilt als bedeutendste Plastik des schlesischen Rokoko (Besichtigung vor und nach der Früh- und Abendmesse).

Etwas südlich der Kirche erhebt sich das neoklassizistische **Stadttheater** (Opera). Es wurde 1837—1841 von Langhans d. J. errichtet und 1871 nach einem Brand wiederaufgebaut.

Die gegenüberliegende turmlose **Corpus-Christi-Kirche** (Kościół Bożego Ciała) wurde zwischen dem 14. und dem 15. Jahrhundert im gotischen Stil für die Johanniter errichtet. Die dreischiffige Backstein-Basilika mit ihrem steilen Giebel besitzt eine Pietà von Urbansky. Die Altäre St. Johannes und Maria Tod wurden nach Warschau gebracht. In dem ehemaligen **Café Torwache**, das von Zinnen gekrönt ist, befindet sich jetzt eine Kunstgalerie. Auf der anderen Seite des Stadtgrabens steht das **Warenhaus „Centrum"** (1929 von Wertheim errichtet). Auf dem Gelände der Grünanlage am Stadtgraben steht ein bronzenes **Denkmal** (Amor auf dem Pegasus, 1910, Theodor v. Gosen). Früher befand sich hier das Schweidnitzer Tor.

Östlich des Gotteshauses steht das 1892 erbaute Haus der 1805 gegründeten „Kaufmännischen Zwinger- und Ressourcen-Gesellschaft" („Kaufmännischer Zwinger") mit großem Garten. Daran anschließend erstreckt sich der **Zwinger-Garten** mit einem bronzenen Denkmal (Amor auf dem Pegasus, 1910 von Theodor v, Gosen geschaffen), einst eine anmutige Promenade, der an der Stelle der ehemaligen Festungswerke liegt.

Entlang dem Stadtgraben (Podwale) gelangt man von hier zur östlich gelegenen ehemaligen **Taschenbastion** (Bastion Sakwowy) mit der **Liebichshöhe** (Wzgórze Partyzantów = Partisanenhügel). Bis 1945 stand hier das 1867 im Neo-Renaissancestil erbaute Belvedere mit klassizistischen Arkaden. Heute befindet sich hier ein Café. Die Höhe wurde einst von einem von einer 3 m hohen Viktoria des Bildhauers Christian Rauch gekrönten Turm überragt. Sie wurde zerstört (in den Kellern befand sich der Gefechtsstand des deutschen Festungskommandanten) und später abgetragen. In den Kellern befand sich das **Museum der Belagerung** (Muzeum Historyczne).

An der Südseite der Liebichhöhe steht der stark zerstörte **Gustav-Freytag-Brunnen** von 1907, unten westlich stand eine Büste Schleiermachers, der am 21. 11. 1768 in Breslau geboren wurde.

Durch die Taschenstraße (ul. Ks. P. Skargi) und die von ihr nach links abzweigende Ohlauer Straße (ul. Oławska) gelangt man von der Liebichhöhe zur nordwestlich stehenden evangelischen **St. Christophorikirche** (Kościół św. Krzysztofa) am Christophoriplatz (plac św. Krzysztofa). Das Gotteshaus mit bemerkenswertem steilen Ziegeldach (15. Jahrhundert) wird 1268 erstmals als Begräbniskirche von St. Maria-Magdalena erwähnt. An der Nordseite des Langhauses ist das lebensgroße Standbild des heiligen Christophorus von 1642 beachtenswert. An der Außenwand befindet sich die Grabplatte des Baumeisters Christoph Hackner. Das Gotteshaus ist heute die einzige den Deutschen verbliebene evangelische Kirche Breslaus (Gottesdienst sonntags um 9.30 Uhr). Bis zum Beginn des 19. Jahrhunderts wurden in dieser ehemaligen Kirche der Kürschner auch polnische Gottesdienste abgehalten, und zwar für die in Breslau zu Besuch weilenden polnischen Handelspartner der deutschen Kürschner.

Nordöstlich des Gotteshauses erstreckt sich auf dem ehemals vom Graben, der Kätzel-Ohle und dem Kathenberg eingenommenen Gelände der **Plac Dominikański** (Dominikanerplatz). In der südlich vom Christophoriplatz verlaufenden Weidenstraße (ul. Wierzbowa) steht das barocke **Palais Oppersdorf** (Nr. 30), in dem August der Starke auf dem Wege von Sachsen nach Polen häufig übernachtet hat. Bis 1945 hatte hier der Verlag der „Schlesischen Zeitung" seinen Sitz. Am Ende der Weidenstraße (Ecke Taschenstraße/ul. P. Skargi) steht das **Stadtpalais der Grafen Henckel von Donnersmark**, in dem später die von Friedrich dem Großen gegründete Generallandschaft (Kreditinstitut für die Landwirtschaft) ihren Sitz hatte.

VIERTER RUNDGANG

Westlich vom Opernhaus erstreckt sich der große Schloßplatz (pl. Wolności) mit dem **Königlichen Schloß** (dawny pałac Spaetgenów) aus dem 18. Jahrhundert. Das Schloß ging aus dem 1719 erbauten Palais des Freiherrn v. Spaetgen hervor. Seit 1741, als Friedrich der Große hier einzog, war es Residenz der preußischen Könige und ab 1871 der deutschen Kaiser bei ihren Besuchen in Schlesien. Das Palais wurde dazu 1750—1755 durch den kgl. Baudirektor Johann Boumann

d. Ä. aus Amsterdam ausgebaut, 1796/97 von C. G. Langhans durch ein Quergebäude erweitert, 1858—1868 mit zwei Flügeln und einem kollonadenumstandenen Ehrenhof umschlossen. In seinem Arbeitszimmer im Langhansbau stiftete Friedrich Wilhelm III. am 10. März 1813 das Eiserne Kreuz und unterschrieb sieben Tage später den „Aufruf an mein Volk". Daneben lagen die wertvolle Bibliothek und das Musikzimmer Friedrichs des Großen. Nach dem Kriege brannte das Schloß 1945 ab und wurde zum größten Teil abgetragen. Erhalten sind das Palais Spaetgen (1719, von Peintner nach einem Entwurf Fischer von Erlachs) und der Ehrenhof an der Karlstraße (ul. Kazimierza Wielkiego) 33. Heute befindet sich in dem Gebäude das **Ethnographische und Archäologische Museum** (Muzeum Etnograficzne, Muzeum Archeologiczne), das die Nachfolge des Schlesischen Museums für Kunstgewerbe und Altertümer (ehemaliges Ständehaus an der Westseite des Schloßplatzes) angetreten hat. Das Ständehaus war 1897—1899 für die Zwecke des Museums umgebaut worden. Das Museum ist berühmt für seine umfangreichen Sammlungen aus allen Teilen der Provinz Schlesien.

In der vorgeschichtlichen Abteilung sind besonders die reichen Funde aus den drei wandalischen Fürstengräbern von Sakrau und weitere Fundstücke aus der Frühzeit Schlesiens beachtenswert.

In der kunstgeschichtlichen Abteilung kann man schlesische Trachten und Hauben, Hinterglasmalerei und Einrichtungsgegenstände aus dem Mittelalter sehen. Interessant sind auch die Töpferarbeiten aus Bunzlau, die alten Textilien und der schöne Schmuck. Beide Museen sind geöffnet: Mi., Do., Fr. 10—16 Uhr, Sa., So. 10—17 Uhr.

Neben dem Schloß erhebt sich die rechteckige barocke **Hofkirche** (Kirche der Vorsehung Gottes bzw. z. Zt. Kościół Opatrznósci Bożej), 1747—1750 von Ernst G. Kalkbrenner für die reformierte Gemeinde, mit ihrem ovalen Saal und zwei Emporen. Sie wurde zum Vorbild für viele andere evangelischen Kirchen in Schlesien und dient heute der evangelisch-augsburgischen Gemeinde als Bethaus. Westlich gegenüber dem Schloß steht die **Neue Börse** (1864—1867) von Lüdecke.

Vom Schloßplatz gelangt man durch die nach Westen führende Wallstraße (ul. P. Wlodkowica) zur klassizistischen **Synagoge zum weißen Storch** (Synagoga Pod Białym Bocianem) Nr. 7 von C. F. Langhans (1827 bis 1829). Hier befand sich früher das weltberühmte Breslauer Rabbinerseminar. Rings um das Gotteshaus und den nahen Karlsplatz (plac Bohaterów Getta) lag einst das Judenviertel. 1930

BRESLAU

Plan der Altstadt

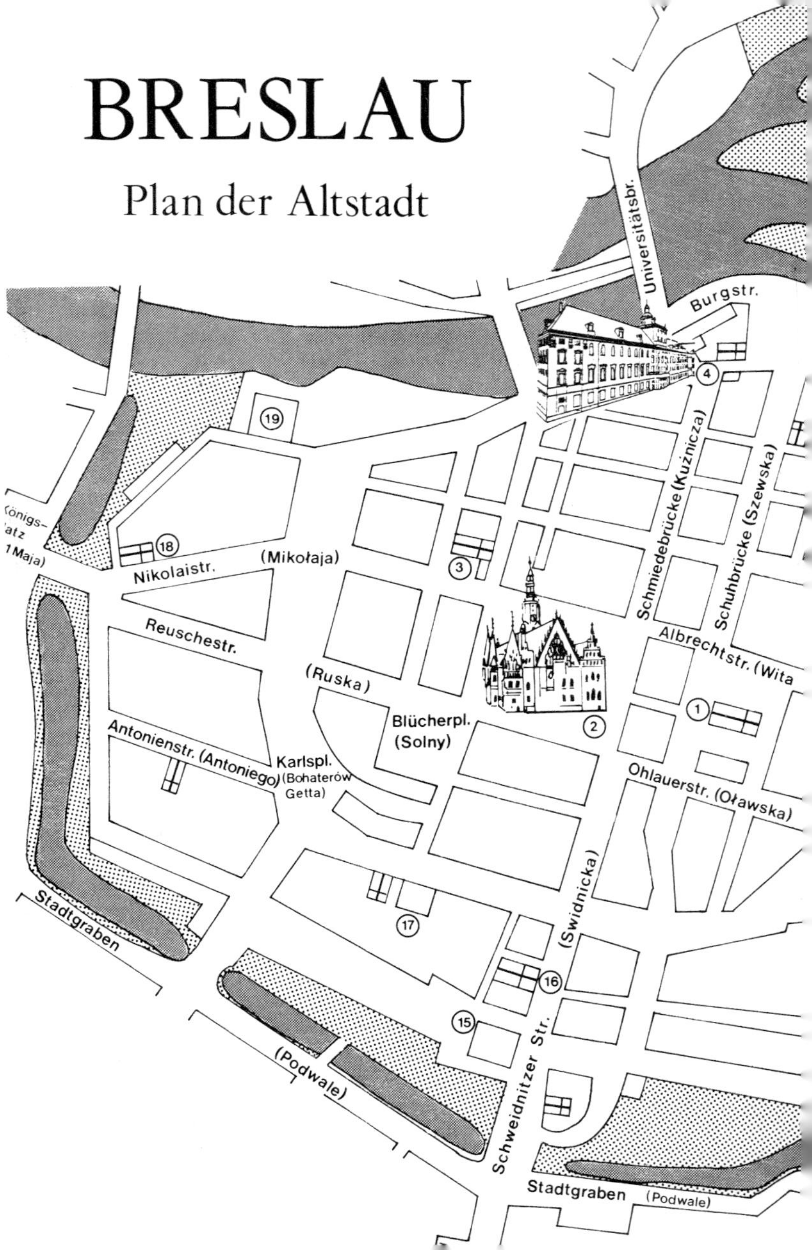

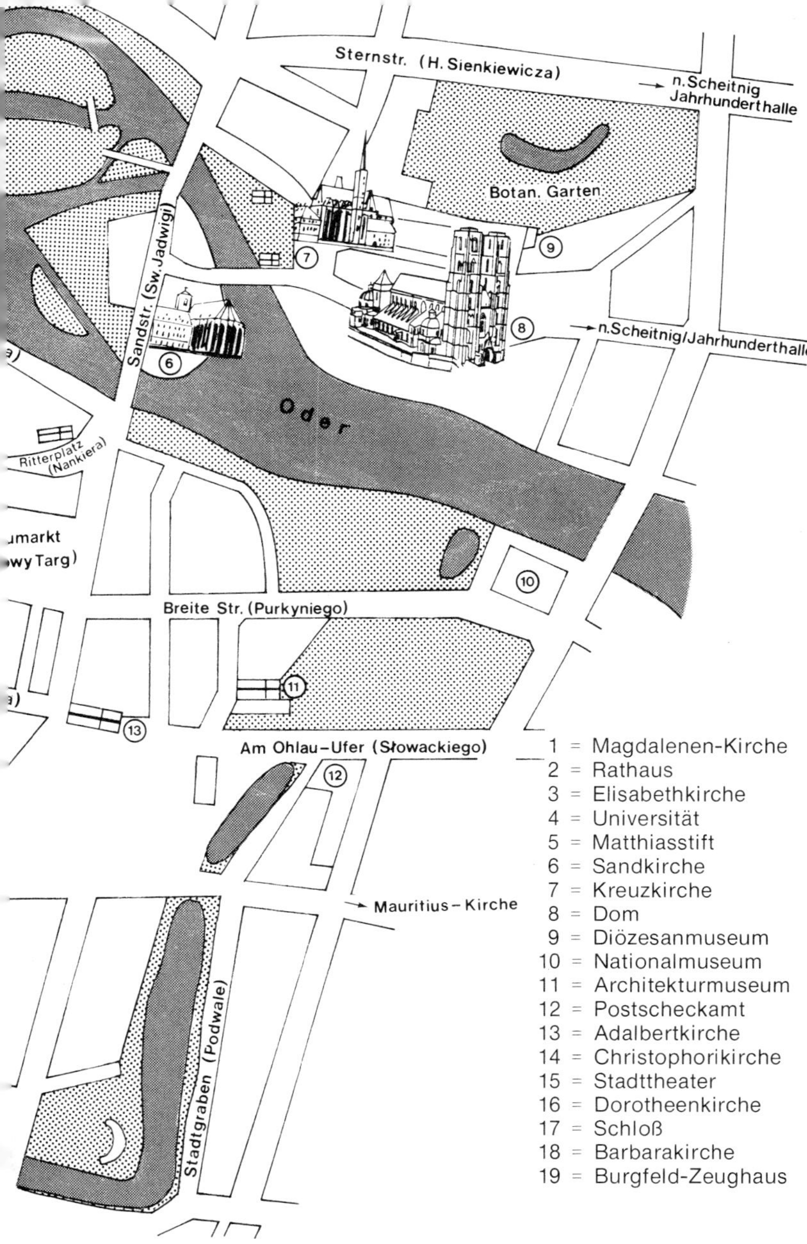

1 = Magdalenen-Kirche
2 = Rathaus
3 = Elisabethkirche
4 = Universität
5 = Matthiasstift
6 = Sandkirche
7 = Kreuzkirche
8 = Dom
9 = Diözesanmuseum
10 = Nationalmuseum
11 = Architekturmuseum
12 = Postscheckamt
13 = Adalbertkirche
14 = Christophorikirche
15 = Stadttheater
16 = Dorotheenkirche
17 = Schloß
18 = Barbarakirche
19 = Burgfeld-Zeughaus

lebten in Breslau rund 30 000 Juden. Die Stadt hatte damit die drittgrößte jüdische Gemeinde des Deutschen Reiches (nach Berlin und Frankfurt/M.). Hier stand auch die Wiege des Schriftstellers Emil Ludwig (1881 bis 1948), der zahlreiche historische Biographien publizierte.

FÜNFTER RUNDGANG

Von der Synagoge zum Storch gelangt man durch die über den Stadtgraben führende Neue Graupenstraße (ul. Sądowa) in die südlich davon gelegene Schweidnitzer Vorstadt. Linker Hand sieht man die Gebäude des ehemaligen **Land- und Amtsgerichts**.

Am südlich anschließenden Museumsplatz (plac Muzealny) befand sich einst in einem 1875—1880 erbauten (nach 1945 zerstörten) Ziegelrohbau mit zehnsäuliger Vorhalle ionischer Ordnung und hoher Kuppel das **Schlesische Museum der bildenden Künste**. Vor der Freitreppe stand bis 1945 ein bronzenes Reitermonument Kaiser Friedrichs III. (1901, von Brütt). Hier war vor dem Zusammenbruch im Vestibül die permanente Ausstellung des schlesischen Kunstvereins zu sehen. Berühmt war die Kupferstichsammlung mit 30 000 Blättern (u. a. von Dürer und Rembrandt). Im oberen Stockwerk befand sich die umfangreiche Bildergalerie mit Werken von Menzel, Lenbach, Modersohn, Willmann, Lucas Cranach, Spitzweg und anderen Malern. Heute befindet sich ein großer Teil der Sammlung im neuen Nationalmuseum (ehemaliges Regierungsgebäude). Viele der wertvollsten Ausstellungsstücke wurden nach Warschau gebracht oder sind verschollen.

Durch die westlich vom Museumsplatz abzweigende Eichbornstraße (ul. Świebodzka) gelangen wir zum Gelände, auf dem einst die **Neue Synagoge** (1872, von Oppler) stand. Sie wurde 1938 ein Opfer der Nationalsozialisten. Am Tauentzienplatz (plac Tadeusza Kościuszki) stand bis 1945 das von Langhans geschaffene klassizistische **Grabmal des Grafen v. Tauentzien** (gest. 1791), der 1760 im Siebenjährigen Krieg einen Angriff des österreichischen Feldmarschalls Gideon Ernst Freiherr v. Laudon (1717—1790), einem gebürtigen Livländer, auf Breslau zurückschlug. Auf einem Unterbau mit zwei Bronzereliefs stand der Marmorsarkophag mit Schadows Reliefbildnis des Grafen. Darüber eine ruhende Kriegsgöttin. Sekretär des Generals war übrigens

Gotthold Ephraim Lessing (1729—1781). Weiter südlich, an der Theaterstraße (ul. G. Zapolskiej) steht das **Stadttheater** (Teatr Polski).

Vom Tauentzienplatz gehen wir auf der Neuen Schweidnitzer Straße (ul. Swidnicka) zur südlich in West-Ost-Richtung verlaufenden Gartenstraße (ul. gen. Karola Świerczewskiego) und auf dieser nach Osten. Linker Hand steht (Nr. 74) das **Landeshaus der Provinz Schlesien** (Dawny Dom Krajowy), das aus dem Jahre 1896 stammt. Daneben steht das einst ausgezeichnete Hotel "Vier Jahreszeiten" (heute wieder Hotel).

Weiter östlich liegt der 1856 als erster Großbahnhof des Deutschen Reiches im Tudorstil errichtete **Hauptbahnhof** (Dworzec Główny). Einst befand sich gegenüber dem Hauptbahnhof ein jüdischer Friedhof. Er wurde aber noch im 19. Jahrhundert aufgelöst.

Die südwestliche Fortsetzung der Neuen Schweidnitzer Straße ist die Kaiser-Wilhelm-Straße (ul. Powstańców Śląskich). An ihrer Kreuzung mit der Augustastraße (ul. Pabianicka) erhob sich früher ein **Bronzestandbild Moltkes**, von K. v. Üchtritz (1899). Eine halbe Stunde weiter südlich des Tauentzienplatzes, jenseits des Hindenburgplatzes (plac Powstanćow Slaskich), steht an der Hohenzollernstraße (ul. Sudecka) der 45 m hohe **Wasserturm** (Wieża ciśnień). Dahinter beginnt die Villenvorstadt **Kleinburg** (Borek) mit dem **Südpark.** Weiter südlich liegt ein riesiger sowjetischer Soldatenfriedhof mit Mausoleum.

Von der westlich an der Umgehungsbahn gelegenen **Benderhöhe** (Kinder-Zobten) bietet sich ein schöner Blick nach dem Zobten im Süden der Stadt.

SECHSTER RUNDGANG

Geht man vom Ring durch die Oderstraße (ul. Odrzańska) nach Norden, so stößt man nach 150 m auf die Kupferschmiedestraße (ul. Kotlarska). Links zweigt die **Große-Fleischbänken-Gasse** ab, in deren erhaltenen mittelalterlichen Häusern Kunstgalerien zu finden sind. Dann gehen wir auf der Kupferschmiedestraße (ul. Kotlarska) über die Stockgasse (ul. Wiezienna, es steht hier das Gebäude des einstigen Gefängnisses) zur Schmiedebrücke (ul. Kuźnicza) genannten Straße, mit dem Barockhaus **„Zum Silbernen Helm"** (Pod Srebrnym Hełmen, Nr. 12) von 1700 und dem Haus **„Zum Goldenen Zepter"** (Pod Złotym Berłem, Nr. 22). Im letzteren wohnte in den Tagen der deutschen Erhebung gegen das napoleonische Joch (1813) der Freiherr v. Stein. Außerdem befand sich damals in dem Gebäude das Meldebüro des Freikorps Lützow.

Von hier gelangen wir zur **St. Matthiaskirche** (Kościół Imienia Jezus – Uniwersytecki). Diese 1689 von dem Breslauer Matthäus Biener begonnene und 1698 von seinem Schwiegersohn Johann Georg Knoll vollendete Universitätskirche steht auf romanisch-gotischen Fundamenten und ist eines der schönsten Bauwerke des deutschen Barock. Die einschiffige Hallenkirche wurde nach dem Vorbild der römischen Kirche "Il Gesù" geschaffen, der Hauptkirche der Jesuiten und der Münchener St. Michaelkirche. Beachtenswert sind die Fresken von Michael Rottmayr (1705—1707) aus Rosenbrunn in Bayern, dem bedeutendsten deutschen Freskenmaler des Spätbarock, und die Stuckarbeiten von Christoph Tausch (1722—1728). Auf dem Hof des danebenstehenden Steffens-Hauses (1734—1755 als das dem hl. Joseph geweihte Jesuitenkonvikt gebaut) steht eine Statue der hl. Łucja aus Syrakus. Die Figur stand einst vor dem Portal des Hauses und wurde 1812 dem Herausgeber W.G. Korn verkauft. Korn bestimmte sie für die Kapelle in Oswitz (Osobowice). Nach 1938 wurde sie wieder auf den Hof verlegt. Sie ist ein spätes (1753) Kunstwerk von J.A. Siegwitz.

Links davon steht am Universitätsplatz (plac Uniwersytecki) die **Schlesische Friedrich-Wilhelm-Universität** (Uniwersytet Wrocławski), ein langgestreckter Bau (135 m). Ursprünglich befand sich an dieser Stelle die alte deutsche Kaiserburg, die nach einem Plan von Christoph Hackner zwischen 1728 und 1741 von Blasius Peintner und Michael Frisch nach Wiener Vorbildern als Jesuiten-Kollegium umgebaut wurde. 1811 entstand aus der Zusammenlegung des Kollegiums mit der Universität von Frankfurt/Oder die heutige Universität.

Wir betreten das Gebäude durch das reich mit allegorischen Motiven geschmückte Portal (von Albrecht Siegwitz) des Collegium Maximum der Leopoldinischen Akademie. Beachtenswert sind der Astronomische Turm über dem Treppenhaus mit Figuren von Mangold, die das Kirchenrecht, die Astronomie, die Theologie und die Medizin symbolisieren. Im Erdgeschoß liegt die ehemalige Konvikts-Apotheke (heute Teestube). Sie entstand 1736—1737 und besitzt ein prächtiges Deckengemälde des Müncheners Felix Anton Scheffler. Über die prunkvollste zweiläufige Barocktreppe Schlesiens gelangt man in den ersten Stock. Am Aufgang lohnen die Fresken Schefflers eine nähere Betrachtung. Sie stellen die schlesischen Fürstentümer und ihre Residenzen dar.

Berühmt ist die Große Aula (Aula Leopoldina), die man von der Vorhalle im ersten Stock durch ein prächtiges geschnitztes und zweiflügeliges Eichentor betritt. Das Interieur der Aula ist im prunkvollen Stil des Barock ausgeschmückt. An der Decke sieht man das Fresko „Gloria der göttlichen Weisheit" von Johann Christoph Handke aus Olmütz (1732). In den Nischen stehen die Statuen berühmter Gelehrter und die Standbilder der drei deutschen Kaiser Leopold I., Joseph I. und Karl VI. von Mangold. Auf einer Logenbalustrade steht eine Büste des kaiserlichen Statthalters Graf Schaffgotsch, darüber kann man das Fresko „Schlesiens Ehre" sehen. An der Nordseite der Fensterpfeiler hängt das Porträt König Friedrichs II. von Preußen.

Der im Erdgeschoß liegende Musiksaal (kleine Aula oder Oratorium Marianum), der ebenso prächtig ausgestattet war, wurde ein Opfer des Krieges. Es sind außerdem zwei Palais erhalten, das z.Zt. Kamienica Piastów Opolskich genannte Bauwerk von 1532 und das Kamienica Piastów Legnicko-Brzeskich, die das historische Institut und das kunsthistorische Institut beherbergen.

In dem 1734—1754 von Michael Frisch errichteten schloßartigen **Josephskonvikt** im Osten des Universitätsplatzes hielt am 8. 2. 1813 der norwegische Philosophieprofessor Henrick Steffens seine berühmte Rede an die Studenten, in der er sie zur Erhebung gegen Napoleon aufrief. Sehr schön ist die reich gegliederte, zierliche Fassade des Schlößchens mit Balkon und Zwerchgiebel. Heute ist in dem Gebäude das Anthropologische Institut untergebracht.

Südlich der Universität steht der hübsche **Fechterbrunnen**, den der aus Znaim (Böhmen) stammende Bildhauer Hugo Lederer geschaffen hat. In östlicher Richtung, am Ritterplatz (pl. Nankiera) steht das **Ursulinenkloster** (Klasztor Urszulanek) von 1257 (1699—1701 neu erbaut) mit seinem schönen Turm. Neben dem Kloster steht die barocke einschiffige **Klarakirche** (Kościół Urszulanek) von Georg Knoll mit dem Mausoleum schlesischer Herzöge in der anliegenden, nach dem Kriege gotisch rekonstruierten St. Hedwig-Kapelle. Gegenüberbefindet sich das romanische **Haus der Trebnitzer Fräulein** (Dom Panien Trzebnickich) von 1200.

Südlich des Klosters sieht man am Ritterplatz (plac Biskupa Nankiera) die lange, dreischiffige **Vinzenzkirche** (Kościół sw. Wincentego), die im 14.—15. Jahrhundert entstanden ist und früher Minoritenkirche zu St. Jakob hieß. Der gotische Backsteinbau besaß in der 1945 ausgebrannten barocken Hochberg-Kapelle von Christoph Hackner (1723—1727) großartige Fresken, die von Wenzel Lorenz Rainer stammen. Das Grabmal Heinrichs II. von Schlesien, das sich vor 1945 in der Kirche befand, ist heute im Nationalmuseum aufgestellt. In der Kirche wird ein Museum sakraler Kunst eingerichtet. Bei dem Gotteshaus befand sich um 1200 das erste von deutschen Kaufleuten gebaute Kaufhaus. Daneben standen die Hütten des alten Burgfleckens Breslau. Heute steht hier die **Ritter-Markthalle** (Hala targowa) von 1908.

Das ehemalige **Prämonstratenser-Kloster** (später St. Vinzenzkloster) neben der Kirche wurde 1682—1697 von Hans Fröhlich geschaffen. Es besitzt einen schönen Kreuzgang und war von 1810 bis 1945 Sitz des Oberlandesgerichts. Jetzt hat hier das philologische Institut der Universität sein Domizil.

Im ehemaligen **Matthiasstift** (św. Macieja zw. Gimnazjalnym) an der Burgstraße (ul. Grodzka), das 1243 von Herzogin Anna, der Witwe des bei Wahlstatt gegen die Mongolen gefallenen Herzogs Heinrich II., als Elisabethhospital gegründet und den Prager Kreuzherren vom Roten Stern übergeben wurde, diente später als katholische Stadtschule und wurde die Keimzelle der „Universitas Leopoldinae". Die Innenräume wurden 1675—1715 von Simon Wiedemann und Christoph Fischer aus Freiburg/Sachsen mit schönen, von einer zierlichen Kuppel gekrönten Giebeln an der Oderseite umgebaut und beherbergten von 1810 bis 1945 das katholische Matthiasgymnasium. Hier ging u. a. Joseph Freiherr v. Eichendorff 1802—04 zur Schule. Hier ist die Lemberger Ossoliński-Bibliothek untergebracht. Beachtenswert ist der idyllische weinberankte Innenhof im italienischen Spätrenaissancestil mit seinem Brunnen.

An der Ecke Schuhbrücke (ul. Szewska) und Ursulinenstraße (ul. Uniwersytecka) steht die im 13. Jahrhundert errichtete gotische **Gymnasialkirche**. Hier wurde Angelus Silesius (1624—1677), Dichter des „Cherubinischen Wandermanns" (1674), bestattet.

Vor dem Gotteshaus steht auf einem idyllischen Platz unter alten Kastanienbäumen die eindrucksvolle **Nepomuksäule** von dem Breslauer Bildhauer Johann Georg Urbansky. Nahebei (Schuhbrücke/

ul. Szewska, Nr. 49) lebte der Dichter Martin Opitz (1597—1639) als Sekretär des kaiserlichen Kammerpräsidenten Burggraf Hannibal v. Dohna und schrieb 1624 sein „Buch von der Deutschen Poeterey". Über die **Werderbrücke** (Most Pomorski) kommt man zum nordwestlich gelegenen **Bürgerwerder** (Kępa Mieszcańska), das von zwei Oderarmen umflossen wird. An der Werderstraße (ul. Księcia Witolda) steht hier die **Werder-Kaserne**, die 1769—1789 gebaut wurde.

Von der Universität gelangt man durch das „Kaisertor" über die **Universitätsbrücke** (Most Uniwersytecki), mit schönem Blick auf die Hochschule und die Sandinsel, und durch die Matthiasstraße (ul. Jedności Narodowej) zur **Elftausend-Jungfrauen-Kirche** (Kościół Opieki św. Józefa), einem Zentralbau von Langhans d. J. (1821—1823). Ursprünglich stand an dieser Stelle ein um 1400 gestiftetes Hospital für aussätzige Frauen mit Kapelle. Über dem Eingang sieht man zwei schöne Wappentafeln und in der Mitte Christus am Kreuz (um 1500, von dem abgebrochenen Nikolaitor stammend) aus Sandstein.

SIEBTER RUNDGANG

Nördlich des ehemaligen Oberlandesgerichts führt die **Sandbrücke** (Most Piaskowy), die 1861 errichtet wurde, auf die **Sandinsel** (Wyspa Piaskowa). Rechter Hand steht an der Sandstraße (ul. św. Jadwigi) der Sandstift mit der weit über die Grenzen Schlesiens hinaus bekannten **Staats- und Universitätsbibliothek** (seit 1811). Ursprünglich befand sich in dem Gebäude das Kloster der von Peter Wlast 1150 vom Zobten nach hier geholten Augustiner-Chorherren. 1945 diente es dem Festungskommandanten als Gefechtsstand. Anstelle der ursprünglichen Gebäude des Augustinerklosters wurde das prunkvolle Barockbauwerk (1709—1730) von J.J. Kalckbrenner, U. Rauscher und K.G. Geissler errichtet. Die drei Flügel und die Sandkirche bilden ein Viereck mit einem Innenhof. Die Bibliothek umfaßte vor dem Kriege 383 000 zum Teil sehr wertvolle Bücher, darunter 3300 Inkunabeln und 4400 Bände Handschriften. Damit war die Breslauer die größte deutschsprachige Bibliothek Ostdeutschlands. Der größte Teil der Bestände wurde 1945 vernichtet. 1958 wurde die Bibliothek wiedereröffnet. Sie enthält heute u. a. rund 225 000 Bände aus der Zeit vor 1800 (bis auf 1200 alle in deutscher Sprache). Gegenüber die **Kirche der Augustinerchorfrauen** (St. Anna), die 1686—91 im Barockstil errichtet wurde. Von der dahinterliegenden Grünanlage hat man einen großartigen Ausblick.

Nördlich anschließend erhebt sich in unvergleichlicher Schönheit die katholische **Sandkirche St. Maria auf dem Sande** (Münster Unserer Lieben Frau auf dem Sande zu Breslau, Kościół N. Marii Panny na Piasku), eine 1149 errichtete und im 14. Jahrhundert (Peter Rote) und 15. Jahrhundert im typisch norddeutschen Backsteinstil neu erbaute mächtige dreischiffige Hallenkirche des Augustiner-Chorherrenstifts mit unvollendetem Turm. Das 1945 ausgebrannte Innere wurde in den 60er Jahren rekonstruiert.

Über dem Mittelschiff erstreckt sich ein Sterngewölbe, über den Seitenschiffen dehnen sich Springgewölbe. Im Innern wurden die ursprünglich barocken Altäre nach 1945 durch sechs gotische Flügelaltäre ersetzt. Bemerkenswert ist das romanische Tympanon (um 1200) über der Sakristeitür im rechten Seitenschiff Es zeigt die Stiftung des Gotteshauses durch Peter Wlasts Witwe Maria und ihres Sohnes Swentoslaus an die Gottesmutter Maria. Auf dem Motivbild ist auch die romanische Vorgängerin der Sandkirche abgebildet. Sehenswert ist ferner das Taufbecken von 1300 mit Darstellungen Christi und der heiligen Hedwig im Vorraum des Gotteshauses. Sehr schön sind die farbigen Glasfenster der in Paris lebenden Teresa Reklewska.

Gegenüber der Sandkirche steht die gotische einstige **Annenkapelle** (Kaplica św. Anny) mit einem schönen gotischen Zwillingsportal (Wappen des Bischofs Franz v. Neuburg). Das Gotteshaus mit dem schweren Tonnendach wurde 1377 von Abt Johann von Prag als Begräbniskirche erbaut. Die Kapelle diente seit 1818 als Bürgerhospital, zur Zeit ist hier das **Nonnenhaus** (Dom Zakonnic) beherbergt. An der Außenwand steht der hohe Grabstein des Gründers.

Östlich liegt die ehemals von einem Oderarm umflossene idyllische **Dominsel** (Ostrów Tumski), die „terra sancta" Schlesiens. Hier befand sich vom 9.—13. Jahrhundert eine Siedlung. Man erreicht sie entweder über die schmale Gneisenaubrücke (Most Młyński) oder die Dombrücke (Most Katedralny). Auf letzterer stehen die Statuen der heiligen Hedwig, der Schutzpatronin Schlesiens, und Johannes des Täufers, des Schutzheiligen Breslaus. Auf der Dombrücke, die 1889/90 neu erbaut wurde, stiegen einst die Kaiser vom Pferde, um sich zu Fuß in die Kathedrale zu begeben. Gleich hinter der Dombrücke erhebt sich links die kleine gotische **Peter- und Paulkirche** (Kościół św. Piotra i Pawła), ein 1450 errichteter (nach 1945 rekonstruierter) Bau mit einem Pfeiler im böhmischen Stil und einer humorvollen Grabtafel von Godfried Carl Frantz. Einst diente das Gotteshaus als Anstaltskirche des anschließenden Kurfürstlichen Waisenhauses, heute gehört es zum dort befindlichen Kloster (von hier Zugang). Etwas nördlich davon erhebt sich die **Martinikapelle** (Św. Macina), die im 13. Jahrhundert als herzogliche Burgkapelle errichtet und später verändert wurde.

Das nahegelegene barocke **Orphanotropheum** wurde 1702—1715 von Johann Blasius Peintner aus Kärnten im Auftrage des Fürstbischofs Ludwig von Pfalz-Neuburg errichtet und nach der Zerstörung 1945 inzwischen wiederaufgebaut. Vor dem Gebäude steht eine schöne Statue des heiligen Nepomuk. Sie wurde von Johann Georg Urbansky 1732 im böhmischen Barockstil geschaffen.

Die etwas östlich von hier stehende **Doppelkirche zum Heiligen Kreuz** (Kościół św.. Krzyża i św. Bartłomieja = Kreuz- und Bartholomäuskirche) an der Straße An der Kreuzkirche (plac Kościelny) gehört zu den schönsten hochgotischen Gotteshäusern Deutschlands. Der kreuzförmige Hallenbau mit steilem Dach wurde 1288 unter Heinrich IV., dem letzten „Ritter der Stauferzeit" und berühmt als „Minnesänger Heinrich von Pressela" (Manessische Handschrift), begonnen, 1295 geweiht und 1350 vollendet. An der Südseite steht ein 69 m hoher schlanker Turm mit spitzem Helm. Die Unterkirche, die sich unter dem ganzen Bau hinzieht, ist dem heiligen Bartholomäus geweiht und dient z. Zt. der griechisch-orthodoxen Gemeinde als Bethaus. Vor dem Hochaltar befand sich bis 1945 das Grabmal Herzog Heinrichs IV. von Schlesien (gest. 1290), des Kirchengründers. Die nach burgundischem Vorbild in Naumburg entstandene Grabtumba steht heute im Nationalmuseum in Breslau. Beachtenswert sind die vier Figuren des ehemaligen Hauptaltars von Thomas Weißfeldt (1710) und in der südlichen Vorhalle der Vorkirche die Figur der heiligen Hedwig. An der Nordwand der Oberkirche sieht man das Tympanon (um 1350) mit Gottvater, den Gekreuzigten im Arm haltend, flankiert von Herzog Heinrich IV. und seiner Gemahlin Mechthild. Die Kirche ist nur selten geöffnet.

In der stillen Domstraße (ul. Katedralna) stehen die **Domherrenhäuser** (Kurienhäusern) im manieristisch-frühbarocken Stil (sie wurden 1945 zerstört und später neu errichtet). Beachtenswert das **Fürstbischöfliche Palais** von 1800 an der Südseite. Es wurde um 1800 von C. G. Geißler im Empirestil errichtet und 1945 stark zerstört. Anschließend gehen wir zur wuchtigen katholischen **Domkirche** zu St. Jo-

hannes Baptista (Katedra św. Jana Chrzciciela), einem großartigen dreischiffigen Backsteinbau im Stil der Gotik mit romanischen Bauelementen am Portal und in der Krypta. Bereits um 1155 errichtete hier Bischof Walter eine Kathedrale. Das Gotteshaus besitzt statt eines Querschiffes auf beiden Seiten Kapellenreihen. Vier Türme überragen das 1945 zerstörte und zwischen 1946 und 1951 rekonstruierte Bauwerk, darunter zwei unvollendete (im Osten). Der Klein-Chor stammt aus dem 13. und 14. Jahrhundert (Baubeginn 1244), die West-Vorhalle mit reich verzierten Säulenschäften und eingemauerten Resten von steinernen Löwen aus dem 15. Jahrhundert. An der nord-, nordöstlichen- und der südöstlichen Seite befinden sich drei Kapellen aus der Barockzeit. Die beiden Westtürme, die unter Bischof Nanker (1326—1341) entstanden, sind mit Notdächern bedeckt. Die alten gotischen Spitzen wurden Anfang unseres Jahrhunderts erneuert und 1945 zerstört, sollen aber wieder im Stil von 1498 nach der Ansicht von Schedel neu entstehen. Beachtenswert ist besonders die um 1160 entstandene, 1945 leider schwer beschädigte romanische Sandsteinfigur des heiligen Johannes. Die Reste der Figur befinden sich im Erzbischöflichen Diözesan-Museum. Am Dom befindet sich eine Kopie der Figur.

Das Innere der Basilika, das Ende des 17. Jahrhunderts barockisiert worden war, wurde 1946/53 im ursprünglich gotischen Stil umgestaltet, weist beachtliche Kunstwerke und schöne Glasfenster, namentlich in vier Kapellen des Chorumgangs, auf. Sie stammen von Tadeusz Wojciechowski, S. und K. Pikalski und A. Michalek. Die Kanzel aus graublauem schlesischen Marmor wurde 1723 von Johann Adam Karinger geschaffen. Stifter war der Domdechant Graf Frankenberg. Das prächtige barocke Chorgestühl stammt aus der Vinzenzkirche und wurde 1662—1665 von dem Breslauer Tischlermeister Franz Motsch hergestellt. Die Vollplastiken stammen von Franz Zeller (1662—1665). Beachtenswert sind ferner das Kruzifix des Südtirolers Michael Pacher in der ersten Kapelle des südlichen Seitenschiffes und die Standbilder des heiligen Hieronymus und des Papstes Gregor. Die bis 1945 hier ebenfalls stehenden Standbilder des heiligen Augustinus und des heiligen Ambrosius befinden sich jetzt in der Pfarrkirche von Stężyca bei Warschau. Am rechten Pfeiler des Presbyteriums steht der Vinzenzaltar mit einem Bronzerelief von Adrian de Vries.

Nun wenden wir uns dem Chorumgang zu (Klingel im südlichen Seitenschiff am schmiedeeisernen Gitter). Vorbei an einem prächtigen Sakristeiportal (1517 von Bischof Johann V. Thurzo gestiftet), das im

Relief die Enthauptung Johannes des Täufers und den vor ihm knieenden Stifter zeigt, kommen wir zum Grabmal des Fürstbischofs Georg Kardinal Kopp (1887—1914). Am Ende des südlichen Seitenschiffes liegt die mit Marmor und Malereien prächtig verzierte Elisabethkapelle von Giacomo Scianzi (1680—1686), gestiftet von dem Kardinal und Fürstbischof Friedrich Landgraf von Hessen-Darmstadt, mit dem Grabmal des Stifters (gest. 1682), der zehn Jahre in Italien gelebt hatte. Sie wurde von Domenico Guidi geschaffen. Beachtenswert ist in der Kapelle ferner ein Standbild der heiligen Elisabeth von Fioretti (1700). Sehr schön sind auch die Figuren von Ercole Ferrara und Passerino, die ebenso wie die von Guidi in Rom angefertigt wurden.

In der Marien- oder Mansionarien-Kapelle (Klein-Chor) sieht man rechts an der Wand die Grabplatte des Bischofs Johann IV. Roth (gest. 1506), die 1496 von dem Nürnberger Peter Vischer gegossen wurde. Sie zeigt die lebensgroße Figur des Bischofs, die von sechs Landespatronen umgeben ist. Gegenüber freistehend der Marmorsarkophag des Bischofs Pogarell (gest. 1376), der aus der Werkstatt des in Prag wirkenden Peter Parler stammt.

An der linken Wand steht das Grabmal des Herzogs Christian von Holstein, kaiserlicher Oberfeldherr, der 1619 bei Salankemen gegen die Türken fiel. Das Schlachtenrelief zeigt Türken als Träger. Aus der Zeit nach 1945 stammen das ikonenartige Madonnenbild (es befand sich ursprünglich im litauischen Wilna) und die modernen Fenster von J. und K. Acdański.

In der nördlich gelegenen Kurfürsten-Kapelle (z. Zt. Allerheiligenkapelle genannt), die 1716—1727 von Fischer von Erlach geschaffen wurde, befindet sich das Grabmal des Stifters, des Pfalzgrafen Franz Ludwig von Neuburg, dem Kurfürsten von Trier und Mainz, Fürstbischof von Breslau und Hochmeister des Deutschen Ordens.

Der Hochaltar stammt aus der Stadt Lüben und ersetzt den 1945 verschwundenen fünfflügeligen Hochaltar. An dem alten Altar waren die silberenen Rundfiguren des Breslauer Goldschmiedemeisters Paul Nitsch von 1590 besonders wertvoll.

Die Seitenflügel des Altarteils befinden sich jetzt im Diözesan-Museum. Die Fresken an der Kuppel stammen von Carlo Carlone, diejenigen an den Wänden sind das Werk Franz de Bakkers.

Beachtenswert sind auch mehrere der anderen Grabmäler und -

platten von Bischöfen und Domherren. Hervorzuheben sind die gravierte Messinggrabplatte des Bischofs Heinrich v. Władisław (gest. 1398) in der Mitte des Fußbodens sowie das Grabmal des Bischofs Johannes (gest. 1520) in der Johanneskapelle. Die Totenkapelle, die der Domdechant Johann Christoph v. Rumerskirch 1749 gestiftet hat, war früher mit Kuppelfresken von Felix Anton Scheffler geschmückt. Die 1945 zerstörten Malereien wurden inzwischen durch moderne Fresken ersetzt.

In der zweiten Kapelle der Nordseite findet man Gemälde des Königsbergers Michael Willmann, an der nördlichen Chorwand ein Ölbild („Christus mit den Jüngern zu Emmaus"), das dem italienischen Meister Veronese zugeschrieben wird.

In der oberen Sakristei (rechtes Seitenschiff, Zugang durch ein Renaissanceportal von 1517, auf dem die „Enthauptung Johannes des Täufers" abgebildet ist) befand sich einst der Domschatz mit dem Ölgemälde „Madonna unter Tränen" von Lucas Cranach d. Ä., das jetzt verschollen ist. Heute hängt hier eine Kopie.

Vor der Kirche steht eine Mariensäule von 1694. An der Nordseite erhebt sich die kleine frühgotische **Ägidienkirche** (Kościół św.. Idziego), das älteste erhaltene Gebäude Breslaus. Das Gotteshaus stammt aus der ersten Hälfte des 13. Jahrhunderts (1213—1228) und besitzt ein spätromanisches Portal. Daneben befindet sich das bemerkenswerte „Klößeltor", um das sich eine Legende von dem Rentner Kleschke und seiner verstorbenen Frau Mathilde, der besten Klösselköchin Breslaus, rankt.

Das mittelalterliche **Kapitelhaus** rechts daneben, das 1519—1520 unter Fürstbischof Kardinal Georg v. Kopp errichtet wurde (mit einem Renaissance-Portal von 1527 im Treppenturm und dem bischöflichen Lilienwappen von 1532), beherbergt zusammen mit dem danebenstehenden **Fürstbischöflichen Konvikt** (gestiftet von Kardinal Kopp) das **Erzbischöfliche Diözesan-Archiv** mit 7000 Urkunden, 2600 Handschriften, einen Eichenschrank von 1455 und die 40 000bändige Dom-Bibliothek sowie das Diözesan-Museum (Muzeum Archidiecezjalne). In der Ende des 19. Jahrhunderts von dem Fürstbischof v. Kopp gegründeten einzigartigen Schatzkammer sind besonders das Epitaph für den Breslauer Domherrn Michael Weidner (links im Fenstergang), die „Schöne Madonna" aus Rogau, ein Holztafelbild („Kreuzigung") von 1400, die „Rosenkranztafel" (1500, aus Würben bei Ohlau), die

Doppelflügel des Hauptaltars vom Dom (Bartholomäus Fichtenberger) und im ersten Stock die Kopie des Stiftungsbuches des Klosters Heinrichau von 1270 in lateinischer Schrift mit einigen polnischen Wörtern, den ersten in dieser Sprache, eine Besichtigung wert. Sehenswert sind ferner die Kelche, Kreuze und Monstranzen, die vom hohen handwerklichen Können der Breslauer Goldschmiedemeister zeugen.

Das aus der böhmischen Malerschule stammende Gemälde „Maria mit dem Kinde" von Lucas Cranach d. Ä., einst das Schmuckstück der Sammlung, verschwand 1945. Zahlreiche weitere wertvolle Kunstgegenstände befinden sich heute in Warschau im dortigen Nationalmuseum.

Südlich des Doms lohnt die von Carl G. Langhans im klassizistischen Stil errichtete ehemalige **Fürstbischöfliche Residenz**, wo Staatsrat Hippel 1813 für Friedrich Wilhelm II. den „Aufruf an mein Volk" verfaßte, einen Besuch.

Auf der Göppertstraße (ul. Kanonia) gelangt man vom Diözesan-Museum zum nördlich davon gelegenen schattigen Botanischen Garten (Ogród Botaniczny) mit dem Botanischen Museum, Palmen- und Kakteenhaus von 1811. Im Garten die Büste von Carl von Linné (1709—78), der schwedische Naturwissenschaftler, Autor der Pflanzensystematik, (geöffnet Mo.—Sa. 9—19 Uhr, im Winter geschlossen). Etwas weiter nördlich befindet sich an der Sternstraße (ul. Henryka Sienkiewicza) das **Zoologische Museum** (Muzeum Zoologiczne), noch weiter entfernt steht die 1869 von Langer erbaute **Michaeliskirche** (Kościół św. Michała).

ACHTER RUNDGANG

Dieser Teil der Besichtigungstour in die Gegend nordöstlich der Dominsel ist wegen der großen Entfernungen am bequemsten mit dem Auto oder der Straßenbahn durchzuführen. Will man von der Dominsel direkt zur Jahrhunderthalle (Hala Ludowa), so kann man von der Scheitniger Straße (ul. Szczytnicka) östlich des Domplatzes (plac Katedralny) mit der Straßenbahn fahren. Die Strecke führt durch die Scheitniger Straße und in ihrer Verlängerung, der Tiergartenstraße (ul. Marii Skłodowskiej-Curie), vorbei am ehemaligen **Staatsarchiv** (rechts) mit dem aus dem Jahre 1528 stammenden Portal des abgebrochenen Hauses „Goldene Krone" (Ring 29) und den **Universitätskli-**

niken (Medizinische Akademie), an denen Ferdinand Sauerbruch als Assistent wirkte, zur Alten Oder. Unweit südwestlich stehen an der Borsigstraße (ul. M. Smoluchowskiego) die Gebäude der 1910 eröffneten **Technischen Hochschule** (Politechnika) von Burgemeister.

Jenseits der Paßbrücke (Most Zwierzyniecki) über die Alte, seit 1897 kanalisierte Oder, erstreckt sich rechts zwischen Alter Oder (Stara Odra, Anlegestelle der Ausflugsboote) und der Oder (Odra) an der Grüneicher Straße (ul. Wróblewskiego) der 1864 angelegte **Zoologische Garten** (Ogród Zoologiczny), einer der ältesten Tiergärten Europas (1865) mit heute wieder 2000 Tieren (geöffnet: täglich von 9 Uhr bis zur Dämmerung).

Rechts steht im ehemaligen Messe- und Ausstellungsgelände der mächtige Kuppelbau der **Jahrhunderthalle** (Hala Ludowa = Volkshalle), die 1913 zum Gedächtnis an die Befreiungskriege als erster moderner Großbau errichtet wurde. Die von Stadtbaurat Max Berg aus Eisenbeton geschaffene Kuppel war damals mit einem Durchmesser von 65 m, einer Höhe von 42 m und einer Spannweite von 67,4 m der größte derartige Bau der Welt und bietet 10 000 Menschen Platz. In der Halle befand sich vor dem Kriege die größte Orgel der Welt. Das Orgelwerk aus der Werkstatt der Firma Sauter (Frankfurt/Oder) besaß 185 klingende Stimmen, 13 Transmissionen und 2 Glockenspiele. Es wurde bei Kriegsende zerstört. Heute dient die Halle als Kino und Veranstaltungs- und Sporthalle. Zerstört wird das einst harmonische Gesamtbild der Halle leider durch eine 1948 errichtete, 100 m hohe Nadelspitze, die an die nach 1945 „wiedergewonnenen polnischen Westgebiete" erinnern soll. Das nördlich der Halle liegende Wasserbecken mit halbkreisförmiger Pergola war bis in den letzten Krieg ein Schmuckstück Breslaus mit unzähligen bunten Blumen. Heute wirkt die Anlage eher trist. Als kümmerlicher Rest ist nur der sogenannte „Japanische Garten" erhalten.

Nordöstlich erstreckt sich der Göppert-Hain mit einer 1913 aus Stare Koźle (Oberschlesien) hierher gebrachten **Schrotholzkirche** (Kościół Drewniany) und der **Sternwarte**. Die Kirche besitzt typische Elemente der Schrotholzkirchen in Oberschlesien und besteht aus grob behauenen Balken.

Weiter nördlich liegt der schöne **Scheitniger Park** (Park Szczytnicki). Er wurde Ende des 17. Jahrhunderts von Fürst Friedrich Ludwig v. Hohenlohe-Ingelfingen angelegt und 1862 nach einem Plan von Lenné umgestaltet. 1913 erweiterte man die Anlage, in der prachtvolle alte Bäume stehen, auf 112 ha.

Nördlich des Parks führt die Fürstenstraße (ul. Kopernika) mit ihren 1928/29 erstellten Wohnhäusern. Es befindet sich hier ein Komplex von 37 Gebäuden und Villen, die individuell von den berühmten deutschen Architekten entworfen und 1928—1929, anläßlich der Baukunstausstellung unter dem Titel „Wohn- und Arbeitsraum" (Übersetzung) geschaffen wurden. Das hier stehende **„Parkhotel"** (z. Zt. Sportlerheim) ist ein Werk des berühmten Architekten Hans Scharoun.

In der Nähe erstreckt sich die „Friesenwiese" mit dem 1926—1937 von Richard Konwiarz geschaffenen **Stadiongelände**. Die eindrucksvolle Anlage wurde 1932 in Los Angeles mit der olympischen Bronzemedaille ausgezeichnet. Sie besteht aus zwei Stadien (15 000 bzw. 60 000 Zuschauer), einer Schwimmanlage, einer Regattastrecke sowie Hokkey- und Tennisplätzen.

NEUNTER RUNDGANG

Den östlichen Teil der Innenstadt kann man entweder nach der Besichtigung des Universitätsviertels oder auf dem Rückweg von der Jahrhunderthalle besuchen. Nimmt man den letzteren Weg, so gelangt man durch die 1,5 km lange Kaiserstraße (plac Grunwaldzki), die 1945 als letzter Flugplatz der Festung Breslau umgestaltet wurde und von wo sich Gauleiter Hanke in Sicherheit brachte, zur **Kaiserbrücke** (Most Grunwaldzki). Die 1908—1910 errichtete Hängebrücke hat eine Spannweite von 127 m und trägt das Breslauer Wappen.

Geht man nach Überquerung der Oder am linken Flußufer nach rechts weiter, so gelangt man zum **Lessingplatz** (plac Powstańców Warszawy = Platz der Warschauer Aufständischen). Hier stehen vier der einst elf Rokokostatuen aus dem Scheitniger Park. Daneben befindet sich in der Breiten Straße (ul. Purkyniego) das häßliche, aus Beton gebaute Rundgebäude von **„Panorama Racławicka"**. Es beherbergt ein riesiges, aus Lemberg stammendes Rundgemälde, das die Schlacht von Racławice zeigt, in der der polnische Nationalheld Tadeusz Kościuszko am 4. 4. 1794 einen Sieg über die Russen errang. Das Museum wurde erst 1985 zur Besichtigung durch die Öffentlichkeit freigegeben.

Im neogotischen (niederländische Renaissance) Regierungsgebäude (1883—1886) am Lessingplatz, von dem die Lessingbrücke (Most Pokoju) nach Norden führt, hat z. Zt. das **Nationalmuseum schlesischer Kunst** (Muzeum Narodowe) sein Domizil. Es enthält den größten Teil der Sammlungen aus dem Schlesischen Museum der bildenden Künste und aus zerstörten Kirchen. Im Erdgeschoß sind mittelalterliche Kunstwerke, Steinplastiken (Grabplatten schlesischer Herzöge, das Tympanon „Mariä Himmelfahrt") zu sehen, darunter das Tumbengrab Heimichs IV. und seiner Gemahlin Mechthild v. Braunschweig aus der Kreuzkirche (um 1300), die Pieta aus der Sandkirche. Die Galerie im ersten Stock ist der mittelalterlichen und neuzeitlichen schlesischen Kunst gewidmet. U.a. sind hier holzgeschnitzte „schöne Madonnen" aus dem 15. Jahrhundert, die „Löwenmadonna" aus Hermsdorf, der Dreikönigaltar aus Schildau, Epitaphien und Statuen zu sehen. Außerdem kann man hier Bunzlauer Keramiken und schlesische Gläser sehen. In der Galerie im zweiten Stock sind Gemälde deutscher, niederländischer, italienischer und polnischer Künstler ausgestelltt. Die Münzenausstellung befindet sich im Rathaus und im Museum der Medaillenkunst (geöffnet Di., So. 11—17 Uhr, Do., Fr., Sa. 11—16 Uhr).

Westlich des Museums liegt an der Oder die **Holteihöhe** (Wzgórze Polskie), ehemals Ziegelbastion. Bis 1945 stand hier ein Denkmal mit einer Büste des 1880 gestorbenen schlesischen Dichters Karl v. Holtei (1882, von Rachner). Von der Anhöhe bietet sich ein sehr schöner Blick auf den Dom, die Sandinsel und die Oder.

Westlich stieß früher an die Höhe der **Kaiserin-Augusta-Platz** (plac Polski), auf dem ein Kriegerdenkmal von Langer (1874) stand. An der Südseite des Platzes befindet sich die **Kunstakademie**, an der u. a. der Architekt Scharoun wirkte.

An der Klosterstraße (ul. Romualda Traugutta) in der südlich gelegenen Ohlauer Vorstadt erhebt sich die **St.-Mauritius-Kirche** (Kościół św.. Maurycego). Das Gotteshaus mit seinem markanten barocken Zwiebelturm wurde im 12.—13. Jahrhundert von wallonischen Tuchmachern in der von ihnen gegründeten Siedlung St. Moritz vor der Stadt errichtet, 1732 von Peintner barock umgebaut und nach der Zerstörung 1945 wieder aufgebaut. An der nördlichen Außenwand kann man einen jüdischen Grabstein von 1203 sehen. Er ist der älteste erhaltene jüdische Grabstein Schlesiens. Im Innern stehen zwei Statuen aus dem 15. Jahrhundert („Immaculata" und „Heiliger Mauritius").

Auf dem Friedhof stehen die Grabsteine der Breslauer Industriellenfamilie Milde und eine Nepomukstatue von J. A. Siegwitz. Nahebei erhebt sich die gotische **Lazaruskirche** und **das Brüderkloster** mit der Dreifaltigkeitskirche von 1715—1722.

Weiter stadtauswärts steht an der Klosterstraße (ul. Romualda Traugutta) das **Websky-Schlößchen**, das 1732—1750 von Christoph Hackner als Sommerresidenz für Fürstbischof Philipp Graf von Zinzendorf erbaut wurde und später in den Besitz des Kaufmanns Websky gelangte. Von diesem kaufte es die Stadt und richtete hier 1906 ein Standesamt ein. Das 1945 teilweise zerstörte und inzwischen wieder aufgebaute Schlößchen mit seinem herrlichen Festsaal im Rokokostil ist z. Zt. Hotel für Künstler.

AUSFLÜGE IN DIE NÄHERE UMGEBUNG

Am rechten Oderufer auf einem bequemen Spaziergang vom Zoologischen Garten in östlicher Richtung kommt man vorbei am malerisch gelegenen ehemaligen Oderschlößchen (45 Minuten) zum alten **Schaffgotsch-Garten**, früher ebenfalls ein beliebtes Ausflugsziel mit Restaurant, und nach weiteren 15 Minuten vorbei am ehemaligen Restaurant **Wilhelmsruh** (Zacisze), dem Endpunkt der Ausflugsschiffe. Nach weiteren 30 Minuten ist man im schönen Stadtpark **Strachate**.

Am linken Ufer stromauf führt der Weg vorbei an den einstigen Ausflugslokalen **Weidendamm, Morgenau** (Rakowiec) und **Zedlitz** (Siedlec) und weiter über **Neuhaus** (Nowy Dwór) nach **Pirscham** (Bierdzany) an der Ohle.

Von hier kann man in zwei Stunden über **Ottwitz** (Opatowice), **Treschen** (Tresno) und Pleischwitz zum idyllisch gelegenen **Jungfernsee** (Jezioro Panieńskie) wandern. Stromabwärts führen Dampferfahrten nach **Oswitz** (Osobowice) mit dem ehemaligen Kaiser-Wilhelm-Turm und nach **Maselwitz** (Maślice) an der Lohe (Ślężą)-Mündung.

AUSFLÜGE

Über die Straße Nr. 5 fahren wir in südwestlicher Richtung aus Breslau hinaus und biegen dann bei **Rosenborn** (Mirosławice) nach links in Richtung **Zobten am Berge** (Sobótka) ab. Der Luftkurort am Zobten-Gebirge (Masyw Ślęży), der 1939 3410 und 1989 6500 Einwohner zählte, erhielt 1221 Marktrecht und 1399 deutsches Stadtrecht. Aber schon 1109 wurde hier von flandrischen Mönchen ein Augustinerchorherrenstift gegründet, von dem heute allerdings nur noch Skulpturenreste auf dem Berg Zobten erinnern. Die Kleinstadt wurde in den Hussittenkriegen und im Dreißigjährigen Krieg mehrfach zerstört. 1813 sammelten sich hier die Lützower zum Befreiungskampf gegen Napoleon (bis 1945 erinnerte ein Reiterstandbild von Theodor v. Gosen daran). Das hiesige Theodor-Körner-Haus (Schweidnitzer Straße 25) war 1813 Wohnhaus des Dichters, der sich am Befreiungskampf beteiligte. Die Pfarrkirche St. Jakobus stammt aus dem 14. Jahrhundert. Die ursprüngliche Kirche aus dem 12./13. Jahrhundert ist nur von archäologischen Forschungen bekannt. Die spätgotische Annakirche (14.—16. Jahrhundert, 1985 restauriert) besitzt schöne Monumentalfiguren (heiliger Nikolaus, heilige Hedwig, Maria mit dem Kind, Anna und einen steinernen Löwen). In der evangelischen Kirche des nahen **Rogau-Rosenau** (Rogów Sobócki) wurde am 19. 3. 1813 die Lützowsche Freischar durch Pastor Peters eingesegnet. Beachtenswert sind ferner das Schloß und die Staupsäule in der Dorfmitte.

Die Kleinstadt **Zobten** liegt am Fuße des malerischen Zobtenberges, der unvermittelt aus der flachen schlesischen Ebene bis zu einer Höhe von 718 m emporsteigt und einen Fernsehturm trägt. Wahrscheinlich stand hier 400 v. Chr. hier ein keltischer, ab 100 v. Chr. wandalischer Ringwall. Später entstand eine Burg. Die Abhänge des kegelförmigen Berges aus Serpentin und Grünstein, auf dem inmitten einer Wiese die Lohe (Silingenbach) entspringt, sind teilweise mit dichtem Mischwald bedeckt. Auf dem Berg und in seiner näheren Umgebung fand man jungsteinzeitliche Streitäxte aus Serpentin (Zobten-Typ). In vorgeschichtlicher Zeit siedelten hier die Illyrer. Um 500 v. Chr. überfielen die Skythen die Siedlung. Dann kamen die Kelten. Von 100 v. Chr. bis 1000 n. Chr. befanden sich auf dem Berg eine Kultstätte der wandalischen Silingen, die von Tacitus und Ptolomäus als Dioskuren- oder Alkenheiligtum der Naharwalen (Silingen) erwähnt wird, und acht Steinbrüche. Der Granit vom Zobten wurde von den Wandalen als Mühlsteine bis nach Schleswig-Holstein exportiert. Das umliegende Gebiet hieß Silingengau. Um 1108 gründete Graf Peter Wlast auf dem Berg ein Kloster, das bis in unsere Tage durch den Heiratsmarkt von Gorkau-Rosalienthal bekannt war. Bemerkenswert sind die alten romanischen „Zobten-Löwen", die sechs Gabbro-Kreuzsteine (Grenzsteine) und die Steinplastiken, darunter der "Peterstein" (auch „Jungfrau mit dem Fisch" genannt), der „Bär", der „Wolf", der „Pilz" und der „Mönch".

Vom Turm der kleinen, auf dem Zobten stehenden Bergkirche (von Schinkel geschaffen) bietet sich ein herrlicher Ausblick über das Silsterwitzer Tal auf die Sudeten und die Schlesische Tiefebene bis Breslau. Im Winter kann man hier auch Ski laufen. 3 km südlich des Zobtens stehen auf dem Geiersberg (Radunia, 573 m) die Reste einer 2000 m langen vorgeschichtlichen Mauer. Von Zobten fahren wir in östlicher Richtung nach **Jordansmühl** (Jordanów Śląski). In dem an der Reichsstraße 126 (E 67) gelegenen Ort befinden sich berühmte Serpentinsteinbrüche, in denen seit 4000 v. Chr. der jadeähnliche grüne Halbedelstein Nephrit abgebaut wurde (bis 1945). Im Jordansmühl fand man Spuren einer bedeutenden bronzezeitlichen Kultur.

Von hier geht es weiter auf der E 67 in südlicher Richtung und vorbei am Renaissanceschloß **Groß-Wilkau** (Wilków Wielki) in die inmitten der bewaldeten Nimptscher Berge (Wzgórza Niemczanskie) gelegene alte Burgstadt **Nimptsch** (Niemcza).

Die Stadt mit heute 3590 (1939: 3523) Einwohnern liegt auf einem steilen Bergkegel hoch über dem Lohetal an der uralten „Bernsteinstraße" (der E 67), die von der Ostsee über Breslau und Glatz durch Böhmen nach Aquileia an der Adriaküste führte. Die ältesten Siedlungsspuren stammen aus der jüngeren Bronzezeit (1200 v. Chr.). Um 1000 v. Chr. befand sich auf dem Stadtberg von Nimptsch eine Befestigung der Illyrer (Lausitzer Kultur), die im 4. Jahrhundert n. Chr. Zentrum der wandalischen Silingen war, die damals beiderseits der Selenca (Lohe) siedelten. Nimptsch ist die älteste bekannte Stadt der Provinz Schlesien.

Unter den Mauern der heutigen Stadt liegen die Reste der spätbronzezeitlichen Burgen (1200—400 v. Chr.), der ersten spätgermanischen Burg Ostdeutschlands aus dem 5. Jahrhundert und eine frühgeschichtliche Burg mit wikingischen Funden aus der Zeit um 1000 n. Chr. Um das Jahr 990 spielte Nimptsch in den Kämpfen zwischen Böhmen und den Dagonen eine große Rolle. Zwischen 1431 und 1434 war der Ort von hussitischen Banden des Piotr Polak besetzt.

Zu den Sehenswürdigkeiten gehören das 1633 zerstörte, 1933 erneuerte **Schloß** mit seinem schönen Sgraffitoschmuck, die **Stadtpfarrkirche St. Peter und Paul** (13. Jahrhundert, im 19. Jahrhundert erneuert), die Reste der mittelalterlichen **Stadtmauer** (15. Jahrhundert) mit dem Untertor und die **Patrizierhäuser** im Stil des Spätbarock (18.Jahrhundert) am Ring.

Das **Tal der Lohe** (Ślęża), der **Höllengrund** mit seinen reizvollen Felspartien, der **Spitzberg** Ostra Góra (Aussicht) und der Botanische Park von **Eibenhof** (Wojsławice) laden zu Wanderungen ein. Weithin öffnet sich von Nimptsch der Blick in die schlesische Ebene, zum Siling (Zobten) sowie zum Altvatergebirge und bis hin zu den Kämmen des Riesengebirges.

Einige Kilometer südwestlich von Nimptsch liegt der kleine Ort **Gnadenfrei** (Piława Górna). Hier steht die Ruine einer 1946 zerstörten Saalkirche der Herrnhuter Brüdergemeinde aus dem 18. Jahrhundert.

Von Nimptsch fahren wir auf der E 67 durch den kleinen Kurort **Bad Diersdorf** (Przerzeczyn Zdrój) mit seiner Schwefelquelle und die Nickelstadt **Schräbersdorf** (Bobolice) mit ihrem 1615 erbauten Schloß der Grafen von Strachwitz auf Peterwitz nach **Frankenstein** (Ząbkowice Śląskie) in südlicher Richtung weiter. In Frankenstein biegen wir in eine nach Osten führende Nebenstraße ein, die uns in die Stadt **Münsterberg** (Ziębiece) bringt, die inmitten ausgedehnter Waldungen im fruchtbaren hügeligen Sudetenvorland an der oberen Ohle liegt. Das Städtchen war im Mittelalter Hauptstadt des selbständigen Herzogtums gleichen Namens. Der Ort, 1234 erstmals als Dorf Sambice erwähnt, wurde 1241 oder 1253 mit Deutschem Stadtrecht begabt. Beachtenswert ist besonders die 1281 erbaute spätgotische katholische Stadtpfarrkirche St. Maria und Georg, ein Ziegelrohbau (1250, im 15. Jahrhundert umgebaut) mit frühgotischen Portalen, spätgotischem Chor (15. Jahrhundert) und reichem Interieur. Daneben steht das spätgotische Pfarrhaus (16. Jahrhundert) mit einer Renaissance-Sgraffito-Dekoration. Sehenswert ist auch die klassizistische evangelische Kirche, ein Werk des schlesischen Baumeisters Carl Gotthard Langhans (heute Gymnastiksaal). Von der alten Stadtbefestigung sind Reste der Mauern (13.—14. Jahrhundert), Basteien und der Patschkauer Torturm (Brama Paczkowka) von 1491 erhalten. Am rechteckigen Ring stehen noch mehrere historische Patrizierhäuser. Einen Blick lohnen auch das Wasserschloß und die Carl-Hartmann-Baude im Stadtpark.

Einige Kilometer nördlich von Münsterberg liegt ebenfalls an der Ohle die Zisterzienserabtei **Heinrichau** (Henryków), gestiftet im Jahre 1222 von dem schlesischen Herzog Heinrich dem Bärtigen.

Deutsche Mönche aus Leubus bauten 1227 das Kloster. Die gotische Kirche von 1228 ist die älteste erhaltene schlesische Zisterzienserkirche. Sie wurde im 17. und 18. Jahrhundert barock umgestaltet und besitzt das prächtigste Chorgestühl der Provinz Schlesien. Beachtung verdienen auch die Bilder von Michael Willmann, die Altäre sowie die Kanzel und der Orgelprospekt. Nachdem das Kloster 1810 säkularisiert worden war, gelangte es über das Haus Oranien an die Großherzöge von Sachsen-Weimar, die es zum Schloß umbauten. Zur Zeit dient das Stiftsgebäude als höhere Landwirtschaftsschule, zu der 30 000 Morgen Land gehören. In der Abtei entstand das berühmte Buch von Heinrichau, das „Liber Fundationes claustri Sanctae Mariae Virginis in Heinrichow", das im 13. Jahrhundert entstanden ist. Das Interieur der herrlichen, 1241—1280 errichteten dreischiffigen Basilika besticht durch seine reiche Ausstattung mit prächtigem barockem Chorgestühl, gotischen Grabmälern und Gemälden, darunter ein Weihnachtsbild des Königsbergers Michael Willmann am Hauptaltar. In der Maria-Magdalenen-Kapelle wurden der Herzog Bolko und seine Gemahlin Jutta bestattet. Daneben stehen im Park das Klostergebäude mit Refektorium, Fürstensaal (Wandmalereien) und Äbtezimmern sowie die Orangerie.

Von Heinrichau fahren wir in Richtung Norden weiter. Auf dem Wege in das Städtchen Strehlen lohnt sich ein Abstecher in die Strehlener Berge (Wzgórza Strelińskie), die inmitten des hügeligen Rummelsberger Landes liegen. Auf dem 393 m hohen Rummelsberg (Gromnik) gibt es Reste eines wandalischen Ringwalles.

Am Fuße des Marienberges, wo die Ohle (Olawa) vom Strehlener Bergland in die mittelschlesische Tiefebene eintritt, liegt die Kreisstadt **Strehlen** (Strzelin), bekannt als Stadt des größten Steinbruchs Europas und des größten Granitbruchs der Welt. 1984 hatte die Stadt 11 120 Einwohner (1939: 12 337). Der Ort war schon in vorgeschichtlicher Zeit besiedelt, wie Funde von Äxten und Gräbern zeigen. Um 1228 gehörte das damalige Dorf den Grafen v. Strehlen. Deutsche Siedler gründeten im Jahre 1292 die heutige Stadt. Das 1945 von Sowjets und Polen zu 80 % zerstörte Städtchen wurde inzwischen weitgehend wiederaufgebaut. Größter Sohn der Stadt ist der Medizin-Nobelpreisträger und Serumforscher Paul Ehrlich (1854—1915), der Begründer der Chemo-Therapie.

Sehenswert sind die aus dem 14.—15. Jahrhundert stammende gotische, ursprünglich romanische St. Gotthardkirche (Kościół św. Gotarda) mit einem Turm auf der Basis einer romanischen Rotunde und die Klosterkirche Heilig Kreuz (Kościół św. Krzyża) aus dem

14. Jahrhundert. Sie wurde 1703 barock umgebaut. Im Süden der Stadt steht (unweit des Stadtparks) eine Kirche der Böhmischen Brüder (Kościół Braci Czeskich), die heute von der evangelisch-augsburgischen und der römisch-katholischen Gemeinde gemeinsam benutzt wird.

Von Strehlen aus gelangt man auf der in Richtung Osten führenden R 384 ins 31 km südöstlich gelegene Städtchen **Grottkau** (Grodków). Die 1268 gegründete Kreisstadt ist Geburtsort des Komponisten Josef Elsner (1769—1854), der Frédéric Chopin ausbildete. Von 1344 bis 1810 gehörte das Ackerbürgerstädtchen den Fürstbischöfen von Breslau, die den Titel „Fürst von Neisse und Herzog von Grottkau" trugen. Sehenswert sind die alten Stadtmauern und der Löwener Torturm (1300) mit seinen Renaissancegiebeln, das Münsterberger Tor und die katholische Stadtpfarrkirche St. Michael aus dem 13. Jahrhundert im Stil der Backsteingotik mit barockem Interieur und dem höchstgemauerten Turm Schlesiens. Interessant ist auch das Elsner-Museum (Muzeum Józefa Elsnera), das Di., Fr. von 12—18 Uhr, Mi., Do., Sa. von 9—14 Uhr und an Sonn- und Feiertagen von 11 bis 14 Uhr geöffnet ist.

Das kleine Städtchen **Wansen** (Wiązów) 12 km nordöstlich von Strehlen, 1250 durch Bischof Thomas I. von Breslau mit flämischem Recht begabt, ist seit 1660 als Tabakstadt bekannt. Im 2 km nordöstlichen **Klein-Öls** (Oleśnica Mała) liegt der preußische Generalfeldmarschall Ludwig Graf Yorck von Wartenburg (1759—1830) im Mausoleum (Schloßpark) begraben. Er schloß am 30.12.1812 auf eigene Faust mit dem zaristischen General Diebitsch, einem gebürtigen Schlesier, die Neutralitäts-Konvention von Tauroggen und rief zusammen mit dem Freiherrn v. Stein die Ostpreußen zur allgemeinen Erhebung gegen die Franzosen auf. Das Schloß entstand um 1189 als Gründung der Templer und kam über die Johanniter 1814 an Graf Ludwig Yorck von Wartenburg. Es wurde im 19. Jahrhundert von Carl F. Langhans umgebaut. Letzter Besitzer war Peter Graf Yorck von Wartenburg, der am 8. 8. 1944 als Widerstandskämpfer und Mitbegründer des Kreisauer Kreises hingerichtet wurde.

Von Strehlen fahren wir wieder nach Breslau zurück. Kurz vor der Stadt (15 km) lohnt die im 14. Jahrhundert errichtete katholische Kirche von **Rothbach** (Żórawina) einen Besuch. Das Innere wurde um 1600 umgestaltet. Das Gotteshaus soll einmal als Museum des Manierismus dienen. Von den zahlreichen Epitaphien aus dem 16. Jahrhundert wurden einige nach Wahrschau gebracht. In Rothbach-Rothsürben steht der frühere Reichssender Breslau.

KURZINFORMATIONEN: Breslau

ORTSVERKEHR: Busse (No. 100-151, Schnellbusse No. A—N, Nachtbusse No. 201—209, Abfahrt vom Hauptbahnhof) und Straßenbahnen (No. 0—24, Nachtlinien 30—40). Fahrscheine in jedem „Ruch"-Kiosk.

BAHN: Die wichtigsten Verbindungen führen nach Berlin, Stettin, Posen, Warschau, Krakau, Glatz, Görlitz—Dresden und Prag. Hauptbahnhof (Dworze Glówny), Gartenstraße (ul. gen K. Świerczewskiego), Freiburger Bahnhof (Wrocław Świebodzki), Elfer Platz (pl. S. Kirowa); Odertor-Bahnhof (Wrocław Nadodrze), Trebnitzer Platz (pl. Powstańców Wielkopolskich). Auskunft: PKP, Tel. 3 60 31 und 3 60 33. Platzkarten: Biuro Rezerwacji Miejsc, Tel. 44 31 13 und 44 80 91.

BUS: Busbahnhof (Dworzec PKS), Fränkelplatz/am Hauptbahnhof (pl. Konstytucji).

FLUG: Auskunft und Buchung: LOT, Gartenstraße (ul. Świerczewskiego 36), Tel. 3 90 31 und 3 90 32.

SCHIFF: Ausflugsfahrten auf der Oder. Von Mai—September: Anlegestelle Paßbrücke (Przystań Zwierzyniecka), Tel. 22 36 18. Linien: nach **Wilhelmshafen-Liebesinsel** (Wyspa — Opatowicka): Mo.—Sa. ab 10 Uhr alle 2 Stunden, So. ab 9 Uhr stündlich.—Zur **Dominsel** (Ostrow Tumski): So. ab 9 Uhr alle 2 Stunden.—Zur **Hindenburgbrücke** (Most Warszawski): So. ab 10.30 Uhr alle 1 3/4 Stunden. Auskunft: Tel. 3 85 22 und 44 79 37. Reservierung für die Ostseefähren: ul. Wita Stwosza 28, Tel. 44 13 78.

TOUREN: Orbis bietet Führungen durch die Stadt und Ausflüge zum Schloß (Ksiaż) an. Bootsausflüge auf der Oder werden zwischen Mai und September nach Wilhelmshafen (Wyspa Opatowicka), zur Hindenburgbrücke (Most Warszawski) und nach Dyhernfurth (Brzeg Dolny) veranstaltet. Abfahrtstelle: Paßbrücke (Przystan Zwierzyniecka).

BEWACHTE PARKPLÄTZE: Nicolaistraße (ul. św. Mikołaja); Ohlauer Straße (ul. Oławska); Junkernstraße (ul. Ofiar Oświecimskich); Schloßlatz (pl. Wolności).

FREMDENVERKEHRSBÜROS: Orbis, Ring (Rynek) 29; PTTK, Ring (Rynek) 38; Orbis, Gartenstraße (ul. Świerczewskiego) 62; ZSMP Juventur, ul. Sudecka 74, Tel. 61 45 58; it-Zentrum, ul. Kazimreiza Wielkiego 39.

AUTOMOBILCLUB: PZM, plac Solny 15, Tel. 9 81.

AUTOREPARATUR: Bohrauer Straße (ul. Borowska) 105, Tel. 67 10 08 und 67 25 14; Hubenstraße (ul. Hubska) 26, Tel. 67 20 61; Steinstraße (ul. Kamienna) 145, Tel. 67 10 71; Frankfurter Straße (ul. Kosmonautów) 321; Am Benderplatz (ul. Stacyjna) 1, Tel. 55 55 30; Kaiser-Wilhelm-Straße (ul. Powstańcow Slaskich) 211, Tel. 61 94 16; Wilhelmsruher Straße (ul. Kochanowskiego) 8a, Tel. 48 17 21; Friedrich-Ebert-Straße (ul. Mickiewicza) 58, Tel. 48 28 96; Lohestraße (ul. Ślezna) 78, Tel. 67 13 51; Klosterstraße (ul. Traugutta) 103, Tel. 3 74 42; Scheitniger Stern (pl. Grunwaldzki) 47, Tel. 22 89 21.

STRASSENHILFSDIENST: PZM, ul. Jagiellońszyka 18, Tel. 9 81.

TANKSTELLEN: Autobahn in Krietern (na Autostradzie, Krzyki); Gartenstraße (ul. Świerczewskiego); Gräbschner Straße (ul. Grabiszyńska); Schneitniger Straße (pl. Grunwaldzki); Steinstraße (ul. Kamienna); Kaiser-Wilhelm-Straße (dann: Straße der SA) (ul. Powstańćow Ślaskich); Ofener Straße (ul. Krakowska); Hundsfelder Straße (ul. Krzywoustego); Frankfurter Straße (ul. Kosmonautów); Am Odertorbahnhof (ul. Staszica).

HOTELS: Breslau: Orbis-Wrocław, Kaiser-Wilhelm-Straße (ul. Powstańców Ślaskich) 7, Tel. 61 46 51; **** Orbis-Panorama, Dominikanerplatz (pl. Dominikański) 8, Tel. — 44 36 81; **** Orbis-Novotel, Rennbahnstraße (ul. Wyścigowa) 35, Tel. 67 50 51; ***Orbis-Monopol, Am Stadttheater (ul. Modrzejewskiej) 2, Tel. 3 70 41; *** Motel Orbis, Flughafenstraße (ul. Lotniczna) 151, Tel. 51 81 53; *** Grand, Gartenstraße (ul. Świerczewskiego) 100/102, Tel. 3 60 71—78; ** Polonia (Ex-Hotel Vier Jahreszeiten), Gartenstraße (ul. Świerczewskiego) 66, Tel. 3 10 21. **Strehlen:** *** Hotel Polonia, ul. Świerczewskiego 14, Tel. 2 13 82. **Grottkau:** ** Grodków, Ring (Rynek) 1, Tel. 58. **Zobten:** ** Pod Misiem, ul. Mickiewicza.

JUGENDHERBERGEN: Breslau: ul. Na Grobli 32, Tel. 3 88 56; Taschenstraße (ul. H. Kollataja) 20, Tel. 3 88 56. **Strehlen:** ul. Sienkiewicza 41, Tel. 2 05 61 (Juli—August).

INT. STUDENTENHOTEL: ul. Olszewskiego 25, Tel. 48 64 76.

PRIVATUNTERKÜNFTE: ul. Świerczewskiego 98, Tel. 44 44 01.

CAMPING: Breslau: Weidendamm (ul. Na Grobli) 16, Tel. 3 44 42; Sportfeld (ul. Paderewskiego) 35, Tel. 48 46 51.

RESTAURANTS: Breslau: Ratuszowa (eh. Ratsweinkeller), Ring (Rynek Ratusz) 7; Bacchus-Weinkeller, Rynek 16 bis 17; Hotel Panorama, Dominikanerplatz (pl. Dominikański) 8 (sehr gut), Tel. 44 36 81; Piwnica Świdnicka (Schweidnitzer Keller), Rathaus; Grunwaldzka, Scheitniger Stern (pl. Grunwaldzki); Polonez, Höfchenplatz (pl. Hirszfelda) 16; Przodownik, Kaiser-Wilhelm-Straße (ul. Powstańców Slaskich) 137; Dwór Wazów (Ring) Rynek 5 **Strehlen:** Restaurant Polonia, ul. Świerczewskiego 21; Granit, ul. Kopernika 2. **Münsterberg:** Ratuszowa, Ring (Rynek). **Grottkau:** Piast, Ring (Rynek) 1, Tel. 7 86. **Zobten:** Restaurant Pod Misiem. **Breslau:** Schnellimbiß: Witaminka, Ring (Rynek) 52; Zbyszko, Scheitniger Straße (pl. Grunwaldzki) 18.

CAFÉS UND TEESTUBEN: **Breslau:** Herbowa (Café Frank), Ring (Rynek) 19; Słoneczna, Neumarkt (ul. Nowy Targ) 29; Hortex, Tauentzienplatz (pl. Kościuszki) l; Mocca, — Gartenstraße (ul. Świerczewskiego) 102; Sezam, Gartenstraße (ul. Świerczewskiego) 68; Saba, Sandstraße (ul. św. Jadwigi) 9; Europejska, Gartenstraße (ul. Świerczewskiego) 88; Dominikańska, Katharinenstraße (ul. św. Katarzyny); Dwór Wazów (Ring) Rynek 5 (empfehlenswert), Grota ul. Szweska 53. **Grottkau:** Café Wiatrak, ehem. Windmühle, Straße nach Falkenberg/Niemodlin.

THEATER: Stadttheater (Państwowa Opera), Schweidnitzer Straße (ul. Świdnicka) 35, Tel. 3 07 27; Schauspielhaus (Teatr Polski), Theaterstraße (ul. Zapolskiej) 3, Tel. 3 87 89; Kammerspiele (Scena Kameralna), Schweidnitzer Straße (ul. Świdnicka) 28, Tel. 44 62 01; Puppentheater Teatr Lalek), Zwingerplatz (pl. Teatralny) 4, Tel. 44 12 17; Pantomimen-Theater (Teatr Pantominy), Eichenallee (al. Dębowa) 16, Tel. 67 52 80; — Operettenhaus (Operetka Wrocławska), Gartenstraße (ul. gen. K. Świerczewskiego), Tel. 3 56 52.

KONZERTE: Philharmonie (Państwowa Filharmonia) Gartenstraße (ul. gen. K. Świerczewskiego) 17, Tel. 44 20 01.

VERANSTALTUNGEN: Jazz an der Oder (Mai), Oratorium-Kantatenfestival (September).

BANKEN: Narodowy Bank Polskie, Rynek (Ring) 33; Orbis, ul. Świerczewskiego (Gartenstraße) 62.

POST: Flurstraße (ul. Małachowskiego) 17. **Telefon:** Auskunft: Stadt: Tel. 913, außerhalb Tel. 911.

ÖFFNUNGSZEITEN: viele Museen sind Mo., manche auch Di. geschlossen.

DEUTSCHSPRACHIGER GOTTESDIENST:

Christophorikirche, pl. Dominikański (So. 9.30 Uhr, evangelisch); Hedwigkloster, Hirschstraße (ul. Sepa Szarzyńskiego) 29 (So. 10 Uhr und am 1. Freitag jeden Monats 17 Uhr, katholisch).

5. Zwischen Breslau, Oels und Carlsruhe

Wir verlassen Breslau auf der E 67 in nordöstlicher Richtung. Kurz vor Hundsfeld (Wrocław-Psie Pole) zweigt nach rechts eine Straße zum kleinen Ort Sakrau (Zakrzów) ab, wo man im 19. Jahrhundert mehrere prachtvoll ausgestattete Fürstengräber aus der ersten Hälfte des 4. Jahrhunderts n. Chr. fand. Die Gräber gehören zur sogenannten Przeworsk-Kultur. Der hier geborgene Gold- und Silberschmuck befindet sich jetzt im Archäologischen Museum von Breslau. Auf die E 67 zurückgekehrt, fahren wir weiter in nordöstlicher Richtung und biegen dann bei **Langwiese** (Długołęka) am ehemaligen Gasthof Wolfskretscham nach links ein und folgen der Straße weiter in westlicher Richtung bis **Sibyllenort** (Szczodre). Bis 1945 stand hier ein 1685—1695 von Herzog Christian Ulrich von Württemberg erbautes und nach seiner Gemahlin Sibylle benanntes Schloß. Herzog Wilhelm von Braunschweig-Oels ließ das Bauwerk Mitte des 19. Jahrhunderts im englischen Tudorstil umbauen. Zwischen 1918 und 1932 lebte in diesem „schlesischen Windsor" der letzte sächsische König Friedrich August III. Nach der Besetzung durch Sowjets und Polen brannte das repräsentative Gebäude ab. In dem einst gepflegten, heute verwilderten und 300 ha großen Park stehen nur noch einige Nebengebäude, in denen Behörden untergebracht sind.

Von Sibyllenort fahren wir zurück zur E 67 und biegen in diese nach links ein. Nach 7 km sind wir in Oels, der größten niederschlesischen Stadt östlich der Oder.

Oels (Oleśnica), die ehemalige Residenzstadt der Fürsten von Oels, in der sich im 19. Jahrhundert zahlreiche Betriebe der Klein- und Mittelindustrie ansiedelten, zählte 1989 rund 37 466 Einwohner (1939: 16 456).

Nach Tacitus und Ptolomäus lebten einst in der Gegend des heutigen **Oels** die zu den Wandalen (Lugiern) gehörenden Elysier, von denen der Ort seinen Namen erhalten haben soll. Durch die 1189 erstmals erwähnte Siedlung führte die uralte Handelsstraße von Breslau nach Osteuropa. 1247 wird ein Kastellan in Oels erwähnt. 1255 begabte

Heinrich von Breslau den Ort mit Neumarkter Recht. 40 Jahre später wurde Oels Sitz eines selbständigen schlesischen Herzogtums. 1492 gelangte das Städtchen als erledigtes Lehen an den König von Böhmen, der Herzog Heinrich von Münsterberg aus der böhmischen Familie Podiebrad mit dem Herzogtum Oels belehnte. Im Jahre 1530 wurde in Oels das Oelser Pentateuch, eines der ersten hebräischen Bücher auf deutschem Boden, gedruckt. Das 1594 gegründete protestantische Gymnasium gehörte zu den berühmtesten Schulen des deutschen Ostens. Nach dem Aussterben der Podiebrads erhielt 1649 die Familie von Württemberg-Weiltingen Oels als Mediatfürstentum. 1764—1884 folgte die Linie Braunschweig-Oels und dann die Hohenzollern. 1926—1945 war das Schloß im Besitz des letzten deutschen Kronprinzen. Als die Sowjets Oels am 24. Januar 1945 besetzten, zerstörten sie 70 % der Häuser durch Brandstiftung. Inzwischen wurden die meisten Häuser wiederaufgebaut.

Das stattliche Renaissanceschloß im Südwesten der Altstadt, das von den Baumeistern Kaspar Kühne und Hans Lucas 1558—1617 errichtet und 1823 nach Plänen von Schinkel umgebaut wurde, steht an der Stelle eines alten wandalischen Ringwalls. Beachtenswert sind besonders das Portal (1603) und der Innenhof, wie die ganze „Waldgutherrschaft Oels" mit 9238 ha und 15 Gütern von 1818 bis 1919 Besitz des jeweiligen deutschen Kronprinzen. Von 1921—1945 lebte hier Prinz Wilhelm von Hohenzollern. Zur Zeit dient das Schloß als Archäologisches Museum (Muzeum Archeologiczne, Tel. 14 29 09) und Pfadfinderschule. Ein Kreuzgang verbindet das Schloß mit der spätgotischen Schloßkirche St. Johannes, die heute als Pfarrkirche dient. Die Fürstengruftkapelle stammt aus dem Jahre 1698. In ihrem Innern stehen bemerkenswerte Renaissance-Denkmäler, darunter die Kanzel (1605 von Gerhard Heinrich von Amsterdam geschaffen), ein kostbares Taufbecken aus dem 15. Jahrhundert sowie das schöne Grabmal des Herzogs Georg I. von Münsterberg-Oels. Erhalten sind ferner Reste der Stadtmauer mit dem im Westen der Stadt stehenden Breslauer Tor (Brama Wrocławska) aus dem 15. Jahrhundert, dem Wahrzeichen der Stadt. Westlich des Ringes stehen an der Ritterstraße die gotische Salvatorkirche (Kościół Zbawiciela). Etwas nördlich davon erhebt sich die katholische Kirche (Kościół św. Trojcy), ein nach dem Brand von 1959 volkstümlich ausgemalter Barockbau. Geht man von hier weiter nach Norden, so stößt man auf die Probsteikirche, die aus der St. Georgskirche der Augustiner-Chorherren und der Marienkirche der Benediktiner entstand. Sie gilt als die schönste Kirche der Stadt.

Das Renaissanceschloß in Oels

Besuchenswert sind der 120 Morgen große **Stadtpark** mit Wasserläufen, Brücken, reichem Baum- und Strauchbestand, großen Wiesenflächen und einem See mit Vogelinsel und das einige Kilometer nördlich von Oels gelegene **Juliusburg** (Dobroszyce), in dem ein Schloß der Herzöge von Württemberg-Oels von 1675 steht. In dem Dorf **Kritschen** (Krzeczyn), einige Kilometer südwestlich von Oels, soll in grauer Vorzeit ein feuriger Drache gehaust haben. Er wohnte der Legende nach auf dem Dachboden eines Bauernhauses und soll dem Besitzer große Reichtümer gebracht haben.

Von Oels fahren wir ins 16 km südöstlich im wiesenumsäumten Tal an der Weide (Widawa) gelegene ehemalige Tuchmacherstädtchen **Bernstadt** (Bierutów), die mit 5010 Einwohnern (1989) zweitgrößte

Gemeinde des Kreises Oels, an der alten Handelsstraße Oels—Kreuzberg, mit großen Märkten. Aus einer kleinen Siedlung ist es seit 1266 im Laufe von acht Jahrhunderten zu einem bis 1945 ansehnlichen, schmucken Städtchen herangewachsen. 1543—1745 war Bernstadt Residenz der Herzöge von Münsterberg-Oels. Mit seinen vier Türmen, schon von weither sichtbar, und schattigen Waldungen war der Ort vor 1945 ein beliebtes Wander- und Erholungsziel. Beachtenswert sind das herzogliche Renaissanceschloß (17. Jahrhundert), das zuletzt Kronprinz Wilhelm von Preußen (1882—1951) gehörte, und die z. Zt. leider verwahrloste Pfarrkirche St. Katharina (1680).

Von Bernstadt sind es 14 km ins südöstlich gelegene **Namslau** (Namysłów). Die teilweise noch ummauerte Stadt Namslau mit heute 14 204 Einwohnern (1939: 8 181), deren Gründung in den Ausgang des 11. Jahrhunderts fällt, liegt auf dem linken Ufer der Weide und hat eine reizvolle Umgebung. Weithin bekannt war das Bier der Haselbach-Brauerei.

Wir beginnen unseren Rundgang durch die Altstadt am trutzigen Krakauer Torturm (1350) im Osten der Stadt, an die sich rechts und links Reste der von dem deutschen Kaiser Karl IV. errichteten Stadtmauer anschließen. Durch die Krakauer Straße gelangt man zum westlich von hier auf dem Ring stehenden Rathaus (14. Jahrhundert, später mehrmals erneuert). Rings um den Platz stehen restaurierte Patrizierhäuser. Nordöstlich des Ringes erhebt sich die katholische Pfarrkirche St. Peter, eine spätgotische Hallenkirche mit drei Schiffen aus dem 15. Jahrhundert. Vor dem Gotteshaus steht ein Nepomukbrunnen. Von hier gehen wir zum Ring zurück und dann auf der Klosterstraße in westlicher Richtung zum Franziskanerkloster mit Kirche (14.—15. Jahrhundert). Im äußersten Westen, an der Oelser Straße, steht das Schloß, in dem sich jetzt das Heimatmuseum (Muzeum Regionalne) befindet. Es ist Mi., Do., Fr. 10—15 Uhr, Sa., 10—13 Uhr und So., 10—14 Uhr geöffnet. Die vor dem Kriege hier untergebrachte große Sammlung alter schlesischer Bildwerke konnte in den Westen Deutschlands (Würzburg, Dortmund, Regensburg) gerettet werden.

Unmittelbar vor den Toren der Stadt liegt die bezaubernde Bruchlandschaft der Weide, die an den Spreewald erinnert. Früher konnte man sie mit Gondeln durchstreifen.

10 km nordöstlich von Namslau liegt die kleine Landschaft **Reichthal** (Rychtal), die bereits zwischen 1920 und 1939 zu Polen gehörte,

obwohl 95 % der Bewohner für den Verbleib beim Deutschen Reich gestimmt hatten. Gegründet wurde die Stadt 1222 durch den Deutschen Ritterorden.

Einige Kilometer südöstlich von Namslau liegt das Dorf **Grambschütz** (Gręboszów), wo bis 1945 ein Schloß der Grafen Henckel von Donnersmarck stand. Das Bauwerk wurde von den Polen abgerissen. Nahe der ebenfalls zerstörten Friedhofskapelle haben sich noch einige Gräber der Familien von Prittwitz und Henckel von Donnersmarck erhalten. In Glausche nordöstlich von Namslau bei Reichthal wurde Graf Edmund von Strzelecki (1797—1873) geboren, der im Vale of Clwydd unweit von Sydney das erste Gold auf dem australischen Kontinent entdeckte.

KURZINFORMATIONEN

PARKPLÄTZE: **Oels:** Hotel Perła; Ring; Schloßstraße.

BAHN: Zugverbindungen auf den Strecken Breslau—Oels—Warschau und Oels—Bernstadt—Namslau.

BUS: Mit PKS-Bussen kann man die meisten der genannten Orte erreichen.

FREMDENVERKEHRSBÜROS: **Oels:** it-Zentren, in den Hotels Perła und Śląsk.

HOTELS: **Oels:** *** Perła, ul. Zawadzkiego 12, Tel. 14 35 19 und 14 40 01; Dom Wycieczkowy Sląsk, Ring (Rynek) 12, Tel. 14 20 54. **Namslau:** * Dom Wycieczkowy Polonia, ul. Obrońców Pokoju 28, Tel. 5 31.

JUGENDHERBERGEN: **Namslau:** Bursa Międzyszkolna, ul. Reymonta 5, Tel. 2 45, geöffnet 05.07.—25.08.

GASTSTÄTTEN: **Oels:** Hotel Perła, ul. Zawadzkiego 12, Tel. 14 35 19; Piast, Ring (Rynek) 44; Slowiańska, ul. 1 Maja 44; Arkadia, pl. Zwycięstwa. **Namslau:** Polonia, ul. Obrońców Pokoju 28, Tel. 5 31; Widawianka, Ring (Rynek) 13.

CAFÉS: **Oels:** Hotel Perła, ul. Zawadzkiego 12. **Namslau:** Inka, ul. Reymonta; Ratuszowa, Rynek.

MILCHBAR: **Namslau:** ul. Wojska Polskiego.

Von Namslau setzten wir nun unseren Weg in südöstlicher Richtung über die Stober (Stobrawa) fort. In **Carlsruhe** (Pokój), einem kleinen Dorf, steht die im 18. Jahrhundert von G. W. Schirrmacher errichtete Sophienkirche, eines der bedeutendsten schlesischen Gotteshäuser mit Rokoko-Altar. Das einstige Barockschloß, das im Jahre 1752 nach dem Vorbild des Schlosses in Karlsruhe (Baden) errichtet wurde, wurde 1945 zerstört. Es war im 18. Jahrhundert Sommerresidenz des Herzogs Karl Christian Erdmann von Württemberg-Oels. Im alten, heute verwilderten Schloßpark stehen auf einem Hügel die Reste eines Denkmals Friedrichs des Großen, das 1790 von Johann Daniel Melzer geschaffen wurde.

In **Karlsmark** (Karłowice), südwestlich von Carlsruhe, wirkte im 18.Jahrhundert der Bienenforscher Johannes Dzierżon (s. Kreuzburg) als Pfarrer. Von hier fahren wir auf Nebenstraßen nach **Seydlitzruh** (Minkowskie), das weiter nordwestlich liegt. Hier steht ein Rokokoschlößchen, das 1765 in Anlehnung an das Schloß Sanssouci in Potsdam für den preußischen General Friedrich Wilhelm v. Seydlitz errichtet, doch erst nach seinem Tode fertiggestellt wurde.

General v. Seydlitz (1721—1773) trug mit seinen Siegen bei Roßbach (1758) und Zorndorf (1758) entscheidend zur Rettung Preußens im Siebenjährigen Krieg bei.

Über **Markstädt** (Laskowice Oławskie), wo ein 1558 von Johann Prittwitz erbautes und 1779 von Johann Franz Freiherr v. Saurma-Jeltsch umgestaltetes Schloß steht, kehren wir entlang dem Nordufer der Oder nach Breslau zurück.

6. Zwischen Breslau und Hirschberg

Von Breslau fahren wir über die Autobahn durch ein intensiv bewirtschaftetes Agrargebiet mit Weizen- und Zuckerrübenfeldern nach **Rosenborn** (Mirosławice), von wo sich ein herrlicher Blick auf den bewaldeten **Zobten** (Ślęża) bietet.

Das 1801—1811 für Gottlob Sigismund Graf von Zedlitz-Leipe erbaute Schloß ist eines der besten klassizistischen Bauten Schlesiens. Es ist von einem großen englischen Park umgeben.

In **Strelitz** (Strzelce Świdnickie) 15 km weiter lohnt die frühgotische Kirche mit den alten schlesischen Wandmalereien von 1360 einen Besuch. 20 km weiter liegt die Stadt Schweidnitz.

Die Stadt **Schweidnitz** (Świdnica) liegt an der Weistritz im VOrłand des Eulengebirges. Im Mittelalter war die jetzt 61 763 Einwohner (1989) zählende ehemalige Leinenweber- und Brauereistadt der größte schlesische Handelsplatz nach Breslau. Auf dem Markt wurden Waren aus Flandern, Italien, Ungarn, Böhmen, Rußland und Polen umgeschlagen. Schweidnitzer Bier war in weiten Teilen Europas ein Begriff. Vor 1945 gab es in Schweidnitz zahlreiche Industriebetriebe, in denen u.a. Maschinen, Möbel, Spielwaren und Nahrungsmittel hergestellt wurden. Nach dem Kriege wurden einige Fabriken wiedererrichtet, und nun baut man Waggons und Meßinstrumente. Außerdem gibt es noch Fabriken in den Bereichen Apparaturen für Zucker- und Chemieindustrie, Zuckerherstellung, Motorisie-rungselektrotechnik, Wollverarbeitung und Magnesitwerke. 1939 lebten hier 35 038 Menschen. Seit 1945 ist hier ein starkes sowjetisches Truppenkontingent stationiert.

Urkundlich wird **Schweidnitz** erstmals 1243 erwähnt. Um 1249 erhielt es deutsches Stadtrecht. 1291—1362 war der Ort Hauptstadt des Herzogtums Schweidnitz. 1362—1526 gehörte die Stadt zu Böhmen, 1526 kam sie an Habsburg und 1742 an Preußen. Friedrich der Große baute sie zu einer starken Festung aus. Von 1640—1920 war Schweidnitz außerdem Garnisonstadt.

Schweidnitz ist Geburtsort des größten preußischen Gesetzgebers, Carl Gottlieb Suarez (1746—1798) und des Breslauer Domkapellmeisters von 1519—1522, Thomas Stoltzer.

Am Ring (Rynek) stehen neben dem 1717—1720 errichteten barokken **Rathaus**, das jedoch ältere Portale (von 1326) aufweist und in dem sich jetzt ein **Kaufmannsmuseum** (Muzeum Dawnego Kupiectwa) befindet (es ist tgl. außer Mo. 10—15 Uhr, Sa., So. und feiertags 11—17 Uhr geöffnet), mehrere hübsche Häuser mit Fassaden im Stil der Renaissance und des Barock. Beachtenswert besonders das Haus „Zum goldenen Mann (pod Złotym Chłopkiem, Nr. 8). 1626 wohnte in diesem ehemaligen Hotel Wallenstein. Attraktiv sind auch die vier **Barockbrunnen** mit ihren schönen Dekorationen, darunter der Neptunsbrunnen (einst Gabeljürge). Neben dem letzteren steht die 1693 von Graf Sinzendorf gestiftete **Dreifaltigkeitssäule**. Durch die Langstraße (ul. Nowotki) gelangt man zum östlich des Rings gelegenen

Friedenskirche in Schweidnitz

Kirchplatz, an dem sich die prachtvolle hochgotische katholische Stadtpfarrkirche **St. Stanislaus und St. Wenzel** (14. bis 16. Jahrhundert) mit dem höchsten Turm (103 m) Schlesiens und einem reichen barocken Interieur (darunter ein prunkvoller Hochaltar und der spätgotische Marientod-Altar von einem Veit-Stoß-Schüler) erhebt. Südöstlich des Gotteshauses steht an der Reichenbacher Straße (ul. Westerplatte) die **Heilig-Kreuz-Kirche** von 1720.

Auf dem Friedhof im Norden der Innenstadt (erreichbar vom Ring über die Peterstraße/ul. Bohaterów Getta und Äußere Kirchstraße/ Przyjaciół Żołnierza) steht die gut erhaltene ev. Friedenskirche **„Zur Heiligen Dreifaltigkeit"**, ein Fachwerkbau von 1658 auf dem Grundriß eines griechischen Kreuzes. Das Gotteshaus wurde nach dem Westfälischen Frieden im Auftrage des Fürsten von Hochberg nach einem Entwurf von Valentin v. Sąebisch, dem Breslauer Festungsbaumeister, aus Eichenholz für 7500 Gläubige erbaut. Im Innern sind neben den Gemälden der Altar und der Chor beachtenswert. Die zweigeschossigen Emporen dieser größten europäischen Holzkirche zeigen noch die Innungszeichen der Glasbläser, Schneider, Schreiner und Tuchmacher. Prächtig sind der Hauptaltar, die Kanzel und die

Orgel sowie das Taufbecken. In der Kirche, die 1979/80 mit Geldern des rheinischen Gustav-Adolf-Werkes der EKD renoviert wurde, werden noch heute regelmäßig Gottesdienste der polnischen evangelisch-augsburgischen Gemeinde gehalten. Dank ihrer guten Akustik dient sie auch als Konzertsaal. Der Friedhof ist heute verwildert. Von der nahegelegenen herzoglichen **Burg** ist nur noch das Portal erhalten. Bei Ausgrabungsarbeiten wurden die Fundamente der Burg freigelegt.

Im Nordwesten der Stadt befand sich bis 1945 die **Richthofen-Gedächtnisstätte** und das als **Richthofen-Museum** ausgestattete Elternhaus der beiden Kampfflieger Freiherrn Manfred v. Richthofen (geb. 1892 in Breslau, gefallen nach 80 Luftsiegen 1918 an der Somme) und Lothar v. Richthofen (1894—1922, 40 Luftsiege). Beide Gedenkstätten wurden von den Polen vernichtet.

AUSFLUG

Südöstlich von **Schweidnitz** liegt in einem schönen Laubwald der kleine Ort **Kreisau** (Krzyżowa), seit 1867 Besitz der Grafen von Moltke, mit sehenswertem Mausoleum des preußischen Generalfeldmarschalls Helmuth Graf v. Moltke (1800—1891). Nach längerer Tätigkeit in der Türkei leitete er die Feldzüge von 1864 (gegen Dänemark), 1866 (gegen Osterreich) und 1870/71 (gegen Frankreich). Seit 1867 war Moltke konservativer Reichstagsabgeordneter.

Von diesem Gut hat der „Kreisauer Kreis", seit 1933 eine Gruppe der Widerstandsbewegung gegen Hitler, seinen Namen. Mittelpunkt des Kreises war Helmuth James Graf v. Moltke, Gutsherr in Kreisau. Er wurde im Januar 1944, die anderen Mitglieder nach dem 20. 7. 1944 verhaftet, und am 23. 1. 1945 von den Nazis in Berlin-Plötzensee ermordet.

Im September 1989 wurde hier zur Würdigung des deutschen Widerstandes gegen den Nationalsozialismus ein Gedenkstein errichtet. Hier wurde auch von Kohl und Mazowiecki die symbolische Versöhnung vollzogen.

Im Nordwesten von Schweidnitz liegen mehrere alte Städte, die man auf einer Rundfahrt besuchen kann. Zunächst fahren wir auf der R 115 ins 14 km entfernte Striegau.

Striegau (Strzegom) (17 206 Einwohner 1989) liegt inmitten großer Granit- und Basaltsteinbrüche. Vor dem Kriege gab es hier Bürsten- und Stuhlfabriken. Aus dem „Blauen Stein" des Striegauer Tafelber-

KURZINFORMATIONEN Schweidnitz

ORTSVERKEHR: WPK-Bus vom plac Grunwaldzki.

TAXI: plac Dworcowy, Tel. 2 26 28. Bahn und Busverbindungen nach Breslau und Waldenburg. **Stadtbahnhof:** Dworzec Świdnica Miasto (PKP), Bahnhofsplatz (plac Dworcowy) 1, Tel. 2 10 76.

FERNBUSBAHNHOF: Dworzec PKS, ul. Kolejowa 3, Tel. 2 10 11.

FREMDENVERKEHRSBÜROS: Orbis, Ring (Rynek) 31, Tel. 2 26 68; PTTK, ul. Trybunalska 1, Tel. 2 45 60.

AUTOMOBILCLUB: Orbis, Ring (Rynek) 31, Tel. 2 26 68; PTTK, ul. Trybunalska 1, Tel. 2 45 60.

UNTERKUNFT: ** Piast (Ex-„Deutsches Haus"), Kupferschmiedestraße (ul. Marksa) 11, Tel. 2 30 76; *Sportowy, ul. Śląska 37, Tel. 2 25 36.

JUGENDHERBERGE: ul. Folwarczna, Tel. 22640 (ganzjährig geöffnet).

WANDERHEIM: ul. Ślaska 37, Tel. 2 25 36 (Apr.—Okt.).

CAMPING: ul. Śląska 37, Tel. 2 25 36 (April—Oktober).

RESTAURANTS: Zagłoba, ul. Wrocławska 46; Piast, ul. Marksa 11, Tel. 2 13 93, Orion, ul. Zamenhofa 45, Tel. 2 18 01, Stylowa, ul. Ks. Komandorów 14, Tel. 2 12 25, Pod Kogutem, ul. H. Sawickiej 14, Tel. 213 67.

CAFÉS: Casanova, Rynek 23a; Cichy Kącik, ul. Okrężna 48/50; Teatralna, ul. Świerczewskiego 7.

TEESTUBE: Tuła, ul. Wrocławska 24.

BIERKNEIPE: Antałek, ul. Wrocławska 14.

STRASSENHILFSDIENST: ul. Bystrzycka 12, Tel. 2 30 31.

REPARATUR: ul. Bystrzycka 14, Tel. 2 25 84; ul. Szarych Szeregów 6, Tel. 2 00 64.

TANKSTELLEN: ul. Wrocławska 14, Tel. 9 07 11; ul. Wrocławska 23, Tel. 2 22 66.

ges wurden im Mittelalter die dicken Stadtmauern und die trutzigen Türme des Ortes errichtet. Am alten „Stragona" vorbei suchten schon römische Handelsmänner ihren Weg auf der „Bernsteinstraße" ins ostpreußische Samland und sahen dabei auf dem „Breiten Berge" die Herdfeuer slavischer Wohnstätten rauchen. Noch heute kann man auf dem Berg Reste eines vorgeschichtlichen Ringwalles sehen. Der Großteil wurde bedauerlicherweise durch die Steinbrucharbeiten zerstört. Die Stadt wurde 1242 von deutschen Siedlern gegründet und kam 1392 mit dem Herzogtum Schweidnitz zu Böhmen. Im Mittelalter war der Ort eine bedeutende Tuchmacherstadt. Unter den Preußen war Striegau bis 1932 Kreisstadt. Vor dem letzten Kriege war die Teichersche Blumensamenzüchterei weltberühmt. 1945 wurden 60% der Häuser zerstört.

Beachtenswert ist die schon aus weiter Entfernung sichtbare dreischiffige **Stadtpfarrkirche St. Peter und Paul** im gotischen Stil mit dem höchsten Kirchengewölbe Schlesiens (26 m) und drei Portalen. Sie stammen aus dem dritten Viertel des 14. Jahrhunderts und aus der Jahrhundertwende (14./15. Jahrhundert). Besonders eindrucksvoll ist das Hauptportal der Basilika, über dem sich in fünf Bildern eine Reliefdarstellung der Bekehrung des Apostels Paulus befindet. Aber auch das bemalte Sakramentshäuschen im Innern des Gotteshauses ist sehenswert. Auf dem Ring kann man den gotisch-barocken **Rathausturm** sehen. Auch von der Stadtmauer aus dem 13.—15. Jahrhundert sind noch Reste erhalten, darunter der **Schnabelturm**.

Durch einen mit schattigen alten Linden bestandenen Promenadenweg gelangt man auf die **Striegauer Berge**, die mit ihrem schönen Laub- und Nadelwald zahlreiche reizvolle Ausblicke gewähren. Der Volksmund sagte: „Ee Striezel und zwee Quärge, doas sein die Striegauer Berge." Der „Berg" ist die Sammelbezeichnung für eine Gruppe von drei Basaltbergen, zu denen neben dem Kreuz- und dem Georgenberg (Góra św. Jerzego) auch der bereits erwähnte „Breite Berg" (Szeroka, 320 m) gehört. Steigt man von der ehemaligen, idyllisch gelegenen Kreuzbaude (auf dem Sattel zwischen Kreuz- und Georgenberg) zu dem für die Gefallenen der Schlacht von Hohenfriedeberg (4. 6. 1745) errichteten Kreuz des 352 m hohen Kreuzberges (Krowiarka) hinauf, so genießt man einen einzigartigen Rundblick: Das Isergebirge im fernen Westen, das Riesengebirge mit seinen deutlich erkennbaren Kammbauden, die Kuppen und Höhen des Waldenburger Berglandes, der langgestreckte Kamm des Eulengebirges und der sagenumwobene Zobten umschließen ein Halbrund, in dem bewaldete Vorberge, bunte Wiesen und fruchtbares Ackerland mit reizvoll gelegenen Ortschaften sich zu einem herrlichen Gesamtbild vereinigen.

7 km nördlich von Striegau liegt das ehemalige Konzentrationslager **Groß-Rosen** (Rogoźnica), in dem die Nationalsozialisten 1940—45 über 160 000 Menschen festhielten. Sie mußten in den Steinbrüchen von Striegau arbeiten. 100 000 Häftlinge wurden ermordet (Museum im ehemaligen Wachhaus).

Nach weiteren 8 km sind wir in dem an der Wütenden Neiße (Nysa Szalona) gelegenen Städtchen **Jauer** (Jawor).

Die ehemalige Hauptstadt des Fürstentums Jauer liegt in schöner Lage an den Vorbergen des Bober-Katzbach-Gebirges und des **Riesengebirges**. 1939 lebten hier 13 817 Menschen, 1989 waren es 23 413. Vor 1945 war Jauer eine lebhafte Kreisstadt, Sitz des Niederschlesischen Landestheaters und für die Jauerschen Würstel, die „Jauerschen Bienenkörbe", seine Lederwaren und als Wagenbauerstadt bekannt. Einst fanden in Jauer auch große Textilmärkte statt. Heute sind die Waschmittelproduktion, die Zuckerfabrik und das Hammerwerk wichtigste Arbeitgeber. In der Nähe wird Baryt abgebaut.

Die Stadt wurde 1241 mit Magdeburger Recht gegründet und war von 1314 bis 1392 Residenz eines Herzogs. Dann kam es an Böhmen, 1526 an Habsburg und 1742 zu Preußen.

Auf einem Rundgang durch die Altstadt kann man zahlreiche Häuser im Renaissance- und Barockstil mit Lauben und verzierten Portalen sehen. Das **Rathaus**, 1896/97 im Stil der Neorenaissance errichtet, besitzt einen 65 m hohen gotischen Turm aus dem 14. Jahrhundert mit einer Haube aus dem 17. Jahrhundert. Am Ring stehen noch mehrere **Patrizierhäuser** aus dem 16./17. Jahrhundert. Sehenswert sind die spätgotische kath. **Stadt-Pfarrkirche St. Martin**, eine dreischiffige Hallenkirche mit barockem Hochaltar (1672) und Chorgestühl aus der Frührenaissance, und die Reste der Stadtbefestigung („Engelsburg"). Über die Goldberger Straße (ul. Złotoryjska) gelangt man zu der im Nordwesten der Stadt unweit des Neumarktes (plac Wolności) gelegenen ev. **Friedenskirche zum Heiligen Geist** (Kościół Pokoju), einer von dreien 1648 nach dem Westfälischen Frieden in Schlesien für Protestanten erbauten Friedenskirchen. Der Fachwerkbau, der nach Entwürfen des Breslauer Festungsbaumeisters Albrecht von Saebisch errichtet wurde, bietet 6000 Gläubigen Platz. Sehr schön sind die bunten Malereien auf den Emporen. 1983/84 wurde die Kirche mit Hilfe des deutschen Gustav-Adolf-Werkes restauriert. Südöstlich des

Ringes wurde in der **Franziskanerkirche** an der Klosterstraße (ul. Klasztorna) ein **Regionalmuseum** mit Beständen des Jaueraner Heimatmuseums eingerichtet (geöffnet: Mi.—So., 11—17 Uhr, Tel. 23 21).

Von Jauer fahren wir nun in südlicher Richtung über das uralte **Schweinhaus** (Świny), einst eine Feste, mit seiner Burgruine (22 m hoher Wohnturm) und alter Burgkirche auf dem Steinberg (370 m) aus dem 14.—16. Jahrhundert mit Rittergrabsteinen, der katholischen St.-Nikolaus-Kirche mit zahlreichen Grabmälern derer von Schweinichen, die vom Ende des 13. Jahrhunderts bis 1769 auf der Burg saßen, und schöner Aussicht nach Bolkenhain auf der E 65 nach **Hohenfriedeberg** (Dobromierz), das einen hübschen Marktplatz besitzt und wo Friedrich der Große im zweiten Schlesischen Krieg am 4. 6. 1745 über die Österreicher und Sachsen siegte. Das preußische Dragonerregiment „Markgraf von Baireuth" entschied die Schlacht durch seine berühmte Attacke. Von der 400 m hohen Siegeshöhe (Galgenberg) hat man einen schönen Rundblick. Dieser Aussichtsturm wird z.Z. renoviert. Im Schloß der Grafen von Hochberg zu Rohnstock komponierte Friedrich der Große den „Hohenfriedeberger Marsch".

Wenig weiter liegt am Nordabhang des Waldenburger Berglandes die Industriestadt **Freiburg** (Świebodzice). Sie geht auf eine seit dem 13. Jahrhundert existierende Burg der Herzöge von Schweidnitz zurück und wurde Anfang des 20. Jahrhunderts gründlich umgebaut. In dem Städtchen, das 1939 9308 Einwohner zählte, leben heute 24 252 Polen. Rund um die Burg dehnt sich ein sehr schöner Landschaftspark mit prächtigen Rhododendren und altem Baumbestand aus. In der Nähe der Stadt liegt ein bekanntes Gestüt.

Einen Ausflug lohnt auch die nahe **Polsnitzer Felsschlucht** (Wąwóz Pełcznicy) mit ihrer 500 Jahre alten Eibe „Bolko". 3 km südlich steht am Eingang der Hellebachschlucht im wildzerklüfteten Fürstensteiner Grund das700 Jahre alte Schloß **Fürstenstein** (Książ), 100 m hoch über dem romantischen Fürstensteiner Grund. Das Schloß stellt eine Übersicht verschiedener Baustile dar, vor allem der Gotik, der Renaissance und des Barocks. Im Laufe der Jahrhunderte wurde es mehrmals ausgebaut und erweitert. Das ursprüngliche Schloß aus Steim ließ 1292 Bolko I (der Strenge), Herzog von Schweidnitz-Jauer, errichten. Der zweite Umbau wurde 1483—1490, in der Zeit der Zugehörigkeit zu Matthias Korwinus, vollzogen. Den nächsten führte man bereits unter den Hochbergen (im 16. Jahrhundert), und dann in den Jahren 1548—1555 aus. Die fünfgeschossige Anlage wurde 1772—

1774 im Barockstil umgebaut und besitzt 400 Zimmer. Der letzte 1908—1923 vollzogene Umbau verlieh dem Schloß den Charakter einer herrlichen Magnatenresidenz. Der frühere Besitz der Fürsten zu Pleß-Hochberg (der letzte Fürst war 1939 nach England emigriert) wurde 1943 zum Hauptquartier Hitlers umgebaut. Doch er zog dann die Wolfsschanze im ostpreußischen Rastenburg vor. Das in einem schönen Park gelegene Schloß besaß vor der Ausplünderung (zwischen 1945 und 1960) eine wertvolle Bibliothek. Seit 1962 versuchen die Polen, das Schloß wiederaufzubauen. Ein kleines Museum ist bereits eröffnet.

Die 3 km von Fürstenau entfernte Fürst Pleßsche Schloßgärtnerei **Liebichau** (Lubiechów) war einst weltberühmt durch ihre Dahlienzucht. Erhalten sind das Palmenhaus und der japanische Garten.

Weitere Ausflüge führen in den 165 ha großen Stadtforst und den idyllischen **Zeisgrund** mit einer alten Burgruine. Kleinere Spaziergänge kann man von Freiburg durch den schattigen Stadtpark („Park Miejski") zu den Anlagen am Galgenberg, zum Johannesberg und zum Fuchsberg mit seinem herrlichen Tannen- und Fichtenwald unternehmen.

Nun wenden wir uns auf der E 65 wieder in Richtung Westen und fahren nach Bolkenhain.

Die schlesische Leinenweber- und Burgenstadt **Bolkenhain** (Bolków) (der Name entwickelte sich aus Bolkahóan = Ort des Bolko) an der Wüsten Neiße (Nysa Szalona) liegt inmitten einer herrlichen Gebirgslandschaft. Uber der Stadt erheben sich die Ruinen der Bolkoburg und der Schweinhausburg. Idyllisch ist auch das Stadtbild mit seinen zahlreichen Kulturdenkmälern.

Bolkenhain wurde um 1241 mit deutschem Recht gegründet. 1392 bis 1526 gehörte es zu Böhmen und dann bis 1742 zu Habsburg. Seitdem ist die Stadt preußisch. 1943 wurden unter der Richardshöhe im Nordosten der Stadt unterirdische Anlagen zur Aufnahme eines Teiles der Hamburger Flugzeugwerke errichtet. Seit 1971 ist Bolkenhain Kurort.

Am langgestreckten Marktplatz stehen das **Rathaus** (1670,1827 klassizistisch umgebaut), schöne **Giebelhäuser** aus dem 16.—17. Jahrhundert mit Laubengängen. Die frühgotische **Pfarrkirche St. Hedwig** stammt aus der Mitte des 13. Jahrhunderts. Erhalten sind ferner Reste der mittelalterlichen **Stadtmauern** aus dem 14. Jahrhundert. An einem steilen Hügel steht die gotische **Burg** der

Herzöge von Schweidnitz und Jauer aus dem 13.—14. Jahrhundert mit Bollwerken und einer Renaissanceattika von 1540 (Museum, geöffnet: 01.05.—15.09.: Di.—So., 9—16 Uhr, 16.09.—30.04.: Di.—So., 9—15 Uhr). Vom 22 m hohen Turm bietet sich eine weite Aussicht.

In unmittelbarer Nähe der Stadt liegt die Hedwigsquelle **Wiesau**, ein heilkräftiger Glaubersäuerling. Bei **Ketschdorf** (Kaczorów) bietet sich ein großartiger Blick auf das Riesengebirge.

Nun geht es auf einer Nebenstraße nach rechts in den Ort **Jannowitz** (Janowice Wielkie). Das Dorf liegt im schönen Bobertal. Die vorgelagerten, bis zu 800 m ansteigenden Berge bieten guten Schutz vor rauher Witterung. Im Norden des Ortes sieht man die Bleiberge des Bober-Katzbach-Gebirges, im Westen das Zwillingspaar der Falkenberge — das Wahrzeichen des Hirschberger Tales — ,im Süden die Berge oberhalb des Bobertales mit der Burgruine **Bolzenschloß** (Zamek Bolczów) von 1375. Im Osten die Berge des Landeshuter Kammes (Rudawy Janowickie). Ein schöner Ausflug führt zur malerischen Felsengruppe der Falkenberge (Sokole Góry, 654 m).

Einige Kilometer südöstlich liegt das Bergstädtchen **Kupferberg** (Miedzianka), das ebenfalls von Bergen und Wäldern umgeben ist. Wanderungen führen von hier zum Bolzenschloß (1 Std.), zur Katzbachquelle (1 1/2 Stunden) und zu den Fundamenten der Rosenbaude in den Bleibergen Ketschberg (Kaczorów) (1 1/2 Stunden). Der 628 m hohe Aussichtspunkt **Rosengarten** (Różanka) wurde von Alexander von Humboldt als einer der schönsten Punkte der Erde bezeichnet. Leider ist die Aussicht heute durch hohe Fichten verdeckt, seitdem der Turm nicht mehr steht.

Lohnenswert ist auch ein Besuch der Sommerfrische **Rudelstadt** (Ciechanowice) am Südfuße des Bober-Katzbach-Gebirges, mit ihrem 1846 auf einer künstlichen Insel errichteten Schloß.

Die Hauptstraße bringt uns nun von Bolkenhain nach **Hirschberg** (Jelenia Góra).

KURZINFORMATIONEN

VERKEHR: Busse von Schweidnitz/Świdnica, Waldenburg (nach Liebichau/Lubiechów) oder Hirschberg/Jelena Góra — (nach Jannowitz/Janowice).

HOTEL: **Bolkenhain:** ** Turysta, ul. Sieńkiewicza 17, Tel. 3 61.

7. Aus der Neumark ins Riesengebirge

Vom ostbrandenburgischen **Züllichau** (Sulechów), einer um 1250 von den Herzögen von Schlesien gegründeten, seit 1482 brandenburgischen Stadt, gelangt man durch den Buchenwald, am „Räuberbrunnen" vorbei, zum Oderwald mit seinen seltenen Pflanzen und weiter zur Priltager Fischrei. Einige Kilometer nordöstlich von Züllichau liegt das kleine Dorf **Klemzig** (Klępsk) mit seiner pittoresken evangelischen Fachwerkkirche mit schönen Wandbildern. Aus Klemzig und dem 2 km weiter südlichen **Langmeil** (Okunin) wanderten in der ersten Hälfte des 19. Jahrhunderts zahlreiche Anhänger der Altlutheranischen Kirche wegen ihrer Gegnerschaft zur Altpreußischen Union, dem Zusammenschluß der lutherischen und reformierten Kirchen unter König Friedrich Wilhelm III., nach Südaustralien aus, wo sie in der Umgebung von Adelaide zahlreiche Orte, darunter auch ein Klemzig (heute Vorort von Adelaide) und Langmeil im Barossatal, gründeten und dort wie in ihrer Heimat Wein anbauten.

Von Klemzig fahren wir weiter in das nordöstlich bereits in der preußischen Provinz Posen gelegene Städtchen **Bomst** (Babimost) in der Nähe des Tuchalasees und des Liehnerersees. Weiter nördlich liegt in einer schönen Heidelandschaft das Dorf **Kuschten** (Kosieczyn), in dem eine der alte Holzkirchen aus dem 17. Jahrhundert steht. In der Ausstattung gibt es einige ältere Holzskulpturen aus den Jahren 1420—30. Ein sehr schönes hölzernes Gotteshaus gibt es auch im nahen **Klastawe** (Chlastawa). Die hiesige Kirche wurde 1637 von dem böhmischen Erbherrn Wladeslaus Miesitschek erbaut und besitzt im „Brauttor" eine Glocke. Nahebei liegt der zwischen 1919 und 1939 als Güterumschlagsplatz an der damaligen Grenze zwischen dem Deutschen Reich und Polen bedeutende Ort **Neu-Bentschen** (Zbąszynek).

Dann geht es nach **Bentschen** (Zbąszyń), das am langgestreckten Bentscher See (Jez. Zbąszyńskie) liegt. Zwischen 1920 und 1939 war der Ort von Polen besetzt.

Unser nächstes Ziel ist das südlich am gleichnamigen See gelegene **Wollstein** (Wolsztyn), von wo wir auf der Landstraße Nr. 32 in westlicher Richtung nach **Unruhstadt** (Kargowa) weiterfahren. Die

1653 von evangelischen Tuchmachern aus Schlesien gegründete Stadt liegt am Nordrande des breiten Warschau-Berliner Urstromtales. Deutlich verrät der Stadtplan mit seinen quadratischen Marktplätzen die mit deutschem Stadtrecht gegründete mittelalterliche Anlage. Von den Laubenhäusern, die bis 1945 die Plätze zierten, ist nur noch eins auf dem Neuen Ring erhalten. Auch das Rathaus auf dem alten Markt steht noch.

16 Kilometer südöstlich von Unruhstadt liegt der kleine Ort **Schwenten** (Świętno), der durch die Gründung der „Republik Schwenten" am 5.1. 1919 bekannt wurde. Dieser „Staat" war von deutschen Bürgern gegründet worden, um ihre Heimat vor Polen zu retten. Als sich die Lage beruhigt hatte, erklärte Staatspräsident Hegemann den Anschluß ans Deutsche Reich.

Nun geht es von Schwiebus auf der E 65 (R 3) weiter gen Süden. Im 6 km entfernten **Odereck** (Cigacice, bis 1937: Tschicherzig) überqueren wir auf der Monbartbrücke die Oder und sind in Schlesien. Über die bewaldeten Höhen am Rande des Flusses wird nach wenigen Kilometern in der alten Obst- und Rebenstadt Grünberg erreicht.

Das bedeutende Industriezentrum (Obst- und Weinverarbeitung, Waggonbau, Maschinen-, Textil- und Rüstungsfabriken) und Kreishauptstadt **Grünberg** (Zielona Góra) zählt 113 108 Einwohner (1990). Vor dem Kriege waren es 25 804. Die Stadt liegt malerisch inmitten der 139 m hohen Grünberger Höhen und ist seit dem 13. Jahrhundert Mittelpunkt des schlesischen Weinbaus, dessen Traditionen ins Mittelalter zurückreichen (Einführung der Traminer Reben), und gleichzeitig seit 1340 das nördlichste Weinbaugebiet der Erde.

Grünberg wurde um 1302 von deutschen Siedlern gegründet und entwickelte sich bald zu einem bedeutenden Handelszentrum. 1331 wurde es böhmisch, fiel 1526 an die Habsburger und gelangte 1742 an Preußen. Unter Friedrich dem Großen erlebte die Stadt einen großen Aufschwung. Am 14. 2. 1945 besetzte die Rote Armee die Stadt.

Vom Ring (Rynek) mit seinem aus dem 16. Jahrhundert stammenden (mehrfach umgebauten) **Rathaus** (mit 56 m hohem, einer dreifachen Barockhaube gekrönten Turm) gelangt man zum spätgotischen **Hungerturm** (Baszta Przy Łaźni bzw. Wieża Głodowa) aus dem 15.—18. Jahrhundert. Sehenswert ist auch die Pfarrkirche **St. Hedwig** (15. Jahrhundert, 1679 spätgotisch umgebaut). In der Kopernikusstraße (ul. Kopernika) lohnt eine 800 Jahre alte **Eibe** eine Betrachtung.

Über den Weinbau kann man sich im Heimatmuseum an der ul. Niepodległości Nr. 15 informieren. Zwischen der K.R.N.-Str. und der Wrocławska-Str. liegt ein **Aussichtshügel** mit einem Palmenhaus und einem Café. Auch vom **Aussichtsturm** an der Breslauer Straße (ul. Wrocławska) bietet sich ein schöner Rundblick über die Stadt und ihre Umgebung.

Hinter Grünberg führt die E 65 von den Anhöhen wieder hinab ins Odertal und erreicht nach 23 km **Deutsch-Wartenberg** (Otyń). Der Ort wurde 1313 gegründet und besitzt einen viereckigen Marktplatz mit Rathaus aus dem 17. Jahrhundert (1844 umgebaut). In der Industrie- und Hafenstadt **Neusalz** (Nowa Sól), die 1990 43 053 Einwohner zählte (1939 waren es 17 326), biegen wir nach rechts in Richtung Südwesten ein.

Nach 22 km haben wir das inmitten der nordschlesischen Ebene gelegene **Freystadt** i. Schles. (Kożuchów) erreicht, das früher wegen seiner romantischen Altertümlichkeit und seines gartenstadtähnlichen Charakters auch als „Fliederstadt" bekannt war. Noch heute sieht man in der mauerumschlossenen Stadt, die 1990 9 399 Einwohner zählte (1939: 6669), Gebäude, die an Nürnberg oder Rothenburg ob der Tauber erinnern. Beachtenswert sind die aus dem 16. Jahrhundert stammenden Patrizierhäuser am Ring und das Rathaus (1945 zerstört, wiederaufgebaut, mit erhaltenen Relikten des spätgotischen Bauwerks von 1489), die dreischiffige spätgotische Pfarrkirche St. Mariae (15.—16. Jahrhundert) sowie das aus dem 15. Jahrhundert stammende, im 19. Jahrhundert umgebaute Schloß und die Reste der Stadtmauern und Basteien (15.—16. Jahrhundert).

Rund 6 km südöstlich von Freystadt steht in **Zölling** (Solniki) die sehenswerte einschiffige Wallfahrtskirche St. Martini von 1200 im romanischen und gotischen Stil. Auch die 8 km nordöstlich von Freystadt in **Streidelsdorf** (Studzieniec) stehende Kirche (um 1500) mit ihren Deckengemälden ist beachtenswert.

In **Sprottau** (Szprotawa), einer von Wäldern umgebenen Stadt (Gründung 1253 mit Magdeburgisch-Halleschem Recht) mit 13 080 Einwohnern (1990) an der Mündung der Sprotte in den Bober (Bóbr), die bekannt war für ihr einzigartiges Terrassenfreibad, stehen eine gotische Pfarrkirche St. Mariae (14.—16. Jahrhundert) mit barockem Interieur und einem Grabstein von 1316, ein zweitürmiges Rathaus (16.—17. Jahrhundert) sowie Teile der Stadtmauern mit Wehrturm, Scharfrichterturm und Basteien aus dem 14.—15. Jahrhundert. Ferner gibt es hier Burgruinen aus dem 13./14. Jahrhundert und ein sehenswertes Rathaus aus dem 14. Jahrhundert (im 16., 17., 18. und 19. Jahrhundert umgebaut mit einem spätgotischen und einem barocken Turm).

19 km östlich von Sprottau lohnt das einstige Schloß der Herzöge zu Schleswig-Holstein-Augustenburg (19. Jahrhundert) in **Primkenau** (Przemków) im Sprottenbruch einen Abstecher. Auf dem Schloß ist Kaiserin Auguste-Victoria, die erste Gemahlin Kaiser Wilhelms II., aufgewachsen. Letzter Besitzer war Kronprinz Wilhelm von Hohenzollern. Das Schloß ist 1945 ausgebrannt, und die Gräber der Herzogsfamilie wurden geschändet. In dem umliegenden 3 000 Morgen großen Wildgarten grasten einst Mufflons und Rotwild.

Von Sprottau geht es nun entlang dem rechten Bober-Ufer, durch das geschlossene Waldgebiet der Wehrheide (Bory Dolnóśląskie) und nach 30 km über die Autobahn Berlin—Breslau E 36 (A 12). Hinter **Bunzlau** (Bolesławiec) überwindet die Straße die bewaldeten Höhen des Sudetenvorgebirges und führt wieder bergab ins Tal des Bober.

In dem von Bergen umrahmten Bobertal liegt an der „Hohen Straße" das Städtchen Löwenberg.

Der frühere Luftkurort **Löwenberg** (Lwówek Śląski) ist eine der ältesten Städte Schlesiens (1217 als Goldbergbaustadt gegründet). Sie hatte 1939 6300 Einwohner. Heute sind es 9 290. Als das Herzogtum Liegnitz, zu dem Löwenberg ursprünglich gehörte, 1315 geteilt wurde, kam die Stadt zum Herzogtum Jauer und mit diesem 1392 zu Böhmen. Nachdem die Goldvorkommen erschöpft waren, wandte man sich der Tuchmacherei zu. Im 19. und 20. Jahrhundert entwickelte sich dann eine vielseitige Industrie (Metallwaren, Pumpen, Sandsteingewinnung). Berühmt wurde Löwenberg durch den „Weiberkrieg von 1613", als die Frauen sich gegen die Gegenreformation zur Wehr setzten. In Löwenberg wurde der Mitbegründer des Neukantianismus, Otto Liebmann (1840—1912), geboren. 1849—1869 lebte Fürst Wilhelm Constantin von Hohenzollern-Hechingen nach seiner Abdankung in Löwenberg und unterhielt hier ein Musikzentrum mit Hofkapelle. Zu den Dirigenten gehörten Franz Liszt, Hector Berlioz und Richard Wagner. Zwischen 1926 und 1937 war das Grenzschulheim Boberhaus in Löwenberg eine der wenigen nicht von den Nazis gleichgeschalteten Schulen.

Löwenberg ist von einer gut erhaltenen doppelten **Stadtmauer** mit dem Laubauer und dem Bunzlauer Torturm, Wighäusern und Wehrtürmen aus dem 13 und 14. Jahrhundert und Basteien (für Feuerwaffen) aus

Das Rathaus in Löwenberg

dem 16. Jahrhundert umgeben. Im Zentrum steht am Ring das schöne gotische **Rathaus** (15. Jahrhundert) mit seinem von einer barocken Haube gekrönten Turm (dem einst zweithöchsten Schlesiens). Das Bauwerk wurde im 16. Jahrhundert von dem Görlitzer Baumeister W. Roßkopf im Stil der Renaissance umgebaut. 1902/05 wurde es erneuert. In der Rathaushalle sind einige Grabsteine aus der Franziskanerkirche, darunter von Magdalena v. Schaffgotsch, erhalten. Auch die wertvollen Grabtafeln Heinrichs I. von Jauer und seiner Gemahlin Agnes befinden sich hier. Die spätgotische **Stadtpfarrkirche** zu Maria Himmelfahrt (13.—16. Jahrhundert) mit einer von zwei Türmen flankierten spätromanischen Fassade aus dem 13. Jahrhundert ist eines der frühesten Zeugnisse der Gotik in Schlesien.

Ausflüge führen von **Löwenberg** in die Löwenberger Schweiz, zum Probsthainer Spitzberg (Ostrzyca, 501 m) und zur **Gröditzburg** (Grodziec) im Bober-Katzbach-Gebirge (Góry Kaczawskie), dem höchsten Teil des schlesischen Landrückens. In dem nahen Dorf **Höfel** (Dworek) standen bis 1945 eigenartige figürliche Bienenstöcke. Die Bienenzucht setzte sich 1930 aus 19 Bienenstöcken zusammen, die biblische Gestalten, menschliche Figuren in Volkstrachten usw. darstellten. Nach dem Krieg wurden sie teilweise zerstört. Es sind bis heute nur 12 Bienenstöcke erhalten, die sich zur Zeit im Ethnographischen Museum in Breslau befinden. Die ältesten stammen aus der ersten Hälfte des 17. Jahrhunderts. Im 2 km östlich gelegenen **Plagwitz** (Płakowice) kann man ein 1550 erbautes Renaissanceschloß mit schönem Arkadenhof sehen. Es besitzt ein prachtvolles Portal und gilt als das bedeutendste adelige Schloß Schlesiens aus dieser Zeit. Bei **Märzdorf** (Marczów), einem im Bobertal sich hinziehenden Dorf 2 km östlich von **Schmottseiffen** (Pławna), erheben sich der Frauenberg, der Speerberg und der Loreleyfelsen, die einen romantischen Ausblick über den Ort bieten.

Weiter südlich am Riesengebirge liegt der Luftkurort **Lähn** (Wleń). Die freundliche Bergstadt mit 2 071 Einwohnern (1990) am linken Ufer des Bober wurde als Kastellanei bereits in der Bulle des Papstes Hadrian IV 1155 erwähnt. 1242 wurde Lähn mit Magdeburg-Löwenberger Recht begabt. Im 14.Jahrhundert kam es an die Grafen Zedlitz. Der Ort dehnt sich in einem von hohen Bergen umrahmten Talkessel aus, dessen zum Teil schroff abfallende Talränder mit Laubholz und Nadelwaldungen geschmückt sind. Über der Stadt erhebt sich die trutzige Burgruine Lehnhaus (Wleński Gródek) aus dem 12. Jahrhundert. Sie gehörte einst den Herzögen von Schweidnitz und wurde im Dreißigjährigen Krieg zerstört. Vor dem Rathaus steht das Denkmal „Taubengustel", das an den einst hier abgehaltenen Taubenmarkt erinnert. Die Käufer und Kunden des bis ins 19. Jahrhundert jeden Mittwoch vor Fastnacht veranstalteten Marktes kamen aus Breslau, Danzig, Leipzig, Wien und Warschau.

Unsere Route führt nun weiter durch das landschaftlich sehr schöne Durchbruchtal des Bober und das Bober-Katzbach-Gebirge nach **Tschischdorf** (Pilchowice). 2 km westlich des Ortes erstreckt sich die von Bergen umgebene **Bobertalsperre** (Jezioro Pilchowickie) mit ihrem 62 m hohen Staudamm (1902—1912 errichtet). Bis 1938 war es die größte Talsperre des Deutschen Reiches. Über den kleinen Ort **Boberröhrsdorf** (Siedlęcin), wo ein typisch fränkischer Wohnturm aus dem 14. Jahrhundert mit Rittersaal (gotische Wandmalereien) steht (Schlüssel beim Bauern daneben), gelangen wir in die große Stadt **Hirschberg** (Jelenia Góra).

KURZINFORMATIONEN

ORTSVERKEHR: Grünberg: Busse verbinden das Zentrum mit den Vororten.

TAXI: **Grünberg:** Hotel Orbis Polan; Dworzec PKP (Bahnhof), Tel. 26 66; ul. Podgórna, Tel. 26 67; ul. Gwardii Ludowej, Tel. 52 37; plac Powstańców Wielkopolskich; ul. Sikorskiego.

BAHN: **Grünberg:** liegt an der Strecke Reppen—Breslau. Bahnhof: Dworzec PKP, ul. Walki Mlodych. Auskunft: Tel. 38 38.

BUS: Grünberg: PKS-Busse verkehren in alle Himmelsrichtungen.

BUSBAHNHOF (PKS): **Grünberg:** ul. Walki Młodych. Auskunft: Tel. 23 01.

FLUG: Grünberg: Auskunft: LOT, ul. Boh. Westerplatte 9, Tel. 7 07 97 (Bus zum Flugplatz Babimost vom Hotel Orbis Polan).

BEWACHTE PARKPLÄTZE: **Grünberg:** ul. Staszica (Hotel Orbis Polan), Tel. 7 18 54; ul. Ciesielska, Tel. 52 70.

TANKSTELLEN (Stacje Benzynowe): **Grünberg:** al. Wojska Polskiego, Tel . 7 18 20; ul. Wrocławska, Tel. 7 08 62 (24 Stunden-Service); ul. Sulechowska, Tel. 7 14 56 (24-Stunden-Service).

FREMDENVERKEHRSBÜROS: **Grünberg:** Orbis, ul. Świerczewskiego 28, Tel. 7 17 11; PTTK, ul. Świerczewskiego 17, Tel. 54 91; it, Hotel Polan Orbis, ul. Staszica 9a, Tel 7 00 91; Juventur, al Niepodleglości 2, Tel. 54 91.

STRASSENHILFSDIENST: **Grünberg:** PZM, ul. Krakusa 58, Tel. 7 17 70.

AUTOREPARATUR: **Grünberg:** Pawilon Uslug Handlowych, ul. Walki Młodych, Tel. 58 22; TOS Batorego 21, Tel. 58 47, Stacja Diagnostyczna, ul. Sulechowska 38, Tel. 34 50; Motorbyt, ul. Dabrowskiego 57, Tel. 29 47; Polmozbyt, ul. Sulechowska, Tel. 27 99.

HOTELS: **Grünberg:** *** Polan Orbis, ul. Staszica 9a, Tel. 7 00 91; ** Ostoja, ul. Posznańska 11, Tel. 7 07 53. **Neusalz:** Polonia, ul. Armii Czerwonej 14, Tel. 22 24.

JUGENDHERBERGEN: **Grünberg:** Wojewódzki Miedzyskolny Òśrodek Sportu, ul. Wyspiańskiego 58, Tel. 7 08 40, und ul. Moniuszki 14, Tel. 7 19 38. **Neusalz:** Internat LO (Lyzeum), ul. Świerczewskiego 19, Tel. 22 71 (Juli—August). **Löwenberg:** al. Wojska Polskiego 1, Tel. 5 16 (Juli—August). Außerdem in Schwiebus (Swiebodzin) und Wollstein (Wolsztyn).

STUDENTENHOTEL: **Grünberg:** Hotel Studencki, ul. Podgórna 50, Tel. 55 50 (Buchung bei Almatur, geöffnet Juni bis 15. September).

CAMPING: **Grünberg:** Ochelhermdorf (Ochla), 7 km südlich, Tel. 35 60, Stadtbus Nr. 27 von der ul. Botaniczna (Juni bis August).

GASTSTÄTTEN: **Grünberg:** Orbis-Polan, ul. Staszica 9a, Ostoja, ul. Posnańska 11, Tel. 7 07 53; Topaz, ul. Boh. Westerplatte; Ratuszowa, pl. Boh. Stalingradu; Witebska, ul. Ptasia (weißrussische Küche). **Neusalz:** Hotel Polonia, ul. Armii Czerwonej 14, Tel. 22 24; Kameralna, ul. Dąbrowskiego 5.

CAFÉS: **Grünberg:** Sródmiejski, ul. Zeromskiego 23, Tel. 44 71; Filipinka, ul. Jasna; Palmiarnia, Park Winny (schöne Aussicht); Mocca, ul. Boh. Westerplatte; Studencka (im Hotel Almatur); Bachus (Ratsweinkeller).

IMBISS: Aperitif, ul. Boh. Westerplatte.

THEATER: **Grünberg:** Amfiteatr. ul. Festiwalowa 3. Tel. 51 73; Państwowy Teatr Ziemi; Lubuskiej (Staatstheater), al. Niepodleglości 3, Tel. 7 20 58.

KONZERTE: Grünberg: Filharmonia Zielonogórska (Philharmonie), plac Powstańców Wielkopolskich 1, Tel. 59 46.

VERANSTALTUNGEN: September: Wein- und Folklorefestival.

8. Das westliche Schlesien

Der in Deutschland gelegene Teil Schlesiens reicht von der Lausitzer Neiße als schmaler Keil bis westlich Ruhland an der Schwarzen Elster. Ein Zipfel mit dem Ort Lindenau reicht über die Autobahn Berlin—Dresden nach Westen. Er trennt die preußische Provinz Brandenburg von Sachsen. Der größte Teil dieses Gebiets gehört zur Oberlausitz. Bemerkenswert sind auch die auf diesem Gebiet lebenden Sorben, die ihre eigene Sprache sprechen.

Kommt man aus dem Westen Deutschlands, so erreicht man diese Region am besten über die Autobahn Dresden—Berlin. Von der Abfahrt **Ruhland** unweit der Grenze zu Sachsen-Anhalt geht es durch die gleichnamige, 1230 erstmals erwähnte gleichnamige Kleinstadt (Braunkohlenbergbau) dann in östlicher Richtung auf Landstraßen durch das bereits zu Brandenburg gehörende Lauda nach der Kreisstadt **Hoyerswerda** (28 km). Der Ort wird 1268 erstmals erwähnt. Er gehörte 1355—1635 zu Böhmen, dann bis 1815 zu Kursachsen, von 1815—1825 zu Brandenburg und seitdem zu Schlesien. Die rund 70 000 Einwohner leben vom Braunkohlenbergbau. 7 km südwestlich der Kreisstadt liegt die 1248 aus „wilder Wurzel" gegründete Kleinstadt **Wittichenau**. Inmitten der Kolonistenstadt mit ihrem fast rechteckigen Ring mit Wällen und Gräben erhebt sich die katholische Pfarrkirche St. Maria (1346 erbaut, 1933/35 erneuert). Auf dem Ring steht eine Pestsäule von 1700.

29 km nordöstlich von Hoyerswerda liegt das Städtchen **Weißwasser/Ol**. Es wird 1452 erstmals erwähnt und ist ebenfalls Zentrum des Braunkohlenbergbaus. Außerdem befindet sich hier das größte Glaswerk auf dem europäischen Festland (Vereinigte Lausitzer Glaswerke). Einige Kilometer nordöstlich liegt an der Lausitzer Neiße **Muskau**.

Wir wenden uns nun in südöstlicher Richtung in die Kreisstadt **Rothenburg/Ol.**, die am Rande der Lausitzer Heide liegt. Rothenburg erhielt 1268 die Stadtrechte und teilte das Schicksal der schlesischen Oberlausitz. Zur Zeit gehört sie zum 1952 neugebildeten Kreis Niesky. Sehenswert sind das Schloß (1568,1840 umgebaut) und die evangelische Stadtpfarrkirche aus dem 14. Jahrhundert (1525 und 1805 umgebaut) mit ihrem 60 m hohen Turm. 13 km südwestlich von Rothenburg liegt die 1742 als Brüdergemeinde für protestantische Flüchtlinge aus

Böhmen gegründete Stadt **Niesky**. 1760 ließen sich hier Hermhuter nieder und gründeten ein berühmtes Seminar, wo u. a. die in England, den USA und Australien wirkende Familie de la Trobe studierte. Heute zählt Niesky etwa 10 000 Einwohner. Beachtenswert ist der 1756 errichtete Betsaal.

In den bis 411 m hohen **Königshainer Bergen**, 8 km nordwestlich von Görlitz, steht das 1760 erbaute Schloß der sächsischen Familie v. Heynitz. Es besitzt ein hübsches, seitlich vorgebautes Kavaliershäuslein. Einige Kilometer weiter südlich — an der Grenze zu Sachsen — liegt das Städtchen **Reichenbach/Ol**. Die Marktsiedlung entstand um 1200 und wurde 1238 erstmals als „Richembach" erwähnt. Beachtenswert: die evangelische St. Johanneskirche (1548 erneuert). Von hier sind es 14 km zur Kreisstadt Görlitz, die an der Lausitzer Neiße liegt.

KURZINFORMATIONEN

VERKEHR: Die Region wird durch Busse (von Dresden, Cottbus, Senftenberg, Bautzen und Görlitz) erschlossen. Hoyerswerda liegt an der Bahnlinie Cottbus—Bautzen, der östliche Teil der Region an der Bahnlinie Cottbus—Görlitz.

9. Görlitz und Umgebung

Dank ihrer Lage am Neißeübergang der „Hohen Straße" von Leipzig nach Krakau und an der Schiffsroute Ostsee—Böhmen entwickelte sich **Görlitz** (Zgorzelec) zu einem bedeutenden Handelsplatz. Die Stadt ist seit langem der wirtschaftliche und kulturelle Mittelpunkt der Oberlausitz (im Mittelalter war die Tuchmacherei und ab dem 16. Jahrhundert der Getreidehandel von Bedeutung, im 19. Jahrhundert entstanden Tuchfabriken, optische Betriebe und eine Waggonfabrik). Görlitz war 1939 mit 94 000 Einwohnern nach Breslau die größte Stadt Niederschlesiens. Heute ist sie durch die Staatsgrenze, die mitten durch den Fluß geht, zweigeteilt. Nach der Besetzung der Stadt richteten die Polen auf dem Ostufer der Neiße ein Konzentrationslager für deutsche Zivilisten ein. In den Nachkriegsjahren entstanden im westlichen Teil der Stadt einige der alten Industriebetriebe, darunter die Tuch- und die Waggonfabrik sowie die optischen Betriebe neu. Während im westlichen, zur ehemaligen DDR gehörenden Teil der Stadt, 90 000 Menschen wohnen, sind es im polnischen Ostteil 35 874 (vor dem Kriege: 8808).

Görlitz wird 1071 als "villa goreliz" erstmals urkundlich erwähnt (als Schenkung Kaiser Heinrichs IV. an den Bischof von Meißen). 1215 erhielt der Ort deutsches Stadtrecht. Von 1076—1253 gehörte Görlitz zu Böhmen, dann bis 1635 zu Brandenburg und kam über Kursachsen 1815 an Preußen. Vom 16. 2.—8. 5.1945 war die Stadt hart umkämpft.

Die Altstadt liegt in Deutschland und überstand die Kriegswirren von 1945 unzerstört. Mit ihren gotischen Kirchen, Laubengängen und mit Erkern versehenen Giebelhäusern aus der Renaissancezeit bildet sie ein nahezu unverändertes Stück deutscher Geschichte. Ihren Charakter als Renaissancestadt verdankt Görlitz dem Stadtbaumeister Wendel Roßkopf, der in Prag ausgebildet worden war.

Wir beginnen unseren Rundgang am **Bahnhof**, der im Süden der Stadt liegt. Durch die **Berliner Straße**, der alten Hauptgeschäftsstraße, gelangen wir zum Postplatz (z. Zt. „Platz der Befreiung"). Hier erhebt sich die 1349 gegründete Frauenkirche, ein beachtliches, im 15. Jahrhundert zur spätgotischen Hallenkirche umgebautes Gotteshaus. Besonders prachtvoll sind das reichgegliederte Westportal und die Verkündigungsgruppe aus Sandstein. Im Inneren findet man hölzerne Emporen und einen neogotischen Altar. Auf dem an den Postplatz

Blick vom polnischen Neiße-Ufer auf die Peterskirche in Görlitz

nördlich anschließenden Marienplatz steht der **Dicke Turm**, ein Überbleibsel des Schlosses (14. Jahrhundert). Das steinerne Stadtwappen an dem Turm stammt von Briccius Gauske (1477). Links daneben liegt das **Museum für Naturkunde**, nördlich davon die **Annenkapelle**. Sie wurde 1508—12 von Andreas Stieglitz als Privatkirche für den Kaufmann Hans Frentzel errichtet. An der Außenwand ist der spätgotische Figurenzyklus Anna Selbdritt und Maria mit dem Kinde sehenswert.

Von hier wenden wir uns zum westlich anschließenden Demianiplatz, wo das **Gerhart-Hauptmann-Theater** und das **Denkmal** des Oberbürgermeisters Demiani (1786—1846) sowie der **Kaiserstrutz** stehen. Letzterer, ein mächtiger Rundbau, wurde 1490 erbaut und beherbergt seit 1932 die **Städtische Kunstsammlung**.

Einige Schritte weiter nördlich steht am Obermarkt (z. Zt. Leninplatz) der **Reichenbacher Turm**, ein hoher Wehrturm (14.—18.Jahrhundert) mit barocker Haube.

Nun gehen wir über den langgestreckten Obermarkt nach Nordosten. An mehreren barocken **Patrizierhäusern** vorbei gelangen wir zur **Dreifaltigkeits-(Ober)-Kirche**. Die ehemalige Franziskanerkirche wurde 1381 begonnen und 1713/15 restauriert. Im gotischen Inneren steht ein prunkvoller Barockaltar von Caspar Georg v. Rodewitz (1713). Beachtenswert sind ferner das Chorgestühl von 1484 (mit der Franziskaner-Chronik im Badachin), die Grablegungsgruppe von 1492, der wunderschöne spätgotische Schnitzaltar „Goldene Maria", die Kanzel von 1670 (Spätrenaissance) und der barocke Schwibbogen an der Chor-Außenseite. Hinter dem Gotteshaus befand sich am Klosterplatz einst das Franziskanerkloster, ab 1565 Gymnasium Augustum. Der heutige Bau wurde 1856 errichtet.

Geht man den Obermarkt weiter nach Osten, so stößt man auf einen **Renaissancebrunnen** mit der Kopie eines Herolds von 1670 (Original im Museum). Durch die Brüderstraße gelangen wir zum Untermarkt. Im Süden des großräumigen Platzes steht der **Schönhof**, ein herrliches Bauwerk aus dem Jahre 1526 mit prächtigem Portal und Erkern. Vorbei am **Neptunbrunnen** (18. Jahrhundert) gehen wir von hier zum **Rathaus** (15. Jahrhundert), das in der Mitte des Untermarktes steht und einen attraktiven Turm mit zwei Uhren besitzt. Es hat außerdem eine schöne Freitreppe von Roßkopf. Auf einer freistehenden Säule steht die Kopie der 1591 von dem Dresdner Hans Kromer, Roßkopfs Schwiegersohn, geschaffenen Statue der Justitia (das Original ging 1945 verloren). Gegenüber die Sandsteinplastik des Wappens des ungarischen Königs Matthias Corvinus, zu dessen Reich Görlitz 1474—1490 gehörte. Im Innern des Rathauses ist der kleine Ratssaal (Einrichtung aus dem 16. Jahrhundert) sehenswert. Östlich des Rathauses steht das alte **Waagehaus** von 1606 mit reich verzierten Säulen. An der Südseite des Untermarktes lohnen die **„Langen Lauben"**, eine Reihe von alten Patrizierhäusern im Stil der Gotik, der Renaissance und des Barock, eine Betrachtung. Beachtenswert sind besonders die ehemalige **Ratsapotheke** mit Sonnenuhr von 1550 (Nr. 24) und die Häuser Nr. 2, 3, 4, 5 und 22. Auch in der östlich anschließenden Neißestraße findet man ebenfalls einige hübsche alte Häuser, so u. a. das „Biblische Haus" (Nr. 29) und das „Haus des Braunen Hirsch" (gegenüber). An der Ecke Neiße- und Weberstraße steht das Haus der Oberlausitzischen Gesellschaft der Wissenschaft jetzt **Museum** (erbaut 1729). Man betritt das Gebäude, das reiche Sammlungen enthält, durch ein großartiges Barockportal.

Geht man die Neißestraße weiter nach Osten, so gelangt man vor dem

Fluß an die nach rechts abzweigende Kränzelstraße, durch die man zur ehemaligen **Ochsenbastei** gelangt, die heute zwischen Grünanlagen liegt.

Zurück zum Untermarkt gehen wir die Peterstraße in nördlicher Richtung zum Haus Nr. 4, in dem der gelehrte Bürgermeister Bartholomäus **Scultetus** (1570—1614) wohnte. Weiter nördlich steht das **Rent- und Waidhaus**, das älteste profane Gebäude von Görlitz. Unmittelbar daran anschließend erhebt sich die evangelische **Pfarrkirche St. Peter und Paul**, eines der bedeutendsten Gotteshäuser Ostdeutschlands. Die ursprünglich romanische Kirche, die der Bischof von Meißen 1225 geweiht haben soll, wurde 1497 als spätgotische Hallenkirche mit fünf Schiffen umgebaut. Beachtenswert ist das reichgegliederte Westportal. Die vierschiffige gotische Unterkirche (Georgenkapelle) entstand 1413—57 (1948 restauriert). Das Innere der Oberkirche beeindruckt durch die harmonische Raumwirkung der Sternengewölbe. Die Gewölbe stammen von dem Stadtbaumeister Pflüger, der auch am Bau der Thomaskirche in Leipzig beteiligt war. Sehenswert ist ferner das Taufbecken von Hans Mantler (1617). Durch die Nikolaistraße mit zwei Renaissancehäusern (Nr. 5 und 10) gelangt man zum westlich gelegenen **Nikolai-Turm** (Renaissancehaube) und von dort zur weiter nördlich stehenden **St.-Nikolai-Kirche** (15. bis 16. Jahrhundert). Auf dem Friedhof ruht der Mystiker Jakob Böhme (1575—1624).

Geht man von hier über den Steinweg nach Westen, so gelangt man zur Heilig-Grab-Straße mit der Kreuz-, Salb- und Grabkapelle des **„Heiligen Grabes"**. Sie wurde im 15. Jahrhundert von dem Bürgermeister Georg Emmerich (1465—1504) nach einer Pilgerfahrt nach Jerusalem errichtet.

Südöstlich der Altstadt dehnt sich an der Reichenbacher Straße (z. Zt. Straße der Freundschaft) der **Stadtpark** aus. Hier steht die 1912 errichtete **Stadthalle**, in der vor dem Kriege die berühmten Schlesischen Musikfeste stattfanden. Etwas südwestlich sieht man das Denkmal von Jakob Böhme (1898 von Johannes Pfuhl geschaffen).

Östlich der Stadthalle führt der **Neiße-Viadukt** über den Fluß. Das 1847 erstellte Bauwerk, das 32 Bögen aufweist, wurde nach der teilweisen Sprengung 1945 inzwischen wiederhergestellt. Über den Viadukt führen die Eisenbahnlinien Berlin/Dresden—Breslau.

Empfehlenswert ist ein Spaziergang entlang dem Neißeufer zum südlich des Stadtparks gelegenen Ausflugslokal **Weinberghaus**.

KURZINFORMATIONEN

VERKEHR: Görlitz liegt an den Hauptstrecken Dresden—Berlin—Breslau. PKS-Busse verbinden die Stadt mit Bunzlau, Liegnitz und anderen Orten.

FREMDENVERKEHRSBÜROS: **Görlitz-West:** Reisebüro, An der Franziskanerkirche 3, Tel. 40 80 und 41 35; Rathaus, Untermarkt 8, Tel. 62 11.

POLIZEI: **Görlitz-West:** Verkehrspolizei, Untermarkt 16, Tel. 61 71.

ZOLL: **Görlitz-West:** Grenzzollamt, Reichenbacher Straße (Straße der Freundschaft), Tel. 45 17.

FUNDBÜRO: **Görlitz-West:** Karl-Marx-Platz 9a.

STRASSENHILFSDIENST: **Görlitz-Ost:** PZM

HOTELS: **Görlitz-West:** Haus des Handwerks, Bahnhofstraße 26, Tel. 41 50; Hotel Monopol, Jakobstraße 35, Tel. 43 20; Hotel Stadt Dresden, Berliner Straße 37, Tel. 52 63; Berggaststätte Landeskrone. **Görlitz-Ost:** ** Pod Orlem, ul. Warszawska 12, Tel. 24 53.

CAMPING: **Görlitz-Ost:** ul. Lubańska, Tel. 24 36.

GASTSTÄTTEN: **Görlitz-West:** Burghof, Straße der Roten Armee 97, Tel. 57 98; Goldener Baum, Untermarkt 4, Tel. 62 68; Gastmahl des Meeres, Struvestraße 2, Tel. 46 29 (nur nach Vorbestellung); Schwibbogen, Brüderstraße 17, Tel. 41 98; Stadthalle, Reichenbacher Straße (Straße der Feundschaft), Tel. 44 60; Berggaststätte (Landeskrone).

CAFÉ: **Görlitz-West:** Tagescafé, Goethestraße, Tel. 38 67.

THEATER: **Görlitz-West:** Gerhart-Hauptmann-Theater, Demianiplatz.

Ein weiterer Ausflug führt zum Gipfel des 420 m hohen Basaltkegels der **Landeskrone** 6 km südwestlich der Stadt (Straßenbahn). Vom Turm (1796 errichtet) hat man einen weiten Blick über die Stadt, die Königshainer Berge im Westen, das Bober-Katzbach-Gebirge im Osten und die Lausitzer Berge und das Isergebirge im Süden.

Der polnische Ostteil der Stadt (Zgorzelec) besteht nur aus einigen Vororten. Auf einer Anhöhe der Neiße steht im Osten der Neiße am plac Świerczewskiego die **Oberlausitzer Gedenkhalle** mit dem **Kaiser-Friedrich-Museum**. Das 1902 nach Plänen von Hugo Behr im Jugendstil errichtete Bauwerk enthielt bis 1945 die städtischen Kunstsammlungen, darunter die von Magnussen modellierten Marmorstandbilder des Reichskanzlers Bismarck und der beiden Feldherrn Roon und Moltke sowie moderne Gemälde. Heute dient die Halle als Kulturpalast. Von den **Städtischen Anlagen** am Flußufer bietet sich ein schöner Blick auf die Altstadt von Görlitz. Auch von der Prager Straße (ul. Dzierżyńiskiego) hat man einen sehr guten Ausblick auf die westlich der Neiße gelegene Stadt. Südlich liegt der Bahnhof **Moys** (Zgorzelec Ujazd), wo am 7. 9. 1757 General v. Winterfeldt, der Freund Friedrichs des Großen, im Kampf gegen die Österreicher fiel.

ABSTECHER IN DEN SÜDEN

Bevor wir unsere Reise nach Breslau antreten, lohnt sich ein Abstecher in südlicher Richtung zum nahen Zisterzienserkloster **St.-Marienthal**, das gegenüber dem sächsischen Ort Ostritz liegt. Dann geht es über **Türchau** (Turoszów), wo im Tagebau etwa zwei Drittel der gesamten von der Republik Polen gewonnenen Braunkohle gefördert werden (1962 wurde hier auch ein 2000-Megawatt-Kraftwerk in Betrieb genommen, das zu den größten Umweltverpestern Europas gehört), nach **Schönau** (Sieniawka). Jenseits der Neiße liegt die sächsische Stadt **Zittau**, 2 km südlich **Grottau** (Hrádek), das zur Tschechoslowakei gehört.

Von Schönau fahren wir durch das Schwefel-, Moor- und Stahlbad **Bad Oppelsdorf** (Opolno Zdrój) zurück nach Grunau. Ein Abstecher führt zum in der Nähe der Görlitzer Heide (Bóry Dolnośląskie – die Wehrheide) gelegenen **Schönberg** (Sulików) mit seinen zwei sehr schönen Holzlaubenhäusern aus Fachwerk am Markt. Die Pfarrkirche (1688) besitzt ein reiches Barock-Interieur.

6 km weiter südlich liegt an der Grenze das ehemalige Weberstädtchen **Seidenberg** (Zawidów) mit sehenswertem Kirchturm (18. Jahrhundert). Über den nahen Grenzübergang gelangt man durch Friedland (Frydlant) und die alte sudetendeutsche Hauptstadt Reichenberg (Liberec) nach Prag.

In dem östlich abseits gelegenen Dorf **Alt-Seidenberg** (Stary Zawidów) wurde der Schuhmachermeister und protestantische Mystiker Jakob Böhme (1575—1624) geboren.

10. Von Görlitz nach Bunzlau

Diese 44 km lange Route ist Teil der alten Fernverkehrsstraße Köln — Breslau—Krakau—Lemberg—Kiew, der historischen „Hohen Straße". Von der Neiße durchquert der Handelsweg zunächst die fruchtbare schlesische Tiefebene und geht dann ins bewaldete schlesische Hochland über. Diese Strecke bietet sich für Reisende aus dem süddeutschen Raum nach Schlesien an. Man kann vom Westen Deutschlands auf der Autobahn bis Bautzen fahren und gelangt dann auf der R 6 über die sächsische Stadt Löbau bei Reichenbach nach Schlesien. Von Reichenbach ist es nicht weit bis zur Kreisstadt **Görlitz**.

Von Görlitz geht unsere Reise auf der ehemals „Hohen Straße" am Rande der Vorgebirge der Sudeten entlang nach Osten. Nördlich und südlich der Straße erstrecken sich die ausgedehnten Wälder der Görlitzer Heide. In **Hohkirch** (Przesieczany) wurde der Schauspieler Victor de Kowa (bürgerlich Viktor Kowarzik, 1904—1973) geboren. Einige Kilometer südöstlich von Hohkirch liegt der kleine Ort **Kieslingswalde**, Geburtsort des Philosophen Ehrenfried Walter v. Tschirnhaus (1651—1708). Der Denker korrespondierte mit Descartes, Spinoza und Leibnitz und erfand ein Verfahren zur Porzellanher-

Straßenzeile in Bunzlau

stellung. Außerdem führte er die Fächer Mathematik und Physik in den Schulunterricht ein. Nach 29 km sind wir in **Bunzlau**.

Die 43 076 Einwohner (1990) zählende Kreisstadt Bunzlau (Bolesławiec) liegt am mittleren Bober (Bóbr) und war ein Zentrum des Kupferbergbaus. Außerdem besitzt die „Stadt der Bunzeltippel" seit dem 14. Jahrhundert eine einst florierende keramische Industrie. Seit dem 17. Jahrhundert wurde das Bunzlauer Bramgeschirr in alle Welt verkauft. Im 19. Jahrhundert kam das „handgewämmelte Steinzeug" (Buntgeschirr) hinzu. Nach dem Kriege entstanden außerdem Chemiewerke. Die „Bunzlauer Keramik" und das hier hergestellte glasierte Steingut waren vor 1945 Markenartikel und wurden bis nach Nordamerika exportiert. Vor dem Kriege hatte die Stadt 20 753 Einwohner und war Sitz einer staatlichen Keramischen Fachschule und der Sitz der Schlesischen Glasfachschule.

Urkundlich wird **Bunzlau** erstmals 1202 als Kastellaneiburg erwähnt und erhielt 1242 deutsches Stadtrecht. 1642 zerstörten die Schweden die Stadt. 1897 wurde die Keramische Fachschule eröffnet, die 1930 um eine Glasfachschule erweitert wurde. 1945 wurde die Stadt in wochenlangen schweren Kämpfen zu 60 % zerstört. In ihren Mauern wurde der Schöpfer der deutschen Verslehre, Martin Opitz (1597 bis 1639) geboren.

Das 1525—1535 von W. Roßkopf errichtete, im 18. Jahrhundert umgebaute **Rathaus** mit reichverziertem Renaissanceportal und prachtvollem Ratskeller auf dem nach 1945 rekonstruierten viereckigen Ring ist von **Giebelhäusern** mit Fassaden im Stil der Renaissance und des Barock umgeben. Nordwestlich des Rings steht am Klosterplatz (ul. Klasztorna) das **Alte Kloster**, etwas nördlich davon an der Theaterstraße (ul. Teatralna) im ehemaligen Arsenal befindet sich das **Theater**.

Nun kann man durch die Wallanlagen mit den teilweise gut erhaltenen zweireihigen **Stadtmauern und Basteien** (14.—15. Jahrhundert) einen Rundgang um die Stadt unternehmen. An der Ecke Poststraße (ul. Mickiewicza) 13, Tel. 38 57 befindet sich das **Keramik-Museum** (Muzeum Ceramiki w. Bolesławcu), ehemals Städtisches Museum mit seiner berühmten Fayencesammlung. Das alte Schmuckstück, der berühmte „Große Topf", eine 1753 von Johann Georg Joppe aus Muskau geschaffene, 2,15 m hohe Töpferarbeit, wurde 1945 zerstört. (Geöffnet: Mi., 10—17 Uhr, Do., 10—15 Uhr, Fr., 10—16 Uhr, Sa., 10—16 Uhr, So., 11—17 Uhr.)

Dann gehen wir über die Oberstraße zur spätgotischen katholischen **Stadtpfarrkirche St. Maria** (13.—17. Jahrhundert). Das dreischiffige Gotteshaus besitzt im Presbyterium ein gotisches Deckengewölbe und ein prunkvolles frühbarockes Interieur, darunter ein Kreuzigungsgemälde von W. Neunherz. Vor der Kirche stehen sechs barocke Standbilder, u. a. von Maria mit dem Jesuskind.

Ein kleines **Museum** in der südwestlich gelegenen Nikolaistraße (ul. Kutuzowa) 10, Tel. 24 68, erinnert an den russischen Generalfeldmarschall Fürst Michael Ilarionowitsch Kutusow Smolenskij, der 1813 kurz vor Ausbruch des Befreiungskrieges gegen Napoléon hier starb. Der Fürst befehligte in der Schlacht bei Austerlitz (2. 12. 1805) das österreichisch-russische Heer. Bei Borodino unterlag er als Oberbefehlshaber des russischen Heeres am 7. 8.1812 Napoleon, siegte aber bei Smolensk (16./17. 11. 1812). (Geöffnet ist das Museum täglich außer Mo. und am Tage nach einem Feiertag 10—17 Uhr.)

Friedrich Wilhelm III. von Preußen ließ 1819 durch Schinkel und Schadow auf dem Marktplatz ein **Denkmal** für den Fürsten errichten, es wurde 1892 in die Wallanlagen gegenüber dem Kutusow-Museum verlegt. Von hier führt unser Weg entlang der Schloßpromenade (ul. Kubika) zur ehem. evangelischen **Stadtpfarrkirche** (18. Jahrhundert) am Schloßplatz (plac Zamkowy). Dann gehen wir durch die Schloßstraße (ul. 1. Maja) und die Große Kirchstraße (ul. Śniadeckich) zum Ring zurück.

KURZINFORMATIONEN: Bunzlau

VERKEHR: Bahn- und Busverbindungen mit Görlitz, Liegnitz, Sprottau, Sagan und Hirschberg. Bahnhof (Dworzec PKP) und Busbahnhof (Dworzec PKS) und am Bahnhofsplatz (plac Wolności).

FREMDENVERKEHRSBÜRO: PTTK, ul. Janka-Sawickiej 4, Tel. 38 66; Hotel Piast, Gnadenbergstraße (ul. Asnyka) 1, Tel. 32 91; it, Oberstraße (hinter der katholischen Kirche).

AUTOREPARATUR: ul. Kubika 27, Tel. 30 15 (6 bis 22 Uhr); ul. Ceramiczna 79.

TANKSTELLE: ul. Asnyka, Tel. 24 22.

HOTELS: ** Piast, Gnadenbergstraße (ul. Asnyka) 1, Tel. 32 91; ** Motel Prnjavor, ul. 2 Armii Wojska Polskiego; T 22, Tel. 32 96.

CAMPING: Bolek, ul. 2 Armii Wojska Polskiego 23, Tel. 23 15 (Juni—September).

GASTSTÄTTEN: Starówka, Ring (Rynek) 37, Tel. 34 76; Zodiak, ul. Kubika 1, Tel. 31 36.

CAFÉS: Pod Złotym Aniołem (ehem. „Zum Goldenen Engel"); Arietta, Gnadenbergstraße (ul. Asnyka); Toscana, Ring (Rynek) 17.

11. Zwischen Bunzlau und Breslau

Wir verlassen Bunzlau in östlicher Richtung. Der nahegelegene kleine Ort **Gnadenberg** (Godnów) wurde 1743 von den Herrnhutern gegründet. Damals ließen sich hier auch zahlreiche schlesische Adlige nieder. Im 19. Jahrhundert wanderten einige Herrnhuter von hier nach Südaustralien aus und gründeten im dortigen Barossatal ein zweites Gnadenberg.

Weiter südöstlich ragt der bewaldete Basaltkegel des Gröditzberges (389 m) am Nordrand des Bober-Katzbach-Gebirges (Góry Kaczawskie) aus der Ebene empor. Auf seiner Spitze steht auf den Resten einer vorgeschichtlichen Fliehburg der Illyrer und Wandalen die mächtige Ruine der **Gröditzburg** (Grodziec). Im Jahre 1175 unterzeichnete hier der schlesische Herzog Boleslaus der Lange die Stiftungsurkunde für das Kloster Leubus. Von diesem Kloster ging die Kultivierung Schlesiens durch deutsche Mönche und Siedler aus. Mitte des 16. Jahrhunderts baute der Görlitzer Wendel Roßkopf nach sächsischen und böhmischen Vorbildern eine neue Burg. Sie diente im Dreißigjährigen Krieg zeitweilig als Hauptquartier Wallensteins und wurde 1646 durch kaiserliche Truppen zerstört. Zwischen 1806 und 1808 ließ der ehemalige kaiserliche Gesandte in St. Petersburg, Willibald v. Dirksen, die Burg von Bodo Ebhardt teilweise wiederaufbauen. Vom Turm hat m,an einen weiten Rundblick auf das Iser- und das Riesengebirge.

In der nahen „Gröditzer Mulde" begann 1943 der moderne schlesische Kupferbergbau. Kurz vor Kriegsende konnte die Bunzlauer Kupferhütte mit einem von sechs geplanten Öfen den Betrieb aufnehmen. Nach deutschen Untersuchungen lagern in der „Gröditzer Mulde" rund 3—3,5 Mio. t Kupfer. Dazu kommen 500 000 t in der Haaseler Mulde südlich von Goldberg. Das sogenannte Alte Bergbaurevier ist längst außer Betrieb.

Rund 15 km weiter liegt in einer landschaftlich überaus reizvollen Umgebung am rechten Ufer der Katzbach die 700jährige Kreis- und Industriestadt Goldberg.

Goldberg i. Schles. (Złotoryja), diese 1989 16 308 Einwohner (1939: 7860) zählende erste städtische Siedlung Schlesiens, erhielt bereits 1211 das Magdeburgische Stadtrecht. Dann wandten sich die Bewohner dem Tuchhandel (14. Jahrhundert) und dem Kupferbergbau (ab 1506) zu. Eine bemerkenswerte Gründung war im 16. Jahrhundert die der evangelischen Goldberger Schule durch den Schulreformer Valentin Friedland, genannt von Trotzendorf (1490—1556), im ehemaligen Franziskaner-Kloster. Das protestantische Gymnasium genoß in ganz Ostmitteleuropa hohes Ansehen. Von 1597—1599 besuchte Wallenstein die Schule. Heute ist die Textilschuhfabrikation von Bedeutung.

Sehenswert ist besonders die südlich des Ringes stehende romanisch-frühgotische Stadtpfarrkirche **St. Maria** (13.—15. Jahrhundert), deren beide Türme man schon von weitem sehen kann. Beachtenswert ist das in reinem gotischen Stil erhaltene Langhaus. Das Rathaus stammt aus dem Jahre 1852. Die **Patrizierhäuser** am steilen Ring stammen aus dem Barock und wirken, obwohl nach 1945 restauriert, heruntergekommen. Nordöstlich des Ringes erhebt sich die barocke, katholische **Stadtpfarrkirche St. Hedwig** (hinter der Kirche steht eine sehr wertvolle Säulenkapelle vom Ende des 15. Jahrhunderts). Sie diente bis 1810 den Franziskanern als Klosterkirche. Erhalten sind außerdem Reste der einstigen **Stadtmauer** und der zuletzt 1813 zur Verteidigung dienende **Schmiedeturm** am Obertor im Süden der Stadt. Am Stadtrand, am Katzbachufer unterhalb der St. Nikolaus-Kirche (die Stroma-Str.), kann man die **Schächte** sehen, in denen einst Gold gewonnen wurde. Nach 7 km kommt man in das westlich an der Schnellen Deichsa gelegene **Pilgramsdorf** (Pielgrzymka). Diese erste deutsche Waldsiedlung an der Innenseite des Löwenberger Hangs vom Anfang des 13. Jahrhundert entstand aus elf aneinandergereihten Waldhufendörfern. Deshalb wurde das Tal früher auch als die „Lange Gasse" oder „längste Dorfzeile" Schlesiens bezeichnet. Weiter westlich liegt **Harpersdorf** (Twardocice), das vor dem Kriege wie zahlreiche andere Dörfer dieser Gegend viele wohlhabende Bauernhöfe besaß. Heute sind die meisten verfallen oder heruntergewirtschaftet. Auch die ehemalige Zufluchtskirche von Harpersdorf, die 1726 für 2400 Gläubige erbaut wurde, ist eine Ruine. Als die protestantischen Kirchen in den schlesischen Erbfürstentümern im Jahre 1653 geschlossen wurden, kamen evangelische Flüchtlinge aus 90 Gemeinden des Fürstentums Schweidnitz-Jauer nach Harpersdorf, das im Herzogtum Liegnitz lag. Im 18. Jahrhundert wurde das Gotteshaus Mittelpunkt der von den Lutheranern und Katholiken verfolgten Schwenckfelder. Viele von ihnen wanderten 1734 nach Pennsylvanien (USA) aus. 1863 errichteten ihre Nachkommen in Harpersdorf das Schwenckfelderdenkmal. Deren Nachkommen kauften das Denkmal vor einigen Jahren von Polen zurück.

19 km südlich von Goldberg liegt in einem lieblichen Tal zwischen der Katzbach und dem Steinbach der um 1300 gegründete Ort **Schönau** (Świerzawa) mit der sehenswerten spätromanischen Niederkirche St. Johannis (1241), der Kirche zu Mariä Himmelfahrt (15. Jahrhundert, auf dem Friedhof noch deutsche Grabsteine), der Ruine des Renaissance-Schlosses von **Alt-Schönau** (Stara Kraśnica) und dem mittelalterlichen Wohnturm im Vorort **Niederröversdorf** (Sędziszowa Dolna) am Ortsausgang Richtung Goldberg.
Von den auf beiden Seiten des Bobertales angrenzenden Bergen genießt man eine herrliche Aussicht. Besonders schön ist der Blick vom Kapellenberg (614 m) beim 9 km südwestlich gelegenen **Ratschin** (Rząśnik).
Nach diesem Abstecher kehren wir nach Goldberg zurück und biegen in die nach rechts zur 14 km entfernten Autobahn Berlin—Breslau führende Straße ein. Auf der Autobahn sind es nur 70 km bis Breslau.

KURZINFORMATIONEN: Goldberg

VERKEHR: Von Goldberg Busverbindungen nach Liegnitz, Löwenberg, Bunzlau, Hirschberg und Jauer.

HOTEL: ** Pod Baszta, plac Reymonta 4, Tel. 5 97 und 8 90.

JUGENDHERBERGE: ul. Kolejowa 5, Tel. 6 74 (ganzjährig geöffnet).

12. Auf der „Hohen Straße" von Breslau nach Osten

Wir verlassen Breslau auf der R 456 in südöstlicher Richtung und fahren durch die fruchtbare Ackerebene Mittelschlesiens nach dem 27 km südlich von Breslau zwischen Ohle und Oder gelegenen Ohlau.

Die **Kreisstadt Ohlau** (Oława) zählte 1986 31 180 Einwohner (1939: 13 136) und ist ein Zentrum der chemischen Industrie.

Im 12. Jahrhundert war das Dorf Olawa im Besitz des Breslauer Prämonstratenserklosters St. Vinzenz. Tuchmacher aus Wallonien gründeten wenig später eine neue Siedlung. Zunächst gehörte der 1237 mit Magdeburger Stadtrecht begabte Ort bis 1311 zum Herzogtum Breslau, dann zum Herzogtum Brieg und war zeitweilig zweite Residenz. Zwischen 1691 und 1737 gehörte er zum Herzogtum Liegnitz-Brieg. Vor 1945 war Ohlau ein bedeutendes landwirtschaftliches und industrielles Zentrum (Tabakspinnereien, dann Seidenraupenzucht, Chemische Fabriken). Berühmt war die Ohlauer Gänseleberpastete.

Am Ring steht das nach Plänen von Schinkel 1823—1830 erbaute neoklassizistische **Rathaus** mit dem Barockturm (Kunstuhr mit bemaltem Figurenspiel „Tod von Ohlau", gestiftet von der Herzogin Luise von Anhalt). Vor dem Rathaus erhebt sich der **Pranger**. Rund um den Ring stehen alte **Patrizierhäuser**. Die evangelische Pfarrkirche **St. Blasius**, heutzutage Marienkirche, in der Südwestecke des Ringes stammt aus dem 16. Jahrhundert (frühgotischer Chor) und besitzt ein schönes gotisches Presbyterium. Beachtenswert auch die **St. Rochus-Kapelle** (1706). Nördlich des Ringes steht an der August-Feige-Straße die katholische **Pfarrkirche St. Peter und Paul.** Sie wurde 1836 nach einem Entwurf von Schinkel erbaut und nach einem Brand (1927) emeuert. Links neben dem Gotteshaus erhebt sich am Schloßplatz (pl. Zamkowy) das auf die mittelalterliche Burg der Herzöge von Brieg (14. Jahrhundert) zurückgehende **Schloß**. Im 17. Jahrhundert wurde es im Stil des Barock umgebaut.

Von Ohlau geht es nun weiter gen Osten. In **Mollwitz** (Małujowice),

18 km weiter, siegte Friedrich der Große am 10. 4. 1741 im ersten Schlesischen Krieg über die Österreicher unter Neipberg. Es war Friedrichs erster Sieg in diesem Kriege. Sehenswert ist die aus dem 14. Jahrhundert stammende einschiffige Dorfkirche mit herrlicher Innenausmalung (Schlüssel im Pfarrhaus).

Nach weiteren 5 km sind wir in der am linken Oderufer gelegenen malerischen alten Industrie- und Handelsstadt Brieg.

KURZINFORMATIONEN: Ohlau

VERKEHR: Ohlau liegt an der Bahnlinie Breslau—Oppeln und an der Reichsstraße 456.

FREMDENVERKEHRSBÜRO: Ring (Rynek) 1, Tel. 22 24 und 23 22 (im Rathaus).

GASTSTÄTTEN: Adria, Ring (Rynek) 13, Tel. 3 23 42; Ratuszowa, Breslauer Straße (ul. Wrocławska) 8; Złoty Kłos, ul. Brzeska.

CAFÉ: Urocza, ul.1 Maja 38, Tel. 3 20 30.

13. Brieg (Brzeg)

Der vor dem Krieg als Gartenstadt bekannte Ort mit 37 326 Einwohnern (1986, vor dem Kriege waren es 31419), liegt an einer uralten Oderfurt auf dem linken, 60 m hohen Ufer des Flusses. Im 19. Jahrhundert entwickelten sich in Brieg eine vielseitige Industrie (Herstellung von Leder, Maschinen, Zucker, Dachpappe) und eine Werft. Nach dem Zweiten Weltkrieg wurden die deutschen Fabriken teilweise wieder in Betrieb genommen.

Die heutige Stadt ging aus einem um 1200 als Wisokebrzeg beurkundeten Fischerdorf hervor, in dem eine hölzerne Burg den Oderübergang schützte. Nachdem sich hier Anfang des 13. Jahrhunderts deutsche Siedler niedergelassen hatten, wurde der Ort 1246 mit Neumarkter Stadtrecht begabt. Zwischen 1311 und 1675 war Brieg Residenz der Herzöge von Liegnitz und Brieg, eines Zweiges des schlesischen Herzogsgeschlechts. In der Renaissancezeit erlebte die Stadt unter den Herzögen Ludwig I. (1352—1398) und Georg II. (1547—1586) eine Blütezeit. Sie war damals ein Zentrum der Buchdruckerkunst und der Gelehrsamkeit. Aus dieser Zeit sind noch zahlreiche Häuser erhalten. Weithin berühmt war das Brieger Gymnasium. Von 1756 bis 1807 war Brieg Regierungshauptstadt von Oberschlesien, dann wurde es dem Regierungsbezirk Breslau zugeschlagen und wird seit 1950 von Oppeln aus verwaltet. Vom 24.1.—6.2.1945 war Brieg ein hart umkämpfter Brückenkopf der Roten Armee. Bei den Kämpfen wurden 75 % der Gebäude zerstört. Heute ist Brieg weitgehend wiederaufgebaut.

Das mächtige **Schloß** (14.—16. Jahrhundert) am Breslauer Torplatz (pl. Zamkowy) im Nordwesten der Innenstadt gehört zu den wertvollsten Renaissance-Denkmälern Schlesiens und stand einst dem in Heidelberg an Schmuckformen nicht nach. Es wurde von dem italienischen Baumeister Jacobo Pahr errichtet, der von Mailand über Schlesien und Mecklenburg nach Schweden wanderte. Bauherren waren Herzog Friedrich II. (ab 1544) und Herzog Georg II. (1547—1586). Neben Jacobo Pahr war sein Schwiegersohn Bernhard Niuron aus Lugano an dem Schloßbau beteiligt. Am zwischen 1551 und 1553 entstandenen prächtigen Torhaus aus Sandstein sieht man die Standbilder des Herzogs Georg II. und seiner Gemahlin Barbara von

Brandenburg sowie drei Wappen unter der ersten Fensterreihe und 24 Brustbilder im Hochrelief, die Ahnen des Herzogspaares darstellend. Die freien Flächen sind mit Blattwerk überzogen, die von Andreas Walther stammen und sächsische Einflüsse aufweisen. 1961 bis 1967 wurde das Portal restauriert. Im Erdgeschoß des Schlosses befindet sich das 1901 gegründete Museum (z. Zt. Muzeum Piastów Śląskich, Tel. 32 57). Das Museum enthält u. a. die sieben prunkvollen Särge der Herzöge von Liegnitz und Brieg aus dem 17. Jahrhundert, die früher in der Schloßkapelle (1371) standen. Am prächtigsten ist der Barock-Sarkophag Herzog Georgs III., ein Werk des Brieger Zinngießers Jeremias Weske. Einfach dagegen ist der Sarg von Dorothea Sybilla von Hohenzollern. Links neben dem Torbau liegt die 1369 von Herzog Ludwig I. im Andenken an die **heilige Hedwig** errichtete Schloßkirche. Das 1741 zerstörte Gebetshaus wurde 1783—1786 als Kapelle barock wiederaufgebaut. Nach 1945 restaurierte man das Bauwerk im Stil der Gotik.

An der Oderpromenade nördlich des Schlosses steht das alte **Odertor** von 1596, östlich liegt ein Renaissancegarten. Gegenüber, am Schloßplatz (plac Zamkowy), erhebt sich die **Heilig-Kreuz-Kirche**, die zwischen 1735 und 1739 von Joseph Frisch für die Jesuiten errichtet wurde. Die beiden Türme stammen aus dem 19. Jahrhundert. Im prächtigen barocken Innern des Gotteshauses steht neben dem Dekkengemälde des Paters Johannes Kuben der hinter dem Altar auf die Wand gemalte Hochaltar. Auf dem Schloßplatz stehen eine 1731 errichtete **Dreifaltigkeitssäule** und, am Hauptportal der Kirche, eine **Statue des heiligen Nepomuk** von 1729. Die Südseite des Platzes wird begrenzt durch das **Gymnasium** (1564—1569), das auf eine 1280 gegründete Pfarrschule (später Lateinschule) zurückgeht. Im 17. Jahrhundert wurde dieses „Gymnasium illustre" eine evangelische Hochschule. Hier lehrten u. a. Immanuel Schmieder und Jakob Schickfuß. Zu den Schülern gehörten Johannes Heermann (er dichtete später Kirchenlieder), der Mystiker Abraham von Frankenberg und der Baumeister Emst Zwirner, der im 19. Jahrhundert den Kölner Dom beendete.

Durch die Wagnerstraße (ul. Chopina) mit einem **Renaissancehaus** (Nr. 4) mit herrlichen Giebeln und Löwenwappen (bis 1945 Konditorei Wilhelm Burkert) gelangt man zum Ring (Rynek), auf dem das großartige **Renaissance-Rathaus** steht. Das Gebäude mit der zweigeschossigen offenen hölzernen Loggia um den Innenhof wurde 1570 bis 1572 unter Herzog Georg II. von Jacobo Pahr und seinem

Der Hof des Brieger Schlosses

Schwiegersohn Bernhard Niuron errichtet. Der Rathausturm in der Nordostecke fällt durch seine durchbrochene Haube auf. Sehr harmonisch wirkt die Schauseite (Westfront). Im Innern sollte man sich unbedingt den großartigen Rats-Sessionssaal von 1746 im Rokokostil ansehen. Bis 1945 schmückte den Ring ein **Denkmal Friedrichs des Großen** (1878 von Süßmann-Hellborn). Beachtenswert sind ferner die aus der Renaissance und dem Barock stammenden **Patrizierhäuser** am Ring und in den Nebenstraßen. Gut restauriert wurde das 1715 erbaute **Barockhaus** an der Apfelstraße (ul. Jabłkowa) 5, das heute u. a. eine Bibliothek beherbergt.

Die dreischiffige Pfarrkirche **St. Nikolai** (Kościół św.. Mikołaja) an der Kirchgasse südöstlich des Rathauses, die zwischen 1370 und 1416 entstanden ist, brannte 1945 ab und wurde inzwischen wiederaufgebaut. Im schlichten Inneren mit seinen herrlichen gotischen Sterngewölben stand bis Ende 1944 eine berühmte Engler-Orgel. Sie wurde nach Kamenz ausgelagert und ist seit 1945 verschollen. Vor der mächtigen Pfeilerbasilika stand bis 1945 ein Bronzestandbild Luthers (von Hannig, 1905).

Sehenswert sind außerdem die aus dem 17. und 18. Jahrhundert stammenden Wallbastionen und südwestlich davon der **Große Stadtwald**.

Im Norden der Altstadt steht an der Mühlstraße (ul. Młynarska) die eindrucksvolle spätgotische **Franziskanerkirche**, die seit dem 16. Jahrhundert als Zeughaus und seit 1945 als Warenmagazin dient. Nahebei sieht man an der Oder eine alte Mühle.

KURZINFORMATIONEN

ÜBERLANDVERKEHR: Bahn: Züge auf der Route Breslau—Oppeln—Krakau. **Bahnhof**: Dworzec PKP, Bahnhofsplatz (plac Dworcowy). **Bus**: PKS-Busse verbinden Brieg mit allen wichtigen Orten der näheren und weiteren Umgebung. **Busbahnhof**: Dworzec PKS (am Bahnhofsplatz).

FREMDENVERKEHRSBÜROS: Orbis, ul. Staromiejska 14, Tel. 22 91 (geöffnet Mo.-Fr. 8-16 Uhr, Sa. 8-14 Uhr); PTTK, ul. Piastowska 1, Tel. 21 00 (geöffnet Mo.-Sa. 9 bis 16 Uhr).

AUTOREPARATUR: ul. Sikorskiego 8, Tel. 36 99.

STRASSENHILFSDIENST: Pomoc Drogowa, ul. Olawska 14, Tel.9 81.

TANKSTELLEN: ul. Łokietka 42; ul. Marchlewskiego 30.

HOTELS: ***Piast (Ex-„Rautenkranz"), Piastenstraße (ul. Piastowska), Tel. 20 27, *** Motel U Rybiorza, E 40 (Richtung Oppeln), Tel. 34 73.

JUGENDHERBERGE: Schronisko PTSM, u. Lechicka 4 (Juli—August), Tel. 24 04.

GASTSTÄTTEN: Relaks, ul. Chocimska 7; Śląska, ul. Obrońców Stalingradu; Stylowa, Zollstr. (ul. Wojska Polskiego) 2.

CAFÉS: Parkowa. Bahnhofstraße (ul. Marchlewskiego) 1.

14. Von Brieg nach Oppeln

Wir fahren von Brieg ins 12 km östlich gelegene **Lossen** (Łosiów). Hier steht ein guterhaltenes Schloß, das Graf Yorck von Wartenburg 1815 als Dotation erhielt. Derzeit befindet sich hier der Sitz eines staatlichen Versuchsgutes der Breslauer Technischen Hochschule.

Einige Kilometer weiter östlich zweigt nach rechts eine in Richtung Falkenberg führende Straße ab, auf der wir nach 4 km in der alten Stadt Löwen, die am linken Ufer der Neiße an der Grenze zwischen Nieder- und Oberschlesien liegt, ankommen.

Die heute 5516 Einwohner (1939: 3578) zählende Stadt **Löwen** (Lewin Brzeski) wurde 1284 an der Stelle eines bereits in vorgeschichtlicher Zeit gegründeten Dorfes errichtet. Im 19. Jahrhundert erlebte das Ackerbürgerstädtchen nach der Fertigstellung der Bahnlinie Breslau—Brieg—Oppeln einen wirtschaftlichen Aufschwung. Es entstanden eine Zucker- und eine Landmaschinenfabrik, die beide wieder in Betrieb sind. 1945 erlitt Löwen schwere Zerstörungen.

Sehenswert sind das spätklassizistische **Rathaus** (1837) am Ring und die **Stadtpfarrkirche Peter und Paul** 14. Jahrhundert, im 16. und 17. Jahrhundert ausgebaut). Das Gotteshaus, das z. Zt. der evangelisch-augsburgischen Gemeinde gehört, wurde vor einigen Jahren mit westdeutscher Hilfe restauriert. Beachtenswert ist auch das **Barockschloß** von 1722 an der Neiße.

Zurück auf der Hauptstraße E 40 (R 4) fahren wir durch **Schurgast** (Skorogoszcz), ein Ackerbürgerstädtchen mit heute 950 (1939: 1200) Einwohnern, in die oberschlesische Hauptstadt Oppeln, die 40 km von Brieg entfernt liegt.

KURZINFORMATIONEN

VERKEHR: Bahn- und Busverbindungen auf der Strecke — Breslau—Brieg—Oppeln.

15. Oppeln und Umgebung

Oppeln (Opole), das wirtschaftliche und kulturelle Zentrum des westlichen Oberschlesien, am Durchbruch des Flusses durch den oberschlesischen Muschelkalkrücken, früher bekannt als „Grüne Brückenstadt an der Oder", besitzt neben vier großen Portland-Zementwerken (die 1857 gegründet wurden und zu den ältesten des Deutschen Reiches gehörten), Maschinenfabriken, Lebensmittel- und Möbelwerke sowie einen Oderhafen, je zwei Hochschulen und Theater und ein Sinfonieorchester.

Oppeln ist nach einem Ausspruch Friedrichs des Großen „die Entrée zu Oberschlesien". Zugleich war es bis in den Zweiten Weltkrieg der Ausfuhrort für die Erzeugnisse des oberschlesischen Berg- und Hüttengebietes. Neun Provinzialstraßen, vier Autofernstraßen und zwei Straßen erster Ordnung, dazu die Oder und wichtige Eisenbahnlinien (nach Breslau, Kattowitz, Ratibor, Wien, Tarnowitz, Groß-Strehlitz, Gleiwitz, Namslau, Kreuzberg, Posen) machen Oppeln zu einem bedeutenden Verkehrsknotenpunkt. Außerdem war es Hauptstadt des größten preußischen Landkreises. Lebten hier 1939 50 540 Menschen, so sind es heute 126 068 (1986). In Oppeln wurden der Arzt und Forschungsreisende Eduard Schnitzer (Emin Pascha, 1840—1892) und der Schriftsteller Alfons Hayduk (1900—1972) geboren.

Schon vor 2000 Jahren siedelten am rechten Ufer der Oder und am heutigen Mühlenkanal an der Stelle, wo die alte Handelsstraße von Breslau nach Krakau den durch Inseln zweimal gegabelten Strom bequem überqueren konnte und wo heute die Stadt liegt, Slaven. Die in Oppeln in der 30er Jahren von Deutschen begonnenen Ausgrabungen haben eine typisch slavische Siedlung nachgewiesen, was die Einstellung der Arbeiten zur Folge hatte. Sie wurden dann nach dem zweiten Weltkrieg beendet. Auf der Oderinsel Wilhelmstal (Pascheka) entdeckte man Reste ihrer städtischen Siedlung, die aus 100 Häusern bestand. Um das Jahr 1000 war der Flecken Sitz eines Kastellans. 1163 bis 1202 gehörte der Ort zum Herzogtum Breslau und kam dann an Ratibor. Oppeln wurde Vorort dieses Herzogtums, aus dem sich das spätere Oberschlesien entwickelte. 1217 erfolgte die Gründung der deutschen Stadt, die 1327 Neumarkter Recht erhielt.

1327 kam Oppeln unter böhmische Lehnsherrschaft und 1532 (nach dem Aussterben des Oppelner Herzogsgeschlechts) an die Krone der

Habsburger. Im Jahre 1742 gelangte Oppeln zusammen mit Schlesien an das Königreich Preußen. Damit begann ein neuer wirtschaftlicher und kultureller Aufschwung. 1816—1919 war Oppeln Hauptstadt des gleichnamigen Regierungsbezirks, dann der Provinz Oberschlesien. Am 20. 3. 1921 stimmten 20 816 Oppelner für einen Verbleib beim Deutschen Reich und nur 1098 für den Anschluß an Polen.

Seit 1950 ist Oppeln Hauptstadt der Wojewodschaft Opole, welcher die niederschlesischen Kreise Brieg und Namslau zugeschlagen wurden.

Wir beginnen unseren Rundgang bei der an der Oder stehenden doppeltürmigen **katholischen Pfarrkirche zum Heiligen Kreuz** (Kościół Katedralny św.. Krzyża), einem prächtigen Bau der Gotik (im 15. Jahrhundert wurde die Kirche nach Bränden wiederaufgebaut). Die dreischiffige Hallenkirche geht zurück auf ein Bauwerk aus dem Jahre 1223. Im Innern stehen mehrere schöne Barockaltäre. Im Marienaltar ein Gnadenbild aus Deutsch-Piekar aus der Zeit um 1500. Sehenswert sind die farbigen Glasfenster am Hochaltar und auch das Grabmal Johanns des Guten (gest. 1532), des letzten Herzogs von Oppeln, aus rotem Marmor.

Geht man von der Pfarrkirche die Kirchstraße (ul. Katedralna) nach Nordosten, so gelangt man nach Überquerung der Nikolaistraße (ul. Książąt Opolskich) zur **Sebastianskirche** (1681) mit ihrem barocken Interieur.

Dann gehen wir zum südlich gelegenen **Ring** mit seinen Patrizierhäusern aus dem Spätbarock und dem Rokoko (18. Jahrhundert). Sehr schön sind die Häuser Nr. 1, 10, 11 und 32.

Das burgartige **Rathaus** stammt aus den Jahren 1822—1824 und wurde nach dem Vorbild des florentinischen Palazzo Vecchio gebaut. Nordöstlich des Marktes erhebt sich die gotisch-barocke katholische Pfarrkirche **St. Marien und St. Adalbert zur Schmerzhaften Mutter Gottes** (Kościół dominikanów) (14. Jahrhundert, im 16. Jahrhundert im Renaissancestil umgebaut) mit Grabplatten Oppelner Herzöge. Wegen ihrer Lage wurde sie früher „Bergel-Kirche genannt". Daneben befindet sich am Kleinen Tuchmarkt (Mały Rynek) in einem gotischen Gebäude von 1435 das **Museum des Oppelner Schlesien** (ehemals Städtisches Museum, Muzeum Śląska Opolskiego), in dem die „Polnische Geschichte" der Stadt und ihrer Umgebung dargestellt wird. Interessant die Ausgrabungsfunde von der Insel Wilhelmstal.

Am nahen Wilhelmsplatz (plac Armii Czerwonej) stehen das alte **Jesuitenkolleg** von 1668 und der mächtige **Viereckturm** der zweiten Oppelner Burg (15. Jahrhundert), die aus der Zeit stammt, als Oppeln im Mittelalter von zwei Herrschern regiert wurde.

Südlich des Ringes steht an der Schloßstraße (ul. Zamkowa) die Ende des 13. Jahrhunderts gegründete, im 17. und 18. Jahrhundert umgebaute **Franziskanerkirche zur Heiligen Dreifaltigkeit** (früher auch „Minoritenkirche") mit angebautem Kloster. In der gotischen **St. Annakapelle** von 1309 mit ihrem gotischen Gewölbe und einem Schnitzaltar sind die Grabmäler der Herzöge Bolko I., Bolko II., Bolko III. und der Herzogin Anna. Unter Bolko II. kam das Herzogtum Oppeln an das von der deutschen Dynastie der Luxemburger regierte Böhmen, nachdem der Herzog am 5. April 1327 in Breslau König Johann von Böhmen den Lehnseid geleistet hatte. Am 22. Dezember 1356 nahmen Bolko II. und sein ältester Bruder am Deutschen Reichstag zu Metz teil. In der Krypta sind weitere acht Grabmäler schlesischer Herzöge und von fünf Herzoginnen. Beachtenswert sind auch die um 1330 entstandenen Fresken in dem Gotteshaus.

Von der Kirche gelangt man auf der Schloßbrücke (Most Zamkowy) über den Mühlengraben (Młynówka) auf die alte Flußinsel **Wilhelmstal** (Pasieka). Hier befand sich zwischen dem 8. und 9. Jahrhundert eine typisch slavische Siedlung. Das historische Material aus den Funden befindet sich im Oppelner Museum.

1930—1934 entstand auf dem Eiland an der Stelle des alten Schlosses der Oppelner Herzöge das Regierungsgebäude. Der gotische **„Proske-Spargel"** (Brama Piastowska) stammt aus dem 14. Jahrhundert und gehörte zur alten Herzogsburg, deren Ruine 1930/34 abgerissen wurde. Von hier hat man einen sehr schönen Blick auf die Stadt. Im dahinterliegenden Amphitheater finden im Juni Schlagerfestivals statt. Von den oberen Rängen ausgezeichneter Rundblick. Hinter dem Oderdamm legen die Ausflugsdampfer an.

Auf der Oderpromenade entlang der Seifertstraße (ul. Kochanowskiego) gelangt man zu der im Südosten der Stadt gelegenen **Bolko-Insel** mit ihrem kleinen Zoo.

Bemerkenswert ist auch das **Denkmal** für einen NS-verfolgten Sorbenführer in einer Grünanlage an der Ecke Krakauer (ul. Krakowska) und Moltkestraße (ul. Kościuszki).

Giebelhäuser am Ring in Oppeln

AUSFLÜGE

Von Oppeln bieten sich Ausflüge in die nähere Umgebung an. Der erste führt zum 15 km nordöstlich gelegenen **Turawa-See** (Jezioro Turawskie, 21 km²), der von der Malapane (Mała Panew) gespeist wird und ein beliebtes Erholungs- und Wassersportzentrum mit Strand und Segelbootvermietung inmitten schöner Wälder ist. Der 21 km² große und bis 13 m tiefe Stausee wurde 1934 mit einem Fassungsvermögen von 90 Mio. cbm angelegt. Am westlichen Ufer lohnt das große spätbarocke Schlößchen von **Turawa** einen Besuch. Es wurde zwischen 1728 und 1761 erbaut und im 19. Jahrhundert umgestaltet und dient z. Zt. als Kinderheim.

An der Straße in Richtung Namslau (Namysłów), das nordwestlich von Oppeln liegt, gibt es mehrere interessante Ortschaften. 2 km vor dem Dorf **Czarnowanz** (Czarnowąsy) steht die Wallfahrtskirche St. Anna, eine 1687—88 errichtete Schrotholzkirche mit zwei Seitenkapellen und offenem Umgang. Im Dorf lohnt das vor 1211 gegründete (1643 zerstörte, im 17. Jahrhundert wiederaufgebaute) Prämonstratenserkloster einen Besuch. Seit 1902 wohnen dort Hedwigschwestern.

Nach weiteren 8 km sind wir in **Groß Döbern** (Dobrzeń Wielki) mit seiner Schrotholzkirche St. Rochus (17.—18. Jahrhundert).

Im von Groß Döbern 18 km entfernten **Hermannstal** (Zagwiździe) steht ein Industriemuseum. Zwischen 1754 und 1850 befand sich hier die staatliche preußische Kreuzburger Hütte (Hochofen). Ein weiterer Ausflug führt in südwestlicher Richtung nach **Birkowitz** (Opole-Bierkowice). Dort gibt es ein sehenswertes Bauernmuseum (Muzeum Wsi Opolskiej), das Oktober—März 10—15 Uhr, April bis September 10—18 Uhr geöffnet ist. Auskunft: Tel. 4 30 21. Fährt man von Birkowitz weiter in südwestlicher Richtung, so gelangt man nach Falkenberg.

Das kleine Städtchen **Falkenberg i. OS.** (Niemodlin) liegt auf einer Anhöhe mitten im oberschlesischen Wald- und Teichgebiet. Der Ort hatte 1986 6203 Einwohner (1939: 2727). Er wird erstmals 1224 als Dorf Nemodlin erwähnt, 1290 aber bereits Valkenberch genannt. Im Westen des langgestreckten Marktes steht die aus dem 14.—15. Jahrhundert stammende katholische Pfarrkirche, ein eindrucksvoller Backsteinbau. Am östlichen Stadtrand erhebt sich das Renaissanceschloß. Die ursprüngliche Burg der Herzöge von Oppeln-Ratibor aus dem Jahre 1593 wurde von dem Freiherrn von Promnitz zum Schloß ausgebaut und Ende des 18. Jahrhunderts von den Reichsgrafen Praschma, die hier bis zu ihrer Vertreibung durch die Polen im Jahre 1945 saßen. Die neuen Herren plünderten das Bauwerk nach 1945 aus und bauten die einst prunkvollen Räume im einfachen polnischen Stil um. Sehenswert sind der Arkaden-Innenhof (16. Jahrhundert) und die Schloßkapelle (1617). Ein Abstecher führt in das 8 km westlich von Falkenberg gelegene Dorf **Rogau** (Rogi), wo eine Schrotholzkirche von 1685 steht.

Von **Grüben** (Grabin), 8 km südwestlich von Falkenberg, zweigt nach links eine Straße nach **Lamsdorf** (Opole Łambinowice) ab, wo die Nazis im Kriege ein Arbeitslager betrieben, wo polnische, englische, französische und russische Gefangene festgehalten wurden. Hier sollen 40 000 russische Gefangene ums Leben gekommen sein. Die Polen unterhielten ab 1947 ein Lager für deutsche Zivilisten. Hier wurden nach dem Kriege Tausende von deutschen Frauen, Kindern und Männern ermordet, nur weil sie Deutsche waren. Zu den Insassen gehörte bis 1956 auch der Danziger Bischof Dr. Carl Maria Splett. Heute weist in Lamsdorf ein Denkmal auf die im NS-Arbeitslager umgebrachten Polen und Menschen anderer Nationen hin. Die deutschen Opfer werden nicht erwähnt.

In **Tillowitz** (Tułowice), 12 km weiter südlich, erhebt sich ein gut erhaltenes Schloß von 1826. Heute dient es als forstfachliches Technikum. Im 18. Jahrhundert bestand in Tillowitz ein Eisenhammer, der 1823 zur Theresienhütte ausgebaut wurde.

In **Proskau** (Prószków), 11 km südwestlich von Oppeln, erhebt sich ein vierflügeliges Renaissanceschloß, das 1563 von dem Freiherrn v. Proskau erbaut und nach seiner Zerstörung durch die Schweden im Dreißigjährigen Krieg Ende des 17. Jahrhunderts von einem italienischen Architekten teilweise barock wiedererrichtet wurde. Heute dient das Schloß, das das Inferno von 1945 unzerstört überstanden hat, als Schule. Über dem Hauptportal sieht man das Wappen des uradligen Geschlechts derer von Proskau. 1763—1793 bestand in Proskau eine von Graf Leopold v. Proskau gegründete Fayencefabrik, die 1783 von Friedrich dem Großen übernommen und verpachtet wurde. Bis 1850 wurde in Proskau noch Steingutware hergestellt, die als Proskauer Fayencen bei Sammlern begehrt waren.

In **Oderwinkel** (Katy Opolskie) 13 km südöstlich leben noch zahlreiche Deutsche.

Von Oppeln fahren wir parallel zur Oder in südlicher Richtung bis **Krappitz** (Krapkowice), einem kleinen Städtchen mit 19 650 Einwohnern (1939: 5559) an der Mündung der Hotzenplotz in die Oder und in einer waldreichen Umgebung. Der Ort wird 1294 erstmals urkundlich bezeugt und entwickelte sich im 19. Jahrhundert zum Industriestandort (Papierfabrik, Kalkwerke, Teppichfabrik). Sehenswert sind der Odertorturm (14.—15. Jahrhundert), die ehemalige Papierfabrik, die gotische kath. Stadtpfarrkirche St. Nikolai (14.—16. Jahrhundert) und das vierflügelige Barockschloß mit Arkadenhof (1687), das von 1766—1945 im Besitz der Grafen v. Haugwitz war. Im Stadtteil Ottmuth (Otmęt) steht eine Pfarrkirche aus dem 14. Jahrhundert mit Schießscharten in der 2 m hohen Kirchenmauer. Der Legende nach verband einst ein 5 km langer Gang das Gotteshaus mit **Rogau** (Rogów Opolski).

Das Renaissanceschloß von Rogau gehört den Grafen Haugwitz Hardenberg-Reventlow, Freiherr von Klein-Obisch. Die Familie stammt aus Dänemark, wo sie die Landgrafschaft Hardenberg-

Reventlow auf der Insel Laaland besitzt. Das Rogauer Schloß stammt aus dem beginnenden 17. Jahrhundert und wurde im 18. Jahrhundert umgebaut. Sehenswert sind die umfangreichen kartographischen und Handschriftensammlungen im Schloß sowie der 17 ha große Park. In **Moschen** (Moszna), das 15 km südwestlich von Krappitz liegt, steht ebenfalls ein 1945 unzerstört gebliebenes Schloß. Es wurde 1768 von dem General von Knobelsdorff im französischen Stil errichtet und 1896 nach einem Brand von dem damaligen Besitzer Graf von Tiele-Winckler im Mischstil (Gotik, Renaissance, Barock) neu aufgebaut. Zur Zeit dient es als Sanatorium.

Etwa 10 km südwestlich von Moschen liegt das 1270 gegründetete Dorf **Zülz** (die heutige Stadt Biała), in dem es zwischen dem 16. und 18. Jahrhundert viele Juden gab. Das Barockschloß der Freiherrn v. Proskau ist stark verfallen. Die kath. Pfarrkirche stammt aus dem 15. Jahrhundert.

Vorbei an **Cosel** (Kędzierzyn-Koźle) geht es nun in die 55 km von Krappitz entfernte Industriestadt Ratibor.

Ratibor (Racibórz), die „Stadt des jungen Eichendorff" und südöstlichste Stadt des Deutschen Reiches, war bis 1945 der kulturelle Mittelpunkt Südostschlesiens. Sie liegt an der Oder in einer reichbewaldeten Umgebung an den Ausläufern der Mährischen Gesenke. 1939 hatte die Stadt 50 004 Einwohner, 1989 61 691. Bei dem schon 1155 als Sitz eines Kastellans erwähnten Ort führte eine uralte Furt über den Fluß. 1163 wurde Ratibor Sitz eines Herzogs. Bis 1945 war die Stadt Eisenbahnknotenpunkt der Strecke Berlin-Wien mit Seitenlinien nach Leobschütz, Troppau, Kattowitz und Gleiwitz und ist seit dem 19. Jahrhundert ein bedeutender Industriestandort (u. a. Maschinen-, Waggon-, Chemie- und Nahrungsmittelfabriken, Schiffsbau, Gußstahlwerk). Ratibor erhielt 1235 Neumarkter, 1299 Magdeburger Stadtrecht. Im Mittelalter war es Hauptstadt des gleichnamigen Herzogtums und ein bedeutender Salz- und Getreidehandelsplatz und kam 1532 an das Haus Habsburg. Bis 1551 wurde Ratibor an die Markgrafen von Ansbach, 1645—66 an die Krone Polens verpfändet. 1821 erhob der preußische König die Herrschaft Ratibor zum Mediatherzogtum. 1843—1945 gehörte die Stadt der Familie v. Hohenlohe-Waldenburg-Schillingsfürst. Bei der Volksabstimmung von 1921 stimmten 22 291 Einwohner für den Verbleib beim Deutschen Reich, 2227 für Polen. Trotzdem mußte Deutschland 12 735 ha des Kreisgebietes mit 16 022 Einwohnern an Polen abtreten, während das angrenzende Hultschiner Ländchen (28 985 ha mit 45 856 Einwohnern) an die Tschechoslowakei fiel. In beiden Fällen wurden die mehrheitlich deutschen Bewohner nicht gefragt.

An der Südostecke des Ringes erhebt sich die gotische **Liebfrauenkirche** (13.—16. Jahrhundert). Die Russen zündeten das Gotteshaus nach Kriegsende an. Dabei wurden der prächtige Hochaltar von 1656 und das Chorgestühl vernichtet. Inzwischen wurde das Gotteshaus im alten Stil wiederhergestellt. Beachtenswert ist die St.-Marcellus-Kapelle an der Westseite des Langhauses von 1426.

Vom Ring gehen wir nun vorbei an der barocken **Mariensäule** (Himmelfahrt Mariens), die von der Gräfin Gaschin zur Erinnerung an die Pest von 1715 gestiftet und von Johann Melchior Österreich geschaffen wurde, zum nördlich gelegenen Dominikanerplatz (pl. Dominikański), an dem die **Dominikanerkirche** steht. Im Innern der reich geschmückten Barockkapelle der Familie Gaschin steht ein Altar aus schwarzem Marmor.

Nun führt unser Weg durch die 1945 zu 80 % abgebrannte Innenstadt zur Oder. Über die Oderbrücke und die Raudener Straße (ul. Rudzka) gelangt man zur **St.-Johannis-Kirche** am Kirchplatz.

Dann wenden wir uns wieder nach Süden und gehen durch die Morawestraße und die Schloßstraße (ul. Zamkowa) zur einschiffigen **Schloßkapelle** in der ehemaligen Burgsiedlung Ostrog. Das Gotteshaus wurde Ende des 13. Jahrhunderts errichtet und im 19. Jahrhundert restauriert. Der 1288 gegründete Kollegiatstift ist dem hl. Thomas, Erzbischof von Canterbury, geweiht. Von der nahen **Oderpromenade** mit ihren alten Bäumen hat man einen guten Blick auf Ratibor.

Auf das südliche Flußufer zurückgekehrt, gehen wir vorbei an dem Denkmal der „Polnischen Mutter" von J. Borowczak nach rechts die Bollwerkstraße (ul. Reymonta) entlang bis zum Holzmarkt (plac Drzewny) und dann zur südöstlich davon an der Jungfernstraße (ul. Gimnazjalna) stehenden frühgotischen **Heilig-Geist-Kirche**, die seit 1926 zusammen mit dem nebenstehenden Dominikanerinnenkloster das Heimatmuseum (z. Zt. Muzeum Regionalne, Tel.: 41 09, geöffnet Di., Do. 10—12.30 Uhr, Mi., Fr. 10—17.30 Uhr, Sa. 10—12.30 Uhr, So. 10—13.30 Uhr) beherbergt.

Nun kehren wir durch die **Lange Straße** (ul. Długa), die zur Fußgängerzone umgestaltete alte Haupteinkaufsstraße von Ratibor, zum Ring zurück. Von hier ist es nicht weit zum ehemaligen, nach

Plänen von Schinkel erbauten **Land- und Amtsgericht** in der nach Süden verlaufenden Neuen Straße (ul. Nowa).

Nun gehen wir über den Marcellusplatz, der nach den mutwilligen Zerstörungen von 1945 mit dem nach Norden anschließenden Neumarkt als Grünfläche gestaltet wurde, zum sogenannten **Zuchthausturm** im Stil der Gotik und der Renaissance mit den Resten der Stadtmauer.

AUSFLÜGE VON RATIBOR

Nördlich der Stadt liegt das Schloß **Lubowitz** (Łubowice), Geburtsort des größten romantischen deutschen Dichters Joseph Freiherr v. Eichendorff (1788—1857). Die Ruine des 1945 abgebrannten alten Bauwerks über dem Odertal, das sich 1852—1945 im Besitz der Herzöge von Ratibor und Fürsten von Corvey befand, bildet ein romantisches Bild, das Eichendorff oft besungen hat. Rund um die Ruine dehnt sich ein verwilderter Park. Auf dem Friedhof einige Gräber der Familie Eichendorff

Ein zweiter Ausflug führt auf der R 919 zur 26 km nordöstlich inmitten schöner Wälder gelegenen Zisterziensergründung **Rauden** (Rudy) aus dem 13. Jahrhundert. Rings um das Schloß der Herzöge von Ratibor erstreckt sich ein herrlicher englischer Park. Der umliegende herzogliche Besitz war 1939 rund 30 200 ha groß. Beachtenswert ist auch die prachtvolle Barockkirche des 1252 gegründeten Klosters. Das Gotteshaus im Stil der Klosterkirche von Clairvaux wurde 1671 barockisiert. Von 1834—1945 waren die Fürsten von Hohenlohe-Waldenburg-Schillingsfürst Herren von Groß Rauden. Nachdem die Kirche 1945 zerstört worden war, baute man sie im ursprünglichen Stil wieder auf. Ein Abstecher führt von Rauden ins Naturschutzgebiet **Klein-Althammer Forst** (Łężczak) in den alten Oderauen. 1718 baute hier Adolf Magnus Graf Hoym den ersten Hochofen Oberschlesiens. Im nahen **Rainfelde** (Zawada Książęca) steht eine Schrotholzkirche (1662).

Eine weitere Rundfahrt erschließt uns die westlich von Ratibor gelegene Landschaft. Wir verlassen die Stadt in nordwestlicher Richtung und fahren über das Landstädtchen **Bauerwitz** (Baborów, 15 km) mit teilweise hölzerner Friedhofskirche St. Josef (ursprünglich 13. Jahrhundert, im 18. Jahrhundert umgebaut) mit hübschem Interieur (barocker Schnitzaltar), durch das Tal der Zinna nach Leobschütz (15 km).

Die kleine Kreisstadt (1939: 13 505 Einwohner, 1986: 13 340) und ehemals wohlhabende Webersiedlung **Leobschütz** (Głubczyce) an den Ausläufern des Altvatergebirges wurde 1187 mit deutschem Recht gegründet und gehörte ursprünglich als Fürstentum zu Mähren.

1318—1526 war Leobschütz böhmisch, kam dann bis 1523 an die Habsburger, anschließend bis 1622 an Brandenburg-Ansbach und gehörte dann bis 1742 den Liechtensteinern, bevor es an Preußen kam. Bei der Volksabstimmung von 1921 votierten nur 60 Personen für Polen. 1945 zerstörten die russischen Truppen 40% der Stadt. Inzwischen wurde Leobschütz weitgehend wieder aufgebaut.

Vom Ring, wo nur noch die Ruine des Rathauses mit demTurm (1570) an das **Rathaus** erinnert (davor die Mariensäule von 1738) gehen wir zur zweitürmigen **Pfarrkirche Mariä Geburt** nördlich des Ringes. Das Gotteshaus wurde im 13. Jahrhundert begonnen und im 14. und Anfang des 19. Jahrhunderts erweitert. Neben dem Gotteshaus steht die **gotische Fabian- und Sebastian-Kapelle** von 1501.

Östlich des Ringes erhebt sich die **Franziskanerkirche** mit dem Kloster (1490, im 18. Jahrhundert barock umgebaut).

Im Westen der Altstadt steht die 1776 errichtete barocke **St.-Annen Kirche**. Rings um die Innenstadt sind sechs halbkreisförmige **Wachttürme** der mittelalterlichen Stadtbefestigung erhalten.

Am äußersten Süden der Stadt dehnt sich der **Stadtwald** aus, in dem ein guterhaltener Wehrturm aus dem 16. Jahrhundert steht.

2 km östlich von Leobschütz liegt das einst wohlhabende Angerdorf **Gröbnig** (Grobniki), das zusammen mit weiteren Siedlungen in der Umgebung im 13. Jahrhundert vom Johanniterorden gegründet wurde und bis 1810 in dessen Besitz war. Von 1282—1591 war Gröbnig Sitz des Johanniterkomthurs. Letzter Komthur war Reichsgraf Karl Wenzel v. Schaffgotsch. Sehenswert ist die barocke Pfarrkirche (16.—18. Jahrhundert).

15 Kilometer nordöstlich von Gröbnig liegt die 1743 von der Brüdergemeinde gegründete Siedlung **Gnadenfeld** (Pawłowiczki). Im 19. Jahrhundert entstanden hier ein Internat, eine Kirche und ein Krankenhaus.

Nach Leobschütz zurückgekehrt, wenden wir uns nun ins südöstliche **Zietenbusch** (Pietrowice), wo z. Zt. die polnisch-tschechische Grenze Schlesien von der sudetendeutschen Stadt **Jägerndorf** (Krnov) trennt. Man kann sie über den nahen Grenzübergang besuchen. Die ehemalige Hauptstadt des gleichnamigen schlesischen Fürstentums gelangte 1523 an Brandenburg und 1623 an das Haus Liechtenstein. 1742 fiel der nördliche Teil des Fürstentums an Preußen. Beachtenswert sind das Barockschloß, das barocke Minoritenkloster (Museum), die spätgotische Dekanatskirche und das um 1600 von Markgraf Johann Georg von Brandenburg erbaute Theater.

Dann geht es auf Nebenstraßen von Zietenbusch entlang dem Altvatergebirge in südöstlicher Richtung nach **Katscher** (Kietrz, 2 km). Die 1245 gegründete Kleinstadt liegt im fruchtbarsten Teil des Kreises Leobschütz. Sehenswert sind die barocke Pfarrkirche (mit gotischer Ausmalung) und das nahegelegene Naturschutzgebiet in den Gipsbergen mit zahlreichen, in Deutschland und in Schlesien sonst selten vorkommenden Steppenpflanzen. Sehr schön ist der Ausblick auf das im tschechischen Sudetenland gelegene Altvatergebirge. Von Katscher kehren wir ins 16 km östlich gelegene Ratibor zurück. Knapp 30 km östlich von der Stadt beginnt das Oberschlesische Industrierevier.

Unser Weg führt von Ratibor weiter in südlicher Richtung über **Tunskirch** (Tworków) mit seiner Barockkirche nach dem 20 km entfernten **Oderberg** (Zabełków), einem wichtigen Eisenbahnknotenpunkt. Er wird heute durch die polnisch-tschechische Grenze geteilt. Der derzeit auf tschechischem Gebiet gelegene Ortsteil heißt jetzt Bohumin. Im Sudetenland liegen die alte Stadt **Mährisch-Ostrau** (Ostrava) und das liebliche und kohlenreiche Hultschiner Ländchen. Mährisch Ostrau ist ein bedeutendes Industriezentrum (Kohlenzechen, Eisen- und Stahlwerke, Maschinen- und Chemiefabriken). Die ersten Kohlevorkommen wurden 1767 zur österreichischen Zeit entdeckt. 1830 nahm man den ersten Hochofen in Betrieb. Unter den historischen Sehenswürdigkeiten Ostraus sind insbesondere die aus dem 13. Jahrhundert stammende Wenzelskirche und das Rathaus aus dem Jahre 1687 zu nennen. Bis 1919 und dann wieder von 1939 bis 1945 gehörte das 286 km^2 große und 45 000 zumeist deutsche Einwohner (97 %) zählende **Hultschiner Ländchen** mit der Hauptstadt **Hultschin** (Hlučin) zum Deutschen Reich.

Oderberg liegt im Zentrum des sogenannten **Olsa-Gebietes**, das nach dem Ersten Weltkrieg zwischen Polen und Tschechen umstritten war.

Als Hitler das Sudetenland besetzte, rückten am 2. 10. 1938 polnische Truppen ins Olsa-Gebiet und annektierten es.

Südlich von Mährisch Ostrau liegt die 310 m hohe **Mährische Pforte** (Moravská Brána), durch die eine uralte Handelsstraße führt. Nach unbewiesenen Theorien aus den 30er Jahren gehörte nach dem Abzug der keltischen Bojer (um 60 v. Chr.) das Gebiet zum Reich der westgermanischen Quaden, das bis nach Oberungarn reichte. Nördlich von ihnen saßen die ostgermanischen Wandalen. Heutzutage wird diese Theorie von den meisten Archäologen und Historikern nicht mehr vertreten. Im Jahre 453 fand hier am Rande des Mirkwidu, des „Schwarzen Waldes", über den die Schwanenjungfrauen nach dem Süden fliegen, und der Nordkarpathen (aisl. Harfadhafjoll), nach der isländischen Hervarar-Saga und des Widsithliedes eine gewaltige Schlacht zwischen den Goten, Wandalen und Langobarden auf der einen und den Söhnen des Hunnenkönigs auf der anderen Seite statt.

KURZINFORMATIONEN

ORTSVERKEHR: In **Oppeln** und **Ratibor** (MPK) gibt es Stadtbusse.

BAHN: **Oppeln**: Die Stadt liegt an den Strecken Breslau-Kattowitz sowie nach Tschenstochau und Ratibor-Mährisch Ostrau. Der Hauptbahnhof (Dworzec PKP Opole Głowne) liegt im Süden der Stadt. **Ratibor**: Verbindungen nach Oppeln, Gleiwitz und Mährisch Ostrau. Bahnhof: Dworzec PKP im Osten der Stadt.

BUS: **Oppeln**: Mit PKS-Bussen gelangt man von Oppeln in alle wichtigen Städte Schlesiens und nach Polen. Der Zentralomnibusbahnhof befindet sich unweit des Hauptbahnhofs. **Ratibor**: Abfahrt der PKS-Busse von der Poststraße (ul. Pocztowa) beim Bahnhof

FREMDENVERKEHRSBÜROS: Oppeln: Orbis, Hindenburgstraße (ul. Krakowska) 31, Tel.: 3 63 36; it-Zentrum, Wilhelmsplatz (plac Armii Czerwonej) 10, Tel.: 3 54 80; PTTK, Hindenburgstraße (ul. Krakowska) 17, Tel.: 3 51 13; Juventur, Wilhelmsplatz (plac Armii Czerwonej) 1, Tel.: 3 63 35. **Ratibor**: it-Zentrum, plac Wolnosci 2, Tel. 30 93, (geöffnet Mo.—Fr.); Orbis, Neue Straße (ul. Nowa) 7, Tel.: 30 65 (geöffnet Mo.—Fr. 9—16 Uhr, Sa. 9—14 Uhr).

AUTOREPARATUR: Oppeln: Polmozbyt, Rosenberger Straße (ul. Oleska) 97, Tel.: 2 82 04 und 2 85 00; ul. Powolnego 6, Tel.: 3 38 83; ul. Ozimska 48, Tel.: 3 64 11. Ratibor: ul. Bogumińska 15 b, Tel.: 34 58; ul. Mikołowska 9, Tel.: 23 41.

STRASSENHILFSDIENST: Oppeln: PZM, ul. Kołciuszki 31, Tel.: 23 74. Ratibor: PZmot, ul. Agnieszki 17, Tel.: 9 81 (tgl. 8—16 Uhr).

TANKSTELLEN: Oppeln: Częstochowska; Danziger Freiheit (plac H. Sawickiej); Breslauer Straße (ul. Wrocławska) 58; Groß Strehlitzer Straße (ul. Obróncow Stalingradu). **Ratibor**: Bosatzer Straße (ul. Bosadza) 2; ul. Dlugosza 1.

HOTELS: Oppeln: *** Opole, Hindenburgstraße (ul. Krakowska) 59, Tel.: 3 86 51; *** Olimpijski, Rosenberger Straße (ul. Oleska) 86, Tel.: 2 63 51. **Turawa**: Turawianka-Bungalows. (Mai—September). **Ratibor**: ** Piast, ul. Zawadzkiego 9, Tel.: 4 02. *** Polonia, Bahnhofsvorplatz (plac Dworcowy) 16, Tel.: 30 25; ** Unia, ul. Staszica 20, Tel.: 39 80 und 25 44. **Leobschütz**: ** Polonia, ul. Dworcowa 10, Tel.: 20 21.

JUGENDHERBERGEN: Oppeln: Szkola Podstawowa, Gartenstraße (ul. Sienkiewicza) 4, Tel.: 3 44 77 (ganzjährig geöffnet); Übersprung (ul. Struga) 16, Tel.: 3 33 52 (geöffnet: Juli—August). **Falkenberg**: ul. Opolska 22, Tel. 30, Juli—August.

STUDENTENHOTEL: Oppeln: Sedanstraße (ul. Grunwaldzka) 31, Tel.: 3 72 50 (Juli—August geöffnet).

PRIVATUNTERKÜNFTE: Ratibor: WPUT Kwarterv prywatue, Ring (Rynek) 10, Tel.: 39 97. **Leobschütz:** Vermittlung im Hotel Polonia, Tel.: 20 21.

CAMPING: Turawa: Am Stausee. Ratibor: WPUT ul. Markowicka 1, Tel.: 24 51 (Mai—September). **Leobschütz:** Peterwitz (Pietrowice), Tel.: Mokre 76 81.

GASTSTÄTTEN: Oppeln: Czardasz, Malapanestraße (ul. — Ozimska) 63; Kasztelańska, ul. Koszyka 16; Hotelowa, Hindenburgstraße (ul. Krakowska) 59; Karczma Słupska, ul. Ksiazat Opolskich 2; Niedźwiednik, Opole-Grudzice; Dom Wycieczkowy (Ausflugshaus), ul. Barlickiego 2a, Tel.: 3 39 81. **Turawa:** PTTK-Ausflugshaus „Turawianka" (Mai—September). **Falkenberg:** Astra, ul. Zawadzkiego. **Krappitz:** Sloneczna, ul. 22 Lipca; Sportlerhaus, ul. Kilińskiego 10, Tel.: 8 97. **Zülz:** Ratuszowa, Ring (Rynek) 24. **Ratibor:** Dom Wycieczkowy, Schloßstraße (ul. Zamkowa) 4, Tel.: 47 80; Hotelowa, ul. Kolejowa 16, Tel.: 30 75; Opawska, ul. Opawska, Tel.: 34 11. **Leobschütz:** Centralna, ul. Walowa; Marysierika (im Stadtwald, 4 km); Dom Wycieczkowy Turysta (15 km, Richtung Jägerndorf), ul. Slowackiego 2, Tel.: 20 66.

CAFÉS: Oppeln: Pod Arkadami, Hindenburgstraße (ul. Krakowska); Melba, Ring (Rynek) 32; Secesyjna, ul. Sempolowskiej 2; Teatralna, Hindenburgstraße (ul. Krakowska) 33. **Leobschütz:** Café Polonia, ul. Dworcowa 10; Hotelowa, ul. Dworcowa l; Ogrodowa, ul. Walowa 3.

TEESTUBE: Oppeln: ul. Ozimska.

KAFFEEBAR: Oppeln: ul. Ozimska 15.

MILCHBAR: Ratibor: Smakosz, ul. Opawska 5.

IMBIßSTUBE: Leobschütz: Mleczny, ul. Kośiuszki 1.

THEATER: Oppeln: Teatr im J. Kochanowskiego (Pl. Lenina); Teatr Lalek (Puppentheater), ul. Kośnego 2a; Amfiteatr (Freilichtbühne), ul. Barlickiego.

KONZERTE: Oppeln: Państwowa Filharmonia im Elsnera, ul. 24 Marca.

16. Zwischen Oppeln und Mechtal

Hinter Oppeln durchquert die R 4 (E 40) einen großen Wald und führt dann allmählich bergan ins wellige schlesische Hochland. In **Stubendorf** (Izbicko) steht ein Schloß aus dem 18. Jahrhundert in einem 2 ha großen Park. 13 km südöstlich von **Strelau** (Sucha), wo eine Dorfkirche aus dem 15. Jahrhundert steht, erhebt sich beim Dorf Annaberg der weithin sichtbare, 400 m hohe **Annaberg** (Góra Świętej Anny), der gewaltigste Basaltfelsen des nordöstlichen Europas und höchster Berg Oberschlesiens. Er ist seit langer Zeit das religiöse Zentrum Oberschlesiens. Im 17. Jahrhundert ließen sich hier die Franziskaner nieder. 1656 baute von Graf Melchior v. Gaschin ein Franziskanerkloster. 1810 wurde das Kloster eingezogen. Zwischen 1852 und 1875 und 1882 (nach dem Kulturkampf) und 1945 lebten hier erneut Mönche. Bis in den Zweiten Weltkrieg wurde der Gottesdienst in deutsch und polnisch abgehalten, seit 1989 wird der Gottesdienst auch wieder in deutsch abgehalten. Der Berg, von dem man einen ausgezeichneten Blick aufs Odertal hat, spielte beim dritten polnischen Aufstand im Mai 1921 in den Abwehrkämpfen der Deutschen gegen das soeben wiedererstandene Polen eine entscheidende Rolle. Auf dem Annaberg hatten sich am 4. Mai 1921 schwerbewaffnete polnische Armeeinheiten in Zivil und Insurgenten unter dem Kommando des Generals Haller mit schwerer Artillerie verschanzt, weil Polen das Ergebnis der Volksabstimmung vom 21. 3.1921 nicht akzeptierte. Sie wurden am 21. Mai nach erbitterten Kämpfen von einer deutschen Selbstschutzeinheit vertrieben. Nur die französische Armee, die eine freie Volksabstimmung in Oberschlesien garantieren sollte, verhinderte, daß die Haller-Armee vom deutschen Selbstschutz über die alte Grenze zurückgetrieben wurde.

Sehenswert sind das auf dem Berg stehende Franziskanerkloster mit seiner **Wallfahrtskirche** von 1665 (1781 umgebaut) mit der hölzernen Figur der hl. Anna, ein **Ablaßhof** und die 33 barocken **Kreuzwegkapellen**. Unterhalb des Annaberges wurde 1938 ein **Freilichttheater** mit 70 000 Plätzen geschaffen. Das 1934 ebenfalls hier errichtete **Reichs-**

Das Ehrenmal der Oberschlesier auf dem Annaberg, dahinter die Industrieanlagen von Deschowitz (Odertal) im Westen des Annaberges. Die Aufnahme stammt aus dem Jahre 1940

ehrenmal mit Thingstätte, das an die für die Freiheit Schlesiens während der Abstimmungskämpfe von 1921 gefallenen deutschen Selbstschutz- und Freikorpskämpfer erinnerte, wurde von den Polen 1945 gesprengt und in ein polnisches Ehrenmal umgewandelt. Die neuen Flachreliefs sollen „Den jahrhundertelangen Kampf des Polentums gegen die Germanisierung" symbolisieren.

Besuchenswert sind auch das 3 km südlich gelegene **Bergstadt** (Leśnica), eine ehemalige Sommerfrische und Ausgangspunkt für Wanderungen durch die Oberschlesische Schweiz, sowie das 3 km westlich des Annaberges stehende Schloß **Buchenhöh** (Żyrowa). Zwischen 1631 und 1852 saßen auf dem Barockschloß mit seinen beiden wuchtigen Ecktürmen die Grafen von Gaschin, dann die Grafen von Franken-Siersdorf, die es umbauten.

Das an der R 4 (E 40) östlich von Strehlau gelegene Groß Strehlitz ist ein wichtiger Eisenbahn- und Straßenknotenpunkt.

Die alte Burgsiedlung **Groß Strehlitz** (Strzelce Opolskie) mit 21 509 Einwohnern (1986; 1939 waren es 11523) erhielt 1362 Magdeburger Stadtrecht. Im Mittelalter war der Ort Sitz (1313—1460) eines Herzogs. 1650—1807 gehörte der Ort den Grafen Colonna v. Fels. 1921 tobten in der Stadt und ihrer Umgebung Kämpfe zwischen polnischen und deutschen Einheiten. 1945 brannte die Rote Armee 30 % der Stadt ab.

Beachtenswert sind die Ruinen des von dem Grafen Renard 1812 umgebauten großartigen **Renaissanceschloß'**, das 1945 ausbrannte (erbaut im 16. Jahrhundert). Der Schloßpark—ab 1832 von dem in Muskau bei Fürst Pückler ausgebildeten Gärtner Schmidt im englischen Stil angelegt—war einer der schönsten Oberschlesiens. Er ist heute verwildert.

Die **Stadtpfarrkirche St. Laurentius** (1904—1907, barocke Ausstattung des Interieurs von 1754) ist gut erhalten. Sehenswert sind ferner die Reste der **Stadtmauern** aus dem 15. Jahrhundert mit einer Bastei sowie die **Schrotholzkirche St. Barbara** (17. Jahrhundert) auf dem Friedhof. Nahebei das **Gut Groß Strehlitz**, das dem Grafen Tschirschky-Renard gehörte, mit Schloß und großem Park.

Einen Ausflug lohnt das in der waldreichen Umgebung der Stadt gelegene Zisterzienserkloster **Himmelwitz** (Jemielnica). Es wurde 1282 von Rauden aus gegründet. Zwischen 1591 und 1620 war der Görlitzer Johannes Nucius Abt des Klosters. Er gilt als einer der bedeutendsten Komponisten Schlesiens und begründete die theoretische Formenlehre in der Musik. 1810 wurde das „Fürstliche Zisterzienserstift" aufgelöst.

In der Klosterkirche aus dem 13./14. Jahrhundert, die 1733 umgebaut und barock ausgestattet wurde, gibt es am Hochaltar ein Altarblatt von Neunhertz (1734), zwei Altargemälde von Willmann und auf den Seitenaltären schöne Holzschnitzereien. Auch der reichgeschnitzte Orgelprospekt (1777) und die Josefkapelle sind beachtenswert. In der spätgotischen Allerheiligen-Pfarrkirche (1477) kann man gut erhaltene Fresken aus dem 14. Jahrhundert sehen. Auf dem Klosterfriedhof sind die Eltern des Dichters Gustav Freytag bestattet.

Hinter Groß Strehlitz gabelt sich die Straße: Die R 903 führt über Tost (Toszek) und Peiskretscham (Pyskowice) in den Nordteil des Oberschlesischen Industriegebietes. Auf der E 40 gelangt man in die weiter südöstlich gelegene Stadt Gleiwitz (Gliwice) und von hier in den Südteil des Industriereviers. Die nachstehend genannte Route führt über Tost.

Das vor 750 Jahren auf einem 250 m hohen Berg angelegte Ackerbürgerstädtchen **Tost** (Toszek), das heute 4834 Einwohner (1939: 3625) zählt, besitzt eine sagenumwobene Burgruine. Der Ort war um 1200 Sitz eines Kastellans des schlesischen Herzogs Heinrich I. Um 1300 entstand bei der Burg eine deutsche Siedlung. 1532 kam Tost an die Habsburger. 1945 nchteten die Polen hier ein Lager für deutsche Zivilisten ein. Die Burg gehörte zeitweise den Herzögen von Ratibor und Oppeln und wurde in der Mitte des 12. Jahrhunderts errichtet, 1430 von Hussitten zerstört und 1648—1666 unter Graf Caspar Colonna im Stil der Renaissance erneuert. Zwischen 1797 und 1808 gehörte sie Adolf Freiherr v. Eichendorff, dem Vater des großen ostdeutschen Dichters Joseph Freiherr v. Eichendorff. Hier verbrachte der Poet seine Schulferien. Die Erinnerung an den schönen Sommeraufenthalt war ihm „stets ein unauslöschliches phantasievolles Seelenerlebnis", wie Eichendorff im „Bilderbuch aus meiner Jugend" schreibt, und noch als Greis erzählte er wehmütig von diesem „Ort zum Träumen und zum Dichten".

Der romantische Hof der 1811 abgebrannten Burg diente vor 1945 als Freilichtbühne. Im Rittersaal befindet sich das Toster Heimatmuseum. Unterhalb der Ruine steht die alte Burgmühle, bis zum Zweiten Weltkrieg Jugendherberge.

Ausflüge lohnen sich in den Stadtwald, die Wälder von **Steinseich** und **Schrotkirch** (Zacharzowice) südöstlich des Ortes, sowie zur Marienkirche, einer 1960 aus Neudorf hierherversetzte Schrotholzkirche aus dem Jahre 1668 in **Stephanshain** (Szczepanek) im Nordosten der Stadt.

Nun geht es weiter auf der R 903 gen Südosten nach **Peiskretscham** (Pyskowice).

Der Ort, der heute 20 777 Einwohner zählt (1939: 7734), wurde im Jahre 1237 durch fränkische Siedler angelegt und bereits 1327 mit deutschem Stadtrecht begabt. Das idyllische Städtchen liegt am Südrand des Schlesischen Muschelkalkrückens (Wyżyna Śląska) im Dramatal an der Einmündung der alten Bischofsstraße Neiße-Cosel-Bischofstal in die frühere Salz- und Heerstraße Oppeln-Beuthen-Krakau. Heute reicht das Oberschlesische Industrierevier bis Peiskretscham. Sehenswert sind die kath. Pfarrkirche St. Nikolaus mit

Presbyterium aus dem Jahre 1627, die 1809 errichtete Mariensäule, das mittelalterliche, typisch neogotische Rathaus (im Tudorstil), das friderizische Zollhaus und die stillen Winkel und Gassen der Altstadt. Ausflüge führen ins grüne Dramatal und in die oberschlesischen Wälder.

In **Mechtal** (Miechowice), das weiter östlich kurz vor Beuthen (heute ein Ortsteil von Beuthen) liegt, befand sich bis 1945 der von der Gräfin Eva v. Tiele-Winckler (1866—1930) im Jahre 1884 gestiftete „Friedenshort". Die Gräfin, deren Familie das große Industrieunternehmen Tiele-Winckler besaß, ließ sich von Pastor von Bodelschwingh in Bethel zur Krankenschwester ausbilden und gründete dann in ihrem Heimatort neben dem väterlichen Schloß ein Krankenhaus. Die 1945 vertriebenen deutschen Schwestern leben jetzt u. a. in Freudenberg (Siegerland). Heute zerstört ein polnischer Kohlenschacht die Bauten des jetzigen Altenheims. Sehenswert sind der Friedhof und das kleine Museum.

KURZINFORMATIONEN

ÜBERLANDVERKEHR: Die Region liegt an den Bahn- und Fernbusstrecken Breslau-Beuthen.

HOTELS: **Groß Strehlitz:** Leśny, Oppelner Straße (ul. Opolska) 22, Tel.: 23 36; Miejski, ul. Kościuski 1, Tel.: 34 32. **Annaberg:** Raststätte.

JUGENDHERBERGE: **Groß Strehlitz:** ul. Świeżego 3, — Tel.: 3510 (Juni—August).

CAMPING: **Strelau:** Tel.: 86

GASTSTÄTTEN: **Groß Strehlitz:** Hotel Leśna, Oppelner Straße (ul. Opolska) 26 Mysłiwska, ul. Krakowska 22, Tel.: 39 10; Ratuszowa, Ring (Rynek) 1, Tel.: 36 05. **Tost:** Piast, ul. Strzelecka 2.

17. Das Oberschlesische Industriegebiet

Das Oberschlesische Industrie- und Kohlenrevier gehört zu den größten seiner Art in der Welt. Die Kohlevorkommen reichen von Tarnowitz (Tarnowskie Góry) im Norden bis nach Ostrau (Ostrava), im Süden.

Mitten im Revier liegt das **Oberschlesische Industriegebiet** (Górno Śląski Okręg Przemysłowy — GOP), eine gewaltige Konzentration von Städten, Bergbau- und Industriebetrieben auf einer Fläche von 2370 km^2.

Die einzelnen Orte des Reviers sind durch ein einheitliches Verkehrsnetz miteinander verbunden. Neben 60 Steinkohlen-, Zink- und Bleierzgruben gibt es hier 11 Kokereien, Kraftwerke, 20 Hütten, Metallfabriken, Maschinenbaubetriebe sowie chemische und elektrotechnische Fabriken. Rings um das Industriegebiet wurden auf einer Fläche von 32 000 ha Bäume angepflanzt. Die wichtigsten Städte sind Kattowitz (Katowice), Hindenburg (Zabrze), Beuthen (Bytom), Gleiwitz (Gliwice), Königshütte (Chorzów), Ruda (Ruda Śląska) und Sosnowitz (Sosnowiec).

Das Industrierevier geht auf die im 12. Jahrhundert von deutschen Bergleuten gegründeten Berg- und Hammerwerke, die Eisen, Blei und Zink verarbeiteten, zurück. Die eingesessenen deutschen Oberschlesier, auch „Wasserpolaken" genannt, sprechen einen deutsch-polnischen Dialekt und haben viele ihrer alten Traditionen (Trachten, Bergknappen-Kapellen und Tanz- und Gesangsgruppen) erhalten.

Zwischen 1920 und 1921 versuchten die Polen, ganz Oberschlesien durch Gewaltaktionen an sich zu reißen. Alliierte Truppen (Engländer, Franzosen, Italiener) überwachten die Volksabstimmung am 20. 3.1921. Obwohl die Franzosen die polnischen Einheiten unterstützten und zahlreiche Deutsche ermordet wurden, stimmten 59,6 % der Befragten für einen Verbleib beim Deutschen Reich. Daraufhin rückten am 2. 5. 1921 Truppen mit polnischer Unterstützung in Oberschlesien ein. Sie

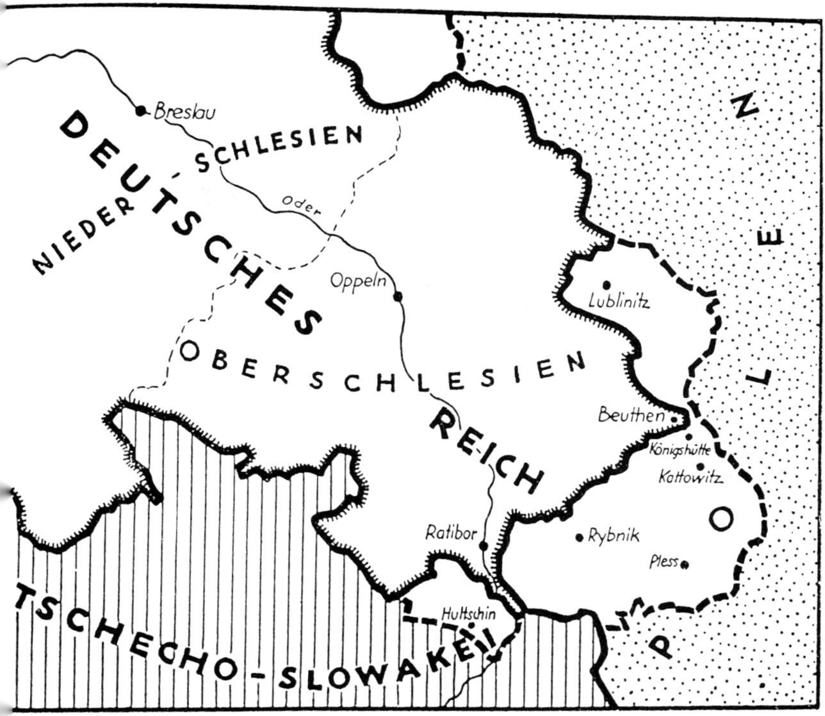

Obwohl die Volksabstimmung am 20. März 1921 eine große Mehrheit für Deutschland erbrachte, wurde Oberschlesien geteilt und die wirtschaftlich wertvolleren Gebiete mit dem Hauptteil der Kohlenlager zu Polen geschlagen.

Bild linke Seite:

Die Kreuz-Kirche in Beuthen OS vor dem Kriege

wurden jedoch von deutschen Selbstschutzeinheiten nach der Rückeroberung des Annaberges (21. 5. 1921) verjagt. Trotzdem beschloß eine Botschaftskonferenz der Alliierten in Genf am 20.10.1921 die Teilung Oberschlesiens.

Die reichsten Gebiete (Tarnowitz, Königshütte, Kattowitz, Bismarckhütte, Myslowitz und Rybnik) fielen an Polen. Das südliche Oberschlesien war bereits 1920 trotz einer 93,7 %igen Abstimmung zugunsten Deutschlands an die Tschechoslowakei gefallen.

Die 1254 mit deutschen Recht gegründete Stadt **Beuthen i. OS** (Bytom) auf den Tarnowitzer Höhen liegt im Zentrum des Oberschlesischen Industriereviers mit 1989 228 056 Einwohnern (1939: 103 500) und kann dank der geologisch einzigartigen zusammen vorkommenden Kohle- und Erzlager übereinander auf eine alte bergmännische Tradition zurückblicken.

Schon im frühen Mittelalter wurden in **Beuthen** Blei und Silber abgebaut. Im 11. Jahrhundert war Beuthen ein kleiner Marktort an der „Hohen Straße" von Breslau nach Krakau und wurde im 13. Jahrhundert Sitz eines Kastellans. Vor 1254 wurde neben dem Dorf eine deutsche Stadt gegründet. 1532 belehnte Herzog Johann von Oppeln den Markgrafen Georg den Frommen von Ansbach-Hohenzollern mit Beuthen, die von den Habsburgern jedoch nur als Pfandherrschaft anerkannt wurde. 1623 wurde die Stadt dem aus Ungarn gebürtigen deutschen Adligen Lazarus I. Henckel v. Donnersmarck übertragen. Schwere Rückschläge durch Kriege, Wirren und Religionsstreitigkeiten, insbesondere den Dreißigjährigen Krieg, brachte im 17. Jahrhundert zeitweilig einen Niedergang.

Erst unter den Berghauptleuten Friedrichs des Großen, Heinitz und Graf von Reden, begann der neuzeitliche Aufschwung. Zunächst wurden die Eisenerz- und Zinkvorkommen abgebaut, im 19. Jahrhundert auch die Kohlenlager. Seitdem ist Beuthen Mittelpunkt der Montan-, insbesondere der Zinkindustrie (Georg von Giesches Erben.

Graf Lazarus III. Henckel v. Donnersmarck schuf 1805 in Wyrrek südwestlich von Beuthen mit der Antonienhütte das erste größere private Eisenhüttenwerk mit Koks-Hochofen Oberschlesiens. Weitere Anlagen wie die Eisenwerke „Friedenshütte" (1840), die Beuthener Hütte (1845) und die Friedensgrube (1899) folgten. Innerhalb nur einer Generation wuchs die Bevölkerung von 1890 (rund 31 000

Einwohner) auf 103 500 im Jahre 1939 an. Während des Plebiszits von 1921 befand sich in Beuthen das Hauptquartier der polnischen Insurgenten. Beuthen, dessen Einwohner sich 19 890 : 10 104 für den Verbleib beim Deutschen Reich ausgesprochen hatten, war an drei Seiten von der Grenze mit 23 Zollstellen eingeschlossen. Die durch die 1921 erfolgte Abtretung Ostoberschlesiens bedingte Grenzlage brachte zunächst eine Wirtschaftskrise, doch konnte diese bis zum Zweiten Weltkrieg behoben werden.

Obwohl die Stadt durch die von der Botschaftskonferenz der Alliierten festgesetzte Grenze ein Viertel des Stadtgebietes mit dem Beuthener Schwarzwald, der Friedenshütte sowie der Blei-Scharley-Grube verlor und dadurch schwer getroffen wurde, gaben die deutschen Oberschlesier nicht auf. Sie errichteten unmittelbar an der Grenze eine neue Blei-Scharley-Grube, die am 24. 5. 1926 in Betrieb genommen wurde. Aber bereits ein Jahr zuvor, als der im Genfer Abkommen festgelegte Zwang zur Abnahme von jährlich 500 000 t Steinkohle von Polen entfallen war, hatte die deutsche Kohlenförderung den Stand von 1914 wieder erreicht. Die Polen erreichten dagegen 1925 in dem von ihnen besetzten Ost-Oberschlesien nur 67% der Vorkriegsförderung. Bis zum Zweiten Weltkrieg gab es in Beuthen ein polnisches Gymnasium. 1939 wurde es von den Nationalsozialisten aufgelöst und viele seiner Professoren und Schüler wurden in Konzentrationslagern festgehalten. Vor 1945 besaß Beuthen das größte und modernste Erzbergwerk Europas und mit der Julienhütte der Vereinigten Oberschlesischen Hüttenwerke die gewaltigste Eisenhütte Oberschlesiens. Heute gehört die Stadt zu den größten Bergbau- und Hüttenzentren Schlesiens und besitzt sieben Steinkohlen-, Zink- und Bleigruben sowie zwei Eisenhütten. Außerdem ist die Stadt ein bedeutendes Zentrum der Konfektionsindustrie. Die Luftverschmutzung hat allerdings katastrophale Ausmaße angenommen.

Der Dichter Max Tau (1897—1976), der Deutschland 1938 verlassen mußte und nach Norwegen ging, stammte aus Beuthen.

Für den Touristen interessant ist die mittelalterliche Innenstadt, die teilweise noch von einer Mauer umgeben ist. Die gotische **Marienkirche** westlich des Ringes (ul. Kościelna) entstand im 13.—14. Jahrhundert, wurde jedoch in den folgenden Jahrhunderten mehrfach umgebaut. Südöstlich des Ringes steht die ehemalige, ursprünglich gotische, 1783 barock veränderte **Franziskanerkirche**. Daneben das frühere Franziskanerkloster von 1268. Beachtenswert ist auch das **Oberschlesische Museum** (Muzeum Górnośląskie) am nördlich gelegenen

Moltkeplatz (plac Thälmanna) Tel.: 81 82 91, früher für seine ausgezeichneten vor-, früh- und ostgeschichtlichen Sammlungen, heute für seine Trachten- und Volkskunstsammlung bekannt.

Im westlich des Stadtzentrums an der Hindenburgstraße (ul. Bolesława Bieruta) gelegenen **Stadtpark** (z. Zt. Park Gen. Karola Świeczewskiego), in dem früher ein Denkmal Friedrichs des Großen stand (nach 1945 zerstört), befand sich die schöne Schrotholzkirche aus dem 16. Jahrhundert. Sie ist dem hl. Laurentius geweiht und wurde 1901 von Mikultschütz hierher verpflanzt. Bis 1945 diente das Gotteshaus als Gefallenendenkmal mit einem Sarkophag aus Steinkohle. Im Park gibt es außerdem ein Solbad. In der Kirche des südlich der Innenstadt gelegenen Ortsteils **Schomberg** (Chruszczów) kaufte 1826 der „Zinkkönig" Karl Godulla (1781—1848) das alte Rittergut und baute sich dort ein Schloß. Es wurde 1945 zerstört und später abgerissen. Godulla, der aus einfachen Verhältnissen stammte, ist in der Kirche von Schomberg bestattet. Seine Adoptivtochter und Erbin Johanna Gryczik (1842—1910) heiratete Hans Ulrich v. Schaffgotsch. Zu dem gigantischen Konzern des Ehepaares gehörten die Hohenzollerngrube (Szombierki) und die Gräfin-Johanna-Schachtanlage in Beuthen-Bobrek.

Ein Abstecher bringt uns von Beuthen ins 14 km nördlich gelegene Tarnowitz.

Tarnowitz (Tarnowskie Góry), mit seinen heute 72 724 Einwohnern war schon in der Mitte des 13. Jahrhunderts wegen seines Zink- und Bleibergbaus und seit dem 16. Jahrhundert auch Silberbergbaus bekannt. 1526 erhielt Tarnowitz durch Markgraf Georg von Ansbach deutsches Stadtrecht. 1623 gelangte der Ort in den Besitz der Grafen Henckel v. Donnersmark. Unter ihrer Herrschaft gab es hier mehr als 7000 Grubenstollen. 1921 stimmten 7451 Bewohner für Deutschland, 1297 für Polen. Heute ist die „Wiege des oberschlesischen Bergbaus", ein bedeutender Eisenbahnknotenpunkt und Zentrum der Bergbaumaschinen-Industrie.

Sehenswert sind die **Patrizierhäuser** am Markt (Rynek) und in der Gleiwitzer Straße (ul. Gliwicka), die aus dem 16., 17. und 18. Jahrhundert stammen und teilweise noch typische Laubengänge besitzen. Die **Pfarrkirche St. Peter und Paul** (16. Jahrhundert, im 19. Jahrhundert umgebaut) ist seit 1630 katholisch. Gegenüber steht ein **Holzturm** mit Bergmannsglocke (16. Jahrhundert). Berühmt ist der **Weinkeller** (Sedlaczek) am Markt, der aus dem Jahre 1526 stammt und wo u. a.

König August III. von Sachsen und Polen und 1790 Goethe abgestiegen sind. Im Erdgeschoß wurde ein Museum (Muzeum Ziemi Tarnogórskiej), Tel.: 85 26 07, eingerichtet. Öffnungszeiten: Di., Do. 9—15 Uhr, Mi. 10—16 Uhr, Fr. 10—18 Uhr, Sa. 9—14 Uhr, So. 10—15 Uhr. Südlich des Ringes (ul. Jedności Robotniczej 52, Tel. 85 29 81) ist ein Fragment der alten Grube (Kopalnia Zabytkowa-Muzeum) für Besucher zugänglich. An der Grube befinden sich das Bergbaumuseum und die Dampfmaschinen-Ausstellung (geöffnet: täglich, außer Mo., von 9—14.30 Uhr).

An der Straße nach Alt-Tarnowitz steht die **Friedhofskiche St. Anna** aus dem Jahre 1559.

Im September finden in Tarnowitz Knappen-Tage statt, die an alte deutsche Traditionen anknüpfen.

Beachtenswert ist auch das im Stadtteil **Alt-Repten** (Repty) an der Straße nach Gleiwitz stehende Schloß der Fürsten von Donnersmarck (Neudecker Linie) aus dem Jahre 1890. Das in einem 20 ha großen Park stehende Gebäude dient zur Zeit als Rehabilitationszentrum. In der Nähe, im Ortsteil Stare Tarnowice befindet sich der für Besucher zugängliche Entwässerungsstollen „Fryderyk" (von 1821) von der einstigen Blei- und Silbergrube (Sztolnia Czarnego Pstrąga). Eine Stollenfahrt mit dem Kanu dauert eine Stunde. Besichtigung 1.Mai — 31.Oktober, tgl. 8—19 Uhr, sonstige Monate: nach Vorbestellung im Fremdenverkehrsbüro (ul. Krakowska 12); individuell, ohne Vorbestellung, So., Feiertage, 14—17 Uhr.

8 km nördlich von Tarnowitz an der Straße nach Tschenstochau (Częstochowa) liegt das Städtchen **Georgenberg** (Miasteczko Śląskie). Hier steht seit 1961 eines der größten Zinkwerke der Welt.

Zwischen 1530 und 1626 wurde in Georgenberg Blei- und Silbererz abgebaut. Sehenswert ist die Schrotholzkirche St. Maria von 1660.

Rund 3 km östlich von Tarnowitz liegt der kleine Ort **Naklo** (Nakło), in dem die ehemalige Sommerresidenz der Familie Henckel v. Donnersmarck steht. Das 1858 erbaute und 1891 erweiterte neogotische Schloß beherbergt zur Zeit ein Landwirtschaftliches Technikum. 3 km östlich von hier steht **Neudeck** (Świerklaniec), seit 1623 Stammsitz der Familie Henckel v. Donnersmarck. Von dem 1945 abgebrannten Schloß steht nur noch das Kellergeschoß (Restaurant). Im gut erhaltenen Mausoleum wurden zahlreiche Angehörige der Familie v. Donnersmarck bestattet.

Von Neudeck kann man den 6 km südlich gelegenen Wallfahrtsort **Deutsch-Piekar** (Piekary Śląskie) besuchen. Der Ort, in dem heute 68 223 Menschen leben (1989), entstand 1704, nachdem der Breslauer Tuchhändler Georg Giesche (1653—1716) hier Galmei gefunden hatte. Seine Erben gründeten die Scharley-Grube bei Beuthen, im 19. Jahrhundert die größte Galmei-Grube Oberschlesiens. Seit 1954 wird in dem Ort Steinkohle abgebaut. Die neuromantische Wallfahrtskirche wurde 1848 von Daniel Grötschel nach einem Entwurf von August Soller erbaut. Vorher stand hier eine hölzerne Kirche. Das darin befindliche Bild der Mutter Gottes wurde 1702 vor den Schweden nach Oppeln gerettet. Das heute in Deutsch-Piekar verehrte Bildnis ist eine Kopie und stammt vom Ende des 17. Jahrhunderts. 1697 machte August der Starke Station in Deutsch-Piekar und bekannte sich zum katholischen Glauben, bevor er sich in Krakau zum König von Polen krönen ließ.

Das südlich von Beuthen gelegene **Königshütte** (Chorzów) ging 1868 aus verschiedenen Industriesiedlungen hervor. Die Stadt hatte 1989 rund 133 313 Einwohner und die größte Bevölkerungsdichte (4600 Einwohner pro km^2) im Oberschlesischen Industrierevier. Hier gründete der preußische Oberberghauptmann Graf Friedrich Wilhelm v. Reden 1796 die erste oberschlesische Steinkohlengrube „Carl von Hessen" (seit 1800 „Königsgrube") und 1797 das Hochofenwerk „Königshütte". 1868 entstand aus mehreren Arbeitersiedlungen die Stadt Königshütte. Im selben Jahr kaufte Carl Hugo Graf Henckel v. Donnersmarck die Königshütte, und gründete bereits drei Jahre darauf die Vereinigte Königs- und Laurahütte AG. 1905 war Königshütte nach Breslau die zweitgrößte Stadt Schlesiens. Obwohl 1921 rund 74% der Einwohner für den Verbleib der Stadt bei Deutschland stimmten, wurde sie Polen zugeschlagen.

Zu den Sehenswürdigkeiten von Königshütte gehören die Schrotholzkirche St. Laurentius (1599 in Knurow errichtet) und der Schlesische Kultur- und Erholungspark (WPKiW) im Süden der Stadt. Der Park besitzt einen kleinen Zoo, eine Sesselseilbahn (5,5 km), Modelle von Dinosauriern, ein Planetarium, einen Lunapark und eine Sportanlage für 100 000 Zuschauer. Sehenswert ist besonders das Freilichtmuseum (Muzeum Dawnej Wsi-skansen) mit alten Bauernhäusern.

In Beuthen gabelt sich die Hauptroute in zwei Strecken, die beide nach Krakau führen. Die Straße R.4 (E 40) (Strecke A) verläuft über Bendsburg (Będzin) und Ilkennau (Olkusz), die Straße R. 914 (Strecke B),

Schrotholzkirche in Königshütte

über Kattowitz (Katowice). Nachfolgend ist die Strecke A beschrieben. Von Beuthen fahren wir in östlicher Richtung zunächst ins 20 km entfernte **Czeladź**, einer Bergmannsstadt mit 37 505 Einwohnern (1989) im **Dambrau-** (Dąbrowa-)Revier. Sehenswert sind die Holz- und Steinhäuser aus dem 17., 18. und 19. Jahrhundert. 4 km nördlich liegt die Industriestadt Grodziec mit Kohlengruben und einem Zementwerk. Vom nahen **św. Doroty**, der 382 m hoch ist, Rundblick über das Kohlenrevier. **Bendsburg** (Będzin), das 77 290 Einwohner (1989) hat, ist eine der ältesten Städte Oberschlesiens und Sitz einer NE-Metallhütte. Interessant ist das Museum des Kohlenbergbaus (Muzeum Zagłębia). Auf einer felsigen Kalksteinhöhe über dem **Schwarzbach** (Czarna-Przemsza) steht die 1364 errichtete Burg, die heute ein Heimatmuseum beherbergt. Im Barockschloß befindet sich ein Jugendkulturhaus. **Dąbrowa Górnicza**, 5 km weiter östlich, ist ein wichtiges Bergbau- und Hüttenzentrum und hat 133 210 Einwohner. Interessant sind die Ruinen der 1796 gegründeten Kohlengrube „Reden", der ältesten Grube des Reviers. Auf dem Gelände der General-Zawadski-

Grube kann man einen der mächtigsten Kohlenflöze der Erde sehen (20 m Dicke), das geologische Naturschutzgebiet. Einen Abstecher lohnt die kleine Stadt **Warthenau** (Zawiercie) 21 km nordöstlich von Dabrowa. Die Stadt liegt inmitten ausgedehnter Wälder an der Wasserscheide zwischen Weichsel, Oder und Warthe. Von Warthenau führt eine Straße in östlicher Richtung nach **Kromołów**, einem bei den Warthequellen gelegenen Dorf mit Kirche und Kloster aus dem 16. Jahrhundert. Südöstlich gelangt man über **Ogrodzieniec** (Kirche aus dem 13. Jahrhundert, 1783 erneuert) nach **Podzamcze** (11 km von Warthenau) am Fuße der mit 504 m höchsten Erhebung des Krakauer Jura, auf der die mächtige Ruine eines Renaissance-Schlosses der deutschen Familie Boner aus dem 14.—16. Jahrhundert thront. 11 km nordöstlich von Ogrodzieniec liegt unweit vom Ursprung des gleichnamigen Flüßchens das alte Städtchen **Pilica**. In einem alten Park steht ein Schloß aus dem 17. Jahrhundert. Sehenswert sind auch die Pfarrkirche (16. und 17. Jahrhundert), im Innern beachtenswerte Grabmäler und zwei weitere Kirchen des 17. Jahrhunderts. Das 6 km südliche **Smoleń** wird von einer Schloßruine aus dem 14. Jahrhundert überragt. In **Slawków** lohnen die aus dem 13.—15. Jahrhundert stammende gotische Kirche und die Holzhäuser aus dem 18.—19. Jahrhundert eine Betrachtung.

Durch **Bolesław**, einem Zentrum der Zinkindustrie, gelangt man in die oberschlesische Stadt **Ilkenau** (Olkusz). Schon im 12. Jahrhundert begann man hier mit dem Abbau von Silbererzen. Heute werden in Ilkenau Blei und Zink gewonnen. Am Marktplatz steht die gotische Stiftskirche (14. Jahrhundert, im 19. Jahrhundert erneuert), die eine hübsche Inneneinrichtung, darunter einen barocken Hochaltar, eine frühbarocke Orgel und sehr schöne Fresken aufweist. 9 km nördlich von Ilkenau liegt inmitten ausgedehnter Wälder der von der im 17. Jahrhundert anstelle der früheren, im 14. Jahrhundert erbauten Burg Rabenstein überragte Ort **Rabsztyn**.

Nach weiteren 14 km erreichen wir das Städtchen **Wolbrom**. Es wurde im 14. Jahrhundert von deutschen Bürgern und mit deutschem Recht gegründet. Beachtenswert die barocke Pfarrkirche (17. Jahrhundert), deren Pfarrhaus sich in einem ehemaligen Kloster befindet. An der Straße von Ilkenau nach Zawiercie (Warthenau) liegt der kleine Ort **Klucze**. 1 km westlich des Ortes erstreckt sich die **Wüste Pustynia Błędowka**, mit 32 km^2 Fläche das weitläufigste Flugsandgebiet ohne Vegetation in Europa. Im Zweiten Weltkrieg befand sich hier ein Truppenübungsplatz des deutschen Afrikakorps.

KURZINFORMATIONEN

ORTSVERKEHR: Beuthen: Die Stadt besitzt ein gut ausgebautes Straßenbahnnetz, mit dem man auch die umliegenden Städte erreichen kann. Außer der Linie 19, die von der ul. Lokietka abfährt, fahren alle genannten Straßenbahnen vom plac Sikorskiego ab. Die wichtigsten Linien: Nr. 5: nach Hindenburg (Zabrze); Nr. 6: nach Königshütte (Chorzów); Nr. 7: nach Schwientochłowitz (Świętochlowice), Königshütte (Chorzów) und Kattowitz (Katowice); Nr. 8: nach Groß Dombrowka (Dabrówka Wielka); Nr. 9: nach Ruda (Ruda Śląska) und Königshütte (Chorzów); Nr. 18: nach Ruda (Ruda Śląska); Nr. 19: Stadtgebiet von Beuthen; Nr. 30: nach Hindenburg (Zabrze).

TAXI: Beuthen: Ring (plac Grunwaldzki), Tel.: 81 81 21; plac Wolskiego. Taxiruf: Tel.: 81 40 10 und 9 80 (bis 15 Uhr).

BAHN: alle Orte sind an die Hauptstrecken Breslau-Kattowitz angeschlossen. Der Hauptbahnhof von Beuthen (Dworzec Bytom Glówny) liegt im Süden der Stadt.

BUS: PKS-Busse verbinden die Region mit allen wichtigen Orten Schlesiens. Von Tarnowitz gelangt man u. a. nach Gleiwitz, Kreuzburg und Ratibor.

PARKPLÄTZE: (bewacht): **Beuthen:** plac Wolskiego, ul. Wyczólkowskiego, westlich des Hauptbahnhofs.

FREMDENVERKEHRSBÜROS: Beuthen: Orbis, Bahnhofstraße (ul. 1 Maja) 23, Tel.: 81 20 69; PTTK, ul. Maciejewskiej 25, Tel.: 81 30 22. **Tarnowitz:** Orbis, Ring (Rynek) 15, Tel.: 85 31 63; PTTK, ul. Sobieskiego 38, Tel.: 85 48 58.

AUTOREPARATUR: Beuthen: ul. Matejki 20a, Tel.: 81 19 06; ul. Prosta, Tel.: 81 87 16.

STRASSENHILFSDIENST: Tarnowitz: Mototechnika, ul. Czestochowska 38, Tel.: 85 40 53. Königshütte: ul. Steczyńskiego, Tel.: 41 19 02 (tgl. 8—22 Uhr).

TANKSTELLEN: Beuthen: Humboldtstraße (ul. Koniewa), 16 Std. Dienst; Ostlandstraße (ul. Strzelców Bytomskich),

HOTELS: **Beuthen:** *** Bristol, Bahnhofstraße (ul. 1 Maja 16), Tel.: 81 12 42; ** Pionier, Bahnhofstsraße (ul. 1 Maja) 19, Tel.: 81 80 26. **Tarnowitz:** ** Miejski, ul. Krakowska 10, Tel.: 85 46 17. **Königshütte:** ** Miejski, ul. Wolności 27, Tel.: 41 16 24; Dom Turysty, (PTTK), im WPKiW (Kulturpark), Tel.: 41 32 91 und 41 80 11.

JUGENDHERBERGE: **Beuthen:** ul. Piekarska 20, Tel.: 81 08 98 (ganzjährig geöffnet).

CAMPING: **Königshütte:** Stadion Śląski, Tel.: 41 60 05 (Juni—September)

GASTSTÄTTEN: **Beuthen:** Europejska, ul. P. Maciejewskiej 26, Tel.: 81 42 13; Kaprys, ul. Wolności 5c, Tel.: 81 05 53; Polonia, ul. Moniuszki 11, Tel.: 81 36 87; **Tarnowitz:** Pod Lipami, Ring (Rynek) I; Weinkeller Sedlaczek, Ring (Rynek) 171; Ausflugshaus: Gwarek, ul. Gliwicka 2, Tel.: 85 49 96. **Neudeck:** Schloßrestaurant. **Königshütte:** Łania, Tel.: 41 69 02; Parkowa, Tel.: 41 36 59; Dom Turysty.

CAFÉS: **Beuthen:** Bytomianka, ul. Chorzowska 30c. **Königshütte:** Dom Turysty.

WEINSTUBE: **Beuthen:** Piwnice Górywodów, ul. Strażacka 8, Tel.: 81 68 15.

SPORTSTADION: **Beuthen:** KS Polonia Bytom (bis 1945: Beuthen 09), ul. Olimpijska, Tel.: 81 07 53.

OPER: **Beuthen:** Państwowa Opera Śląska, Gymnasiumstraße (ul. Moniuszki) 23, Tel.: 81 34 34.

362 Świeradów Zdr.
3 E 65 Zielona Góra

1 *Krummhübel ist ein beliebtes Touristik-Zentrum*
2 *Die Kleine Teichbaude im Riesengebirge*
3 *Schreiberhau ist ein bekanntes Ausflugsziel*
4 *Das Innere der Friedenskirche in Schweidnitz*
5 *Die guterhaltene Friedenskirche in Schweidnitz*
6 *Blick vom Gipfel der Schneekoppe*
7 *Die Kirche Wang stammt aus dem 13. Jahrhundert*
8 *Der Ring in Hirschberg*
9 *Blick auf die Weißgerberohle in Breslau*
10 *Die Dombrücke in Breslau*
11 *Die mächtige Jahrhunderthalle in Breslau*
12 *Blick auf Oppeln über den Mühlengraben*
13 *Oppeln, Ring mit restaurierten Giebelhäusern*
14 *Der Löwenbrunnen in der Festungsstadt Glatz*
15 *Die Brücktorbrücke in Glatz*
16 *Das Grab von Ferdinand Lassalle auf dem Jüdischen Friedhof in Breslau*

18. Von der Neiße durch das Sudetenvorland nach Hirschberg

Entfernungen: Görlitz/Zgorzelec — Greiffenberg/Gryfów Śląski (40 km)—Hirschberg/Jelenia Góra (25 km).

Auf dieser Reise lernen wir das Gebirgsland zwischen der Oder und Hirschberg kennen. In frühgeschichtlicher Zeit war nach Tacitus (98 n. Chr.) das Gebiet südlich der Sudeten (Askiburgion) von Markomannen und Quaden, der Norden von Masignern (obere Oder), Kotinern, Osern, Buren (Westkarpathen) bewohnt. Dazu kamen die Lugier (Wandalen) mit den Stämmen der Harier (zwischen Neiße und Oder), Helvekoner, Manimer, Elisier und Nahanarvalen (zwischen Oder und Weichsel).

Wir verlassen **Görlitz** (Zgorzelec) auf der in südöstlicher Richtung verlaufenden Straße. In **Traitschendorf** (Trójca) steht eine romanische Kirche aus der Mitte des 13. Jahrhunderts.

Das 23 708 (1990) Einwohner (1939: 16 436) zählende Städtchen **Lauban** (Lubań) liegt am linken Ufer des Queis (Kwisa), der bis 1815 die Westgrenze Schlesiens gegenüber der Oberlausitz bildete. Die 1220 gegründete, ehemals zu den Lausitzer Sechsstädten (einem 1346 geschlossenen Bund zwischen Bautzen, Löbau, Kamenz, Lauban und Zittau) gehörende Stadt war Anfang des 13. Jahrhunderts ein fester Grenzort an der schlesisch-oberlausitzischen Grenze und Mittelpunkt zahlreicher deutscher Waldhufendörfer. Im Mittelalter war Lauban Zentrum einer bedeutenden Leinenherstellung. Im 18. Jahrhundert begann die Industrialisierung und Spezialisierung auf die Taschentuchherstellung. Im 19. Jahrhundert stellte Lauban unter dem Slogan „Lauban putzt der ganzen Welt die Nase" täglich 40 000 Taschentücher her.

Sehenswert sind die Reste der Stadtmauern aus dem 14. Jahrhundert mit dem mächtigen runden **Brüder-Turm** (Brama Bracka) von 1318 sowie das nach dem Kriege rekonstruierte Renaissance-Rathaus

(1539—1543) am rechteckigen Ring mit 60 m hohem Turm. Beachtenswert ist auch das **„Haus zum Schiff"** (Dom pod Okrętem) nordwestlich des Ringes. Erbaut wurde es um 1715 für den Kaufmann J. Kirchhoff. Vom Steinberg (Kamienna Góra, 282 m) südlich der Stadt Aussicht auf Iser- und Riesengebirge.

Über das große Möbelzentrum **Langenöls** (Olszyna) und den Ort **Friedersdorf** (Biedrzychowice) mit seinem einst August dem Starken gehörenden Schloß im Stil der Renaissance und des Barock (die wertvolle Bibliothek und die völkerkundliche Sammlung des letzten Besitzers, Ortwin Graf v. Pfeil-Minutoli, wurde nach Krakau verschleppt, das Schloß geplündert) erreichen wir das Vorland des Isergebirges (Izerskie) mit seinem freistehenden Basaltfelsen. Der Gebirgszug erstreckt sich zwischen dem Lausitzer Gebirge im Westen und dem Riesengebirge im Osten. Der höchste Punkt im Isergebirge ist Hinterberg mit 1126 m. Nach 3 km sind wir in der Stadt Greiffenberg.

Greiffenberg (Gryfów Śląski), die alte Kleinstadt am Queis, wird erstmals 1297 als „Gryphenberck" erwähnt, erhielt 1354 Magdeburger Stadtrecht und gehörte im Mittelalter zu den sogenannten schlesischen Gebirgshandelsstätten. Zwischen dem 16. und 19. Jahrhundert entwickelte sich Greiffenberg zu einem bedeutenden Leinenhandelsplatz, dessen Exporte in alle Teile Europas gingen. Im 19. Jahrhundert wurde die Handweberei durch die Textilindustrie abgelöst. 1939 lebten hier 4349 Menschen, heute sind es 7540.

In der „Perle am Queis", wie sich die Stadt stolz nannte, stehen in der Altstadt hochgiebelige **Patrizierhäuser,** einst mit Lauben, aus der Spätrenaissance und dem Barock (16.—18. Jahrhundert), ein **Rathaus** aus dem 16.—17. Jahrhundert mit einem hochragenden, später umgebauten Turm und die spätgotische **Stadtpfarrkirche** zur **Hl. Hedwig** aus dem 15.—16. Jahrhundert mit schöner Sgraffitodekoration aus der Renaissance. Sehenswert sind der Hochaltar (1605) von Paul Meyer, die Gruftkapelle und das Schaffgotsch-Epitaph von 1584. In der Nähe steht die **St.-Laurentius-Kirche** (1560). Besuchenswert ist auch die Burgruine **Greiffenstein** (Gryf) auf dem nahen Kapellenberg (424 m) aus dem 13. Jahrhundert. Hier lebte der Raubritter Wolf von Rumke, der 1399 von den Greiffenberger Bürgern enthauptet wurde. 1400 übernahm die Familie Schaffgotsch die Burg und baute sie aus. Im 18. Jahrhundert verfiel sie. Um 1800 baute Johann Nepomuk v. Schaffgotsch am Fuß des Kapellenberges ein neues Schloß.

Westlich der Stadt erstrecken sich im Durchbruchtal der Queis zwei

Markt in Greiffenberg mit kath. Stadtpfarrkirche

Stauseen (bei Marklissa / Lésna und Goldentraum / Złotniki Lubańskie) mit Erholungsorten und Wasserkraftwerken. 10 km westlich steht auf einem Felsen über der Queis die Burg **Tzschocha** (Czajków bzw. Czocha), die Anfang des 20. Jahrhunderts von Bodo Ebhardt rekonstruierte Feste der Herzöge von Schweidnitz (14.—16. Jahrhundert) mit Sgraffitomalereien am Tor und dem Fechterbrunnen im Hof. Auf anderen Hügeln stehen die romantische Burgruine Neidburg (Rajsko) und der trutzige Falkenstein.

Lohnenswert ist auch ein Besuch des alten Marktortes **Marklissa** (Leśna) westlich von Greiffenberg mit seinen schönen alten Laubenhäusern am Markt. Vor 1945 war er Sitz der ältesten Kammgarnspinnerei Deutschlands. Von hier kann man die malerische, sehr zerklüftete und bewaldete Felsenschlucht des Queistales mit der **Queistalsperre** (1901—1905) besuchen. In **Friedeberg** (Mirsk), einem kleinen Landstädtchen südwestlich von Greiffenberg, sind ein Rathaus von 1774 und die kath. Stadtpfarrkirche **St. Maria** (14.—16. Jahrhundert) mit ihrem barocken Interieur sehenswert.

Statt auf der Hauptstraße Nr. 19 weiterzufahren, lohnt sich eine Fahrt auf der nur 4 km längeren Parallelstraße über Liebenthal nördlich davon, die bei **Spiller** (Pasiecznik) wieder auf die Hauptstraße stößt.

Das romantische Barock- und Laubenstädtchen **Liebenthal** (Lubomierz) entstand vor 700 Jahren mit Magdeburger Recht. Früher war die Stadt ein bedeutendes Zentrum des Leinen- und Garnhandels. Alte Patrizierhäuser, um deren Lichthof sich Arkaden ziehen, und die jetzt zum Teil leider völlig verfallenen Lauben am langgestreckten Markt aus dem 16. und 17. Jahrhundert weisen auf einstigen Wohlstand hin. Das schönste dieser Häuser ist das **Leinwandhaus** am Obermarkt, dessen Renaissancefront in Sgraffitomalerei mit seinem schönen Portal besonders eindrucksvoll wirkt.

KURZINFORMATIONEN

BAHN: Lauban und Greiffenberg liegen an der Strecke Görlitz—Hirschberg.

BAHNHOF: **Lauban**: Dworzec PKP, ul. Kolejowa.

BUS: Verbindungen in alle Richtungen, Busbahnhof: **Lauban**: PKS, ul. Roli Żymierskiego.

HOTELS: **Lauban**: ** Łużyce, ul. 7 Dywizji WP 14, Tel.: 24 62. **Greiffenberg**: *** Gryf, ul. Armii Czerwonej 32, Tel.: 3 53 und 3 54.

JUGENDHERBERGE: **Lauban**: ul. Dolna 8, Tel.:; 22 18 (Juli—August).

CAMPING: **Lauban**: Steinberg (Kamienna Góra).

GASTSTÄTTEN: **Lauban**: Grodzka, ul. Jeleniogórska 4, Tel. 26 22. **Greiffenberg**: Hotel Gryf, ul. Armii Czerwonej, Tel.: 3 53; Piastowska, Ring (plac Wolności) 5.

CAFÉ: **Lauban**: Łużyce, ul. 7 Dywizji WP 14, Tel.: 26 57.

IMBISS: **Lauban**: Turysta, ul. Roli Zymierskiego (am Fernbusbahnhof).

MILCHBAR: **Lauban**: Bar Mleczny, ul. Rynek 13.

Vor dem Haus steht der malerische **Maternusbrunnen** mit der Heiligensäule, dessen Einfassung die Jahreszahl 1712 trägt. Weltbekannt ist die **Barockkirche** der Benediktinerinnen (St. Maternus), die Jakob Scheerhover 1727—1730 erbaute. Sie ist auch bekannt als **Abteikirche**, in der es herrliche Wandmalereien von J. W. Neunhertz aus der ersten Hälfte des 18. Jahrhunderts gibt. Beachtung verdient auch das ehemalige **Ursulinerinnen-Kloster** (1278 als Benediktinerinnen-Kloster erbaut, Neubauten von 1517—1523).
Von Liebenthal geht unsere Fahrt durch eine pittoreske Hügellandschaft mit schönen Ausblicken auf das Riesengebirge und das Isergebirge in die in einem Talkessel am Fuß des waldreichen Riesengebirges gelegene malerische alte Stadt Hirschberg.

19. Hirschberg und Umgebung

Das **Hirschberger Tal** (Kotlina Jeleniogórska), das dem eigentlichen Hochgebirge vorgelagert ist, ist ein etwa 200 km² großer Kessel zwischen dem Bober-Katzbach-Gebirge (Góry Kaczawskie) im Norden, dem Riesengebirge (Karkonosze) im Süden, dem Isergebirge (Góry Izerskie) im Westen und dem Landeshuter Kamm (Rudawy Janowikkie) im Osten. Es wird entwässert von Zacken (Kamienna), Lomnitz (Łomnica) und Bober (Bóbr). Nächst Hirschberg sind die bekanntesten Orte: Bad Warmbrunn, Hermsdorf/Kynast, Giersdorf, Seidorf, Zillerthal-Erdmannsdorf und Jannowitz. Eine der schönsten Bahnstrecken im heutigen Polen ist die Zackenthalbahn von Hirschberg über Bad Warmbrunn-Hermsdorf-Petersdorf-Schreiberhau bis zum Paß von Jakobstal. Die Bahnstrecke Schreiberhau—Jacobsthal ist für den Personenverkehr außer Betrieb. Über die Anfang der 20er Jahre elektrifizierte Strecke bestand bis 1945 eine Direktverbindung von Berlin nach Schreiberhau und weiter durch einen 280 m langen Tunnel bis zur sudetendeutschen Hauptstadt Reichenberg. 1945 wurde die ganze elektrische Anlage der Zackenbahn mitsamt den Lokomotiven und den Waggons von den Russen in den Kaukasus gebracht. Die Strecke steigt in einer Doppelkehre an. Hinter Hirschberg hat man auf 500 m Höhe herrliche Ausblicke auf das Tal von Warmbrunn und das Gebirge. Dann geht es am Hang des Zackenkammes entlang und über den Kleinen Zacken nach Niederschreiberhau. Vor Niederschreiberhau geht es durch einen 145 m langen Tunnel, der hier den Iserkamm durchbricht. Zwischen Petersdorf und Oberschreiberhau liegt ein Höhenunterschied von 154 m.

Die 93 205 Einwohner (1990, mit Bad Warmbrunn, heute Ortsteil v. Hirschberg) zählende Kreisstadt **Hirschberg** (Jelenia Góra) liegt an der Mündung des Zacken (Kamienna) in den Bober und ist einer der größten Erholungs-, Kultur- und Industriezentren des westlichen Niederschlesien. Neben Hochschulen, Theatern und Museen gibt es in „Rübezahls Hauptstadt", die an Graz erinnert, Fabriken, die Kunstfasern, Pharmazeutika und Textilien herstellen. Aber auch dem Touristen hat Hirschberg viel zu bieten: die von einer Ringstraße (Promenade) umgebene Altstadt hat ihren mittelalterlichen Charakter weitgehend bewahrt. Die Stadt ist Geburtsort des Dichters Georg Heym (1887—1912).

Hirschberg wird 1108 als Burgort auf dem nördlich der Altstadt gelegenen Hausberg erstmals erwähnt. Doch erst mit der Gründung der deutschrechtlichen Stadt Hyrzberc aus wilder Wurzel im Jahre 1281 beginnt die eigentliche Geschichte Hirschbergs. Im Mittelalter war die Stadt ein Zentrum der Tuchmacherei. 1353 kam Hirschberg an Böhmen, 1625 mit diesem zum Habsburgerreich und 1742 an Preußen. Anfang des 16. Jahrhunderts führte der Schuhmacher Joachim Giruth aus Holland das Weben von Schleiern ein. In preußischer Zeit entwickelte sich Hirschberg dank des Fleißes deutscher Bürger und Handwerker zu einem bedeutenden Zentrum der Textilindustrie. Ende des 19. Jahrhunderts kamen Eisen- und Glashütten und andere Industriebetriebe (Maschinenbau, optische Werke, Papierfabriken u. a.) hinzu. Ab Ende des 19. Jahrhunderts gewann mit der Gründung des Riesengebirgsvereins (1880) und der Riesengebirgswoche der Fremdenverkehr große Bedeutung. Obwohl die Stadt das Kriegsende 1945 unzerstört überstanden hat, ist sie in polnischer Zeit stark zerfallen. Nur der Ring wurde restauriert.

Im Zentrum der kreisförmigen Altstadt erhebt sich am rechteckigen

Markt mit Rathaus in Hirschberg

Ring (plac Ratuszowy) das prächtige, ursprünglich im Renaissancestil errichtete (1744—1749 nach Plänen des preußischen Baudirektors Hedemann im Übergangsstil vom Barock zum Klassizismus umgestaltete und 1935 erneuerte) **Rathaus**. Das Bauwerk besitzt einen viereckigen Turm. Davor steht der eindrucksvolle **Neptunbrunnen** (1727) und moderne Holzskulpturen. Rings um den Platz reihten sich bis 1945 schöne alte **Patrizierhäuser** aus der Barock- und Rokokozeit (17.—18. Jahrhundert) mit malerischen Laubengängen, die sogenannten „Siebenhäuser". Bis 1960 befanden sie sich in einem verwahrlosten Zustand. Dann restaurierten die Polen sie, ohne allerdings die einstige Vielfalt der Fassaden wieder herzustellen. Beachtenswert besonders das Haus **„Zum goldenen Schwert"** (Dom pod Złotym Mieczem, Nr. 17) mit schönem Rokokoschmuck. In den Arkaden und Gewölben des Ringes hatten im Mittelalter die Tuchhändler und die einst berühmten Hirschberger Schleiermacher ihre Verkaufshallen. Tuche aus Hirschberg wurden einst bis nach Flandern und Frankreich exportiert. Durch die Burgstraße (ul. Grodzka) gelangt man zum westlich gelegenen ehemaligen **Burgtor** (Baszta Zamkowa). Nordöstlich des Ringes steht an der Schildauer Straße (ul. Konopnickiej) die spätgotische katholische **Stadtpfarrkirche St. Erasmus und Pankratius**, ein mächtiger Quadersandsteinbau aus dem 14. und 15. Jahrhundert (1879 neu angemalt). Die dreischiffige Basilikenkirche wird von einem 52 m hohen Zwiebelturm überragt, der von einer 1736 geschaffenen Barockhaube gekrönt ist. Im barocken Innern lohnen besonders die Freikanzel, das treffliche Chorgestühl (1565) und die Orgel (Renaissance) und der prunkvolle Hochaltar (1713—1718) mit Figuren von dem aus Oslo stammenden Bildhauer Thomas Weißfeld eine Betrachtung. Das von Johann Kretschmar geschaffene Altarbild der Verklärung Christi ist von dem Hirschberger Tischler Hielscher umrahmt worden. Die von einem Polen nach dem Kriege geschaffenen Wandmalereien wirken kitschig. Südlich des Gotteshauses steht der runde von einer kleinen Barockhaube gekrönte **Schildauer Torturm** (Baszta Wojanowska) aus dem 13. Jahrhundert. Er dient der danebenstehenden barocken **St.-Annen-Kapelle** von 1634 als Kirchturm. Im Osten der Altstadt an der Hindenburgstraße (ul. 1 Maja) lohnt die **Marienkirche**, die 1739 errichtet wurde, einen Besuch. Seit 1948 dient sie der orthodoxen Gemeinde als Bethaus.

Weiter östlich, ebenfalls an der Hindenburgstraße, erhebt sich die berühmte evangelische **Kirche zum Kreuze Christi** (Kościół św.. Krzyża), ein herrlicher Barockbau mit 4000 Sitzplätzen, deren Kuppel man schon von weitem sieht, wenn man aus dem Bober-Katzbach-Gebirge ins Hirschberger Tal hineinfährt. Sie ist die schönste der sechs „Gnadenkirchen", deren Bau den schlesischen Protestanten im Jahre 1706 laut Vertrag von Altranstädt zwischen Karl XII. von Schweden und Kaiser Joseph I. zugestanden wurde. Der Kaiser ließ sich dieses „Privileg" teuer abkaufen: Die Protestanten mußten ihm neben einem „Verlorenen" Baukostenzuschuß von 3000 Dukaten ein nie zurückgezahltes Darlehen von 100 000 Gulden geben. Das Gotteshaus wurde 1709—1718 von dem in Reval geborenen Liegnitzer Baumeister Martin Frantz nach dem Vorbild der Katharinenkirche in Stockholm erbaut, die ihrerseits von dem französischen Architekten Simon de la Vallée unter holländischem Einfluß geschaffen wurde. Die doppelt durchbrochene Spitze der Barockkuppel ist umrahmt von vier Türmchen. Der Innenraum, der nach 1945 stark verändert wurde, besitzt drei hölzerne Emporen. Der deutschböhmische Maler A. F. Schäffler schuf die schönen Fresken des Hauptschiffs. Bemerkenswert ist die Orgel, die 1727 von dem Hirschberger Kaufmann Christian Mentzel gestiftet und von dem Berliner Orgelbauer Röder geschaffen wurde. Sie ist eine der größten Orgeln Schlesiens. Von der sogenannten Flüsterbühne kann man eine von der Kuppel ausgehende eigentümliche Schallwirkung wahrnehmen. Zur Zeit ist das Gotteshaus eine katholische Pfarrkirche und dient als Garnisonskirche.

Auf dem Kirchhof sieht man viele prachtvolle Gruftbauten deutscher Patrizier aus dem späten Barock (18. Jahrhundert) mit bemerkenswerten schmiedeeisernen Gittern. Die 19 Grufthäuser sind heute zum Teil restauriert, die Arbeiten dauern noch an. Die schmiedeeisernen Gitter wurden nach Warschau entführt.

Im Südosten der Stadt (von der Promenade al. 15 Grudnia über die Schmiedeberger Straße [al. gen. K. Świerczewskiego] zu erreichen) steht an der Wilhelmstraße (al. Wojska Polskiego) das 1904 im Jugendstil errichtete **Kunst- und Vereinshaus**, das alte Kulturzentrum der Stadt. Heute beherbergt es das Teatr Cypriana Norwida.

Geht man von hier weiter in südwestlicher Richtung, so gelangt man zur Kreuzung der Wilhelmstraße mit der Kaiser-Friedrich-Straße (ul. J. Matejki). Im Süden der Kaiser-Friedrich-Straße (ul. Matejki) 28, am Fuße des Kavalierberges (Wzgórze Kościuszki) liegt das 1912—14 von Karl Grosser im Jugendstil erbaute **Sudetenmuseum** (z. Zt. Muzeum Okręgowe) mit sehenswerter Glassammlung und einer rekonstruierten Berghütte aus Krummhübel. Die einst große Volkskunstsammlung wurde das Opfer polnischer Plünderer (Tel.: 2 34 65). Auf dem 412 m hohen **Kavalierberg**, der vom Stadtpark umgeben ist, befindet sich ein 1902 geschaffenes geologisches Profil des Riesengebirges. Von der Anhöhe hat man stellenweise einen herrlichen Ausblick auf das Riesengebirge.

Im Nordwesten der Stadt erhebt sich am Ende der Hospitalstraße der 373 m hohe Hausberg (Wzgórze Bolesława-Krzywoustego) mit Spuren einer im 12. Jahrhundert gegründeten Siedlung. Vom 27 m hohen Aussichtsturm genießt man einen großartigen Blick auf das Riesengebirge.

Ein weiterer Aussichtspunkt war der unweit des Hausberges gelegene weiße **Helikon-Tempel** (418 m), der Friedrich dem Großen gewidmet war. Leider ist er seit langem nicht mehr vorhanden. Vom nahen Trafalgar-Felsen kann man die pittoreske Sattlerschlucht überschauen, und von der einstigen Laube bietet sich ein schöner Blick in die Boberklemme. Stufen führen von hier zum „Welt-Ende" in der Schlucht. Eine ausgezeichnete Fernsicht hat man auch bei der 1924 in **Grunau** (Jeżów Sudecki) gegründeten Segelflugschule 3 km nördlich der Stadt vom Südabhang des Bober-Katzbach-Gebirges.

KURZINFORMATIONEN

ORTSVERKEHR: Busse verbinden das Ortszentrum mit den Vororten. Abfahrt vom Hauptbahnhof.

TAXIS: ul. PCK; ul. Różyckiego, Tel.: 2 37 44; am Hauptbahnhof, Tel.: 2 22 22; am Busbahnhof, Tel.: 2 27 27.

BAHN: Verbindungen bestehen von Hirschberg nach Breslau, Oppeln und anderen Städten. Hauptbahnhof: Jelenia Góra Glówna, Hindenburgstraße (ul. 1 Maja), Auskunft: Tel.: 2 39 96.

BUS: Mit PKS-Bussen kann man die nähere und weitere Umgebung Hirschbergs erreichen. Fernbusse fahren u. a. nach Breslau und Posen, andere nach Krummhübel, Bad Flinsberg, Agnetendorf und Schreiberhau. Busbahnhof: Greifenberger Straße (ul. Obrońców Pokoju 2). Auskunft: Tel.: 2 48 15.

PARKPLATZ: (bewacht) ul. Armii Czerwonej 4.

FREMDENVERKEHRSBÜROS: it-Zentrum, Promenade (aleja 15 Grudnia), Tel.: 2 20 00; Orbis Promenade (al 15 Grudnia) 36, Tel.: 2 20 57, geöffnet 9—17 Uhr; PTTK, Hindenburgstraße (ul. 1 Maja 41), Tel.: 2 36 27; Centaur-Karkonosze, Ring (plac Ratuszowy) 29a, Tel.: 2 39 45 und 2 42 06, geöffnet (Mo.—Sa.) 8—18 oder 20 Uhr, So. 10—14 Uhr, Saison bis 16 Uhr; Juventur Promenade (ul. 15 Grudnia) 36, Tel.: 2 43 27

AUTOREPARATUR: Polmozbyt, Breslauer Straße (ul. Wrocławska) 2, Tel.: 25478; Karkonosze, ul. Grunwaldzka 72, Tel.: 2 20 64; Centrans, ul. Slowackiego 3, Tel.: 2 31 60.

STRASSENHILFSDIENST: PZM, Breslauer Str., Tel.: 2 54 78.

TANKSTELLEN: Hindenburgstraße (ul. 1 Maja), Tel.: 2 47 21; Wilhelmstraße (al. Wojska Polskiego) 56, Tel.: 2 23 09; Wilhelmstraße (al. Wojska Polskiego) 32, Tel.: 2 59 02; ul. Grunwaldzka 15, Tel.: 2 51 06; ul. Cieplicka 106, Tel.: 5 11 92; Greiffenberger Straße (Pl. Obrónicków Stalingradu), Tel.: 2 21 02.

HOTEL: *** Europa (Ex-„Drei Berge"), Hindenburgstraße (ul. 1 Maja) 16, Tel.: 2 32 31.

JUGENDHERBERGEN: Bartek, Wiesterstraße (ul. Bartka Zwyciezcy) 10, Tel.: 2 97 46; Michalek, ul. Wiejska 86a, Tel.: 2 41 55.

CAMPING: Schmiedeberger Straße (ul. Świerczewskiego) 42, Tel.: 2 69 42 (Mai—September).

GASTSTÄTTEN: Hotel Europa, Bahnhofstraße (ul. 1 Maja) 16; Arkadia, Ring (plac Ratuszowy); Stylowa, plac Bieruta; Dom Wycieczkowy, Hindenburgstraße (ul. 1 Maja) 88, Tel.: 2 30 59.

CAFÉ: Kasztelanka, Ring (plac Ratuszowy) 30.

TEEHAUS: Spolemowski, Kaiser-Friedrich-Straße (ul. Matejki).

IMBISS: Karzelek, Hindenburgstraße (ul. 1 Maja) 70; Sudecki, ul. Dluga 9.

THEATER: Teatr Cypriana Norwid, Wilhelmstraße (al. Wojska Polskiego) 38, Tel. 2 32 74. Juni: Kammer- und Orgelmusiktage.

20. Das westliche Riesengebirge

Das **Riesengebirge** ist die höchste Erhebung des 300 km langen und 30 bis 50 km breiten Gebirgszuges der Sudeten (Sudety), die sich von den Oderquellen und dem Fuße der Karpaten bis über die Quellen der Lausitzer Neiße hinziehen. Es bildet auch die Wasserscheide zwischen Elbe und Oder. Die Sudeten werden in die Westsudeten zwischen der Zittauer Bucht und der Landeshuter Pforte (mit Isergebirge, Riesengebirge und Bober-Katzbach-Gebirge), die Innersudetische Mulde (Waldenburger Bergland, Glatzer Bergland mit dem Eulengebirge, Heuscheuergebirge, Adlergebirge, Habelschwerdter Gebirge) und die Ostsudeten (Altvatergebirge, Mährisches Gesenke, Glatzer Schneegebirge, Reichensteiner Gebirge) gegliedert. Zugleich ist der Gebirgszug das dritthöchste Gebirge Mitteleuropas nach den Alpen und den Karpaten. Der Name „Riesengebirge" kommt vermutlich aus dem 16. Jahrhundert (Rieseberg 1545, Mons Giganteus 1600). Erwähnenswert sind die viel älteren Namen Krkonós (1492) und Krkonoss (1518), die in Böhmen und Polen gebräuchlich waren.

Das Riesengebirge selbst, das sich zwischen dem 889 hohen Paß von Jakobstal (Przęłecz Szklarska) oberhalb von Oberschreiberhau und dem 727 m hohen Schmiedeberger Paß (Przełęcz Kowarska) sowie dem Liebauer Paß (Przęłecz Lubawska) erstreckt, ist 37 km lang und 25 km breit und besteht zum größten Teil aus Granit, Gneis und Glimmer. Eiszeit und Erosion haben spektakuläre Felsgebilde, Karseen, Schneegruben und Hochmoore geschaffen. Die Vegetation besteht in den unteren Lagen aus Lärchen, Birken, Buchen, Kiefern, Ahorn und Tannen. Sie wurden im 18./19. Jahrhundert zum Teil gerodet. Zwischen 800 und 1200 m herrschen Fichtenwälder vor. Sie werden abgelöst durch Krüppelkiefern (Knieholz) und Krummhölzer (Wetterfichten). Ab 1400 m findet man dann Almwiesen und Hochmoore mit Alpenpflanzen und subarktischen Pflanzen (Flechten) wie in Lappland.

Die miserable Umweltpolitik der VR Polen, der ČSSR und der DDR hat im Riesengebirge zu schweren Waldschäden geführt (80 % des Waldbestandes ist zerstört). „Polen hat die schlimmste Luftverschmutzung Europas", mußte die polnische Akademie der Wissenschaften in Warschau 1986 zugeben. Unsaubere Automotoren, die oberschlesische Schwerindustrie, die Kohlekraftwerke und die niederschlesische Kupferhütte bei Liegnitz, die ohne Filter arbeiten, sind die Hauptverantwortlichen. Während im Ruhrgebiet pro Jahr und Quadratkilometer 110 t Staub herabregnen, sind es bei Krakau 600 t. Das Riesengebirge bildet auf einer Strecke von 36 km die Grenze zwischen Niederschlesien und dem Sudetenland (Böhmen). Sein Kernstück sind zwei von Ostsüdost nach Westnordwest ziehende, ungefähr 1400 m hohe Parallelkämme, die im Osten und Westen durch zwei zentrale Hochflächen aneinandergeschweißt sind.

Das östliche Riesengebirge breitet sich als Weiße Wiese und Koppenplan am Westfuß des Schneekoppengipfels (1605 m) aus, westlich als Elb- und Pantsche Wiese zwischen den beiden Eckpfeilern des Reifträgers (1362 m) und der Kesselkoppe (1434 m).

Der Nordkamm, der auch die Grenze zum Sudetenland bildet, hat in seiner Mitte eine bis auf 1178 m herabgehende Einsattlung, die Mädelwiese, der im Südkamm bei Spindlermühle der tiefe Spalt des Elbdurchbruchs (760 m) entspricht.

Zwischen beiden Kämmen haben Elbe und Weißwasser ein malerisches Längstal ausgewaschen. Dieses Tal der Siebengründe (Sedmidoli) findet jenseits der Elbwiese eine abgeschwächte Wiederholung im Mummeltal. Es wird begleitet von dem sich an die Kesselkoppe anschließenden Plechkamm und einem über den Reifträger hinaus sich fortsetzenden Rücken, der allmählich zum Paß von Jakobstal (890 m) herabsteigt, wo das Isergebirge beginnt. Steile Granithänge wechseln mit weiten, flachen Nordhängen und dichten Kiefernwäldern ab. An den Nordhängen gibt es zahlreiche Gletscherkessel und Teiche.

Von der Schneekoppe (Śnieżka) erstreckt sich das Riesengebirge auch nach Osten weiter, aber nur in einem Kamm, der, von der bisherigen Richtung abweichend, ostnordöstlich streicht. Bei den Grenzbauden stößt er an einen Querriegel, dessen Höhenlinie nach Süden als Kolben Kamm (1189 m) und Rehorngebirge (1033 m) hervortritt und sich nördlich als Landeshuter Kamm (940 m) bis zum Bober bei Kupferberg fortsetzt.

Die Südabdachung des Riesengebirges, die sich weit nach Böhmen hinein erstreckt, wird durch lange und tiefe Quertäler mit schnellfließenden Flußläufen in vielfach gegliederte Nebenkämme von beträchtlicher Höhe zerschnitten. Das bedeutendste, auch in der Länge, ist der bis 1365 m sich erhebende Fuchsbergkamm, der mit dem Schwarzen Berg (1299 m) bei Johannisbad schließt. Die Täler der

Kleinen und Großen Aupa (Úpska jáma), der Elbe sowie der Kleinen und Großen Iser haben in den mächtigen, meist bewaldeten Bergzügen einen sehr eindrucksvollen Rahmen.

Der Nordabfall des Riesengebirges ist z. T. sehr steil. In etwa 700 m Höhe wird er zwischen dem Zug des Kräberberges und Schreiberhau-Marienthal von einer Bergstufe unterbrochen, hinter der einige Ortschaften in Streusiedlung liegen (Baberhäuser, Saalberg, Agnetendorf, Kiesewald). Am Fuß des Gebirges breitet sich das große, durchschnittlich 350—400 m hoch gelegene Hirschberger Tal aus, im Osten begrenzt vom Landeshuter Kamm, im Norden vom Bober-Katzbach-Gebirge (724 m) und dem niedrigen Zackenkamm, der als Ausläufer des Isergebirges im Kappenberg bei Hirschberg endet. Die schönsten Teile des Gebirges liegen im **Riesengebirgs-Nationalpark**, der 56 km^2 groß ist.

Das Riesengebirge ist die Heimat des sagenhaften schlesischen Berggeistes Rübezahl. Der auch als Bergmännlein, Mönch oder in Tiergestalt erscheinende Rübezahl (mnd. ruebezagel = Rübenschwanz, südböhm. Schimpfwort) neckt die Wanderer, beschenkt die Armen, sendet schwere Wetter, wenn man ihn ärgert und hütet die Bergschätze. Mit wilder Mähne und langem Bart, bekleidet nur mit einem wallenden Umhang und Siebenmeilen-Pantoffeln, ausgerüstet mit einem Fichtenstamm als Wanderstab, schreitet er über Kuppen und Schluchten hinweg. Zahlreiche Legenden, Martin Opitz und Carl Hauptmann, eine Oper und Lieder beschäftigen sich mit Rübezahl. Der Name Rübezahl taucht schon zu Beginn des 13. Jh. in Chroniken auf. Doch nicht im Riesengebirge, sondern im Westen Deutschlands (Fulda, Würzburg) wird erstmals um 1250 ein zwergenhafter Pochgeist mit Kutte und Kapuze erwähnt. Im Jahre 1565 erwähnt Franz v. Koekritz in einem Gedicht das Gebirgsgespenst Ribicina, das im Lomnitzgrund hause. In einer Tiroler Chronik aus dem Jahre 1619 wird von einem „Rübzagl" berichtet. Wahrscheinlich haben west-und süddeutsche Bergleute im Mittelalter diesen Geist mit nach Schlesien gebracht, als sie ab dem 13. Jahrhundert das unbewohnte, mit Urwald bedeckte Gebirge besiedelten. Die Polen nennen ihn heute Pan Jan (der alte Name) bzw. Liczyrzepa.

Das **Isergebirge** (poln. Góry Izerskie, tschech. Jizerské hory) setzt sich aus vier parallelen dicht bewaldeten Rücken aus Granit, Gneis und Glimmerschiefer zusammen. Von denen die beiden südlichen sich unmittelbar an das Riesengebirge anschließen. Am eindrucksvollsten sind die zwei nördlichen, vor allem der hohe Iserkamm, der mit der Tafelfichte (tschech. Smrk 1125 m) im Sudetenland im Westen beginnt, über die Hinterberg-Koppe (mit 1126 m der höchste Gipfel des Isergebirges) und den Hochstein (1058 m) zieht und vor Petersdorf sein Ende erreicht. Ein weiterer hoher Berg ist das Heufuder (1107 m). Vorgelagert ist ihm der nur 888 m hohe Kemnitzkamm. In dem Längstal zwischen den beiden Gebirgszügen fließt der Queis nach Westen und der kleine Zacken nach Osten. Begrenzt wird das Isergebirge im Osten durch den Großen Zacken, im Westen durch die Lausitzer (Görlitzer) Neiße. Im Isergebirge kommen auch Hochmoore („Iserwiesen") vor.

Riesen- und Isergebirge wurden bis 1945 auf beiden Seiten seit Jahrhunderten von Deutschen bewohnt, die hier zahlreiche Siedlungen anlegten.

Das Riesengebirge ist seit der Romantik ein beliebtes Motiv der Maler. Zu den bekanntesten Künstlern, die das Gebirge dargestellt haben, gehörten Caspar David Friedrich und Ludwig Richter. Seit 1945 sind viele Ortschaften verkommen und einige ganz verschwunden.

Das Riesengebirge bildet die Wetterscheide zwischen dem Sudetenland und Schlesien und liegt außerdem im Übergangsgebiet vom ozeanischen zum kontinentalen Klima. Deshalb ist das Wetter hier oft wechselhaft und regnerisch. Die Hauptreisezeit für Wanderer liegt zwischen Juli und August. Frühjahr und Herbst zeichnen sich durch besondere landschaftliche Reize, angenehmes Wanderwetter und geringeren Verkehr aus. In den Übergangszeiten, Ende Oktober bis Mitte Dezember sowie Ende März und April, erschweren die Witterungsverhältnisse (Regen und Schneefälle bzw. Schneeschmelze) den Besuch des Hochgebirges, während des Winters besteht Lawinengefahr.

Das Gebirge wird von Mitte Mai bis Oktober von Wanderern und von Weihnachten bis Mitte März von zahlreichen Wintersportlern besucht. Der Skilauf wurde vor 100 Jahren im Riesengebirge heimisch. Der Dichter Carl Hauptmann gehörte zu den Pionieren.

Die Wegmarkierungen, bis 1945 vorbildlich, waren farbige Zeichen an Bäumen, Pfahlen, Steinen usw. und sind heute z. T. sehr ungenügend. Man sollte deshalb bei längeren Wanderungen gute Karten und einen Kompaß mit sich führen.

Heidelberg 936
Storchberg
Gr. Wildberg
Gr. Heide
Hochwald
Hochberg
Sattelwald
Tafelstein
Schneekoppe
Rehorngebirge
Grenzbdl.
Schatzlar
Felsen-städte
Ullersdorf
Schömberg
Hermsdf.
Liebau
Grüssau
Landeshut
Wittgendf.
Ruhbank
Hartmannsdf.
WALDENBURG
Altwasser
Bad Salzbrunn
R. Zeisburg
Baumgarten
Freiburg
SCHWEIDNITZ
Arnsdf.
Ölse
Friedeberg
Weizenrodau
Gr. Merzdorf
Königszelt
Muhrau
Saarau
Laasen
Floriansdf.
Ingramsdf.
Rauske
Mettkau

Kl. Sturmhaube
Spindlerpass
Mädelkamm
Gr. Sturmhaube
Hohe Rad
Schneegrube
Veilchenspitze
Reifträger 13
Hogolie 12
Hochstein
Geigerstein
Heufuder
Tafelfichte
Jakobsthal
Josephinenhütte
Schreiberhau
Gr. Iser
Hoher-Iser-Kamm
Kemnitz-Kamm
Agnetendf.
Kiesewald
Baberhsr.
Hain
Petersdf.
Biberstein
Bad Schwarzbach
Bad Flinsberg
Neustadt
Seidorf
Giersdf.
Hermsdf.
Giehren
Wigandsthal
Stonsdf.
Bad Warmbrunn
Kemnitz
Radishau
Erdmannsdf.
Herischdorf
Berthelsdf.
Friedeberg
HIRSCHBERG
Talsperre
Liebenthal
Waltersdf.
Lahn
Rohnstock
Wederau
Jägendf.
Wütende Neisse
Gr. Rosen
Peterwitz
Profen
Jauer
Lüssen
Damsdf.
Kuhnern
Gäbersdf.
Herlwigswaldau

Auf dem Kamm gibt es einige noch aus der Vorkriegszeit stammende Bauden (Berggasthäuser), in denen man preiswert übernachten kann. Auch Jugendherbergen sind vorhanden. Im Hochgebirge wird man vergeblich nach Viehbauden suchen.

Wintersportfreunde kommen im Riesengebirge voll auf ihre Kosten. Die beste Zeit zum Skilaufen ist von Anfang Dezember bis Ende März. Vor allen anderen Mittelgebirgen zeichnet sich das Riesengebirge dadurch aus, daß sein Hauptkamm in den eigentlichen Wintermonaten nie schneefrei wird. Doch muß man auf dem Kamm auch mit Harschschnee rechnen.

Die meistbesuchten Wintersportplätze waren vor dem Kriege im Riesengebirge—abgesehen von allen höher gelegenen Bauden, in erster Linie den Kammbauden—Schreiberhau, Krummhübel-Brokkenberg, Agnetendorf und Seidorf im Isergebirge Bad Flinsberg, Bad Schwarzbach, Groß- und Klein Iser sowie Wittighaus. Von Krummhübel und Schreiberhau führen heute zwei Lifte bis zum Kamm. Von der südlichen Seite kann man die Schneekoppe mit einem Lift von Petzer (Pec pod Sněžkou) erreichen.

Zu den beliebtesten Sommerfrischen zählen Brückenberg (750 bis 885 m), Krummhübel (550—843 m), Schreiberhau (450—900 m) und Agnetendorf (500—700 m); im Isergebirge Bad Flinsberg.

Bester Standort für einen Besuch des Riesen- und des Isergebirges ist Hirschberg.

Zunächst fahren wir von Hirschberg ins 7 km südwestlich gelegene Bad Warmbrunn.

Das mit Hirschberg zusammengewachsene Thermal- und Moorbad **Bad Warmbrunn** (Cieplice Śląskie Zdrój) hat etwa 17 000 Einwohner und liegt im schönsten Teil des Hirschberger Kessels. Die schwefelhaltigen Thermalquellen (bis 68 Grad) werden seit fast 800 Jahren genutzt. Schon im Jahre 1281 war Bad Warmbrunn als Heilbad bekannt. Von 1381—1945 war es Sitz der Reichsgrafen Schaffgotsch.

Die Grafen (seit 1708) Schaffgotsch gehören dem fränkischen Uradel an. Gotsche Schoff erwarb die Burgen Kynast, Greiffenberg, Warmbrunn und Schmiedeberg. Hans Ulrich Graf Schaffgotsch wurde 1635 als General Wallensteins hingerichtet. Später teilte sich die Familie in zwei Linien. Die Nachkommen der Gräfin Johanna Gryzik von

Schomberg-Godulla besaßen in Oberschlesien u. a. bis 1945 mit der Gräfin-Johanna-Grube in Gleiwitz die größte Kohlengrube Europas. Außerdem gehörten den Schaffgotschs seit dem Mittelalter zahlreiche Dörfer und Glashütten in Schlesien und Böhmen. Im 18. und 19. Jahrhundert kamen Badegäste aus ganz Europa nach Bad Warmbrunn, unter ihnen waren die Dichter Johann Wolfgang v. Goethe, Heinrich Hoffmann v. Fallersleben und der Maler Caspar David Friedrich. Das Bade- und Kurhotel Quellenhof (1929—1932), unweit der Brunnenhalle errichtet, war das modernste Spezialbäderhaus des deutschen Ostens. Heute sind alle Anlagen verwahrlost. Eine alte Tradition hatte vor dem Kriege der jährliche Tallsackmarkt (Tallsak = Tolpatsche) auf dem Pfefferkuchenmännchen verkauft wurden. Seit 1902 besteht hier auch eine bekannte Holzschnitz-Schule.

Die spätbarocke Propsteikirche in der Klosterstraße (ul. Koscielna), die 1712—1714 von dem Hirschberger Stadtbaumeister Kaspar Jentsch erbaut wurde, enthält ein Hochaltarbild (Himmelfahrt Mariens) des „Schlesischen Raffael" Michael Willman (1629—1706) und von Carl Hermann 1821 geschaffene Heiligenbilder sowie Holzschnitzereien aus dem Kloster Grüssau (18. Jahrhundert). Vor dem Hochaltar die Gräflich Schaffgotsch'sche Familiengruft. Mit der Kirche verbunden ist die 1712—14 erbaute ehemalige Zisterzienser-Propstei des Klosters Grüssau neben dem Ludwigsbad. Daneben das Steinerne oder Lange Haus, das älteste Kurbad des Ortes. Es wurde 1546 anstelle eines 1537 erstellten hölzernen Gebäudes erbaut. Ende des 17. Jahrhundert wurde das Bauwerk barockisiert. Auf dem Friedhof sind 13 Grabsteine der Grafen Schaffgotsch aus den Jahren 1579—1624 aufgestellt. Sie befanden sich einst in der Kirche von Seitersdorf. Im **Klosterhof,** dem einst gepflegten, heute verwilderten, befand sich bis 1945 die wertvolle Graf Schaffgotsch'sche **Majoratsbibliothek,** die aus 80 000 Büchern und kostbaren Handschriften, darunter den „Pilsener Reversen" (Treueerklärung von Offizieren gegenüber Wallenstein in der böhmischen Stadt Pilsen, 1633—1634), bestand und weltberühmt war. Außerdem befand sich hier eine bedeutende Waffen-, Stein- und Siegelsammlung sowie die Gräflich-Ornithologische-(Vogel-)Sammlung, die zu den besten Privatsammlungen ihrer Art in Deutschland gehörte. Angeschlossen ist eine Holzschnitzerschule, die der Südtiroler Cirillo dell' Antonio (1876 bis 1971) von 1922 bis 1945 leitete.

1946 wurden die Bücher und die anderen Sammlungen auf die verschiedenen Bibliotheken Polens aufgeteilt. Der größte Teil der Vogelsammlung befindet sich jetzt ebenso wie ein Teil der Bibliothek in Warschau, ein kleiner Teil in dem norwegischen Blockhaus im Kurpark. Besuchenswert ist auch die ev. Kirche am Schloßplatz.

Im spätbarock-klassizistischen **Schloß** der Reichsgrafen Schaffgotsch (1784—1809 erbaut) am Schloßplatz (plac Piastowski) wurde nach 1954 ein Schulungszentrum für Pfadfinder eingerichtet. Es wurde 1946 geplündert, inzwischen aber restauriert. Zur Zeit befindet sich in dem Bauwerk eine Zweigstelle der Technischen Universität Breslau. Am ausgedehnten schattigen **Kurpark** stehen das Kurhaus (1868), eine **Galerie** (1797—1800), von Carl G. Geißler nach dem Vorbild der Villa Rotunda in Venedig von Andrea Paladic (1567) errichtet, und ein Kurtheater (1836, von Adalbert Tollberg) im klassizistischen Stil. Am Rande des Parks, von dem man einen schönen Ausblick auf den Kamm des Riesengebirges zwischen Schmiedeberg und Schreiberhau hat, steht das **Naturwissenschaftliche Museum** (Muzeum Przyrodnicze), ul. Wolnósci 268, Tel. 5 15 06.

Von Bad Warmbrunn fahren wir 4 km weiter in den kleinen, am Fuße des Riesengebirges und längs des Schneegrubenwassers an den Hängen des Kynast, des Heerdberges und der Schärfe liegenden einst beliebten Sommer- und Wintererholungsort **Hermsdorf/Kynast** (Sobieszów). Das alte Glasschleiferdorf ist Sitz der Verwaltung des Riesengebirgs-Nationalparks, mit dem Museum des Naturschutzparks (Muzeum Karkonoskiego Parku Narodowego), in der ul. Chałubińskiego 23, Tel. 5 33 48, und besitzt ein Schloß der Grafen Schaffgotsch von 1705—12, in dem sich bis 1945 die Verwaltung für die Besitzungen der Grafen Schaffgotsch befanden, die mit 27 000 ha zu den größten in Schlesien gehörten. Jetzt ist hier eine landwirtschaftliche Oberschule untergebracht. Auf dem 627 m hohen Granitkegel des Kynast (Chojnik) über dem wildromantischen Höllengrund stehen die malerischen Ruinen der gleichnamigen Burg der Familie Schaffgotsch. Die Burg wurde 1292 von Herzog Bolko von Schweidnitz auf dem nach drei Seiten abfallenden Granitberg errichtet und ist 1675 durch einen Blitzstrahl zerstört worden. Viel besungen, u. a. von Theodor Körner, ist die Sage von der spröden Kunigunde, die allen Freiern die Aufgabe stellte, die Feste auf der schmalen Burgmauer zu umreiten (bis zum Zweiten Weltkrieg im Burghof Kynast-Volksspiel). Beachtenswert ist die spätgotische Erkerkapelle. Vom Turm (dunkle Wendeltreppe, oben siebenfaches Echo) hat man einen der schönsten Ausblicke auf das Riesengebirge. Sehenswert ist auch die aus mehreren Glashütten entstandene Kristallschleiferei. Bei **Wernersdorf** (Pakoszów) liegen die Bibersteine, eine mächtige Felspartie.

4 km südwestlich von Hermsdorf liegt malerisch in einem von bewaldeten Berghöhen umschlossenen Tal der Erholungsort **Agnetendorf** (Jagniątków). Hier vereinigen sich Bratsch-, Hütten- und Schneegrubenwasser. Der Ort wurde 1654 von böhmischen Protestanten gegründet und benannt nach Barbara Agnes Schaffgotsch, der Gemahlin von Hans-Ulrich v. Schaffgotsch. Der Freiherr war ein enger Vertrauter Wallensteins und wurde 1635 in Regensburg hingerichtet. Prächtig ist der Blick auf Große Sturmhaube, Hohes Rad und die Schneegruben. Sehenswert ist das Haus, in dem der deutsche Dichter und Literatur-Nobelpreisträger Gerhard Hauptmann seit 1902 lebte und am 6. Juni 1946 starb (Gedenktafel). Seine Jugendstilvilla Wiesenstein in Oberdorf beherbergt z. Zt. ein Kinderheim. Beachtenswert ist das 1923 von Johannes M. Avenarius geschaffene Wandgemälde (Motive aus Hauptmanns „Hanneles Himmelfahrt") in der Eingangshalle. Die Villa darf man jetzt nur manchmal nach vorheriger Anmeldung mit größeren Gruppen besuchen.

WANDERUNG ZU DEN SCHNEEGRUBEN

Von Agnetendorf kann man die romantischen und sagenumwobenen **Schneegruben** besuchen. Bis zur ehemaligen **Schneegrubenbaude** (Śnieżne Kotły), heute Fernseh- und Wetterstation, dem einstigen Glanzpunkt des westlichen Riesengebirges in 1490 m Höhe, benötigt man etwa drei Stunden.

Wir beginnen unsere Wanderung bei der Villa Wiesenstein, von der wir links vorbei an der alten Försterei auf dem steilen **Korallensteinweg** (Koralowa Ścieżka) durch dichten Wald bergauf gehen. Nach etwa zwei Stunden haben wir die links von einer Blöße liegende Schwarze oder **Agnetendorfer Schneegrube** (Czarny Kocioł Jagniątkowski) erreicht. In der Nähe liegen die **Große** und die **Kleine Schneegrube** (Wielki i Mały Śnieżny Kocioł).

Die Schneegruben (poln. Śnieżne Kotły, tschech. Sněžne jámy) sind alte, 1200 m hoch gelegene Gletscherkars. Den Boden bildet eine fast ebene, talwärts durch eine Moräne begrenzte Wiese mit seltener südalpiner und alpiner Flora. In der Agnetendorfer Schneegrube befindet sich das Quellgebiet des im Oberlauf Tiefer Graben genannten-

Schneegrubenwassers mit vier Teichen. Im Osten der Grube liegt der 15 t schwere „Wanderstein", der mehrere Male von seiner Lagerstätte nordwärts gerückt (nicht gerollt) sein soll. Um in die Schneegruben zu gelangen, gehen wir den Weg mit den grünen Markierungen, überqueren den Korallensteinweg (blaue Markierungen). In einer Stunde erreichen wir die Schneegruben. Aus der Tiefe bietet sich ein prachtvoller Blick auf die 200 m emporragenden Felswände. In der von Geröll erfüllten Rinne am weitesten links befindet sich ein Naturschutzgebiet und die Wanderung hier ist verboten. Der Aufstieg in der Wasserrinne rechts ist gefährlich! Die einzigen (erlaubten) möglichen Wege sind: 1. Der Rückweg und der blau markierte Weg zum Kamm, 2. der weiter führende grün markierte Weg zur Herberge „Pod Łabskim Szczytem" und von hier mehrere Möglichkeiten (z.B. mit dem gelb markierten Weg zum Kamm des Riesengebirges).

Nach der Rückkehr zum Korallensteinweg gehen wir in südlicher Richtung an den verwachsenen **Korallensteinen** (poln. Paciorki = Glasperlen) vorbei und kommen nach weiteren 2 Stunden auf einem windungsreichen, teilweise steilen Weg zum spitzen Kegel der **Großen Sturmhaube** (Śmielec, 1424 m, schöner Ausblick).

Linker Hand führt ein Weg in die Schwarze Schneegrube (Czarny Kociol). Wir aber gehen weiter empor zum **Kamm** (45 Min., poln. Czarny Przełęcz). Östlich von hier liegt die **Peterbaude** (poln. Petrowka, tschech. Petrova Bouda, 45 Min.) über der 1178 m hohen **Mädelwiese**, einer Senke des mittleren Riesengebirgskammes, südlich führt der (für Deutsche wegen der tschech. Grenze gesperrte) Weg über die zur Tschechoslowakei gehörende sudetendeutsche **Martinsbaude** (Martinovki) in 1 Stunde. Der jetzt von polnischen und tschechischen Soldaten bewachte Kammweg, offiziell „Wanderweg der tschechoslowakisch-polnischen Freundschaft "genannt, verläuft teils hinter, teils auf jener Seite der Grenze. Mit etwas Glück kann man mit einem polnischen „dzień dobry" oder tschechischen „dobry den" (guten Tag) passieren. Hier sei darauf hingewiesen, daß es natürlich verboten ist, die Grenze zu überschreiten. Hinab zur **Elbfallbaude** (Labská bouda) und von dort über die **Bradlerbaude** in 1 1/2 Stunden nach **Spindlermühle** (Śpindleruv Mlyn). Die Elbfallbaude wurde nach 1830 errichtet. Das heutige Gebäude (groß und modern, aber nicht schön) wurde 1975 errichtet.

Rechts geht es auf dem Kammweg weiter über die **Große Sturmhaube** und am **Hohen Rad** vorüber zur 45 Minuten entfernten schlesischen

Schneegrubenbaude (poln. Nad Śnieżnymi Kotłami, tschech. Bouda u Sněžnych jam, 1490 m).

Ein zweiter empfehlenswerter Wanderweg ist der nach dem Breslauer Geographen J. Partsch genannten **Joseph-Partsch-Weg**, der in Weißtal (Schreiberhau) geboren wurde und die Vergletscherung des Riesengebirges entdeckt hat. Der Weg führt an der **Dürren Kochel** aufwärts. In seinem oberen Teil ist er einer der prächtigsten Wege des ganzen Gebirges. Von Agnetendorf gehen wir zunächst auf dem **Leiterweg** in westlicher Richtung. Nach 45 Minuten kommen wir zu den **Drei Urlen** (Trzy Jawory), wo wir nach links abbiegen und durch dichten Wald mit prachtvollem Blick auf die Schneegruben und dann mit schönen Rückblicken auf Schreiberhau in wechselnder Steigung meist durch Wald bergan gehen. Nach 2 Stunden haben wir die obere Waldgrenze (Ścieżka Nad Reglami) und den von links kommenden **Korallensteinweg** erreicht.

Vor dem Kriege war Agnetendorf Ausgangspunkt einer der ältesten und schönsten Hörnerschlitten- und Rodelbahnen des Riesengebirges, die über die Peterbaude zur Spindlermühle führte. Heute ist sie durch die widernatürliche Grenze unterbrochen.

Bevor wir Agnetendorf verlassen, lohnt sich ein Spaziergang zur 751 m hohen **Bismarckhöhe** (Grzybowiec), die man in 30 Minuten erreicht (prächtiger Ausblick).

Dann fahren wir zum nördlich von Agnetendorf gelegenen langgestreckten **Petersdorf** (Piechowice), einer einst beliebten Sommerfrische am Fuße der Bismarckhöhe. Seit 1690 wird in Petersdorf die Kunst des Glasschleifens betrieben. 1866 entstand die Glashütte Fritz Heckert, in der kostbare Glasarbeiten aus Bleikristall hergestellt wurden. 1923 wurde die Firma mit der Schaffgottschen Josephinenhütte vereinigt, die ihren Hauptsitz in Petersdorf hatte. Die Glashütte ist noch heute in Betrieb. Einen Abstecher lohnt das 2 km südlich gelegene **Kiesewald** (Michałowice), ein Erholungsort mit guten Skimöglichkeiten am Großen Zacken.

Nach Petersdorf zurückgekehrt, fahren wir auf der E 65 durch das gewundene und schluchtenartige **Zackental** (Kamienna) zwischen den bewaldeten Kämmen des Riesengebirges (links) und des Isergebirges (rechts) hindurch. An der Einfahrt zum heilklimatischen Kurort und Wintersportplatz Schreiberhau, der malerisch in dieTäler eingebettet ist, sieht man den 10,6 m hohen **Kochelfall** (Wodospad Szklarki).

Das aus den drei Gemeinden Ober-, Mittel- und Niederschreiberhau 1959 entstandene Städtchen **Schreiberhau** (Szklarska Poręba) (8219 Einwohner im Jahre 1990) ist seit 1870 der größte Erholungsort des Riesengebirges und liegt 600—900 m. ü. M. Das an landschaftlichen Schönheiten reiche Dorf zwischen dem Südhang des 1058 m hohen Hochsteins (Wysoki Kamień) im Isergebirge und dem Nordhang des westlichen Riesengebirgskamms hatte früher acht Bahnhöfe und besteht aus 15 Ortsteilen. Neben dem Tourismus hat die Glasindustrie eine alte Tradition. Vor dem Kriege zählte man in dieser Ortschaft, einer der höchstgelegenen Schlesiens jährlich 225 000 Übernachtungen. Auch als Wintersportzentrum hatte Schreiberhau seit 1902 einen weithin bekannten Namen. Bis 1945 war es einer der führenden deutschen Wintersportplätze mit Musteranlagen für Ski, Bob und Rodel und Wohnort von Dichtern und Künstlern wie Hermann Steht, Carl und Gerhard Hauptmann und Wilhelm Bölsche. Heute gibt es hier 3000 Fremdenbetten in Pensionen, Sanatorien und Betriebserholungsheimen.

Der Ort wird 1366 zum ersten Male als „Schribirshau" erwähnt. Schon damals bestand hier eine Glashütte. 1842 gründete Graf Leopold Schaffgotsch die Josephinenhütte, die sich zur bedeutendsten Kunstglashütte Schlesiens entwickelte und international einen ausgezeichneten Ruf hatte. Berühmt waren besonders die hier hergestellten Goldrubingläser. Zur Zeit trägt die im Ortsteil Mariental gelegene Hütte den Namen Huta Julia. Die Schaffgotsche Glashütte hat jetzt ihren Sitz in Schwäbisch Hall. Sehenswert ist in Schreiberhau auch die malerisch gelegene kath. Kirche von 1652 im Niederdorf (Szklarska Poręba Dolna).

Das Grab des in Mittelschreiberhau gestorbenen Dichters und Skilaufpioniers Carl Hauptmann (1858—1921), des Bruders Gerhard Hauptmann, auf dem 100 m oberhalb der ev. Bethanienkirche (1755) gelegenen Friedhof ist heute verwahrlost. Die berühmte Sagenhalle im Mitteldorf (Szklarska Poręba Średnia) existiert nicht mehr. Ausflüge lohnen sich zu Fuß durch den **Zackelklamm** (der an der engsten Stelle nur 2 1/2 m breit ist) zum 27 m hohen **Zackelfall** (Wodospad Kamieńczyka), der aus 843 m Höhe in drei Absätzen brausend herabstürzt, und zu den Hängen des Riesengebirges. Mit dem Sesselaufzug von Mariental gelangt man auf den Gipfel des **Reifträger** (von germ. ripa = Berg, poln. Szrenica). Unterhalb der Reifträgerbaude (Szrenica-Alm), die 1362 m hoch gelegen ist, befindet sich auf 1195 m

Höhe die Neue Schlesische Baude. Hierunter erstreckt sich ein beliebtes Skigelände.

Südlich der Alten Schlesischen Baude (Schronisko PTTK Pod Łabskim Szczytem) liegt jenseits der derzeitigen Grenze in einer Höhe von 1386 m im Sudetenland die Quelle der Elbe (pramen Labe). Zwischen hier und Cuxhaven, wo die Elbe in die Nordsee mündet, liegen 1165 km.

Von der Baude kann man auf dem Kamm des Riesengebirges über die Schneekoppe bis Schmiedeberg wandern.

Ein weiterer lohnenswerter Ausflug führt von Schreiberhau zum 686 m hohen **Moltkefelsen** (Zbójeckie Skały, $1^1/_4$ Stunden vom Bahnhof Oberschreiberhau) am Ende des hohen Iserkamms. Besonders schön ist die Aussicht vom 1058 m hohen **Hochstein** (poln. Wysoki Kamień).

Von dem Gebirgsdorf (es erstreckt sich auf einer Länge von 20 km und einer Breite von 9 km durch das Tal und war damit die größte dörfliche Siedlung Preußens) ist es nicht weit zu der reizend gelegenen Sommerfrische **Strickerhäuser** an der Grenze zu Böhmen (der jenseits des Bergpasses gelegene Ort wurde 1945 den Tschechen übergeben). Von hier konnte man bis 1945 in 25 Minuten zum sudetendeutschen Dorf **Neuwelt** (Nový Svět) und von dort über **Harrachsdorf** (Harrachov) nach **Spindlermühle** (špinlerūv Mlyn) wandern. Heute ist der Weg gesperrt.

Von Schreiberhau fahren wir nun auf der Sudetenstraße (Droga Sudecka) in westlicher Richtung zum Kamm des Isergebirges. Von der sogenannten „Todeskurve" (Zakręt Śmierci) auf der Kammhöhe (785 m) hat man einen herrlichen Rundblick auf das Riesengebirge. Durch ausgedehnte Wälder gelangt man von hier am Queis (Kwisa) entlang nach Bad Flinsberg.

Der bekannte Kurort **Bad Flinsberg** (Świeradów Zdrój) mit 8219 Einwohnern im Jahre 1990 (1939: 2803) im anmutigen Queistal liegt am Nordost-Abhang des Hohen Iserkamms und hat sieben radon- und kohlesäurehaltige Sauerbrunnen. Der mit Nadelwald bestandene Hohe Iserkamm (Grzbiet Wysoki) mit dem Heufuder (1107 m) (poln. Stóg Izerski) schließt das Tal nach Süden und Südwesten ab, der Kemnitzkamm (Grzbiet Kamienicki) nach Osten und der Hasenberg (Zajęcznik) nach Norden und Westen. Ausgedehnte Waldungen reichen bis in die nächste Nähe des Ortes. Die ersten Heilquellen wurden im 16. Jahrhundert erschlossen. Zwischen 1763 und 1945 gehörte das Kurbad den Reichsgrafen v. Schaffgotsch. Vor dem Kriege

gab es in Bad Flinsberg zahlreiche Pensionen und Logierhäuser. Jährlich kamen über 7500 Gäste hierher. Im Zentrum steht das stattliche Kurhaus (1899) mit Brunnenhalle. Die Kuranlagen erstrecken sich bis an den Rand des gewaltigen Iserwaldes. 4 km westlich von Bad Flinsberg liegt am Fuße der Tafelfichte (1124 m) und des Heufuders (1107m) der kleine Kurort **Bad Schwarzbach** (Czerniawa Zdrój). Vom Hasenstein (Zajęcznik) hat man einen schönen Ausblick.
Eine steile Straße führt zur 1124 m hohen **Tafelfichte** (tschech. Smrk), dem nordwestlichen Endpunkt des Hohen Iserkamms und dritthöchsten Berg des Isergebirges. 4 km westlich von Bad Flinsberg liegt der idyllische kleine Kurort **Wigandsthal** (Pobiedna), von wo man die Ruine der Schwertburg bei **Schwerta** (Świecie) besuchen kann. Eine lohnenswerte Wanderung führt in sechs Stunden von Bad Flinsberg zum 829 m hohen **Großen Geierstein** (Sępia Góra) und von dort weiter vorbei an der Ruine der abgebrannten Ludwigsbaude und den Bibersteinen (Bobrowe Skały) und nach **Kaiserswaldau** (Piastów). 10 km südwestlich von Schreiberhau trennt bei **Jakobsthal** (Jakuszyce) die polnisch-tschechoslowakische Grenze Schlesien vom Sudetenland. Durch den **Jakobstaler Paß** (Przełecz Szklarska, 888 m) gelangt man über **Harrachsdorf** (Harrachov) durch Böhmen nach Prag (130 km). Von Jakobsthal kehren wir auf der E 65 nach Hirschberg zurück.

KURZINFORMATIONEN

VERKEHR: Busse verbinden Hirschberg mit den größeren Orten.

TAXI: Schreiberhau: Tel. 21 03.

FREMDENVERKEHRSBÜROS: Schreiberhau: Orbis, Wilhelmstraße (ul. Jedności Narodowej) 13, Tel. 23 47; PTTK, Wilhelmstraße (ul. Jedności Narodowej) 8, Tel. 21 23.

JUGENDHERBERGEN: Schreiberhau: Wojtek, ul. Piastowska 1, Tel. 21 41; ul. 1 Maja 5 (ganzjährig geöffnet).

PRIVATUNTERKÜNFTE: **Schreiberhau**: Centur-Karkonosze, ul. 1 Maja 5, Tel. 23 93.

BERGHÜTTEN: (Schroniska Górskie): **Bad Warmbrunn**: Hampelbaude (Strzecha Akademicka), Tel. 3 17; Kleine Teichbaude (Samotnia), Tel. 3 76; Domek Myśliwski, Tel. 4 19. **Schreiberhau**: Schroniske PTTK Kochanówka (Kochelfall), Tel. 24 00. Neue Schlesische Baude (Schronika PTTK; Na Hali Szrenickiej) am Reifträger, Tel. 24 21; Alte Schlesische Baude (Schronisko PTTK Pod Łabskim Szczytem), Tel. 24 50. Bad Flinsberg: Schronisko PTTK Stóg Izerski.

CAMPING: **Bad Warmbrunn**: ul. Rataja, Tel. 5 25 65; **Hermsdorf**: ul. Lazienkowska, Tel. 5 33 38. **Schreiberhau**: ul. Demotratow 3, Tel. 17 31 25 (Mai—September). Bad Flinsberg: am Schwimmbad.

GASTSTÄTTEN: **Bad Warmbrunn**: Pod Rózami, plac Piastowski 7. **Schreiberhau**: Dom Wycieczkowy, ul. 1 Maja 16, Tel. 27 09; Polonia, Wilhelmstr. (ul. Jedności Narodowej) 5; Jelonek, ul. Piastowska 24; Dom Wycieczkowy Izery, ul. Górska 14, Tel. 2 48; Storczyk, ul. Bieruta 7, Tel. 2 15.

CAFÉS: **Schreiberhau**: Storczyk, ul. Bieruta 7; Sanatorium Odra II., ul. Nowotki, Tel. 3 37. **Bad Schwarzbach** (Czerniawa): Zdrojówa (neben dem Kurhaus).

IMBISS: **Bad Flinsberg**: ul. Bieruta 10; Karkonos 2 (am PKS-Bahnhof).

MILCHBAR: **Bad Warmbrunn**: Kubuś, ul. Różyckiego 4. **Schreiberhau**: Wilhelmstraße (ul. Jedności Narodowej).

BANK: **Schreiberhau**: Narodowy Bank Polski, Wilhelmstr. (ul. Jedności Narodowej).

21. Das östliche Riesengebirge

Von Hirschberg wenden wir uns zunächst wieder in südlicher Richtung und fahren durch Bad Warmbrunn nach **Giersdorf** (Podgórzyn). Der Luftkurort zieht sich 4 km lang am Giersdorfer Wasser hin und bietet schöne Ausblicke auf das Riesengebirge. Sehenswert sind die spätbarocke kath. Kirche und die zwischen Wiesen gelegenen Fischteiche. Einige Kilometer weiter südlich liegt der hübsche kleine Ort **Hain** (Przesieka), von wo ein Wanderweg in 15 Minuten zum Bächeltal, einem der schönsten Täler des Riesengebirges, und zum malerischen **Hainfall** (Wodospad Podgórnej) führt.

Einige Kilometer nördlich von Giersdorf liegt anmutig in einer parkartigen Hügellandschaft zwischen zwei bewaldeten Hügelketten die Sommerfrische **Stonsdorf** (Staniszów), ein altes Bauerndorf, seit 1810 Heimat des weltberühmten „Stonsdorfer Bitter". Heute wird der von Christian G. Koener entwickelte Kräuterlikör in Hamburg hergestellt. Im Dorf stehen das barocke Schloß der Prinzessin Reuß, Jüngere Linie, (einst bedeutende Gemäldesammlung) und die spätmittelalterliche Kirche mit Zwiebelhaube.

Zwei km südlich liegt die künstliche Ruine des Jagdschlößchens **Heinrichsburg** (1841) mit dem „Wilden Riff" (Stangenberg, poln. Grodna, 506 m). Auch vom sagenumwobenen **Prudelberg** (Witosza, 484 m) mit seinen kolossalen Granitblöcken (bis 1945 stand hier ein 14 m hohes Bismarckdenkmal) bietet sich eine schöne Aussicht.

Von Stonsdorf fahren wir weiter ins südlich gelegene **Seidorf** (Sosnówka), eine beliebte Sommerfrische. In dem Waldidyll, das inmitten eines geschützten Tales in der großartigen Riesen-gebirgslandschaft liegt, gibt es ein schönes Schwimmbad. Im Winter kann man auf den nahen Hängen Ski fahren.

In der Nähe (1 Stunde Wanderung) steht unterhalb des 784 m hohen Gräbersberges (Grabowiec) die 1366 erbaute und 1719 durch Hans Graf v. Schaffgotsch neu erbaute **St. Anna Kapelle** (Kaplica św.. Anny). Der Legende nach an der Stelle eines früheren germanischen Heiligtums am Guten Born (Dobre Żródło). Der bei der Kapelle quellende Brunnen erfreut sich seines herrlichen Wassers wegen schon von alters her eines guten Rufes. Schön ist auch der Blick auf das Gebirge von hier.

Der im 16. Jahrhundert aus einer Holzfällersiedlung hervorgegangene Ort **Krummhübel** (Karpacz) (1990: 5719 Einwohner, 1939: 2000) liegt in einer Höhe von 535—885 m. ü. M. und vor rauhem Wind geschützt am nördlichen bewaldeten Hang der Schneekoppe in den malerischen Flußtälern der Kleinen und der Großen Lomnitz (Łomnica). Als Luftkurort und Wintersportplatz gehörte Krummhübel einst zu den besuchtesten Plätzen des Riesengebirges. Von hier aus gehen einige der schönsten Aufstiege zum Kamm und zur Schneekoppe. Von der Teichmann-Baude (Hotel Orlinek) oberhalb des Ortes führt der Koppenlift bis zur kleinen Koppe (Kopa). In Unter-Krummhübel gibt es seit 1936 ein Heimatmuseum (Muzeum Sportu i Turystyki), in dem die Entwicklung des Skilaufes dargestellt wird.

Das wenige Kilometer westlich gelegene **Brückenberg-Wang** (Karpacz Górny) ist der höchstgelegene Luftkurort und Wintersportplatz aller Mittelgebirge. Die südliche Lage des Ortes, die Höhe und seine im Sommer und im Winter gleich herrlichen großen Wälder machen Brückenberg-Wang zu einem der beliebtesten Erholungsorte im Riesengebirge.

Größte Attraktion neben der Berglandschaft ist das zauberhafte und weltberühmte Berg-Kirchlein **Wang**, ein Werk nordischer Baukunst des Mittelalters. Die ganz aus Holz gebaute Stabwerkkirche steht auf einem Hochplateau oberhalb von Brückenberg und stammt aus der ersten Hälfte des 12. Jahrhunderts. Sie befand sich bis 1841 in Vang am Wanger Fjord bei Trondheim, von wo sie auf Abbruch verkauft werden sollte. König Friedrich Wilhelm IV. von Preußen erhielt das Gotteshaus für 120 Taler. Er ließ sie durch den Dresdner Maler Christian Clausen Dahl ersteigern und auf Anregung der Gräfin Friederike v. Reden-Buchwald nach Brückenberg schaffen. Dort wurde sie von dem königlichen Baumeister Hamann 1842—44 auf einem dem Grafen Schaffgotsch gehörenden Platz wiederaufgebaut und am 28. 7. 1844 in Gegenwart des Königs eingeweiht. Auf Wunsch Friedrich Wilhelms IV. wurden der Säulengang, der Glockenturm, die Apsis und der Umgang neu hinzugefügt. Im Innern sind die nordischen und modernen Holzschnitzereien beachtenswert. Sie stammen teilweise von dem Kupferberger Holzschnitzer Jakob und aus der Warmbrunner Holzschnitzerschule. An der Tür zur Sakristei befindet sich eine Runenschrift. Die Orgel stammt aus dem Jahre 1927. Heute dient das Kirchlein der evangelisch-augsburgischen Gemeinde als Bethaus.

Brückenberg-Wang bietet sich an als Standort für Ausflüge zu den

Gletscherseen, zur Schneekoppe und für eine Kammwanderung nach Schreiberhau im Westen oder Schmiedeberg im Osten.

Der Kamm des Riesengebirges erstreckt sich zwischen Schreiberhau und Schmiedeberg. Er besteht aus schmalen und breiten, hochflächenartigen Strecken, ist bei gutem Wetter ohne Anstrengung zu begehen und bietet die herrlichsten Ausblicke auf Täler und Bergzüge zu beiden Seiten. Man kann die ganze Kammwanderung an einem Tag machen (Josephinenhütte-Grenzbauden $11^1/_2$ bis $12^1/_2$ Stunden), es empfiehlt sich aber, einige der schönsten Seitentouren mitzunehmen, um den durch die Kammwanderung vermittelten Eindruck von der charakteristischen Eigenart des Riesengebirges noch wesentlich zu bereichern. Der Kammweg ist durch rote Markierungen gekennzeichnet. Allerdings: Wegen der polnisch-tschechischen Grenze auf dem Kamm kann man auf dem sogenannten Freundschaftsweg (Droga Przyjazni) nicht alle sehenswerten Orte von der schlesischen Seite besuchen. Einige liegen auf tschechischem Gebiet und können nur von Süden her erreicht werden. Man sollte sich unbedingt nach den Markierungen richten, da das überqueren der Grenze streng verboten ist.

Die Zahl der Kammbauden ist heute nicht sehr groß (vor dem Kriege gab es wesentlich mehr). Während der Hochsaison (Sommer und Winter) sind die meist überfüllt, und man tut gut, sich zeitig Quartiere zu sichern.

Da die Sonnenstrahlung auf dem Kamm sehr intensiv ist, sollte man sich unbedingt gegen Sonnenbrand schützen. Empfehlenswert ist auch die Mitnahme warmer Kleidung, da die Durchschnittstemperatur in den oberen Lagen ziemlich niedrig ist.

Entfernungen: Josephinenhütte (Huta Julia) — Neue Schlesische Baude (Hala Szrenicka) $1^3/_4$, Schneegrubenbaude (poln. Nad Śnieżnymi kotłami, tschech. Bouda Sněžnyeh jam) $1^1/_2$ Stunden, Peterbaude (poln. Petrowka, tschech. Petrova bouda, bzw. Petrovka) $1^1/_2$ Stunden, Spindlerbaude (tschech. Špindlerova bouda) $^1/_2$ Stunde, einstige Prinz-Heinrich-Baude $1^1/_4$ Stunden, Schlesierhaus (Śląski Dom bzw. Schronisko pod Śnieżką) $1^1/_4$ Stunde, Schneekoppe (poln. Śnieżka, tschech. Sněžka) $^1/_2$ — $^3/_4$ Stunde, Grenzbaude (poln. Przełęcz Okraj, tschech. Pomezni Boudy) $1^3/_4$ Stunde, Bahnhof Schmiedeberg (Kowary) $1^1/_2$—2 Stunden.

Hinweis: Bei Schneesturm ist vor dem Begehen des Kammes dringend zu warnen! Bei Nebel niemals von der Stangenmarkierung abweichen! Die Schneekoppe erreicht man am bequemsten mit dem 2,3 km langen Sesselaufzug auf die 1375 m hohe Kleine Koppe (Kopa) unterhalb des Gipfels.

Von Brückenberg-Wang führen mehrere Wege zum Kamm und zur Schneekoppe. Der kürzeste und steilste ist der über das Gehänge (Śląska Droga) und das Schlesierhaus (Schronisko PTTK Pod Śnieżką) führende Weg. Man benötigt für ihn $2^{3}/_{4}$ Stunden. Ein zweiter Weg führt über **Wolfshau** (Wilcza Poręba), wo 1944—1945 die von den Nazis verfolgten Schriftsteller Friedrich Bischoff, Werner Milch und Gerhard Pohl bei dem Breslauer Arzt Professor Wilhelm Erkelentz in einem Bauernhaus Zuflucht fanden ($^{1}/_{2}$ Stunde) durch den Melzergrund vorüber zum Schlesierhaus ($2^{1}/_{4}$ Stunden) und von hier in $^{1}/_{2}$ Stunde zur Schneekoppe.

Dieser Weg im Tal der Kleinen Lomnitz ist einer der beliebtesten und —nächst dem weniger lohnenden Gehängeweg—kürzesten Aufstiege. Beim Auftritt aus dem Wald, $^{1}/_{2}$ Stunde hinter der **Melzergrube**, eines alten Gletscherkars, mit seltenen Pflanzen (Zwergbirke, Zwergeberesche), sieht man rechts den Lomnitzfall. Das letzte Stück der Kammhöhe ist ein Zickzackweg. Im Winter ist er wegen Lawinengefahr nur bis zur Baude begehbar.

Weitere Aufstiegswege führen über die „Seufzerlehne" und die **Hampelbaude** (Strzecha Akademicka) in $3^{1}/_{2}$ Stunden oder über die **Schlingelbaude** (Stara Polana, Ruinen der Baude), Abstecher nach rechts an der Hasenbaude vorbei zum Katzenschloß, einer eigentümlichen Felsbildung, zu den Dreisteinen (1204 m, poln. Pielgrzymy), einer gewaltigen zerklüfteten und ausgewaschenen Felsengruppe, und von hier vorbei an den Mittagssteinen (12,5 m, poln. Słonecznik) und der ehemaligen Prinz-Heinrich-Baude, ebenfalls in $3^{1}/_{2}$ Stunden zur Schneekoppe. Der letzte Teil des Weges von den Bauden zum Gipfel ist steinig und ziemlich steil und windungsreich. Er ist durch eine Steinfassung geschützt.

Ein zweiter, etwas längerer, dafür aber bequemerer Aufstieg biegt 100 m oberhalb der Bauden links ab. Der Weg ist für Deutsche nicht mehr gesperrt. Dieser 1905 zur 25-Jahr-Feier des Riesengebirgsvereins eröffnete Jubiläumsweg zieht sich in sanfter Steigung um den ganzen Koppenkegel herum und gewährt wundervolle Ausblicke. Bis zum Gipfel benötigt man etwa 45 Minuten (im Winter ist der Weg sehr schwierig und nur mit allergrößter Vorsicht zu begehen, am besten ganz meiden, außer Skiläufer!).

Die **Schneekoppe** (poln. Śnieżka, tschech. Sněžka) oder Riesenkoppe (1605 m), ein kahler abgestumpfter mit metamorphen Gesteinen (Hornfels) bedeckter Kegel, ist die höchste Erhebung in Polen und der Tschechoslowakei. Der Gipfel ist an 296 Tagen im Jahr teilweise in Wolken und Nebel gehüllt, und die Durchschnittstemperatur ist die gleiche wie auf Island. Auf der etwa 50 m breiten und 60 m langen Gipfelfläche, auf der die Grenze zwischen Schlesien und dem Sudetenland verläuft, steht die 1665—1681 errichtete runde St. Laurentius-Kapelle (im Auftrag von Graf Christoph Leopold Schaffgotsch erbaut), ehemals Gedenktafel für Ludwig Reichardt, der hier 1825 das Lied „Was ist des Deutschen Vaterland" nach einem Text von Ernst Moritz Arndt komponierte. Von der alten Wetterwarte von 1899 (sie wurde 1989, einige Jahre nach dem Aufbau der neuen abgerissen) mit ihrer 14 m hohen Spitze hatte man einst bei gutem Wetter einen weiten Blick zur Elisabethkirche (Breslau, 99 km) und zum Weißen Berg bei Prag (121 km). Die Schlesische Baude wurde 1975 neu errichtet.

Die Aussicht vom Berg ist weit umfassend (besonders schön bei Sonnenaufgang, bei Nebel oft erst gegen 11 Uhr). Bei klarem Wetter kann man bis zu 200 km weit sehen. Großartig ist der Blick in die nächste Umgebung, in den wilden, felsigen Riesengrund südlich (600 m tief) mit dem Schwarzen Berg (Czarna Góra), nach Norden in den Melzergrund und das Hirschberger Tal, nach Osten in den Löwengrund. Den Süden des Koppenplan, auf dem die Böhmische Baude steht, kann man von Petzer (Pec pod Sněžkou) im Sudetenland erreichen.

KAMMWANDERUNG NACH SCHREIBERHAU

Wir verlassen die Schneekoppe in westlicher Richtung und gehen vorbei an der auf tschechischem Gebiet liegenden Stelle, wo die 1847 erbaute und 1983 abgerissene Riesenbaude (Obri bouda) liegt, in Richtung des 1922 errichteten Schlesierhauses. Der 1445 m ü. M. gelegene **Koppenplan**, eine wellige Fläche, ist 3 km lang und 1 km breit. Die Hochfläche fällt nach Norden steil als Seifen Lehne und Gehänge ab und wird im Süden vom Brunnberg mit dem Steinboden (1555 m), dem zweithöchsten Gipfel des Riesengebirges, begrenzt.

Eindrucksvoll ist die nahegelegene, mächtig aufragende Koppen-Pyramide.

Nach 15 Minuten kreuzen wir den von Krummhübel über die Hampelbaude zur Wiesenbaude führenden Weg und umgehen dann den rechter Hand liegenden **Kleinen Teich** (Mały Staw, 1133 m). Vom Kamm hat man einen herrlichen Ausblick auf den zwischen schroff abfallenden Felswänden 180 m tief liegenden Teich. Der 6,5 m tiefe kleine Teich ist ein Gletscherkar, das talwärts durch eine Moräne abgedämmt ist, mit 200 m schroff ansteigenden Felswänden. Etwas weiter westlich sieht man bei der Ruine der Prinz-Heinrich Baude (1420 m) rechts unten den 195 m tiefer liegenden **Großen Teich** (Wielki Staw), der 617 m lang, 193,5 m breit, bis 24,4 m tief ist und einen Flächeninhalt von 8,3 ha hat. Hier leben Strudelwürmer, Krebse und sogar Lachsforellen. Vom Kammweg bietet sich eine prächtige Aussicht auf das kristallklare Wasser, das dem Großen Teich aus 12 Rinnsalen vom Kamm zufließt. Das Nordufer des Teiches ist ein gewaltiger, mit Knieholz und Gestrüpp überwachsener Moränendamm. Die Flora besteht aus alpinen Pflanzen wie Berganemone, Isländisches Moos und Sudetenläusekraut.

Kurz darauf kommen wir zu den **Mittagssteinen** (Słonecznik). Von hier geht es vorbei an der südlich liegenden Teufelswiese und am Nordabhang des Silberkamms (1489 m, poln. Smogornia) zum Südhang des **Kleinen Rades** (1388 m, Tępy Szczyt). Dann führt der Kammweg am steil abfallenden **Sturmhaubenloch** oder Teufelsgraben (Čertūv dūl) vorbei zur Kleinen Sturmhaube (Mały Szyszak, 1436 m). Die Aussicht von diesem Gipfel gehört zu den großartigsten des ganzen Riesengebirges.

Nun gehen wir entlang der Grenze und vorbei an der linker Hand im Sudetenland liegenden **Spindlerbaude** (špindlerova bouda, 1208 m), die am Fuß der Kleinen Sturmhaube auf der sanft ansteigenden **Mädelwiese** auf tschechischem Gebiet liegt.

Weiter führt unser Weg hinab zur tiefsten Stelle des Kamms, dem **Löchel** (1178 m), dem einzigen Punkt, wo der Wald zur Höhe des Kamms hinaufreicht. Bergan, jenseits der Grenze, steht die **Peterbaude** (Petrowka, 1288 m), ein 1811 im typisch schlesischen Baudenstil mit Holzschnitzereien errichtetes Gebäude. Von hier hat man einen schönen Blick in den Weißwassergrund, auf den Ziegenrücken, das Spindlermühler Tal, tief ins Sudetenland südlich, die Kleine Sturmhaube östlich und nördlich in das Hirschberger Tal. Früher begannen hier die

Rodelbahnen nach Agnetendorf und Spindlermühle (špindlerův Mlyn). In der nächsten Umgebung gute Skigelände.

Von der Peterbaude gehen wir auf dem **Mädelkamm**, vorbei am **Saustein**, dem Kleinstein (1350 m) und den **Mädelsteinen** (Śląskie Kamienie, 1405 m) zu den **Mannsteinen** (Czeskie Kamienie), einer 15 m hohen Felsmasse mit einzelnen Spitzen, die aus der Ferne wie die Ruinen einer alten Burg aussehen (1416 m). Von hier sieht man in fast südlicher Richtung den Kumberg bei Jitschien mit der Ruine Kumburg, in nordwestlicher Richtung den Hochstein und die Tafelfichte.

Nach Kreuzung des aus Agnetendorf heraufkommenden Korallensteinwegs gelangen wir zu einem Sattel, den das Hohe Rad mit der **Großen Sturmhaube** (Śmielec, 1424 m) bildet. Der Gipfel ist mit Granitgeröll bedeckt. Von oben bietet sich ein herrlicher Fernblick. Dort sieht man ein aus Felsgeröll zu Ehren Kaiser Wilhelms I. errichtetes Denkmal.

Den Gipfel des **Hohen Rades** (Wielki Szyszak, 1509 m) kann man in 20 Minuten besteigen (beschwerlich). Von der Höhe sieht man die Große Sturmhaube und den Schwarzen Berg, den Heidelberg bei Hohenelbe, das Weißwassertal und die vom Ziegenrücken und Korkonosch begrenzten Sieben Gründe. Weiter reicht der schöne Blick auf das Elbtal bis zur Stadt Hohenelbe.

Dann gehen wir südlich der Schneegrube entlang zur **Schneegrubenbaude** (heute Fernsehsender), die 1895 errichtet wurde. Südlich im Sudetenland liegt nur 15 Minuten entfernt unweit des alten Böhmer Stegs (Czeska Ścieżka) in einer Höhe von 1346 m auf der Elbwiese eine Quelle der **Elbe** (Labe). Sie ist eigentlich nicht der Anfang des Flusses, dieser liegt mehrere Schritte höher (1350 m). 1864 wurde der Elbbrunnen vom Bischof von Königgrätz feierlich eingeweiht. Auf der rechten Seite des kleinen Elbseifens hat man eine hübsche Gebirgsaussicht auf die Sieben Gründe, Ziegenrücken, Brunnberge und Koppe. Die in der Nähe der Elbfallbaude (Labská bouda, 1284 m) liegenden Punkte, Pantschefall, Korkonosch, Kesselkoppe und Kesselgruben gehören zu den besuchenswertesten Stellen des Riesengebirges. Neben der Elbfallbaude stürzt der Elbfall 50 m tief von der Elbwiese in den Elbgrund hinunter. Südlich liegt der Pantschefall (251 m Fallhöhe, aber wenig Wasser). Vom schroffen Abhang hat man eine großartige Aussicht.

Unser nächstes Ziel ist der **Reifträger** (Szrenica, 1362 m) mit der

Reifträger-Baude (Deutschböhmerhaus). Die Baude wurde 1921 von den Sudetendeutschen (Deutschböhmen) errichtet. Vom Gipfel hat man eine prachtvolle Aussicht ins Hirschberger Tal und auf das Isergebirge. Beachtenswerte sind die Granittrümmer der sogenannten **Sausteine** (Raffträgersteine, Trzy Swinki, benannt nach dem Raff, dem Tragegestelle der Baudenleute), und die südlicher gelegenen **Quark-Steine** (Twarożnik), eine 1332 m hoch gelegene Felsmasse mit Blick auf die Veilchenspitze (Łabski Szczyt, 1472 m).

Vom Reifträger führt der Weg weiter in nordwestlicher Richtung über eine Almwiese zur 1195 m hoch gelegenen ehemaligen **Neuen Schlesischen Baude** (Hale Szrenicka), erbaut 1787, einst Hörnerschlittenbahn nach dem sudetendeutschen **Neuwelt** bzw. tschech. Nový Svět und von dort, vorbei an der Zackelfallbaude, nach Schreiberhau.

KAMMWANDERUNG NACH SCHMIEDEBERG

Von der Schneekoppe steigen wir, den Jubiläumsweg kreuzend, auf Windungen 200 m hinab auf den **Riesenkamm**, einen aussichtsreichen Höhenzug. Dann geht es zunächst sanft auf die **Schwarze Koppe** (Czarna Kopa, 1407 m) und anschließend steiler ins Waldgebiet hinab und allmählich fallend durch Wald nach den 45 Minuten entfernten **Grenzbauden** (105 m), einer zum Dorf Klein-Aupa gehörenden Baudengruppe an der Straße Schmiedeberg-Johannisbad, als Sommerfrische und besonders als Wintersportplatz viel besucht. Von den Grenzbauden gelangt man über Forstbauden und Tannenbauden in knapp 2 Stunden nach Schmiedeberg.

ZWISCHEN KRUMMHÜBEL UND SCHMIEDEBERG

Von Krummhübel fahren wir in nördlicher Richtung über den kleinen Erholungsort **Steinseiffen** (Ściegny) nach **Arnsdorf** (Miłków), eine der ältesten und beliebtesten Sommerfrischen im östlichen Riesengebirge am Fuße des Gräberberges (Grabowiec). Der obere Ortsteil Dittrich klettert in sanfter Steigung auf die bewaldeten Höhen zwischen Kräber- und Schützenberg hinauf Von hier man einen herrlichen Fernblick auf das Hirschberger Tal mit seinen vielen Dörfern und den alpinen Falkenbergen im Vordergrund, im Hintergrund das Bober-Katzbach-Gebirge, im Osten der Schmiedeberger Kamm, übergehend zum Hochgebirge mit der Schneekoppe im Süden. Unmittelbar am Ort rauscht die Lomnitz mit ihren bewaldeten Ufern. Sehenswert ist die ursprünglich gotische, im 16. Jahrhundert erweiterte Kirche mit barockem Interieur (Marienfigur, Schmerzensmann). Erhalten sind auch das Schloß der Grafen von Schmettau. Von der großen Bethauskirche (1755) stehen nur noch die Umfassungsmauern.

Nach wenigen Kilometern sind wir in **Zillerthal-Erdmannsdorf** (Mysłakowice), zwei zusammenhängenden Dörfern, die in einem anmutigen Hügelland liegen. Zillerthal ist entstanden aus einer Siedlung von 400 protestantischen Tirolern, die 1837 wegen ihres Glaubens aus ihrer österreichischen Heimat auswandern mußten und auf Betreiben der Gräfin v. Reden („Tiroler-Mutter") in Preußen eine neue Heimat fanden. Die Häuser sind im typischen Tiroler Stil gebaut. 100 dieser preußischen Zillertaler wanderten 1856 nach Chile aus, wo sie sich am 887 km^2 großen Lago Llanquihue, einem der schönsten Seen dieses Landes, niederließen. Das Schloß von Erdmannsdorf gehörte 1816—1831 dem Grafen August Neidhardt v. Gneisenau, einem der größten preußischen Heerführer, der entscheidend zur Niederlage Napoléons und zur Niederschlagung des polnischen Aufstandes von 1831 beitrug, und dann ab 1832 König Friedrich Wilhelm III. von Preußen, der das Schloß 1843 durch Friedrich Schinkel im englisch-neogotischen Landhausstil umbauen ließ. Der einst sehr schöne Schloßpark wurde von Lenné im romantischen Stil angelegt. Das Erdmannsdorfer Schloß war lange Sommersitz der königlichen Familie. Im Schinkel-Pavillon in Berlin-Charlottenburg erinnert das von Caspar David Friedrich gemalte Bild „Auf der Schloßterrasse in Erdmannsdorf" an diese Zeit. Heute dient das Schloß als Schule.

Im nahen **Fischbach** (Karpniki), das unterhalb des Kreuzberges (Krzyżna Góra) liegt, steht ebenfalls ein stattliches, von Gräben umgebenes Schloß aus dem 17. Jahrhundert (im 19. Jahrhundert nach einem Entwurf von August Stüler für Prinz Wilhelm von Preußen umgebaut). Es gehörte bis 1945 Prinz Ludwig von Hessen und bei Rhein. Im Kriege waren hier wertvolle Kunstschätze aus dem Darmstädter Schloßmuseum ausgelagert. Sie wurden ebenso wie die kostbare asiatische Waffensammlung, die mittelalterlichen Glasgemälde und die römischen Architekturfragmente aus dem Rheinland, die von dem Vorbesitzer, Prinz Waldemar von Preußen angelegt worden waren, von den Polen geplündert. Nur einige Kunstschätze konnten gerettet werden. Bis vor einigen Jahren diente das Schloß als psychiatrische Anstalt. Heute steht es leer.

Nördlich von Fischbach liegt die riesige Felsgruppe des 680 m hohen **Marienfelsens** (Starościńskie Skały), von der man eine schöne Fernansicht hat.

Von Fischbach kehren wir nach Zillerthal zurück und fahren ins romantische Städtchen Schmiedeberg weiter südlich.

Die alte Berg- und Industriestadt **Schmiedeberg** (Kowary) zieht sich im reizenden Tal der Eglitz (Jedlica) hin und besteht fast nur aus zwei langen Straßen, die zu beiden Seiten den Bach begleiten. Über dem 12 331 Einwohner (1990) zählenden Ort erhebt sich die Schneekoppe. Der Ort ist bekannt für die Fertigung von Smyrna-Teppichen, die hier seit dem 19. Jahrhundert gefertigt wurden (die deutschen Arbeiter hatten das Handwerk in der Türkei erlernt), und hatte im 18. Jahrhundert einen florienden Leinenhandel mit Export bis nach Amerika und Rußland. In der Oberstadt steht die kleine St.-Anna-Kapelle (1727), nordwestlich des Bahnhofs erhebt sich das Schloß Ruhberg. Es gehörte einst dem Fürsten Radziwiłł, danach dem Fürsten Czartoryski. Beachtenswert ist die ursprünglich spätgotische Pfarrkirche (Anfang des 16. Jahrhunderts, im 18. Jahrhundert erneuert).

Prächtige Gebirgswanderungen, die unmittelbare Nähe des gewaltigen Hauptkammes des Riesengebirges mit der Schneekoppe und den deutlich sichtbaren Bauden (Schlesierbaude, Hampelbaude) machen Schmiedeberg zu einem der beliebtesten Standorte im Riesengebirge. Sehr schön ist auch der Blick von den 945 m hohen **Friesensteinen** (Skalnik), dem höchsten Punkt des Landeshuter Kammes (Rudawy Janowickie), im Nordosten des Ortes.

Nördlich von Schmiedeberg steht in **Buchwald** (Bukowiec) in einem ausgedehnten Park das klassizistische Freiherrlich v. Rotenhansche Schloß. Es gehörte 1787 bis 1815 dem preußischen Bergbauminister Friedrich Wilhelm Graf von Reden. Seine Gattin Friederike Gräfin von Reden machte Buchwald zum Mustergut. Bis 1945 befanden sich hier wertvolles Porzellan aus Berlin und Eisengußarbeiten aus Gleiwitz. In der 1945 zerstörten „Abtei" lag die Familiengruft. Der Park gehörte zu den schönsten Gartenanlagen Europas. Heute dient das Schloß als Schule.

KURZINFORMATIONEN

VERKEHR: Bahn- und Busverbindungen von Hirschberg nach Krummhübel und anderen Orten.

FREMDENVERKEHRSBÜROS: **Krummhübel**: Orbis, Hauptstraße (ul. 1 Maja) 50, Tel. 5 47, PTTK, Hauptstr. (ul. 1 Maja) 8, Tel. 3 16.

HOTELS: **Krummhübel**: ** Orbis Skalny, ul. Obrońców Pokoju 3, Tel. 7 76; **Brückenberg**: Pensjonat Orlinek (Ex-Teichmannbaude), ul. Olimpijska 9, Tel. 5 48 und 5 67. **Fischbach**: Jagdgaus (Schronisko PTTK Szwajcarka).

JUGENDHERBERGE: **Krummhübel**: Liczyrzepa, ul. Gimnazjalna 9, Tel. 2 90;

BAUDEN: Schlesierhaus (Schronisko PTTK Pod Śnieżka); Melzergrundbaude (Schronisko PTTK Nad Łomniczką); — Kleine Teichbaude (Schronisko PTTK Samotnia Karpacz Bierutowice, Tel. Krummhübel 3 76 oder Hirschberg 69/3 76; Hampelbaude (Schronisko PTTK Strzecha Akademicka), Tel. Krummhübel 3 17 oder Hirschberg, Tel. 69/317; Jugendkammhaus Rübezahl (Schronisko PTTK Odrodzenie na Przęleczy Karkonoskiej, Tel. Hirschberg 66/34-34.

CAMPING: **Krummhübel**: PTTK, Hauptstr. (ul. 1 Maja) 8, Tel. 3 16.

GASTSTÄTTEN: **Krummhübel**: Hotel Orbis Skalny, ul. — Obrońców Pokoju 3, Tel. 7 76; Bialy Jar, Hauptstr. (ul. 1 Maja) 79, Tel. 3 19; PTTK-Ausflugshaus, ul. Waryńskiego 6, Tel. 5 13. **Brückenberg**: Pensjonat Olimpijska 9, Tel. 5 48 und 5 67. Kamm: Melzergrundbaude (Nad Łomniczką).

CAFÉ: **Krummhübel**: Astra, ul. Obrońców Pokoju 1, Tel. 3 14: Mieszko, Hauptstr. (ul. 1 Maja), Tel. 4 91.

Blick ins Waldenburger Bergland

22. Von Schmiedeberg nach Landeshut

Hinter Schmiedeberg steigt die Straße in scharfen Windungen durch das bewaldete Gebirge aus dem Hirschberger Becken nach rechts zum 1050 m hohen **Grenzbauden-Paß** (Okraj) an. Südlich liegt im Sudetenland der kleine Ort Klein-Aupa (Mała Upá).
Vom Paß geht es in malerischen Windungen bergab zur 726 m hohen **Landeshuter Pforte** (Przełęcz Kowarska) zwischen dem Kamm des Riesengebirges und dem Landeshuter Kamm (Rudawy Janowickie), der die Einsenkung zwischen Landeshuter Kamm und Forstkamm bildet und das Riesengebirge vom Waldenburger Bergland (Góry Wałbrzyskie) trennt. Die wundervolle Aussicht von hier umfaßt sowohl das Hirschberger als auch das Landeshuter Tal. Von der Paßhöhe fahren wir hinab in den Landeshuter Bergkessel des Bober und in die Stadt Landeshut i. Schles. (Kamienna Góra).

23. Landeshut und Umgebung

Der heute 23 598 Einwohner (1939: 13 461) zählende alte Luftkurort **Landeshut** (Kamienna Góra) am Zusammenfluß von Bober und Zieder unterhalb des Burgberges und des Kirchbeiß liegt unweit des Landeshuter Passes, über den die einst bedeutendste Handelsstraße Schlesien-Böhmen führte, ist ein Zentrum der Leinenherstellung und der Textilmaschinenindustrie.

Die Stadt wurde Ende des 13. Jahrhunderts neben der Burg der Herzöge von Schlesien, die die alte Straße nach Böhmen schützten, von deutschen Siedlern gegründet. Vor 1945 war Landeshut Sitz so bekannter deutscher Firmen wie den Ostdeutschen Textilwerken. Auch Schuhe wurden damals in Landeshut hergestellt. Aus Landeshut stammt der Baumeister Karl Gotthard Langhans (1732—1808), der neben zahlreichen anderen Bauten das Brandenburger Tor in Berlin, das Symbol der deutschen Reichshauptstadt, schuf.

Aus der Regierungszeit Friedrichs des Großen am **Ring** (plac Wolności) stammen die alten **Patrizierhäuser** mit spätbarocken Fassaden aus dem 18. Jahrhundert. Teilweise besitzen sie Lauben und bildhauerische Dekorationen. Im Haus Nr. 11 befindet sich das **Niederschlesische Webereimuseum** (Muzeum Tkactwa Donośląskiego), Tel. 22 75, geöffnet Di., Fr. 8—16 Uhr, Mi., Do. 7—15 Uhr, Sa., So. 10—16 Uhr. Beachtenswert ist auch die spätbarocke kath. **Peter-Pauls-Kirche** mit gotischem Chor (1294) und dreischiffigem Langhaus mit Emporen (16. Jahrhundert).

Auf einem Hügel über der Stadt erhebt sich unter 200 Jahre alten Linden die ehemalige barocke ev. **Gnadenkirche zur Heiligen Dreifaltigkeit zur Rosenkranzmutter** mit ihrer großen Kuppel. Sie wurde zwischen 1709 und 1730 von Martin Frantz errichtet und besitzt eine Orgel von Ignatius Menzel (1723). Die alte Bemalung der Empore wurde nach dem Kriege stark verändert. Uber der Sakristei befand sich früher die Wallenbergfenderlinsche Bibliothek mit alten Drucken und Handschriften, darunter solchen der Reformatoren und Friedrichs des Großen.

Das Renaissanceschloß **Kreppelhof** wurde nach 1945 zerstört. Von der einstigen „Landes Hütte" des Herzogs Bolko auf dem **Schloßberg** (Góra Zamkowa) stehen nur noch die romantischen Ruinen. Erhalten ist das reich dekorierte Einfahrtstor, das allerdings beschädigt ist. Auf dem **Kirchberg** (Góra Kościelna), 15 Minuten zu Fuß) standen bis 1945 ein Denkmal, das an die Schlacht von Landeshut am 23. 6. 1760 und die Gefangennahme Fouques sowie ein anderes, das an die im Ersten Weltkrieg gefallenen kaiserlichen Marinesoldaten erinnert.

AUSFLÜGE VON LANDESHUT

Von Landeshut lohnt sich ein Abstecher auf der alten Handelsstraße nach Böhmen in südlicher Richtung. Nach 11 km haben wir das im 13. Jahrhundert (Magdeburger Stadtrecht) gegründete Liebau (Lubawka) erreicht. Liebau war vor 1945 eine beliebte Sommerfrische und Wintersportort. Sehenswert sind Rathaus von 1720 (umgebaut 1750, Turm von 1784), die Laubenhäuser und die spätgotische Hallenkirche zu St. Marien im Tal (barockes Interieur). In der Umgebung gab es bis 1945 mehr als 240 km gepflegte Waldwege, die durch Gebirge und Täler führten.

Jenseits der Grenze zur Tschechoslowakei liegt die alte sudetendeutsche Stadt Trautenau (Trutnov).

Von Liebau fahren wir in südöstlicher Richtung nach **Schömberg** (Chełmsko Śląskie), einem zwischen dem Raben- und dem Überschargebirge eingebetteten idyllischen Ort an der „Garnstraße" von Landeshut nach Trautenau. Schömberg wurde im Jahre 1214 von bayerischen Damastwebern und deutschböhmischen Tuchmachern gegründet und liegt im Tal des forellenreichen Ziederbachs, im Westen durch das Rabengebirge, im Osten durch das Streitgebirge geschützt. Die heute verfallene Sommerfrische und Wintersportplatz war einst Zentrum der Leinenweberei („Stadt des deutschen Handwebers") und hat ihr mittelalterliches Stadtbild mit zahlreichen, heute leider vernachlässigten Holz- und Steinlaubenhäusern mit barocken und neuklassizistischen Fassaden am Markt erhalten. Beachtenswert sind auch die barocke kath. Pfarrkirche St. Joseph (17. Jahrhundert) und die Renaissance-Pfarrei von 1575 mit ihren Sgraffito-Dekorationen sowie die „12 Apostel" (heute nur 11) in der Sudetenstraße (ul. Sudecka), vor 300 Jahren erbaute hölzerne Weberhäuser, die noch heute bewohnt sind. Auf dem Ring steht vor dem 1687 erbauten Rathaus ein hübscher Nepomukbrunnen.

10 km südlich von Schömberg liegt unmittelbar an der Grenze der kleine Ort **Albendorf** (Okrzeszyn). Auf schönen Waldwegen gelangte man von hier bis 1945 zu den berühmten Felsenstädten von **Adersbach** (Adršpach) und **Weckelsdorf** (Teplice nad Metuji) mit ihren im nördlichen Europa einzigartigen Gesteinsformationen. Das ausgedehnte Felsengebiet ist Teil des Falkengebirges und liegt in der sogenannten Innersudetischen Mulde zwischen Riesen-, Eulen- und Adlergebirge. Das Kreidemeer, das einst den größten Teil des nordöstlichen Böhmen überschwemmte, schuf vor Jahrtausenden diesen gewaltigen Quadersandsteinbau, dessen Ruinen zu den größten Naturschönheiten Europas zählen. Die Adersbacher Felsen bei **Nieder-Adersbach** (Dolni Adršpach) im Sudetenland östlich von Schömberg und Albendorf, heute zugänglich über den Grenzübergang Bad Kudowa (Kudowa Zdrój) bei Nachod (Náchod) westlich von Glatz, gehören zu demselben Quadersandsteinzug, der in der Sächsischen Schweiz zutage tritt. Zusammen mit den Weckelsdorfer Felsen umfassen sie ein 6,8 km langes und 4 km breites Gebiet. Das Gestein ist im Laufe der Zeit durch Wassereinwirkung verändert worden zu seinen eigenartigen bizarren und eindrucksvollen zierlichen Formen.

Bei **Weckelsdorf** das östlich von Adersbach in dem stillen und lieblichen, von bewaldeten Höhenzügen umgebenen Mettautal liegt, erheben sich in 40 Minuten Entfernung die Weckelsdorfer Felsen, die an Mächtigkeit denen von Adersbach noch überlegen sind. Die hohen grauen Felsenmauern, die erst seit 1824 zugänglich sind, steigen wie eine Festung über dem Nadelwald empor. Auf den höchsten Zinnen und in den Spalten des Gesteins wurzeln, scheinbar ohne Halt und Nahrung, einzelne Birken und Kiefern. Das Innere der „Festung" besteht aus einem Gewirr von zahllosen Gassen, Gängen, Schluchten, Höhlen, Türmen, eisigkalte Schluchten mit nie schmelzendem Schnee wechseln mit grünen, sonnigen Plätzen ab. Glanzpunkt ist der „Dom", eine hohe Felsschlucht, deren Wölbungen eine gewisse Ähnlichkeit mit gotischen Spitzbogen haben. Weitere bemerkenswerte Formen sind der „Marktplatz", das „Amphitheater", das „Annatal" sowie das sogenannte „Sibirien" und gleich darauf „Italien".

Von Schömberg wenden wir uns wieder gen Norden und fahren zu der zwischen dem Rabengebirge und den Ausläufern des Waldenburger Berglandes in waldreicher Umgebung im Ziedertal gelegenen Zisterzienserabtei Grüssau.

Die Abtei **Grüssau** (Krzeszów) wurde vor 700 Jahren von der Herzoginwitwe Anna (der Schwiegertochter der hl. Hedwig) für böhmische Benediktiner geschaffen und ab 1292 von deutschen Zisterziensern unter Herzog Bolko I. und im 15. Jahrhundert nach dem Hussiterkrieg (1426—1427) erneuert. Die später zu Fürsten ernannten Äbte von Grüssau besaßen landesherrliche Gewalt in einem 330 km² großen Territorium zwischen dem Riesengebirge und dem Waldenburger Bergland, zu dem die Städte Schömberg und Liebau sowie 40 Dörfer gehörten. 1810 wurde das Kloster im Zuge der Säkularisierung aufgehoben. 1919 übernahmen es die aus der süddeutschen Stadt Beuron und aus der Emmaus-Abtei in Prag vertriebenen Benediktiner erneut als Kloster. Nachdem Papst Pius XI. Grüssau 1924 wieder zur Abtei erhoben hatte, wurde es Mittelpunkt der schlesischen Katholiken. Zwischen 1938 und 1944 wurde das Kloster restauriert. Nach der Besetzung durch die Polen 1945 verwahrloste die Anlage. Die 1947 aus ihrer Heimat vertriebenen deutschen Mönche ließen sich im ehemaligen Ritterstift St. Peter zu Wimpfen am Neckar nieder. Seit 1970 wird die Anlage restauriert. Zur Zeit leben in Grüssau polnische Benediktinerinnen aus dem ukrainischen Lemberg (Lwów) und Zisterzienser.

Das **Marienmünster** von Grüssau, das von Joseph Anton Jentsch unter Abt Innozentius Fritsch zwischen 1728 und 1735 neu erbaut wurde, gehört zu den schönsten spätbarocken Bauwerken Schlesiens. Der prächtige Figurenschmuck der zweitürmigen Westfassade (1733) des „hochfürstlichen Stifts Grüssau" stammt von dem Prager Ferdinand Maximilian Brockhoff und von Matthiaus Braun. Das prächtige Innere mit seinen herrlichen Freskogemälden (1734—1737) wurde von den Malern und Bildhauern G. W. Neunhertz, A. Dorasil, F. M.Brokhoff und Gode und dem Orgelbauer Michael Engler ausgestaltet. Neben der Orgel sind besonders das Chorgestühl, die Kanzel und der Hochaltar mit ihren prachtvollen Schnitzereien von Marianus Lachel beachtenswert. Die Gnadenmutter von Grüssau, eine italienische Ikone (14. Jahrhundert), wurde 1426 vor den Hussitten versteckt und erst 1622 wiedergefunden. 1937 wurde das Bild restauriert. Hinter dem Presbyterium befindet sich die barocke Fürstenkapelle der Herzöge von Schweidnitz mit den Grabmälern von Bolko I. (gest. 1301) und Bolko II. (gest. 1368) aus dem 14. Jahrhundert. Das Klostergebäude stammt aus dem 17. und 18. Jahrhundert. Neben der Hauptkirche steht die turmlose barocke **St.-Josephs-Kirche** mit den 40 großartigen Fresken von Michael Willmann (1692—1696), der berühmteste schlesische Maler seiner Zeit. An der Decke sieht man Szenen aus der

Genesis, in der Apsis und an den Wänden der Seitenkapellen die Josephslegende.

Ein halbstündiger Fußweg bringt uns von Grüssau zum nordwestlich mitten im Wald in einer Höhe von 490 m gelegenen Forellenteich und Weiler **Bethlehem**. Er wurde im 17. Jahrhundert von dem Abt Bernardus Rosa angelegt. Mitten im Teich steht ein Pavillon.

Sehenswert sind ferner die 300 Jahre alte und 40 m hohe Trauerfichte sowie die Geburts- und Ölbergkapelle.

KURZINFORMATIONEN

VERKEHR: Landeshut liegt unweit der Bahnstrecke — Hirschberg—Waldenburg. Gute Busverbindungen von Hirschberg, Breslau und Waldenburg.

FREMDENVERKEHRSBÜRO: **Landeshut**: PTTK.

HOTEL: **Liebau**: Lubawia, Ring (pl. Wolności) 14, Tel. 2 21.

GASTSTÄTTEN: **Landeshut**: Dom Wycieczko wy Kaskonosze, ul. Świerczewskiego 32, Tel. 22 30; Spóldzielcza, ul. M. Curie-Sklodowskiej; Grüssau: Wilmanova Pokusa, Tel. 21.

CAFÉ: **Landeshut**: Ratuszowa, pl. Grunwaldzki 1.

MILCHBAR: **Landeshut**: ul. Mickiewicza 24.

24. Von Landeshut nach Waldenburg

Zurückgekehrt nach Landeshut, fahren wir nun über das ehemalige Raubritternest **Schwarzwaldau** (Czarny Bór) mit den Ruinen einer Wasserburg (15. Jahrhundert), eines Schlosses (1784) und großen Porphyr- und Melaphyr-Steinbrüchen sowie einer Kohlengrube in östlicher Richtung bergauf in den Fremdenverkehrsort Gottesberg.

Gottesberg (Boguszów Gorce), die 19 503 Einwohner (1989) zählende, einst höchstgelegene Stadt (850 m) Preußens am bewaldeten Hang der Waldenburger Berge, war vom 13. bis zum Anfang des 18. Jahrhunderts wegen ihres Silberberghaus berühmt. Gründer waren sächsische Bergleute. 1789 wurden hier die ersten beiden Koksöfen auf dem europäischen Festland errichtet. Bis in die Neuzeit förderte man in Gottesberg Steinkohle und Schwerspat. Heute wird hier Baryt gewonnen.

Umrahmt von großen Wäldern, war Gottesberg vor dem Kriege auch als Erholungsort bekannt. Spaziergänge führen zur über der Stadt gelegenen Friedenshöhe, ins romantische Kohlauer Tor und in den bis zu einer Höhe von 869 m emporsteigenden Hochwald (Chełmiec). Vom Gipfel des Gottesberges hat man einen weiten Blick über das Waldenburger Bergland, das Eulengebirge, das Riesengebirge, den Landeshuter Kamm und bis hinunter in die Schlesische Ebene zum fernen Zobten. Gegenüber der Stadt liegen die Wildberge mit Hochmoor und Hoher Heide, ein Paradies für Naturfreunde.

Rund 6 km entfernt von Gottesberg liegt in einem engen Kessel in den Waldenburger Bergen die bedeutende Bergbau- und Industriestadt Waldenburg.

KURZINFORMATIONEN

GASTSTÄTTE: **Gottesberg**: Baryt, pl. Odrodzenia.

CAFÉ: **Gottesberg**: Ratuszowa, Ring.

25. Waldenburg und Umgebung

Waldenburg (Wałbrzych), die zweitgrößte Stadt Niederschlesiens, inmitten des Waldenburger Berglandes (Góry Wałbrzyskie) am Hellebach (Ogorzelec) zählt 141 398 Einwohner (1989 auf 84,6 km^2, 1939: 64 128 auf 21,56 km^2) und ist Zentrum des niederschlesischen Steinkohlenreviers (dieses reicht von Neurode/Nowa Ruda bis Waldenburg und ist bei Waldenburg 24 km lang, 8 km breit und 3 km tief, die Vorräte werden auf 600 Mio. Tonnen bis in die Tiefe von 1000 m geschätzt, darunter 100 Mio. Tonnen in Schutzpfeiler und 500 Mio. Tonnen in freien Abbaustücken). Die Stadt ist Standort bedeutender Industriebetriebe. Neben vier großen Bergwerken gibt es hier Kokereibetriebe (das Steinkohlerevier soll wegen der hohen Abbaukosten aufgelöst werden), eine Stahlhütte, eine Glashütte sowie zwei Porzellanfabriken. Ein hoher Prozentsatz der derzeitigen Bevölkerung sind polnische Bergleute, die nach 1945 aus Frankreich und Belgien eingewandert sind.

Waldenburg wurde 1250 als „Waldenberc" gegründet und erhielt um 1400 deutsches Stadtrecht. Zwischen dem 16. und dem 18. Jahrhundert war Waldenburg ein Handwerkerstädtchen. Ende des 18. Jahrhunderts entwickelte es sich zu einem Leinenhandelszentrum. Waldenburger Linnen wurde bis nach Holland und Spanien exportiert. 1818 eröffnete J. G. Alberti in Waldenburg die erste Flachsgarnspinnerei auf dem europäischen Kontinent. 1834 entstand die erste Porzellanfabrik der Welt mit Steinkohlenfeuerung. Die Waldenburger Firmen Karl Krister und Thielsch gehörten vor dem Kriege zu den größten Porzellanherstellern Europas. Heute ist Thielsch in Landshut/Pfalz ansässig.

Trotz des Vorherrschens der Industrie gibt es in Waldenburg auch für den Touristen Interessantes zu sehen. Vom Ring mit dem neogotischen **Rathaus** von 1865—1903 und mehreren barocken **Laubenhäusern** (Nr. 22 „Haus zu den drei Rosen"/Pod Trzema Różami und Nr. 23 „Haus zum Anker"/Pod Kotwicą) gelangt man zum Kirchplatz (plac Marchlewskiego) mit der klassizistischen ev. **Kirche**, die zwischen 1785 und 1788 nach Plänen von Carl Gotthard Langhans errichtet wurde. Südöstlich von hier in der Friedländer Str. (ul. Moniuszki) steht die **Marienkirche**, die 1714 auf Fundamenten von 1400 errichtet wurde. Sehenswert: die Kassettendecke und der

Barockaltar mit Marienfigur. In der Gottesberger Str. (ul. 1 Maja) befindet sich in einem neuklassizistischen Schlößchen von 1803 das **Waldenburger Berglandmuseum** (z. Zt. Bezirksmuseum) mit reichen geologischen und Porzellansammlungen. In der südlich des Zentrums gelegenen Schloßstr. (ul. Zamkowa) lohnt das **Palais von Czettritz** (17. Jahrhundert, 1881/82 umgebaut) einen Blick. Auf dem Berghügel (620 m) am Südrand der Stadt kann man die Ruinen der **Burg Neuhaus** (Nowy Dwór) sehen, die Anfang des 14. Jahrhunderts von den Herzögen von Schweidnitz angelegt wurde. Von der Schillerhöhe (Góra Parkowa) im Stadtpark (Park Jana Sobieskiego) hat man einen schönen Blick auf die Stadt. Auch von der **Vogelkoppe** (590 m) bei Altwasser (Stary Zdrój) hat man einen schönen Ausblick. Bei dem schon 1357 als „Aqua antiqua" erwähnten **Altwasser** wurde seit 1366 Silber abgebaut, danach wurde Steinkohle gewonnen. Von 1688—1873 war Altwasser Kurort, bis die Heilquellen versiegten. In dem einst beliebten Badeort kurte 1831 u. a. König Friedrich Wilhelm IV. von Preußen. Lohnenswert ist auch die Fahrt zum 3 km südlich der Stadt gelegenen **Schwarzen Berg** (Borowa), von dem sich eine sehr gute Fernsicht bietet. Ein weiterer schöne Nahausflug führt zur **Andreasbaude** (Andrzejówka), wo man übernachten kann.

AUSFLÜGE IN DIE UMGEBUNG

Das Waldenburger Bergland erstreckt sich zwischen dem Bober-Katzbach-Gebirge im Nordwesten, dem Eulengebirge im Osten, dem Landeshuter Kamm im Südwesten. Es besteht aus einer Reihe von zumeist kegelförmigen Bergen, die zwischen schluchtenartigen Tälern liegen, und ist teilweise vulkanischen Ursprungs (Heidelberg bzw. Waligóra 936 m; Hochwald bzw. Chełmiec 869 m; Sattelwald bzw. Trójgarb 779 m), teilweise besteht es aus Buntsandstein und kreidezeitlichen Ablagerungen.

Rings um die Industriestadt Waldenburg liegen einige der schönsten Wandergebiete Schlesiens. Bis 1945 konnte man in mehreren Heilbädern und Luftkurorten übernachten. Heute bieten sich nur Waldenburg, Bad Salzbrunn, Bad Charlottenbrunn und die Andreasbaude als Standorte für Wanderungen an.

Einen Ausflug lohnt zunächst das 8 km nördlich, jenseits der 517 m hohen **Wilhelmshöhe** am Fuße des dichtbewaldeten 869 m hohen Hochwaldes (Chełmiec, von 1887/88 durch den Fürsten von Pleß errichteter Aussichtsturm (großartiger Panoramablick bis zur Schneekoppe und zum Glatzer Schneeberg sowie zum Zobten) gelegene Städtchen **Bad Salzbrunn** (Szczawno Zdrój), dem ältesten und einem der größten schlesischen Kurorte mit Sauerbrunnen, Kurhaus, Sanatorium und 140 ha großen Parks. Die ehemals Fürstlich Plessische Stadt mit 6327 Einwohnern (1939: 9779) im Tal des Salzbaches zieht sich in dem von anmutigen Hügeln eingeschlossenen Salzachtal hin. Der bis 1945 Obersalzbrunn genannte Ort wurde 1221 als „Salczborn" mit deutschem Recht begabt. Zwischen 1509 und 1934 gehörte der Badeort zur Herrschaft Fürstenstein der Familie Hochberg-Pleß. Ab 1801 begann unter König Friedrich Wilhelm von Preußen der Ausbau zum Kurort. 1934 wurde der Ort preußisches Staatsbad. Im Ortszentrum findet man eine Gedenktafel für die schlesischen Dichter Carl (1858) und Gerhardt Hauptmann (1862), die in dem späteren Hotel „Preußische Krone" (Korona Piastowska) geboren wurden. Hauptmanns Schauspiel „Zum Fuhrmann Henschel" spielt in der erhaltengebliebenen „Kutscherstube". Von Niedersalzbrunn (Szczawienko) führt ein Weg in den Fürstensteiner Grund und entlang dem rechten Ufer des Hellebaches durch eine pittoreske Schlucht zum Dorf **Polsnitz** (Pełcznica). Von Salzbrunn aus bieten sich Ausflüge nach dem Hochwald sowie in den Sattelwald an.

5 km nordöstlich von Bad Salzbrunn liegt der kleine Ort **Liebichau** (Lubiechów) mit seinem berühmten Palmenhaus, einem japanischen Garten und einer Silberfuchsfarm. Auf dem Rückweg von Liebichau kann man die an der östlich verlaufenden Parallelstraße liegende Stadt **Freiburg** (Świebodzice), einst ein bedeutendes Zentrum der Leinen- und Uhrenfabrikation, besuchen. In der 1268 von deutschen Siedlern gegründeten Stadt mit heute 24 252 Einwohnern (1939: 9308 auf der Hälfte des jetzigen Areals) werden optische und elektromechanische Geräte sowie Flugzeugteile hergestellt. Beachtenswert sind das 1781 erbaute Rathaus, die kath. Pfarrkirche St. Nikolaus und die Franziskanerkirche (14. Jahrhundert) im Dorf **Zirlau** (Ciernie) nordöstlich der Stadt.

10 km nordwestlich von Freiburg liegt an der Straße nach Landeshut (Kamienna Góra) das Straßendorf **Altreichenau** (Stare Bogaczowice), in dem eine prachtvolle Barockkirche steht. Baumeister war Martin Urban, der das Gotteshaus 1685—89 für das Kloster Grüssau baute, dem das Dorf von 1292—1810 gehörte. Sehenswert ist das vielleicht von Michael Willmann stammende Bild des zweigeschossigen Altars.

Einige Kilometer südlich von hier liegt das Dorf **Adelsbach** (Struga) mit der Liebfrauenkirche (1532), in der sich die Gräber der Familie Czettritz aus dem 16. Jahrhundert befinden. Im nahen **Liebersdorf** (Lubomin) lohnt die Dorfkirche (16. Jahrhundert) mit ihrem Holzturm und einem Triptychon von 1430 einen Besuch.

Von Waldenburg fahren wir nun in südlicher Richtung in das 19 km entfernte Städtchen **Friedland** (Mieroszów), das eine sehenswerte kath. Kirche (St. Michael) aus dem 14. Jahrhundert (im 19. Jahrhundert umgebaut) besitzt. 7 km weiter sind wir in **Görbersdorf** (Sokołowsko), einem seit 1854 von Lungenkranken bevorzugten Kurort in einem Seitental. Von Görbersdorf bieten sich Ausflüge zum Heidelberg an.

Von hier kehren wir zur Hauptstraße zurück und fahren nun ins 6 km entfernte **Langwaltersdorf** (Unisław Śląski). Sehenswert sind die kath. Pfarrkirche mit einem Taufbecken von 1598 und die ev. Predigerkirche (1742), in der 2000 Menschen Platz finden.

Nun kommen wir in das versteckt im idyllischen Reimsbachtal gelegene malerische Dörfchen **Reimswaldau** (Rybnica Leśna). Hier steht eine der schönsten Schrotholzkirchen Schlesiens (1557). Besonders beachtenswert sind die hübschen Bauernmalereien aus dem 17. Jahrhundert. Vom nahen **Reimsbach** (Rybnica Mała) gelangt man auf einem Wanderweg zum Hornschloß (Rogowiec), das 1497 von Matthias Corvinus gesprengt wurde.

Dann geht es über **Donnerau** (Grzmiąca) mit seiner Schrotholzkirche von 1619 nach **Tannhausen** (Jedlinka) mit dem repräsentativen Haus des Leinenhändlers H. Krain von C. G. Langhans (Neuroder Str./ul. Noworudzka) und weiter durch den Leinenweberort **Wüstegiersdorf** (Głuszyca) in den inmitten bewaldeter Berge in einem nur nach Südsüdost offenen Tal eingebetteten Kurort **Bad Charlottenbrunn** (Jedlina Zdrój) mit seiner 1694 entdeckten „Theresienquelle" (Charlottenquelle), der 1928 gefaßten „Nierenquelle", die nach 1945 versiegten. Heute sind bereits neue Mineralquellen in Bad Charlottenbrunn bekannt (Aufschlußbohrungen). Beachtenswert ist im Ortsteil **Erlenbusch** (Olszyniec) die Dorfkirche von 1535 mit zwei Türmen, Kassettendecke (1611) mit Renaissance-Schablonenmalerei, einem von dem Grafen v. Holstein-Gottorp im 17. Jahrhundert gestifteten Taufstein und sein großer Kurpark von 1840. Lebten in dem 1967 zur Stadt erhobenen Ort 1939 nur 1821 Menschen, so sind es heute 5668. In Bad Charlottenbrunn, wo das Bismarckdenkmal Deutschlands errichtet wurde, biegen wir in die in östlicher Richtung nach Reichenbach-Eule (Dzierżoniów) abzweigende Straße ab und fahren durch das Tal der

Schweidnitzer Weistritz (Bystrzyca) zur Sommerfrische **Barsdorf** (Jugowice).

3 km nördlich des Ortes liegt, ringsum eingeschlossen von bewaldeten Anhöhen und langgestreckten Bergrücken, an der 1912/14 erbauten Weistritz-Talsperre (Jezioro Bystrzyckie, Fassungsvermögen: 8 Mio. cbm) die Sommerfrische **Kynau** (Zagórze Śląskie). Über der Stadt steht auf einem 455 m hohen Hügel die Kynsburg (Zamek Grodno), die aus der ersten Hälfte des 14. Jahrhunderts stammt und im 16. Jahrhundert zu einer Renaissance-Residenz mit Innenhöfen, herrlichen Portalen und Sgraffito-Dekorationen umgebaut wurde. In den dunklen Hallen der Burg (Museum) wird das Skelett einer angeketteten Frau gezeigt, die der Legende nach wegen Untreue lebendig eingemauert wurde. Vom Bergfried bietet sich ein prachtvoller Fernblick ins Waldenburger Bergland, zur Hohen Eule, der Heuscheuer, dem Riesengebirge und über das Glatzer Bergland.
Von Kynau bieten sich Ausflüge durch das Schlesiertal nach dem „Goldenen Walde" und der Hohen Eule (Wielka Sowa) an. Von hier geht unsere Reise in die alte, 1305 erstmals erwähnte Weberstadt **Wüstewaltersdorf** (Walim).

KURZINFORMATIONEN

ORTSVERKEHR: Waldenburg: Die Stadtbusse (WPK) fahren von Dworzec Walbrzych Miasto am Bahnhof Waldenburg-Altwasser ab.

TAXI: Waldenburg: Standplätze: Hauptbahnhof (Dworzec — Glówny), Bahnhof Waldenburg-Altwasser (Dworzec Walbrzych Miasto), Tel. 79 78; Neue Str. (Nowy Świat), Tel. 63 33, Petzoldstraße (ul. Waryńskiego), Tel. 33 33.

PARKPLÄTZE: Waldenburg: Albertistraße (ul. Buczka), Heimsdorfer Chaussee (Ul. Piewszego Maja).

BAHN: Waldenburg ist ein bedeutender Eisenbahn-knotenpunkt (der 1867 errichtete Bahnhof in Dittersbach/Podgórze ist einer der größten im deutschen Osten). Vom Hauptbahnhof (Drowzec Glówny PKP) fahren Züge u. a. nach Breslau, Hirschberg, Liegnitz und Glatz. Auskunft: 2 53 84.

BUS: **Waldenburg:** Fernbusbahnhof Weißsteinstraße (ul. Wysockiego), Bus nach Liebichau (Lubiechów) vom Dworzec Walbrzych Miasto. Auskunft: 2 30 27.

FREMDENVERKEHRSBÜROS: **Waldenburg:** Orbis, Freiburger Straße (ul. Słowackiego) 16, Tel. 2 24 43, tgl. 10—17 Uhr; ul. Wyzwolenia 32 , Tel. 2 20 00; PTTK, ul. Lewartowskiego 5, Tel. 2 59 00, Mo.—Fr. 8—17 Uhr, Sa. 8—14 Uhr; PGT Sudety, ul. Dymitrowa 9, Tel. 2 33 62 und 2 20 10. **Bad Salzbrunn:** PTTK, ul. Kościuszki 9, Tel. 7 85 22.

AUTOREPARATUR: **Waldenburg:** PZM. Friedländer Straße (ul. Moniuszki) 62, Tel. 2 58 56, tgl. 7—16 Uhr.

STRASSENHILFSDIENST: **Waldenburg:** PZM, Friedländer Straße (ul. Moniuszki) 62, Tel. 2 58 56, tgl. 7—16 Uhr.

TANKSTELLE: **Waldenburg:** ul. Kolejowa.

HOTELS: **Waldenburg:** *** Sudety, ul. Parkowa 15 (Waldenburg-Altwasser/Walbrzych Miasto), Tel. 7 74 31; ** Dom Wycieczkowa PTTK, pl. Tuwima 1, Tel. 2 51 37. **Bad Salzbrunn:** ** Dom Turysty PTTK, ul. Kościuszki 9, Tel 7 85 22; ** Dom Zdrojowy (Kurhaus, bis 1945: Sanatorium „Schlesischer Hof"), ul. Kolejowa 14; * Sloneczna Polana, ul. Narciarka, Tel. 57 50. **Kynsburg:** PTTK Zamek Grodno, Tel. Jugowice 60 (Mai—November).

JUGENDHERBERGE: **Waldenburg:** PTSM, Osiedle Górnicze, Tel. 2 65 43 (Juni—August).

BAUDE: **Waldenburg:** Schillerbaude (Schronsko PTTK Harcówka), Schillerhöhe/Park Sobieskiego, Tel. 2 49 18; Andreasbaude (Andrzejówka), Rybnica Leśna 23, Tel. 2 48 83.

GASTSTÄTTEN: **Waldenburg:** Hotel Sudety, ul. Parkowa 15; Dom Wycieczkowy, pl. Tuwima 1; Centralna, Heinrichstraße (ul. Kościuszki) 6; Hungaria, ul. Armii Czerwonej; Pod Chelmcem, ul. Lenina 82. **Bad Salzbrunn:** Zdrojowa, ul. Kolejowa 5, Tel. 7 83 80; Turystycina, ul. Kościuszki 9, Tel. 7 88 07.

CAFÉS: Waldenburg: Hotel Sudety, ul. Parkowa 15; Centralna, ul. Kościuszki 6; Stylowa, ul. Broniewskiego 26; Barbórka, ul. Bellojanisa 10; Krokus, ul. Świerczewskiego 44; Krysztalowa, ul. Dunikowskiego 58; Polonia, Vierhäuserplatz (pl. Grunwaldzki) 1.

IMBISS: Waldenburg: Centralna, Heinrichstraße (ul. Kościuszki) 6.

MILCHBAR: Waldenburg: Dworcowy, ul. Armii Czerwonej 26; Górniczy Zdrój, Auenstraße (al. Wyzwolenia) 1.

THEATER: Waldenburg: Teatr Dramatyczny, pl. Teatralny 1, Tel. 2 50 12; Marionettentheater, Albertistraße (ul. Buczka) 16,Tel. 2 61 14.

Im Hirschberger Tal

26. Das Eulengebirge

Südöstlich von Waldenburg erstreckt sich zwischen dem Tal der Schweidnitzer Weistritz (Bystrzyca) und der Glatzer Neiße (Nysa Kłodzka) das 36 km lange bewaldete **Eulengebirge** (Góry Sowie) hin. Dieses zu den schönsten schlesischen Mittelgebirgen gehörende Bergland verbindet das Waldenburger mit dem Glatzer Bergland. Durch die starke Industrialisierung im Gebiet von Reichenbach (Dzierżoniów) sind große Teile der einst dichten Wälder vom Waldsterben bedroht. Höchster Berg des Eulengebirges ist die Hohe Eule (Wielka Sowa, 1015 m). Weitere Erhebungen sind die Sonnenkoppe (Słoneczna, 952 m), die Ascherkoppe (Popielak, 856 m), der Hohe Stein (Malinowa, 815 m), die Strohhaube (Chochoł Wielki, 740 m), der „Donjon" der Festung Silberberg (Warowna Góra, 686 m) und die Hügel von Wartha (Góry Bardzkie) über dem Neißetal. Den besten Blick auf die Schlesische Tiefebene hat man vom Turmberg (Kalenica, 964 m) und von der Sonnenkoppe (Słoneczna, 950 m). Den besseren Blick hat man aber vom Stahlaussichtsturm auf dem Turmberg.

Das im 16. Jahrhundert von böhmischen Protestanten besiedelte **Wüstewaltersdorf** (Walim) südöstlich von Waldenburg, das Egmont Websky (1827—1905) zum Zentrum der Baumwollindustrie machte, ist das Eingangstor in das Eulengebirge. Wanderungen führen von hier auf die **Hohe Eule** mit dem 24 m hohen Bismarckturm und zu lieblichen bewaldeten Tälern. Um die **Neumannskoppe** ziehen Habichte und Sperber ihre weiten Kreise. Unterwegs kommt man durch typische Euledörfer der deutschen Weber und Holzschläger. Heute wohnt hier ein fremder Menschenschlag. Am Silberwasser lebt noch der Zauber eines verschwiegenen Waldwinkels. Schön sind auch der Bremen- und der Eulengrund, der Kanonweg (wo Schützengräben und Feldstellungen noch an Friedrich des Großen Kampf um Schlesien künden). Der Turm auf dem **Königshainer Spitzberg** (Ostra Góra) steht nicht mehr und der Gipfel ist dicht bewaldet, aber vom **Hohen Hahn** genießt man eine herrliche Fernsicht in das Waldenburger Bergland, zum Zobten und bis ins Riesengebirge. Ein paradiesisches Engtal ist das **Mühlbachtal**. Am Wolfs- und Saalberg balzt noch der Birkhahn. Die Hohe Eule ist aber auch ein vorzügliches Wintersportgebiet und bietet großartige Abfahrten.

Von Wüstewaltersdorf führte unsere Route weiter durch das steile, durch Umweltschäden gekennzeichnete Gebirge und über den 755 m hohen Wüstewaltersdorfer Paß (Przełęcz Walimska), wo vor 1945 die „Sieben-Kurfürsten-Baude" stand, vorbei an der Hohen Eule nach **Peterswaldau** (Pieszyce), einer kleinen, am Fuße dichtbewaldeter Berge gelegenen Stadt mit 10 242 Einwohnern (1939: 6976). Sie war schon im 19. Jahrhundert wegen ihres milden Klimas als Sommerfrische beliebt. Früh entwickelte sich der Ort durch die Herstellung von Stoffen zu einem weit über die Grenzen des Deutschen Reiches bekannten Textilzentrum. Not der Kriege und der damit verbundene Niedergang brachte einen Rückgang.

Im 17. und 18. Jahrhundert entstanden im schlesisch-böhmischen Grenzgebiet zahlreiche Weberdörfer. 1748 gab es im Gebirge 12 000 Weber. Im 19. Jahrhundert kam es in Peterswaldau und dem nahen **Langenbielau** (Bielawa), das unterhalb der Ascherkoppe liegt und 34 158 Einwohner hat (1939: 33 000), zu einem Weberaufstand. Die Aufständischen, die nach Peterswaldau zogen, dort das leben des Fabrikanten Zwanziger bedrohten und seine Fabrik stürmten, nach dem dieser einen Arbeiter, der das revolutionäre Weberlied „Das Blutgericht" gesungen hatte, der Polizei übergeben hatte, wurden von der Armee zur Ruhe gebracht. Die kleine Stadt war 1844 der Schauplatz für das Hauptmannsche Schauspiel „Die Weber". Hauptmann benutzte den Namen Dreißiger statt Zwanziger.

Sehenswert ist in Peterswaldau das romantisch gelegene dreiflügelige Barockschloß der Grafen Stolberg-Werningerode, das neben Altertümern und Kunstarbeiten bis 1945 in der Kapelle noch eine Bachsche Orgel aus dem 17. Jahrhundert aufweist. Auf dem Friedhof kann man zahlreiche deutsche Gräber, darunter auch das der Familie Zwanziger, sehen. Die Anlage ist ebenso wie das Schloß verwahrlost.

Das Städtchen **Reichenbach/Eule** (Dzierżoniów), 5 km nördlich, ist ein Juwel eines mittelalterlichen Stadtbildes mit alten Kirchen und Denkmälern. Die alte Textilstadt, die 37 653 Einwohner hat (1939: 17 253), erstreckt sich malerisch am Fuße des Eulengebirges. Sie wurde um 1230 von Deutschen aus Reichenbach (Vogtland) gegründet. Die Siedler machten den Ort zu einem wichtigen Tuchmacher- und Leinenweberzentrum. 1290 kam Reichenbach vom Herzogtum Breslau an die Bolkonen von Schweidnitz-Jauer. Durch die Überfälle polnisch-tschechischer Hussiten und anderen Raubgesindels verarmte die Stadt. Bergauf ging es erst wieder ab 1510, als sich Reichenbach dem Bund der Königlichen Städte in Schlesien anschloß. 1790 tagte in

Die Ortsmitte von Reichenbach

der Stadt der Kongreß von Reichenbach und verabschiedete die Konvention zwischen Preußen und Österreich. Am 27. 6. 1813 wurde in Reichenbach der Koalitionsvertrag zwischen Preußen, Österreich und Rußland gegen Napoléon abgeschlossen. Zwischen 1815—1820 war die Stadt Sitz des vierten schlesischen Regierungsbezirks.

Rings um die kreisförmige Altstadt sind Reste der **Stadtmauer** erhalten, die von Grünanlagen eingesäumt sind. In der Mitte des Ringes (plac Wolności) steht das 1871 errichtete **Rathaus**. Nördlich anschließend erheben sich die spätgotische **Tuchhändlerhalle**, und der **Turm** des alten Rathauses, der von einer kupfernen Haube gekrönt ist. Er gehört zu den schönsten Bauten Schlesiens aus dem 16. Jahrhundert. Rings um den Platz stehen restaurierte **Patrizierhäuser**, darunter ein Barockhaus an der Ecke der Trenckstraße (ul. Krasickiego).

Südöstlich des Ringes erhebt sich an der Kirchstraße (ul. Kościelna) die spätgotische katholische **Stadtpfarrkirche St. Georg** (14. bis 17. Jahrhundert) mit Renaissancehaube und drei Schiffen. Sehr schön sind der Hochaltar und die Kanzel.

Geht man vom Ring durch die Schweidnitzer Straße (ul. Świdnicka) nach Westen, so stößt man vor dem Schweidnitzer Tor auf die 1795 bis 1798 nach Plänen von Carl Gotthard Langhans erbaute evangelische **Stadtpfarrkirche**. Das Gotteshaus besitzt einen mächtigen quadratischen Turm mit neoklassizistischer Haube. Das Innere der mit drei Emporen und einem Kanzelaltar ausgestatteten Kirche ist schlicht gehalten.

Von hier gelangt man parallel zur Feldstraße entlang der alten Befestigungsanlagen in nördlicher Richtung zur **Gruftkapelle** der Familie v. Sadebeck. Weiter westlich an der Schweidnitzer Straße lohnt die **Begräbniskirche St. Barbara** (św.. Trójcy = zur Heiligen Dreifaltigkeit) einen Abstecher. Das ursprünglich aus dem 13. Jahrhundert stammende Gotteshaus wurde im 16. und 19. Jahrhundert umgebaut. Beachtenswert ist das Standbild des hl. Nepomuk von 1733 neben der Kirche.

KURZINFORMATIONEN

VERKEHR: Reichenbach liegt an der Bahnlinie Schweidnitz-Frankenstein.

BUS: PKS-Busse bedienen alle bedeutenden Orte.

HOTELS: **Langenbielau:** Pod Wielka Sowa, ul. Wolnośa 135, Tel. 3 61. **Reichenbach:** Polonia (ehem. Hotel Kaiserhof).

JUGENDHERBERGE: Wanderheim Orzel (ehem. Eulenbude). **Reichenbach:** ul. Rzeznicza 5, Tel. 29 13; ul. Świdnicka 61, Tel. 38 81 (ganzjährig).

BERGHÜTTE: **Hausdorfer Pläuel** (Przelecz Jugowska): Schronisko PTTK Zygmuntówka, Tel. Jugów 5 48.

GASTSTÄTTE: **Reichenbach:** am Ring (plac Wolności).

CAFÉS: **Langenbielau:** im Ortszentrum.

Auch das ehemalige Augustiner-Kloster von 1340 (heute: Niepokalanego Poczęcia NMP= Zur unbefleckten Empfängnis) nordwestlich des Ringes ist sehenswert.

In unmittelbarer Nähe der Stadt, am **Fischerberge** (Rybin), fand am 16. 8. 1762 der letzte Sieg Friedrichs des Großen auf schlesischem Boden statt. Von der Hohen Schanze hat man eine herrliche Aussicht auf das Gebirge. Friedrich der Große meinte bei seinem Aufenthalt imAugust 1741: „Wir haben die schönste Aussicht in Schlesien. Es ist die reizendste Landschaft der Welt." Reichenbach ist Ausgangspunkt für Wanderungen durch das Eulengebirge.

27. Zwischen Reichenbach und Neurode

In Reichenbach wechseln wir auf die nach Südosten führende Straße über. Unterwegs nach Frankenstein hat man eine prächtige Aussicht auf den bewaldeten Kamm des Eulengebirges rechts und das Massiv des Zobten (Ślęża) links.

Die Kreisstadt und ehemalige Leinenstadt **Frankenstein** (Ząbkowice Śląskie), die 1989 rund 17 098 Einwohner zählte (1939: 10 809), liegt am östlichen Rand des Eulengebirges an der alten Heeres- und Handelsstraße („Königsstraße") Breslau-Prag und wurde von zahlreichen Königen, Staatsmännern, Dichtern und Militärs besucht, darunter Friedrich der Große (1778 im bayerischen Erbfolgekrieg), Goethe (1790), Jerôme (der Bruder Napoléon Bonapartes, 1807) und Generalfeldmarschall von Blücher (1816).

Frankenstein wurde 1220 von Deutschen besiedelt und erhielt 1286 Neumarkter Recht. 1428 eroberten und verwüsteten die tschechisch-deutsch-polnischen Hussiten den Ort. Lange gehörte die Stadt zum

Herzogtum Münsterberg, dessen Herzöge hier zeitweise residierten. Nach dem Dreißigjährigen Krieg kam Frankenstein an die Familie Auersperg, im 18. Jahrhundert an die Schlabrendorffs. 1945 wurde die Stadt ohne Kampf besetzt.

Beachtenswert sind die Ruinen des ehemaligen **Schlosses** (Anfang des 16. Jahrhunderts) im Südwesten, die größte Burgruine Schlesiens mit der schönen Schloßbergterrasse sowie die spätgotische **Stadtpfarrkirche St. Anna** (15.—16. Jahrhundert) mit dem Renaissancegrabmal der Herzogin Anna und des Herzogs Karl. Neben der Kirche erhebt sich der 34 m hohe **„Schiefe Turm"** von Frankenstein, der dem Ort den Namen „schlesisches Pisa" eingetragen hat. Die Neigung dieses Glockenturms beträgt 1,5 m. Er soll von dem Baumeister Geiß absichtlich schief erbaut worden sein, nach anderer Darstellung hat er sich um 1609 durch starke Kälte gesenkt. Eine weitere These besagt, daß angebliche tektonische Erschütterungen 1598 die Ursache sind, die auch die Entstehung der Erdrutsche in Wartha verursachte. Weitere Sehenswürdigkeiten sind das neugotische **Rathaus** (1862—64) mit 75 m hohem Turm, das Wohnhaus des Dichters Moritz Graf Strachwitz (1822—1847) und die Reste der **Stadtmauern** (14.—16. Jahrhundert). In der Nähe der Stadt gab es abbauwürdige Nickel-, Magnesit-, Braunkohlen-, Chrysopras- und Syenit-Vorkommen.

An der Straße nach Neurode steht in **Peterwitz** (Stoszowice) das Schloß der Grafen v. Strachwitz. Hier wurde der Balladendichter Moritz Graf Strachwitz (1822—1848) geboren.

Von hier kann man das westlich am strategisch wichtigen Silberberg-Paß gelegene **Silberberg** (Srebrna Góra) besuchen. Der im Mittelalter florierende Silberbergbau des kleinen Ortes wurde durch die Hussiten zerstört. Die mächtige Bollwerkfestung (Twierdza Srebrnogórska) wurde im 18. Jahrhundert unter Friedrich dem Großen errichtet. 1834—1837 war hier Fritz Reuter inhaftiert („ut mine Festungstid"), im letzten Krieg diente die Festung als Lager für gefangene alliierte Offiziere. Beachtenswert sind besonders die vier Basteien unter dem Festungsturm (Donjon), die einen Durchmesser von 60 m und eine Mauerdicke von 12 m haben.

Am südwestlichen Rand des Eulengebirges liegt in der Grafschaft Glatz die Bergbau- und Industriestadt **Neurode**. Die 1336 mit deutschem Recht begabte Bergstadt Neurode (Nowa Ruda) besaß bis 1945 das größte Chamotteerzeugungswerk der Welt. Sie ist Ausgangspunkt für Fahrten und Wanderungen ins Eulengebirge. Die Kleinstadt mit 1989 27 433 Einwohnern (1939: 10 014) ist von allen Seiten von

Bergen umschlossen, was ihr einen eigenartigen terrassenförmigen Charakter gibt. Neurode ist Geburtsort von Fritz Eckert (1852—1916), der die japanische Nationalhymne komponierte.
Das **Rathaus** auf dem Ring wurde Ende des 19. Jahrhunderts im Jugendstil errichtet. Das unweit davon stehende **Schloß** (1796 von den Grafen Stillfried errichtet, später den Grafen Magnis gehörend) ist seit 1899 Sitz der Verwaltung. Im Osten des Ringes steht die katholische **Stadtpfarrkirche St. Nikolaus** im Stil der Neogotik. Ältestes Bauwerk der Stadt ist die **Brüderkirche Mariä Himmelfahrt** aus dem 16. Jahrhundert. Erhalten haben sich an der Walditz (Włodzica) mehrere alte **Laubenhäuser**.
Von dem 647 m hohen **St. Annaberg** im Süden der Stadt, auf dem die im 16.—17. Jahrhundert erbaute Annakapelle steht, und dem benachbarten Graupenberg hat man einen wundervollen Rundblick über die ganze Grafschaft Glatz und ins sudetendeutsche Braunauer Ländchen hinein.

KURZINFORMATIONEN

BAHN: Neurode liegt an der Bahnstrecke Waldenburg—Glatz; Frankenstein an der Linie Schweidnitz—Kandenz.

BUS: PKS-Busse verbinden die größeren Orte mit Waldenburg, Frankenstein, Glatz und Breslau.

TANKSTELLE: **Neurode:** ul. Kłodzka 20.

HOTELS: **Silberberg:** ** Sportowy (ehem. ev. Kirche); PTTK-Ausflugsheim Podwieżą, pl. Wypoczynkowy 4, Tel. 99. **Neurode:** Sudety, Ring (Rynek) 11, Tel. 23 75.

JUGENDHERBERGE: **Silberberg:** ul. Kolejowa 16 (Juli—August).

BERGHÜTTE: **Silberberg:** Schronisko PTTK Na Przełęczy Srebnej, Tel. 12 (ganzjährig).

CAMPING: **Silberberg:** im Fort Ostróg.

GASTSTÄTTE: **Neurode:** Kolorowa, Ring (Rynek) 16.

CAFÉ: **Frankenstein:** Pod Krzywą Wieżą.

28. Die Grafschaft Glatz

Seit 1459 trägt das Glatzer Land, das am Oberlauf der Glatzer Neiße (Nysa Kłodzka) liegt, die Bezeichnung Grafschaft Glatz (Ziemia Kłodzka). Das Gebiet ragt wie ein rechteckiger Keil nach Böhmen und Mähren hinein. Ringsum ist der Glatzer Talkessel von Gebirgen umgeben.

In dem zu den schönsten Regionen Schlesiens zählenden, weitläufigen, von bewaldeten Höhenrücken eingefaßten Kessel liegen zahlreiche Kur- und Erholungsorte und Wintersportzentren. In den langgezogenen Waldhufendörfern erinnern fränkische Höfe mit ihren Fachwerkgiebeln an ihre 1945 vertriebenen deutschen Besitzer.

Im Nordwesten wird die Grafschaft durch das Eulengebirge, im Nordosten durch das Reichensteiner Gebirge, im Südosten durch das Glatzer Schneegebirge, im Westen durch das Heuscheuergebirge und im Süden durch das Adlergebirge eingerahmt.

Die Region, die von der Glatzer Neiße und ihren Nebenflüssen Biele (Biała Lądecka) und Steine (Ścinawka) durchflossen wird, ist sehr fruchtbar und besitzt zahlreiche Mineralquellen. Neben der Forstwirtschaft spielen der Steinkohlenbergbau, die Textilindustrie und seit Ende des 19. Jahrhunderts der Tourismus bedeutende Rollen. Ab 1881 erschlossen der Glatzer Gebirgsverein und andere Vereinigungen das Bergland für Wanderer.

Das Glatzer Bergland, durch das die uralte Handelsstraße zur „Böhmischen Pforte" führt, ist seit langem besiedelt und umkämpft. Vor 900 Jahren gehörte es zu Böhmen. Schon damals versuchten die Polen – vergeblich –, das Land zu erobern. Unter König Ottokar II. von Böhmen kamen im 13. Jahrhundert deutsche Siedler ins Land und erschlossen die bis dato nur dünn besiedelte Region. 1534 kaufte König Ferdinand II. von Böhmen die Grafschaft den Grafen von Hardeck ab. Nach dem 1. Schlesischen Krieg kam sie an Preußen. Nach 1945 wurden hier vorwiegend Polen aus Galizien und der Ukraine angesiedelt. Da sie nicht die Ausdauer der vertriebenen deutschen Bauern besitzen, ließen sie große Teile der landwirtschaftlichen Flächen brach liegen.

Von Frankenstein (Ząbkowice Śląskie), das bereits zur alten Grafschaft Glatz gehört, fahren wir in die 17 km südwestlich von hier gelegene Stadt **Wartha.**

Die „goldene Pforte der Grafschaft" **Wartha** (Bardo) liegt im Durchstromtal der Glatzer Neiße. Sie war im 11. Jahrhundert ein wichtiger Grenzort zu Böhmen. Das reizende Bergstädtchen mit heute 2979 Einwohnern (1939: 1736) ist ein alter Wallfahrtsort an der alten Paßstraße (Wartha-Paß – Przełęcz Bardzka) von Prag nach Breslau und heute ein beliebter Erholungsort am Rande des Durchbruchtals der Glatzer Neiße (Nysa Kłodzka) durch das Eulen- und Wartha-Reichensteiner-Gebirge. Es ist ringsum von Wäldern umgeben.

Schon im 12. Jahrhundert gab es in Wartha eine Burg, welche den Paß schützte. 1189 schenkte Bischof Siroslaus von Breslau den Zehnten des damaligen Dorfes samt Kirche dem Johanniterorden, von dem es 1210 an das Augustinerchorherrnkloster Kamenz überging. 37 Jahre später übernahmen es die Zisterzienser. Später gehörte Wartha jahrhundertelang zum Herzogtum Münsterberg.

Schon von weitem sieht man die prachtvolle, zweitürmige Wallfahrtskirche, die 1682—1704 von Michael Klein, dem bischöflichen Hofbaumeister aus Neisse, im Stil des Barock an Stelle einer 1334 erbauten Kirche errichtet wurde. Beachtenswert sind in der Saalkirche mit Emporen und Seitenkapellen die Rokoko-Orgel des Breslauer Meisters Eberhard (1759 von Friedrich dem Großen gestiftet), der prunkvolle Gnadenaltar mit dem großartigen Gemälde „Mariä Heimsuchung" von Michael Willmann und die 43 cm hohe romanische Madonna aus Lindenholz in der Mitte des Altars, die älteste schlesische Holzskulptur. Sie entstand Anfang des 13. Jahrhunderts. Sehenswert ist auch das Kloster mit seinem Museum sakraler Kunst (Auskunft über Öffnungszeiten: Tel. 2 21). Vom Kalwarienberg (583 m), der zu Fuß in einer Stunde bestiegen werden kann, hat man eine prächtige Aussicht. Auf dem Rosenkranzberg steht seit 1905 ein Kapellenensemble.

Die Stadt **Glatz** (Kłodzko) zählt heute 30 046 (1989) Einwohner, 1939 waren es 20 575, und liegt inmitten des Glatzer Kessels beiderseits der malerischen Glatzer Neiße an der Mündung der Steine (Ścinawka). Sie ist wirtschaftliches und touristisches Zentrum der ganzen Region.

Schon im 10. Jahrhundert bestand an der wichtigen Handelsstraße von Schlesien nach Böhmen eine Festung. Die 981 als Gründung des böhmischen Fürsten Slavnik, des Vaters des hl. Adalbert, erwähnte Stadt kam 1137 an Böhmen, erhielt Anfang des 13. Jahrhunderts deutsches Stadtrecht und gelangte 1742 an Preußen. In Glatz und in der Grafschaft saßen Deutsche aus dem Meißnischen, aus Franken und Hessen, die sich in den Glatzer Bergen eine neue Heimat schufen und in der Stadt Glatz einen Winterhof hielten. Auch in der Wirtschaft stand Glatz an führender Stelle. Von hier fuhren im Mittelalter Kaufleute mit dem Planwagen nach Triest und Venedig und brachten in ihre Gewölbe unter den „Lauben" Kolonialwaren und Spezereien heim. Große Bedeutung erlangte Glatz als friderizianische Festung, deren für damalige Zeit mächtige Werke so manchem feindlichen Ansturm trotzten.

Wir beginnen unseren Stadtrundgang am Ring (plac Chrobrego), auf dem das ursprünglich gotische, Ende des 19. Jahrhunderts neu im Neorenaissancestil errichtete **Rathaus** steht. Der Renaissanceturm (1654) stammt vom alten Rathaus. An der Ostseite des Platzes befindet sich der barocke **Löwenbrunnen** (1700), an der Westseite die 1682 im Andenken an eine Pestepidemie von Adam Beyerhoff nach dem Vorbild der auf dem Altstädter Ring von Prag modellierten **Mariensäule**. Am Ring und an den umliegenden Straßen stehen noch zahlreiche Patrizierhäuser mit Fassaden und Portalen im Stil der Renaissance und des Barock. Die schönsten stehen in der Schwedeldorfer Straße (ul. Armii Czerwonej) und an der Böhmischen Straße (ul. Czeska).

Vom Marktplatz gelangt man über den Brückentorplatz (ul. Wita Stwosza) zur südöstlich über den Mühlgraben (Młynówka) führenden gotischen **Brücktor-Brücke** (Most gotycki) mit ihren sechs barocken Skulpturen. Sie wurde 1390 nach dem Vorbild der berühmten Karlsbrücke in Prag gebaut. Die Brücke, die deshalb auch „Kleiner Bruder der Prager Karlsbrücke" genannt wird und von der man einen ausgezeichneten Blick auf die Glatzer Festung hat, führt zu der von der Neiße und dem Mühlenkanal gebildeten Sandinsel, auf der am Roßmarkt (plac Grottgera) die barocke **Minoritenkirche** (17. Jahrhundert) steht. Das Refektorium des ursprünglich aus dem 13. Jahrhundert stammenden Klosters ist mit herrlichen Fresken („Die Speisung der Zehntausend") von Felix Anton Scheffler (1744) geschmückt. Von hier gelangt man zum weiter südöstlich am Sellgittplatz (pl. Jedności) gelegenen Bahnhof (Dworzec PKP).

Nun können wir über die südlich der alten Brücke über die Neiße führende neue Brücke von 1984 und durch Grünanlagen zur Altstadt zurück gehen.

Die Festung in Glatz

Am Kirchplatz unterhalb des Ringes erhebt sich die katholische **Dekanatskirche Mariä Himmelfahrt**. Die dreischiffige gotische Basilika wurde um 1430 unter anderem von Peter Parler von der Prager Bauhütte errichtet. Das prunkvolle barocke Interieur wurde von dem italienischen Künstler Carove geschaffen. Der kunstvolle Hochaltar stammt von dem Wiener Christian Tausch. Besonders schön: die gotische Glatzer Gnadenmadonna aus Zedernholz. Die Kanzel wurde 1717 von Michael Klahr d. Ä. aus Bad Landeck geschaffen. Beachtenswert ist auch der 1517 von Graf Ulrich von Hardeck gestiftete Renaissance-Taufstein.

Von der nordöstlich an die Kirche anschließenden Arnestusstiege gelangt man in das **Labyrinth** (Trasa 1000—lecia, bzw. Trasa Tysiąclecia Państwa Polskiego), einen 600 m langen unterirdischen Gang, der bis unterhalb der Festung führt (30minütige Führungen von der Festung aus). Von der Marienkirche gehen wir zum westlich an der Judenstraße (ul. Łukasiewicza 4, Tel. 35 70) gelegenen **Heimatmuseum** (Muzeum Ziemi Klodzkiej), in dem die Geschichte von Glatz aus polnischer Sicht dargestellt wird.

Im Norden wird Glatz von der alten Fridericusfeste (Twierdza) mit ihren Verließen aus dem 17. Jahrhundert überragt. Sie bot einst 3000 Mann Besatzung Unterkunft. Die Festung wurde nach dem Dreißigjährigen Krieg nach holländischen Vorbildern um- und nach 1742 von Friedrich dem Großen stark ausgebaut. Von 1745—1747 wurde hier der Freiherr Friedrich von der Trenck festgehalten. Am 26.7.1760 eroberten die Österreicher die Festung. 1806/07 wurde sie jedoch von Graf Friedrich Wilhelm v. Götzen gegen die Rheinbundtruppen bis zum Tilsiter Frieden verteidigt.

Von den Bastionen bietet sich ein prächtiger Ausblick. Höchster Punkt ist mit 36 m der Donjon (Hohe Bastion), das Kernwerk der Festung. Besuchenswert sind die Kasematten mit Lapidarium und Gefangenen-Gedächtnisstätte sowie die Wehrgänge und Tunnels.

Lohnenswert ist auch ein Besuch des ehemaligen **Bernhardinerklosters** mit Kirche an der Frankensteiner Straße (ul. Łukasińskiego), die östlich der Festung hoch zum Warthapaß führt. Sie wurde 1479 erbaut, 1665 barockisiert und 1931 erneuert. 1836—1945 war sie evangelisch.

AUSFLÜGE

Auf längeren Rundfahrten in den Westen, Süden und Osten der Stadt lernen wir hübsche kleine Kurorte und Wintersportplätze kennen. Bevor wir zur großen Rundfahrt aufbrechen, lohnt die im Reichensteiner Gebirge (Góra Złote) 19 km östlich von Glatz gelegene alte Bergwerkstadt und Sommerfrische Reichenstein einen Besuch.

Der Legende nach wird seit dem Jahre 933 im „Goldenen Esel" der 1989 rund 3112 Einwohner zählenden Stadt **Reichenstein** (Złoty Stok) Erz und Gold abgebaut. Die Stadt selbst wurde 1273 vom Kloster Kamenz aus gegründet. 1491 erhielt der Ort den Titel „Freie Bergstadt". Im 16. Jahrhundert beteiligten sich die Augsburger Fugger und Welser an der Ausbeutung der Erzvorkommen von Reichenstein. Als Ende des 17. Jahrhunderts der Erzbergbau eingestellt wurde, begann man mit der Gewinnung von Arsenik.

Am Ring stehen mehrere alte **Patrizierhäuser** aus dem 16. Jahrhundert, darunter am Ring Nr. 20 das Renaissancehaus der Fugger. Die evangelische **Stadtpfarrkirche St. Salvator** wurde in eine Sporthalle umgebaut. Sehenswert ist auch das 1985 eröffnete Gold-Museum. Vom Reichensteiner Paß bietet sich ein herrlicher Rundblick über Eulen- und Warthaer Gebirge sowie Glatzer Kessel.

ERSTE RUNDFAHRT

Nach diesem Abstecher fahren wir auf der nach Westen führenden E 67 zum Heilbad **Bad Altheide** (Polanica Zdrój) das etwas abseits der Straße zwischen dem Heuscheuer- und dem Adlergebirge 12 km westlich von Glatz im waldumschlossenen Talkessel der Reinerzer Weistritz (Bystrzyca Dusznicka) liegt. Das modernste Grafschafter Herzheilbad (400 bis 600 m. ü. M.) am Ausgang des romantischen Höllentales, das 1945 zur Stadt erhoben wurde und 1989 7 387 Einwohner zählte, wird wegen seiner heilkräftigen Prinzen-Sprudel und Quellen und der herrlichen Lage zwischen Wäldern und Bergen schon seit alter Zeit von Kurgästen und Erholungssuchenden aufgesucht. Doch erst in den Dreißiger Jahren unseres Jahrhunderts gelangte das Bad zu internationaler Bedeutung, nachdem zwei mächtige Kohlensäuresprudel erbohrt und ein prächtiges Kurhaus, eine monumentale Sprudel- und Wandelhalle sowie etwa 200 Hotels und Logiervillen gebaut worden waren. Sehenswert sind neben dem Kurhaus das Palmenhaus, das Theater und das private Kuriositätenmuseum „Gniazdko". Markierte Wanderwege führen vom Ortszentrum in das Heuscheuergebirge (Góry Stołowe) im Norden und das Mense- und Adlergebirge (Góry Orlickie) im Süden. Unweit von Bad Altheide steht auf einem Hügel bei **Alt-Wilmsdorf** (Stary Wielislaw) eine im 16. Jahrhundert errichtete gotische Kirche, die als Schutz vor den Hussiten mit einer steinernen Mauer umgeben ist. Im Innern sind die schönen schmiedeeisernen Gitter (16. Jahrhundert) vor dem Presbyterium beachtenswert. In der Außenmauer sieht man eingemauerte deutsche Grabsteine.

Von Altheide führt unsere Rundfahrt durch das windungsreiche Tal der Weistritz, die sich tief in den bewaldeten Bergrücken eingeschnitten hat. In **Rückers** (Szczytna), einer von dem 1831—1837 erbauten Schloß Waldstein überragten Sommerfrische mit einem ausgedehnten Schloßpark, mit Glashütte und Kristallschleiferei, ließ der kaiserliche

Leibarzt Johann Crato von Krafftheim (1519—1585), Freund Luthers und Melanchthons, 1581 die erste reformierte Kirche Schlesiens errichten. Es steht hier außerdem der klassiszistische Hof vom Anfang des 19. Jahrhunderts, heute der Sitz der Glasschule. Auf einer Wanderung kann man hier das nahe Felsenlabyrinth der Heuscheuer besuchen.

Nächstes Ziel ist die alte Stadt **Bad Reinerz** (Duszniki Zdrój). Das vielbesuchte Heilbad mit heute 5887 Einwohnern (1939: 4690) liegt im malerischen Talkessel der forellenreichen Weistritz. Der Ort erhielt vor 1324 deutsches Stadtrecht. Seit 1408 wurde hier Eisenerz gewonnen. Später widmete man sich auch der Papier-, Glas- und Textilherstellung. Berühmt war vor dem Kriege der einzige alkalische Thermalsprudel des Deutschen Reiches in diesem „Wildungen des Ostens". Zu den Kurgästen gehörten Friedrich der Große, Felix Mendelssohn Bartholdy und Frédéric Chopin.

An der Südwestecke des Ringes erhebt sich das 1844 anstelle des abgebrannten mittelalterlichen Gebäudes errichtete **Rathaus**. Rund um den Platz stehen **Patrizierhäuser** aus dem 16.—18. Jahrhundert. Das älteste (Nr.18) stammt aus dem Jahre 1598. In der katholischen **Pfarrkirche St. Peter und Paul** westlich des Ringes, die von einem mächtigen Turm überragt wird, ist die barocke Kanzel in Form eines Wal-Rachens (von 1730) beachtenswert. Sehenswert ist auch der aus Holz geschnitzte Marienaltar (1720) in der ersten Seitenkapelle mit den 14 Nothelfern und das Renaissance-Taufbecken von 1560.

Im Nordwesten des Ringes steht an der ul. Słowackiego die 1846 errichtete evangelische **Kreuzkirche** (z. Zt. von der kath. Gemeinde besetzt). Am Oberring steht eine **Mariensäule** aus dem Jahre 1725. Auch das alte Theater im 1 km südwestlich des Stadtzentrums gelegenen Kurpark, in dem Chopin 1826 sein erstes öffentliches Konzert gab, lohnt einen Besuch. Mitte August wird hier alljährlich ein Chopin-Festival veranstaltet, das an der Tradition der vor dem Kriege berühmten großen Musikfestwoche anknüpft. Am Ortseingang (Glatzer Straße/ul. Kłodzka 42) wurde in der 1605 von Georg Kretschmer (der von Kaiser Rudolf II. geadelt wurde) gegründeten Papierfabrik, einem pittoresken hölzernen Bauwerk, ein **Papiermuseum** eingerichtet. Hier wird immer noch das milbenfreie Büttenpapier, einst für die Urkunden des Deutschen Reiches, hergestellt. Die Papierproduktion kann von Touristen hier besichtigt werden. Geöffnet: Di.—Sa. 10—16 Uhr, Mo. und So. geschlossen.

Lohnenswert sind Wanderungen zum Naturschutzgebiet des Seefelder Moores (Topieliska) im Westen, zur Hohen Mense (Orlica) mit dem 150 m langen „Goldenen Stollen" (Zlota Sztolnia), in dem einst Gold gefunden wurde, und zum Naturschutzgebiet der Großen Heuscheuer (Szczeliniec Wielki). Der „Goldene Stollen" ist schwer zu finden, das Innere ist sumpfig und eng (man muß kriechen). Es ist für die Massenbesichtigung nicht geeignet und nur für erfahrene Touristen zu empfehlen.

Von Bad Reinerz verläuft die E 67 bergan zum 670 m hohen Hummelpaß zwischen Heuscheuer- und Adlergebirge. Rechter Hand steht auf dem kegelförmigen, bewaldeten Hummelberg (Gomola) die Ruine einer mittelalterlichen Burg mit 12 m hohem Turm, dem sogenannten **Hummelschloß** (Homole).

Das Heuscheuer-Gebirge (Góry Stolowe), das aus dem Tal der Reinerzer Weistritz teilweise senkrecht zu einer Hochebene ansteigt, besteht aus Quarzsandstein und ist wohl das malerischste Gebirge der Grafschaft Glatz. Höchste Berge sind die weithin sichtbare Große Heuscheuer (Szczeliniec Wielki), die wie ein Heuschober aus der Karlsberger Hochebene (750 m) emporragt, die Kleine Heuscheuer und der Spiegelberg. Vom Paß fahreri wir auf einer sehr guten Straße durch einen Wald in den Kessel von Hummelstadt, der schon im Einzugsgebiet der Elbe liegt.

In dem 5 km entfernten Städtchen **Hummelstadt** (Lewin Kłodzki) lohnen das Rathaus und die Patrizierhäuser auf dem Ring eine Betrachtung. Besonders schön: ein Rokokohaus (Nr. 27) mit dem Freskogemälde „Die Flucht aus Ägypten" und die barocke Pfarrkirche (16.—17. Jahrhundert) mit Renaissance-Kanzel und Rokoko-Altären.

Nach weiteren 5 km haben wir den seit dem 17. Jahrhundert bekannten Kurort **Bad Kudowa** (Kudowa Zdrój) im „Böhmischen Winkel" erreicht. Dank seiner Lage in einem windgeschützten Bergkessel am Südabhang des bewaldeten und schluchtenreichen Heuscheuergebirges und gegen Norden, Westen und Osten durch Höhen und Nadelholzwald abgeschirmt, zeichnet sich der heute 10 246 Einwohner zählende Ort durch ein mildes Klima aus. Das älteste deutsche Herzbad wird seit dem 17. Jahrhundert wegen seiner 1580 entdeckten Sauerbrunnen besucht. Erste Besitzer der zu den stärksten Arsenquellen Europas gehörenden Heilquellen waren Wallenstein und Terzky. Im Juni 1813 empfing König Friedrich Wilhelm III. von Preußen im hiesigen Pfarrhaus Ernst Moritz Arndt und Reinhardt v. Gneisenau zu Gesprächen. 1870 wurde Bad Kudowa das erste Herzbad Deutschlands. Seit 1963 ist Bad Kudowa Stadt.

Im Stadtzentrum erhebt sich die barocke **St.-Katharinen-Kirche** (17. bis 18. Jahrhundert) mit einem von einem Zwiebelhelm und Laterne gekrönten Glockenturm und der Statue der hl. Katharina an einem Nebenaltar. In der Nähe erstreckt sich der berühmte alte Kurpark (vor dem Kriege 50 ha, heute 14 ha) mit seltenen Laub- und Nadelhölzern, einem **Kurhaus** (Dom Zdrójowy) und einer Brunnenhalle. Im Graf-Götzen-Schloß (1772), dem Schlößchen (Zameczek) gegenüber der Brunnenhalle, wurde ein Rehabilitationszentrum eingerichtet. Auf dem **Schloßberg** (477 m) stehen die evangelische „Hussitenkapelle" (18. Jahrhundert), in der Generalleutnant Friedrich Wilhelm v. Götzen, der Retter der Stadt vor den Österreichern, bestattet wurde, und eine „Liebeslaube". Von hier oben bietet sich ein großartiger Blick auf das Heilbad und das Mense-Gebirge.

Im 2 km entfernten schönen Gebirgsdorf **Grenzeck** (Czermna), das in einer Talmulde liegt und einen herrlichen Kurpark besitzt, steht neben der Kirche (1609) eine sehenswerte Schädelkapelle. Die 1776 von Pfarrer Wenzel Tomaschek errichtete Kapelle enthält Tausende von menschlichen Schädeln und Knochen, die von Pestopfern des Dreißgjährigen Krieges und von Gefallenen des Siebenjährigen Krieges stammen.

Kurz hinter Bad Kudowa liegt der Grenzübergang **Schnellau** (Kudowa-Słone). Von hier gelangt man durch das Sudetenland und über Königgrätz (Hradec Kralove) nach Prag. Eine landschaftlich sehr schöne, aber kurvenreiche Straße führt von Bad Kudowa durch das Heuscheuer-Gebirge zurück nach Glatz. Rechts und links der Straße ragen schroffe, bis zu 30 m hohe Sandsteinklippen empor. Ihre abgeflachten Gipfelpartien sind von Rissen und Klüften durchzogen, die durch Erosion und Regen verwittert sind und an Labyrinthe erinnern. In den dichten Wäldern leben Rehe, Hirsche, Wildschweine und Dachse.

Von **Straußdörfel** (Pstrążna), das am Fuße des Gebirges liegt und in dem in einem Haus eine Krippe mit 250 beweglichen Figuren und eine 1930—38 erbaute Orgel mit 217 Stimmen und 10 Registern sehenswert sind, führt ein malerischer Wanderweg durch das Felsgewirr der Tannhübeler Felsenstadt. Auf dem Hochplateau des Spiegelberges (Skalniak) erstreckt sich in einer Höhe von 850 m das fast 100 Morgen große Labyrinth der **„Wilden Löcher"** (Błędne Skały), eigenartig von Naturkräften geformte, verwitterte Sandsteinfelsen. Die Phantasie der Besucher gab den Gebilden des Felsengartens treffende Namen wie Aar, Hundekopf Löwenkatze, Katakombe und Hünengrab. Durch gleichmäßige gerichtete Gassen führt der Weg durch hohe Felsspalten über Plätze mit Wandelgängen und durch Tunnels und Höhen auf den Tafelstein.

Ein herrlicher Rundblick über die umliegenden Gebirge—Riesen-, Iser-, Jeschken-, Waldenburger-, Eulen, Falken- und Mensegebirge — mit ihren zahlreichen Dörfern und Städten bietet sich dem Besucher beim Austritt aus den Zerklüftungen der Felsenstadt. Unterhalb liegt das Walddörfchen Tannhübel (Bukowina). Auch im jenseits der Grenze gelegenen Sudetenland gibt es ausgedehnte Felslabyrinthe, die man über den Grenzübergang Schnellau erreichen kann.

Die Straße führt nun von Straußdörfel steil abwärts in den Glatzer Talkessel. Unterwegs kommt man an einer malerischen Verwitterung, den sogenannten Felspilzen, vorbei.

Die in der Westecke des Glatzer Gebirgskessels und am Fuße des Heuscheuergebirges gelegene Kleinstadt **Wünschelburg** (Radków) ist Ausgangspunkt für Wanderungen in das hier bis zu 920 m ansteigende Gebirge mit seinen idyllischen Wasserfällen und herrlichen alten Laub- und Nadelwäldern. Die 1328 gegründete ehemalige Stadt war vom 15.—19. Jahrhundert ein Zentrum der Tuchmacherei und Leinenweber. Seit Mitte des vorigen Jahrhunderts entwickelte sich die Wollweberei und ab 1893 die Sandsteinindustrie sowie die Schnapsbrennerei (Wünschelburger Korn und Likör). Am Ring erhebt sich das 1609 errichtete, 1738 erneuerte Rathaus. Davor stehen eine Mariensäule (1680) und eine 300 Jahre alte Linde mit einem Umfang von 445 cm. Beachtenswert ist auch die katholische Pfarrkirche St. Dorotheen (16. Jahrhundert). Aus dem einst größten Steinsägewerk Europas in Wünschelburg wurden das Berliner Reichstagsgebäude und andere Bauten der deutschen Reichshauptstadt errichtet.

Ein lohnenswerter Ausflug führt auf der Heuscheuerstraße in Serpentinen in den kleinen Luftkurort **Karlsberg** (Karłów), der am Fuße der Großen und der Kleinen Heuscheuer liegt. Seit 1982 ist die Umgebung des Ortes ein Naturschutzgebiet (Stołowogórski Park Krajobrazowy). Von hier kann man durch das Felsenlabyrinth zum Gipfel der Großen Heuscheuer und zum dortigen, 1846 erbauten Schweizerhaus (Büffet) wandern. Von dem Hochplateau, das man über 665 Stufen erreicht, hat man einen großartigen Rundblick bis zur Schneekoppe und nach Böhmen. 1790 weilte Goethe hier (die Gedenkplakette wurde nach 1945 entfernt).

Die Wallfahrtskirche in Albendorf

Von Wünschelberg ist es nicht weit in den Wallfahrtsort **Albendorf** (Wambierzyce). Das „schlesische Jerusalem" ist berühmt für seine zwischen 1715 und 1720 errichtete Gnadenkirche, die vor dem Kriege abends im Licht von 1400 Lampen erstrahlte und jährlich von 100 000 Pilgern besucht wurde. Zu kirchlichen Festlichkeiten ist dieses Schauspiel auch heute noch zu bewundern. Auf dem gegenüberliegenden Kalvarienberg, den man vorbei an Kreuzwegstationen auf 56 Stufen erreicht, steht die Barockkirche Mariä Heimsuchung. Die ab 1683 entstandenen Bauten gehen auf Daniel Paschasius v. Osterberg zurück, der vorher zwei Reisen ins Heilige Land unternommen hatte. Die Basilika wurde 1716—21 von Graf Franz Anton v. Götzen nach dem Modell des Tempels des Königs Salomo gebaut. Heute wird dieser einst bedeutendste schlesische Wallfahrtsort von Jesuiten betreut. In einem Gebäude aus dem 19. Jahrhundert unten im Ort kann man eine bewegliche Krippe mit 800 hölzernen Figuren sehen. Albendorf liegt eingebettet in ein liebliches Seitental des Heuscheuergebirges zu beiden Seiten eines Gebirgsbaches und umgeben von mit

Nadel und Laubholz bestandenen Bergen. Von der Kammhöhe (665 m) hat man herrliche Aussichten in die schöne Grafschaft. Rings um das Dorf stehen auf den Höhen weitere kleine Kapellen.

Nun kann man entweder in südlicher Richtung über Bad Altheide (Polanica Zdrój) oder auf einer zweiten Straße, die zunächst nach Norden bis **Mittelsteine** (Ścinawka Średnia) und dann in südlicher Richtung führt, nach Glatz fahren. Unweit von Mittelsteine liegt das Dorf **Niederrathen** (Ratno Dolne) über dem sich eine böhmische Grenzfestung (11. Jahrhundert) erhebt, die das Land vor polnischen Übergriffen schützte. Der im 19. Jahrhundert angelegte Park ist verwahrlost. Auf dem nahen Gutshof gibt es noch deutsche Gräber.

ZWEITE RUNDFAHRT

Unser zweiter Ausflug von Glatz führt zunächst durch das Tal der Glatzer Neiße in südlicher Richtung nach **Eisersdorf** (Żelazno) unterhalb der Weißkoppe (Wapniarka), in dem die aus der Mitte des 14. Jahrhunderts stammende, mehrmals umgebaute St. Marienkirche mit ihrem barocken Interieur und ein mittelalterlicher Wohnturm Beachtung verdienen, und von dort durch das in einer Talniederung an den Kühbergen gelegene **Kunzendorf** (Trzebieszowice) mit seiner am Stachelberg (Cierniak) gelegenen 265 m langen Tropfsteinhöhe (Faskinia Radochówska, urzeitliche Fundstätte) in das 17 km östliche Radiumbad Bad Landeck.

Der altbekannte Badeort **Bad Landeck** (Lądek Zdrój) liegt in einem malerischen, nach Süden geöffneten Tal an den Ausläufern des Reichensteiner Gebirges (Góry Złote). Dank seiner günstigen Lage besitzt Bad Landeck, in dem 1989 rund 6733 Menschen wohnten (1939: 4662), ein mildes Klima.

Die Geschichte des Bades an der Biele reicht bis in die Mitte des 13. Jahrhunderts zurück. 1498 wurde das erste, 1678 nach türkischem Vorbild gebaute Bad angelegt. Im August 1765 unterzog sich hier (an der Friedrichsquelle) Friedrich der Große einer zwanzigtägigen Badekur, die ihn von seiner im Kampf um Schlesien zugezogenen schmerzhaften Gicht befreite. Bis 1945 wurde im örtlichen Heimatmuseum die Badewanne des großen Preußenkönigs gezeigt.

Der **Waldtempel** (470 m, 19 Min.) erinnert an die Anwesenheit der Königin Luise, Friedrich Wilhelms III. und des Kaisers Alexander I. von Rußland (1813). Von hier begaben sich die Herrscher zur Völkerschlacht bei Leipzig. Beachtenswert sind auch die schönen Renaissance- und Barockhäuser am **Ring** mit ihren altertümlichen Laubengängen und die **Dreifaltigkeitssäule** von Michael Klahr d. Ä. (18.Jahrhundert) sowie die Kunstschätze in den Kirchen, darunter besonders in der hochbarocken katholischen **Stadtpfarrkirche Mariä Geburt** (17.—18. Jahrhundert, Hauptaltar und Kanzel von Michael Ignaz Klahr d. Jüngeren) und die **evangelische Salvatorkirche**. Die im Jahre 1565 erbaute **Johannisbrücke** (Most św. Jana na Białej Lądeckiej) mit dem hl. Nepomuk gehört zu den 12 erhaltenen Brücken dieser Art.

Rings um den Kurort gibt es zahlreiche Aussichtspunkte wie Schollenstein (540 m), Hohenzollernfels (660 m), Bismarckkoppe (534 m), Moltkefelsen, Dreiecker (770 m), Hoher Heidelberg (900 m, Borówkowa) und die Rösselkoppe.

Von Landeck fahren wir in einem großen Bogen in südwestlicher Richtung mit Blick auf den linker Hand emporragenden **Schwarzen Berg** (Bielice, 1083 m, Czernica) im Bielengebirge (Góry Bialskie) nach **Schreckendorf** (Strachocin) mit dem Niederschlesischen Kristallwerk (1864 als „Oranienhütte" gegründet).

Hier zweigt eine Straße nach links über **Gompersdorf** (Goszów) am Fuße des Glatzer Schneeberges (Śnieżnik Kłodzki) mit seiner Tropfsteinhöhle nach **Bielendorf** (Bielice) ab. Der im äußersten Südosten der Grafschaft Glatz unterhalb des gewaltigen Bielengebirges in einer Höhe zwischen 690 und 750 m gelegene Ort war vor dem Kriege eine beliebte Sommerfrische. Im Winter kann man hier ausgezeichnet Ski fahren. Unermeßlich weite Wälder mit guten Wanderwegen laden zu Spaziergängen ein. Auf den Saalwiesen (Puszcza Śnieżnej Białki), einem urwaldähnlichen Gebiet mit dem Paradies genannten Hochmoor, wachsen seltene Pflanzen. Warnung: Wegen der nahen tschechischen Grenze nicht vom Weg abweichen, das Überqueren der Grenze ist verboten. Ein lohnenswerter Abstecher führt von hier nach **Alt-Gersdorf** (Stary Gierałtów), wo auf dem Bieleufer die malerische St.-Michaels-Kirche steht. Im **Klessengrund** (Kletno), wo bis zum 17. Jahrhundert Silber und Magneteisenstein gewonnen wurden, liegt der Eingang zur 1966 entdeckten dreistufigen **Bärenhöhle** (Jaskinia Niedźwiedzia), einer Tropfsteinhöhle, die allerdings nur zeitweise zugänglich ist. In ihr fand man Knochen eiszeitlicher Höhlenbären.

Südlich von Schreckendorf lohnt **Wilhelmsthal** (Bolesławów), Ausgangspunkt für die Besteigung des 1425 m hohen Schneeberges, einen Abstecher.

Dann geht es von Schreckendorf in westlicher Richtung zu der Sommerfrische **Seitenberg** (Stronie Śląskie, heute Bestandteil von Schreckendorf) mit Glasfabrikation und Schloß des Prinzen Friedrich Heinrich von Preußen.Eine landschaftlich sehr schöne Straße führt von Seitenberg über **Heudorf** (Sienna) und **Weißwasser** (Biała Woda) mit dem Puhu-Paß (Przełęcz Puchaczówka) nach dem 28 km entfernt liegenden „schlesischen Rothenburg" Habelschwerdt.

Die Kreisstadt **Habelschwerdt** (Bystrzyca Kłodzka) mit heute 12 040 Einwohnern (1939: 6877) am Zusammenfluß von Glatzer Weide und Kressenbach (Bystrzyca) wurde um 1250 von deutschen Siedlern gegründet und wurde 1319 königlich-böhmische Stadt. 1429 verwüsteten tschechisch-deutsche Hussiten die Stadt. 1742 gelangte Habelschwerdt an Preußen.

Habelschwerdt gehört zu den besterhaltenen mittelalterlichen Städten Schlesiens. Neben einer gut erhaltenen Stadtmauer aus dem 14. Jahrhundert und drei Tortürmen, dem **Glatzer Torturm** oder Dohlenturm (seit 1823 Glockenturm der ev. Kirche) und dem mächtigen **Stadtbergturm** (Brama Wodna, auch Wilhelmsturm genannt, Schauplatz des Romans „Drei Nächte", 1909, von Hermann Stehr), lohnen die gotische, von einer barocken Haube gekrönte **Stadtpfarrkirche St. Michael** (13.—15. Jahrhundert)—ältestes Gotteshaus der Grafschaft Glatz—,der Ring (Rynek), mit dem **Rathaus** (ursprünglich 16. Jahrhundert, Mitte des 19. Jahrhunderts im florentinischen Renaissancestil erneuert), und seinen Renaissance- und Barockhäusern, der alten **Stadtvogtei** und dem markanten Rathausturm sowie einer barocken **Dreifaltigkeitssäule** und die **Staupsäule** auf dem Neumarkt (1556) eine Betrachtung. Besuchenswert ist auch das **Zündholzmuseum** (Muzeum Filumenistyczne) in der alten evangelischen Pfarrkirche.

Auf die malerische Stadt hat man vom **Floriansberg** im Nordosten des Zentrums leider keinen Blick mehr, weil die Höhe zugewachsen ist. Das Grab des hier 1940 bestatteten Dichters Hermann Stehr (geb. 1862 in Habelschwerdt) wurde von den Polen geschändet. Sehenswert ist die Florianskapelle aus dem 18.Jahrhundert mit einem bemerkenswerten Deckengemälde, das den hl. Florian beim Löschen eines Brandes zeigt.

Im Herzen des Habelschwerdter Gebirges (Góry Orlickie) liegt 7 km westlich der Stadt das hübsche Kirchdorf **Voigtsdorf-Dintershöh** (Wójtowice). Nicht weit ist es von hier zu dem in einem Talkessel des Glatzer Gebirges gelegenen ehemaligen Stahl- und Moorbad **Bad Langenau** (Długopole Zdrój), dem „Idyll unter den schlesischen Städten".

Einen Abstecher lohnt auch das östlich gelegene **Neundorf** (Nowa Wieś) mit der Wallfahrtskirche Mariä Himmelfahrt (1702—1751, Hochaltar mit Figuren von Michael Klahr d. J., Kanzel von 1795).

Dann geht es vorbei an der Abzweigung nach Seitendorf (Stronie Śląskie) in das malerische **Mittelwalde** (Międzylesie), einen einst bedeutenden Erholungs- und Wintersportplatz und Grenzstation der Eisenbahnlinie Breslau-Prag mit 2815 Einwohnern (1939: 2547). Sehenswert sind das aus dem 16. Jahrhundert stammende, im Stil der Spätrenaissance errichtet Schloß (im 18. Jahrhundert barock umgebaut), dessen Eingangstor von 14 Wappen der Grafen Tschirnhaus und der Reichsgrafen von Althann verziert ist, die frühbarocke Schloßkirche und zwei (einst sieben) Laubenhäuser sowie die Tuchhallen am Markt.

Ausflüge führen in drei Stunden auf den **Großen Schneeberg** (1425 m), auf dem bis 1919 die Grenzen der Grafschaft Glatz, der Markgrafschaft Mähren und des Königreiches Böhmen zusammenstießen. Von den Resten des eingestürzten Kaiser-Wilhelm-Turms (30 m) hat man eine herrliche Aussicht in das Talbecken der Grafschaft Glatz, über die schlesische Ebene, nach dem Altvatergebirge (östlich) und in die Täler der hier entspringenden March. Die beiden Quellen der letzteren befinden sich am Südabhang; die Neiße entspringt westlich bei den sogenannten Klappersteinen. Rund 8 km südlich des Schneebergs liegt am Klapperstein (1145 m poln. Trójmorski Wierch, tschech. Klepač) an der tschechisch-polnischen Grenze die Wasserscheide zwischen Nordsee (über Leipe-Adler-Elbe), Ostsee (Glatzer Neiße-Oder) und Schwarzem Meer (March-Donau).

Ein Wanderweg führt vom Schneeberg in westlicher Richtung nach **Wölfelsgrund** (Miedzygórze) mit dem malerischen Wölfelsfall (Wodospad Wilczki), dem einst höchsten Wasserfall Preußens (28 m), der hier in einen engen Kessel stürzt. Unterhalb liegen die Wölfeltalsperre mit einer 108 m langen und 29 m hohen Sperrmauer und einem Fassungsvermögen von 910 000 cbm sowie das Straßendorf **Wölfelsdorf** (Wilkanów), in dem die Ruine des zerstörten Barockschlosses (17.

Jahrhundert) der Grafen Althann und eine Kirche (1560) mit Schnitzwerken von Michael Klahr d. Ä. stehen.

Wanderungen führen von Wölfelsgrund zur Bergkapelle Maria Schnee (Maria Śnieżna) auf dem Spitzberg (847 m, Igliczna).

Auf einer windungsreichen Nebenstraße kann man nun an der Grenze entlang zur E 67 bei Bad Reinerz (Duszniki-Zdrój) fahren und von dort nach Glatz zurückkehren.

Einer der schönstgelegenen Orte an der Strecke Mittelwalde-Bad Reinerz ist das am Hang des Habelschwerdter Gebirges gelegene ehemalige Holzfällerdorf **Grunwald** (Zieleniec). Als einst höchstgelegenes Kirchdorf Preußens (800—1000 m. ü. M.) eignet sich Grunwald sowohl als Sommerfrische als auch als Wintersportplatz (Skiausflüge). Rings um den Ort unmittelbar an der Grenze zum Sudetenland dehnen sich mehr als 100 000 Morgen herrlichen Gebirgswaldes aus. Von der **Hohen Mense** (1084 m, poln. Orlica), dem Nordgipfel des Adlergebirges, hatte man einst einen großartigen Ausblick auf die Grafschaft Glatz, große Teile Böhmens und das Riesengebirge. Heute ist die Sicht durch Bäume ziemlich beschränkt. In der Nähe von Grunwald befindet sich das 125 ha große Naturreservat **Seefelder Moor** („Torfowisko pod Zieleńcem"), ein 2 km langes und 8 m tiefes Torfmoor, mit 757 m das einst höchstgelegene Deutschlands, mit Tundrenflora (Moorbirken, Wollgras, Moosbeeren) aus der Nacheiszeit.

Von Grunwald fahren wir auf der Hindenburgstraße, einem Teilstück der Sudetenstraße, durch den Forst Reinerz nach Bad Reinerz und von dort auf der E 67 in das anmutige, ehemalige Kurbad **Grafenort** (Gorzanów) mit seinem in einem großen englischen Park stehenden gräfl. Herbersteinschen Schloß im Renaissancestil (16. Jahrhundert), das von dem Italiener Carlo Luraggo ausgebaut wurde. Berühmt war das von dem Reichsgrafen Hieronymus v. Herberstein erbaute Schloßtheater mit seinem eigenen Ensemble. Hier begann der Dichter Carl v. Holtei (1798—1880) seine schauspielerische Laufbahn. Bekannt war auch der „Grafenorter Brunnen" (Tafelwasser). Gut erhalten ist die neben dem Schloß stehende St.-Maria-Magdalenen-Kirche (17. Jahrhundert) mit einem Hauptaltar von Michael Klahr. Von Grafenort geht es zurück nach Glatz.

KURZINFORMATIONEN

ORTSVERKEHR: Glatz: Stadtbusse.

BEWACHTE PARKPLÄTZE: **Glatz:** Minoritenstraße (ul. Daszyńskiego) 16; Neuroder Straße (ul. Noworudzka); ul. Krakusa; ul. Zawiszy Czarnego; Am Holzplan (ul. Malczewskiego). Alle Plätze tgl. 8—19 Uhr zugänglich. **Bad Reinerz:** auf dem Ring. **Bad Landeck:** ul. Moniuszki. **Habelschwerdt:** ul. Nadbrzeźna.

BAHN: **Glatz.** Verbindungen nach Breslau und über Habelschwerdt nach Prag. Bahnhof (Dorzec Klodzko Miasto): Sellgittplatz (plac Jedności). **Bad Reinerz:** Bahnverbindungen nach Glatz, Breslau und Kattowitz. Bahnhof: Dworzec PKP, ul. Dworcowa, Tel. 5 33. **Bad Reinerz:** Bahnlinie nach Glatz. Bahnhof (Dworces PKP), ul. Świerczewskiego.

BUS: PKS-Busse verbinden die größeren Orte der Region mit Breslau, Waldenburg und anderen schlesischen Städten. Glatz: Busbahnhof (Dworzec PKS): Sellgittplatz (plac Jedności). **Bad Reinerz:** Busse u. a. nach Glatz, Breslau, Grünberg. Busbahnhof: Dworzec PKS, am Ring. **Bad Reinerz:** Busse nach Glatz, Breslau u. a. Orten. PKS-Busbahnhof: ul. 1 Maja 19, Tel. 2 36.

FREMDENVERKEHRSBÜROS: **Glatz:** Orbis, Roßmarkt (ul. Grottgera) 1, Tel. 27 75 (tgl. 8—18 Uhr); it-Zentrum, Unterer Ring (plac Chrobrego) 1, Tel. 39 08 (tgl. 8—17 Uhr); WPTGT Śnieżnik, Sellgittplatz (plac Jedności) 1, Tel. 35 78 (im Hotel Astoria). **Bad Kudowa:** PTTK, ul. Zdrójowa 42, Tel. 66 11 62. Orbis, al. Zdrójowa 47, Tel. 66 12 66. **Seitenberg:** Ośrodek Sportu i Turystyki, ul. Nadbrzeża 1, Tel. 2 65.

AUTOREPARATUR: **Glatz:** ul. Slowackiego, Tel. 27 16; Neuroder Straße (ul. Nowarudzka); ul. Mickiewicza.

STRASSENHILFSDIENST: **Glatz:** PZM.

TANKSTELLEN: **Glatz:** CPN, Herrenstraße (ul. Lisia), Tel. 35 58; ul. Polabska, Tel. 28 92. **Bad Landeck:** ul. Kłodzka 53, Tel. 5 35. **Habelschwerdt:** ul. Kłodzka 12.

HOTELS: **Glatz:** *** Astoria (Ex-Hotel Am Stadtbahnhof), Sellgittplatz (plac Jedności) 1, Tel. 30 35; ** Nad Mlynówska, Minoritenstraße (ul. Daszyńskiego) 16, Tel. 25 63; ** Motel Zosia, Neuroder Straße (ul. Nowarudzka) 1, Tel. 37 37; * Dom Wycieczkowa Kukulka (Ex-Schneiderbaude), Königshain (Wojciechówice), Tel. 22 08. **Bad Altheide:** ** Polanica, ul. Warszawska 14a, Tel. 4 85 und 6 08; * Polonia, ul. Wojska Polskiego 4, Tel. 5 00. **Bad Reinerz:** *** Miejski, ul. Świerczewskiego 2, Tel. 5 04; * Sportowy, ul. Lakowa 12, Tel. 6 27; * Kosmos, ul. Buczka 8, Tel. 5 11 und 5 16; Pod Strzecha, Kudowa-Sachkisch (Kudowa-Słone), Tel. 2 62. **Wünschelburg:** Graniczny, Ring (Rynek), Tel. 26. **Karlsberg:** Pod Szczelińcem (nur 15. 5.—15. 10. geöffnet). **Habelschwerdt:** kleines Hotel. **Wöfelsgrund:** ** Złoty Róg, ul. Wojska Polskiego 7, Tel. 25; * Pawilon; Nad Wodospadem, ul. Wojska Polskiego.

JUGENDHERBERGEN: **Glatz:** Klodzko-Jurandow (ehem. Jugendhof Hassitz). **Reichenstein:** plac Kościuszki 12. **Wünschelburg:** ul. Grunwaldzka 16, Tel. 52 (Juli—August). **Karlsberg:** PGT Śnieżnik, Tel. 28. **Habelschwerdt:** ul. Slowackiego 4, Tel.11 15 46 (Juli—August). **Wölfelsgrund:** ul. Pocztowa 1, Tel. 51 (Juli—August). **Grunwald:** Śnieżnik (Juli—August). **Bad Landeck:** ul. Ladek-Stójkow, Tel. 6 45 (ganzjährig geöffnet).

PRIVATUNTERKÜNFTE: **Bad Reinerz:** PGT Śnieżnik im Hotel Miejski. **Bad Kudowa:** PTTK, ul. Zdrójowa 49a, Tel. 2 22.

BERGHÜTTEN: **Bad Reinerz:** Dom Wycieczkowy PTTK „Pod Muflonem" (Alte Liebe-Baude) (Buchung: ul. Górska 14, Tel. 3 39). **Karlsberg:** Schronisko PTTK Pasterka (Passendorf). Tel. 2 19; Schronisko PTTK na Szczelińcu Wielkim w Górach Stolowych, Tel. 93 (ehem. Schweizerhaus). **Habelschwerdt:** Schronisko PTTK Jagodna w Spalonej (Brandbaude), Tel. 2 71. **Spitziger Berg:** Schronisko PTTK Maria Śnieżna (ehem. „Zur schönen Aussicht"), Tel. 18. **Glatzer Schneeberg:** Schronisko PTTK Na Śnieżniku, Tel. 30. **Grunwald:** Schronisko PTTK Orlica w. Zieleńcu, Tel. 4 28.

CAMPING: **Glatz**: ul. Kusocińskiego 1, Tel. 24 25. **Bad Kudowa**: beim Hotel Sportowy. Karlsberg: PGT Śnieżnik. **Bad Reinerz**: ul. Dworcowa 6.

GASTSTÄTTEN: **Glatz**: Hotel Astoria, Sellgittplatz (plac Jedności) 1; Hotel Nad Młynówska, Minoritenstraße (ul. Daszyńskiego) 16, Tel. 25 63; Motel Zosia, Neuroder Straße (ul. Nowarudzka) 1; Czardacz, Roßmarkt (ul. Grottgera). **Reichenstein**: zwei Restaurants. **Bad Altheide**: Hotel Polonia, ul. Wojska Polskiego 4, Tel. 5 00. **Bad Reinerz**: Etiuda, ul. Zdrójowa 13, Tel. 3 57; Slowianka, Ring (Rynek) 10, Tel. 5 22. **Bad Kudowa**: Kosmos, ul. Buczka 8, Tel. 5 50; Pod Strzecha, Kudowa-Sackisch (Kudowa-Słone), Tel. 2 62; Zdrójowa, ul. 1 Maja 2, Tel. 3 34. **Wünschelburg**: Hotel Graniczny, Ring. **Karlsberg**: Pod Mamutem, Tel. 06. **Bad Landeck**: Krokus, ul. Kościuszki 5, Tel. 4 42, Pod Filarami, Ring (Rynek) 10, Tel. 4 08; Ratuszowa (Ratsstube), Ring 1, Tel. 5 33; **Seitenberg**: Gasthaus.

CAFÉS: **Glatz**: Kryształowa, ul. Nad Kanalem; Ratuszowa, Unter-Ring (plac Chrobrego). **Reichenstein**: zwei Cafés. **Bad Reinerz**: Oaza, ul. Wojska Polskiego, Tel. 3 02; Oleńka, ul. Zdrójowa 44; Parkowa, im Kurpark. **Bad Kudowa**: Kosmiczna, ul. Zdrójowa 41, Tel. 3 46; Melodia, ul. Zdrójowa 8, Tel. 4 27.

IMBISS: **Bad Landeck**: Przyjaźń, im Kurhaus (Dom Zdrójowy), ul. Orła 6, Tel. 5 89.

MILCHBAR: ul. Wojska Polskiego 3.

BARS: **Bad Altheide**: Hotel Globus. **Bad Landeck**: Zdrójowy, ul. Kościuszki 11, Tel. 6 70.

THEATER: **Glatz**: Freilichtbühne (Amfiteatr), ul. Nowy Świat, Tel. 30 31 .

SCHWIMMBAD: **Bad Reinerz**: ul. 1 Maja, Tel. 589; ul. Świerczewskiego, Tel. 6 27.

29. Zwischen Frankenstein und Ottmachau

Von Frankenstein fahren wir weiter auf der R 382 in das am Schnittpunkt der Bahnen Liegnitz-Neisse und Breslau-Glatz im fruchtbaren Tal der Glatzer Neiße (Nysa Kłodzka) und unmittelbar am Fuße der die Grafschaft umsäumenden Bergketten gelegene Städtchen Kamenz.

Der bedeutende Bahnknotenpunkt **Kamenz** (Kamieniec Ząbkowicki) an den Linien Breslau—Glatz—Brünn—Wien und Liegnitz—Schweidnitz—Neisse—Gleiwitz wird urkundlich erstmals 1096 als böhmischer Burgort erwähnt. 1210 entstand eine Augustinerpropstei, die 36 Jahre später von Zisterziensermönchen aus Leubus übernommen wurde. 1812 gelangten das Kloster und die Stiftsherrschaft in den Besitz der preußischen Prinzessin Friederike Louise Wilhelmine (spätere Königin der Niederlande). Prinz Albrecht von Preußen und seine Gemahlin, die Prinzessin Marianne der Niederlanden, ließen sich 1838—1873 auf dem Hertaberg über der Stadt nach Plänen von Schinkel ein Schloß im schottisch-englischen Stil der Neogotik errichten.

In dem Ort lohnt besonders die auf dem Klosterplatz stehende gotisch-barocke **Abteikirche** von 1208 mit ihren schönen Schnitzwerken schlesischer Barockkünstler und den 14 Nothelferfiguren des norwegischen Bildhauers Thomas Weißfeld einen Besuch. Daneben steht der Prälatenflügel, der einzige erhaltene Teil des Klosters.

Von der 1094 in Kamenz gegründeten **Zisterzienserabtei** gibt es heute nur noch eine Anekdote: Der Abt Tobias Stusche soll hier Friedrich den Großen gerettet haben, als der Preußenkönig in einem der Schlesischen Kriege in Gefahr geraten war, von den Österreichern gefangenengenommen zu werden: Stusche steckte den Monarchen kurzerhand in ein Chorkleid und ließ ihn wie einen Mönch unter Mönchen die Mette mitsingen, während die Kroaten der Kaiserin Maria Theresia das Kloster vergeblich durchsuchten. Sein Adjutant dagegen wurde gefangengenommen.

Auf der bewaldten Anhöhe des Harthen hoch über der Stadt thronen die Ruinen des 1945 abgebrannten und geplünderten **Schlosses** des Prinzen Heinrich von Preußen. Vor dem Schloß lagen sieben breite Terrassenanlagen mit seltenen Blumen und Pflanzen, Bildwerken in Marmor und Bronze und zahlreichen Wasserkünsten mit Fontänen, die eine Höhe von 34 m erreichten. In dem 400 Morgen großen englischen Schloßpark mit weiten Ausblicken, der heute verwahrlost ist, wachsen auf großen Flächen Azaleen und Rhododendren. Besonders während der Blütezeit im Mai und in der Herbstfärbung bildet der Park eine einzigartige Sehenswürdigkeit. Ein Spaziergang lohnt sich auch entlang der Neiße durch das parkartige Werder.

Von Kamenz geht es nun weiter durch das Vorgebirge der Sudeten und das Tal der Glatzer Neiße nach Patschkau.

Patschkau (Paczków) ist eine der schönsten schlesischen Städte am Fuße des Reichensteiner Gebirges (Góry Złote) mit einem fast lückenlosen Ring mittelalterlicher Befestigungen. In der Stadtbefestigung gibt es insgesamt 19 Schalenbasteien und 4 Tortürme. Die Stadt, die 1986 8033 Einwohner zählte (1939: 7522) hatte vor dem Krieg den Ruf eines „schlesischen Rothenburg" und war bekannt für die „Patschkauer Dohlen" (ein Gebäck).

Die Stadt wurde 1254 mit deutschem Recht gegründet, kam 1290 zum Herzogtum Neiße (Bistumsland Neiße/Ottmaschau) und 1742 an Preußen. Bis zum 16. Jahrhundert gab es in Patschkau eine blühende Tuchmacherei. Dann stagnierte die Wirtschaft. Erst nach der Eröffnung der Bahnlinie Kamenz—Patschkau—Neisse (1874) ging es wieder aufwärts. Nun siedelten sich hier verstärkt kleine und mittlere Industriebetriebe an.

Rund um den rechteckigen **Ring** stehen Renaissance- und Barockhäuser sowie das im 19. Jahrhundert restaurierte **Rathaus** mit einem Turm aus der Mitte des 16. Jahrhunderts im Renaissancestil. Die wuchtige, hochragende **katholische Wehrkirche St. Mariae, Johannes Baptistae et Evangelistae** (14.—15. Jahrhundert) mit ihren Zinnen und Schießscharten, eine dreischiffige Hallenkirche, beherrscht das Stadtbild. Die Befestigung der Kirche für Wehrzwecke erfolgte in den Jahren 1520—1530, die zweite Etappe folgte nach 1560 gegen die Türken-Gefahr. Beachtenswert ist besonders die Renaissance-Attika aus dem Jahre 1529. Von den alten gotischen Toren sind das **Breslauer Tor** (Brama Wrocławska, 14.—15. Jahrhundert), das **Glatzer Tor** (Brama Kłodzka, 15. Jahrhundert) und das **Frankensteiner Tor** (Brama Ząbkowicka, 15. Jahrhundert) erhalten. Die beiden letzteren haben Renaissance-Attiken.

Spaziergänge lohnen sich durch die rund um die Stadt führenden Promenadenanlagen und durch das außerhalb der Stadt gelegene Vogteiwäldchen. Auf Tagesausflügen kann man das Wartha-Reichensteiner-Gebirge, das einen herrlichen Rundblick auf das Patschkauer Land und den Neißegau gestattet, erwandern.

KURZINFORMATIONEN

VERKEHR: Bahn- und Busverbindungen nach Frankenstein, Ottmachau, Glatz u. a. Orten.

HOTEL: **Patschkau:** *** Zacisze, ul. Wojska Polskiego 31, Tel. 1 32.

JUGENDHERBERGE: **Patschkau:** ul. Wojska Polskiego 45, Tel. 2 47 (ganzjährig geöffnet).

CAMPING: Ottmachauer Stausee (Jagiellońska) 5.

GASTSTÄTTE: **Patschkau:** Kameralna, ul. Wrocławska.

CAFÉ: **Patschkau:** Jagienka, ul. Wojska Polskiego.

In Patschkau biegen wir in die nach Osten führende Straße Nr. R 408 ein, die uns entlang dem in der weiten und fruchtbaren Neißeniederung gelegenen, als Wasserspeicher für die Oder dienenden, **Ottmachauer See** (Jez. Otmuchowskie), dem mit 24km² Fläche und einem Fassungsvermögen von 135 Mio. cbm sechstgrößten Stausee des Deutschen Reiches (1929—1933 angelegt) mit Wasserkraftwerk, Strand und Segelbootvermietung, in die am Ostufer des Sees gelegene Stadt Ottmachau bringt.

30. Ottmachau und Neisse

Die Stadt **Ottmachau** (Otmuchów) liegt im lieblichen Tal der Glatzer Neiße, malerisch in ein sonniges Wiesenland eingebettet. Sie hatte 1986 rund 5178 Einwohner. 1939 waren es 4944. Seit 1880 ist die einstige Ackerbürgerstadt Sitz der größten Zuckerfabrik Oberschlesiens. Ein blauschimmernder Kranz von Bergen des Altvater-, Glatzer-, Reichensteiner- und Eulengebirges bildet den Rahmen um den gleichnamigen Stausee im Westen der Stadt.

Ottmachau wird erstmals 1155 als Burgort der Breslauer Bischöfe erwähnt, wurde 1254 deutscher Marktort und erhielt 1347 deutsches Stadtrecht. Die Stadt gelangte über Böhmen (1526) und Habsburger (1526) an Preußen (1742). Bis 1810 gehörte sie zum Bistumsland Neiße-Ottmachau und war zeitweise zweite Residenz der Bischöfe. 1818 erhielt Wilhelm von Humboldt Ottmachau von König Friedrich Wilhelm III. geschenkt. Bis 1928 gehörte es seinen Nachkommen. 1945 fiel die Stadt unzerstört in die Hände der Polen. Aus Ottmachau stammte der Dichter und Historiker Franciscus Faber (1497—1565), der u. a. den Widerstand der Stadt Neisse gegen die polnisch-tschechischen Hussiten in einem Gedicht verewigte.

Am Marktplatz, der von Barockhäusern umgeben ist, erhebt sich das **Renaissance-Rathaus** von 1538 mit seiner bemerkenswerten Sonnenuhr. Sie wurde 1575 von dem Breslauer Bischof Martin Gerstmann gestiftet. Das Kunstwerk, das ursprünglich an der Burgkapelle angebracht war, zeigt die Stellung der Gestirne, das Bischofswappen und Ornamente. Die zwei Zifferblätter der Sonnenuhr zeigen ein Kind, einen Totenschädel und eine Sanduhr (Symbol von Chronos). Sehr schön sind auch die Sgraffitomalereien an der Fassade. Vor dem Rathaus steht eine **Mariensäule** von 1734. Einige der alten **Barockhäuser** am Ring (Nr. 25, 35, 36) wurden restauriert.

Die doppeltürmige katholische Pfarrkirche **St. Nikolaus und St. Franziskus Xaverius** (1235, Ende des 17. Jahrhunderts unter Bischof Ludwig von Pfalz-Neuburg von Johann Peter Tobler abgerissen und als neue, barocke Kirche errichtet) weist ein reiches barockes Interieur (Malereien von Karl Dankwart, drei Altarbilder von Michael Willmann) auf. Aus dem 14.—16. Jahrhundert stammt das **Neisser Tor** (Brama Nyska). Der sogenannte **Spatzenturm** ist ein Rest der ehemaligen Stadtbefestigung.

Das Rathaus von Ottmachau

Auf dem 280 m hohen Burgberg über der Stadt thront die **Landesburg**, das ehemalige Schloß der Erzbischöfe von Breslau im Stil der Gotik und der Renaissance (15.—16. Jahrhundert). Das Bauwerk, das von den Hussiten schwer zerstört wurde, war vor dem Kriege ein Hotel und beherbergt ein Erholungsheim. Interessant ist die bis zum ersten Stock führende „Eselstreppe", die Bischof Graf Zinzendorf bauen ließ. Vom Turm bietet sich eine großartige Aussicht. Am Fuße des Burgberges liegt ein 1706—17 von Michael Klein erbautes barockes **Schlößchen**.

Rund 12 km südöstlich von Ottmachau liegt der Ort **Kalkau** (Kałków), wo die sehr sehenswerte Gottesmuttergeburt-Pfarrkirche (ehem. St. Georg) steht. Das eindrucksvolle Bauwerk stammt aus der Hälfte des 13. Jahrhunderts. Der später mit Zinnen versehene Wehrturm diente der Bevölkerung als Schutzraum.

Rund 12 km östlich von Ottmachau liegt an der Mündung der Biele in die Glatzer Neiße in einer leicht hügeligen Landschaft vor den nördlichen Ausläufern des Altvatergebirges die Stadt Neisse. Die 1986 44 666 Einwohner (1939: 37854) zählende Stadt **Neisse** (Nysa) ist einer der ältesten Orte Schlesiens und war einst bekannt für die hier angefertigten Goldschmiedearbeiten, den Weinhandel mit Ungarn und das Neisser Konfekt und Honigkuchen. Wegen seiner zahlreichen Kunstdenkmäler wird Neisse auch das „schlesische Rom" genannt.

Die Stadt, an deren Stelle vor 2000 Jahren eine Siedlung der sog. Przeworst-Kultur lag (das Wort Neisse kommt ahd. nida = unterer Fluß), wurde 1223 als deutsche Stadt erwähnt. Das genaue Gründungsdatum ist jedoch unbekannt. Von 1290—1810 war Neisse Hauptstadt des Neisse-Ottmachauer Bischofslandes und Residenz der Bischöfe von Breslau. Es war die Lieblingsstadt Friedrichs des Großen, der hier 40mal weilte und die Stadt zu einer starken Festung ausbauen ließ. Im Frühjahr 1945 wurde Neisse nach langer Belagerung (17. März bis zum 8. Mai) und schweren Zerstörungen (80 %) von der Roten Armee eingenommen. Von den Zerstörungen waren besonders die historischen Gebäude der Innenstadt betroffen. Inzwischen wurden die meisten von ihnen wieder aufgebaut. Heute ist Neisse ein wichtiges Industriezentrum (Lieferwagenfabrik, Betriebe für Industrieanlagen). Größter Sohn der Stadt ist der 1912 hier geborene Medizin-Nobelpreisträger Konrad Bloch, der seit 1936 in den USA lebt. Auch der Zoologe Bernhard Grzimek (1909—1987) stammt aus Neisse, während der Forscher Emin Pascha (Eduard Schnitzer, 1840—1892) in Neisse aufwuchs. General Friedrich Wilhelm von Steuben war 1742 Schüler am hiesigen Jesuitengymnasium.

Wir beginnen unseren Stadtrundgang am Kirchplatz (pl. Kościelny) bei der spätgotischen, zwischen 1392 und 1430 errichteten Hallenkirche **St. Jakob** mit ihrem Chorumgang (19 Seitenkapellen) und dem einst höchsten Steildach Deutschlands. Der 13 m hohe Dachstuhl brannte 1945 ab. Jetzt ruht das Dach auf einer Stahlkonstruktion. Im Innern gibt es zahlreiche Kunstschätze, darunter die Gräber des Bischofs Jakob von Salza (gest. 1539), das steinerne Renaissanceepitaph des Bischofs Kaspar v. Logau (1574) und ein 500 Jahre altes Triptychon. In der nahen Breslauer Straße (ul. Wrocławska) steht der **Schöne Brunnen** mit einem an einen Bienenkorb erinnernden schmiedeeisernen Gehäuse des Westfalen Wilhelm Helleweg von 1686. Der einst auf der Spitze prangende österreichische Doppeladler wurde von den polnischen Besatzern entfernt.

Am südlich von hier gelegenen Ring, der umgeben ist von modernen Bauten (die meisten der alten Häuser wurden 1945 zerstört), stehen rekonstruierte historische **Patrizierhäuser** (Nr. 56, 57, 58, 60) aus dem 16. Jahrhundert sowie die 1948 neuerbaute **Marktwaage** (Kämmereigebäude), ein hervorragender Spätrenaissancebau (1604). Der reiche Sgraffitoschmuck und die Plastiken wurden leider ein Opfer des Krieges. Der gotische **Rathausturm** (99 m) mit seiner bemerkens-werten Mond- und Spieluhr wurde ebenfalls 1945 zerstört. Der **Neptunsbrunnen** an der Ecke Brüderstraße wurde 1701 nach der römischen Fontana di Trevi geschaffen.

In der Brüderstraße (ul. Bracka) südlich des Ringes steht das ehemalige **Kloster der Ritter des hl. Grabes**, das 1239 gegründet wurde und heute ein Seminar beherbergt. Die danebenstehende prächtige **Kreuzkirche St. Peter und Paul** (Kirche der Kreuzherren vom Hl. Grabe), eines der schönsten Gotteshäuser Schlesiens aus der ersten Hälfte des 18. Jahrhunderts, weist ein reiches barockes Interieur auf Es wurde von Michael Klein und Felix Hammerschmidt erbaut. Ausgemalt wurde die Kirche von den bayerischen Brüdern Felix Anton und Thomas Christoph Scheffler. In der Jesuitenstraße (ul. Grodzka) lohnt die barocke ehemalige **Jesuiten-(Gymnasial)-Kirche** von 1622 bis 1624 einen Besuch. Sie besitzt im Innern Stuckdekorationen (Quadro, 1688—1692) und Fresken von K. Dankwart sowie ein plastisches Hochaltarwerk „Maria Himmelfahrt" von Affinger (1860). Am Westrand des Salzringes (plac Solny) steht das **St.-Annen-Kolleg**. Es wurde im 17. Jahrhundert auf Anregung von Fürstbischof Carl von Österreich als Jesuitenkolleg Carolinum errichtet. Heute dient das nach der Säkularisierung als Gymnasium benutzte Kolleggebäude als Musikschule. Die umfangreichen Bestände der alten Bibliothek befinden sich jetzt in Breslau. Die ehemalige **fürstbischöfliche Residenz** ist ein prachtvoller Barockbau mit reichgegliederter Fassade und zwei Portalen. Die Residenz entstand zwischen 1608 und 1729. Gebaut wurde sie nach einem Entwurf von Christian Tausch von Michael Klein und Felix Hammerschmidt. 1945 brannte das Bauwerk aus, wurde vor einigen Jahren jedoch wieder aufgebaut. Gegenüber steht der **Bischofshof**, die im 14. Jahrhundert entstandene alte Residenz der Breslauer Bischöfe.

Im Norden der Altstadt, am Töpfermarkt (Rynek Garncarski), erhebt sich die gotische **St.-Barbara-Kirche** (kościół ewangelicki) aus dem 14. und 15. Jahrhundert. Von hier ist es nicht weit zum Turm des **Breslauer Tores** (Wieża Bramy Wrocławskiej) aus dem 14. Jahrhundert (in der Renaissancezeit aufgestockt). An der Westseite erhebt sich der **Berliner** (Münsterberger) **Torturm** (Wieża Ziębicka) aus dem 16. und 19.

Jahrhundert. Er dient als Aussichtsturm und Zweigstelle des Heimatmuseums. In der nordöstlich von hier gelegenen Winterfeldstraße (ul. Marcinkowskiego) 1 befand sich das **Heimatmuseum** (Muzeum Ziemi Nyskiej). Das Museum hat heute in dem renovierten Bischofshof seinen neuen, größeren Sitz. Tel. 20 83. Geöffnet: Di. 10—17 Uhr, Mi., Do., Fr. 10—15 Uhr, Sa. 10—12 Uhr, So. 10—15.30 Uhr. Vor dem Kriege besaß Neisse neben einem Kunst- und Altertumsmuseum (an der Grabenstraße 19, ul. Wałowa, 1945 zerstört) auch ein Eichendorff-Museum und ein Kolonial-Museum. Weiter östlich und westlich schließen sich ein sternenförmig angeordnetes **Fort** und weitere Befestigungen aus dem 17. und 18. Jahrhundert an. Hier verteidigte sich die Deutsche Wehrmacht Anfang 1945 lange gegen die Rote Armee.

In der auf den Westufer der Neiße gelegenen **Friedrichstadt** (benannt nach dem Gründer, König Friedrich dem Großen) steht an der Mittelstraße 15 das Sterbehaus des Dichters Joseph v. Eichendorff, und auf den **Jerusalemer Friedhof** (Cmentarz Komunalny) an der Straße nach Ottmachau (Otmuchów) befindet sich das Grab des 1857 verstorbenen Dichters und seiner Frau Luise (südöstlich der alten Begräbniskapelle). Sehenswert ist auch das **Dominikaner-Kloster** mit der Dominikanerkirche (kościół podominikański) von 1788 mit einem barocken Hochaltar und einer Kanzel im Stil des Rokoko. Von der nahen Davidshöhe hat man einen schönen Blick auf das Mährische Gesenke.

Ein Naherholungsgebiet ist der südwestlich der Stadt gelegene **Neisser Stausee** (Jezioro Nyskie). Er wurde 1971 angelegt, bedeckt eine Fläche von 22 km^2 und kann 111 Mio. cbm Wasser speichern.

KURZINFORMATIONEN

TAXI: Ottmachau: Ring, Tel. 52 19. **Neisse:** Am Bahnhof (Dworzec PKP), Tel. 30 80; Ring (Rynek), Tel. 41 35.

BAHN: Neisse: Verbindungen nach Ottmachau, Frankenstein, Glatz und nach Oberschlesien. Bahnhof: Dworzec PKP.

BUS: Ottmachau: Vom PKS-Bahnhof am Ring verkehren Busse nach Patschkau, Neisse und anderen Orten.

FREMDENVERKEHRSBÜROS: **Ottmachau.** ul. Świerczewskiego 4, Tel. 51 00. **Neisse:** Orbis, Breslauer Straße (ul. Wrocławska) 14, Tel. 27 82; PTTK, Brüderstraße (ul. Bracka) 4, Tel. 41 71.

AUTOREPARATUR: Neisse: ul. Świerczewskiego la, Tel. 34 17.

STRASSENHILFSDIENST: Neisse: PZMot, ul. Powstańców Śląskich 18, Tel. 9 81.

TANKSTELLEN: Neisse: Berliner Straße (ul. Krzywoustego); Ottmachauer Straße (ul. Otmuchówska).

HOTELS: Neisse: *** Piast, Berliner Straße (ul. Krzywoustego) 13, Tel. 40 84; ** Motel, ul. Świerczewskiego la, Tel. 34 17; Dom Wycieczkowy, ul. Świerczewskiego 42, Tel. 21 35; Motel Lazurowy, Ottmachauer Straße (ul. Otmuchówska), Tel. 40 77–78.

JUGENDHERBERGEN: **Ottmachau:** Grundschule Nr. 2, ul. Szkolna 2, Tel. 51 30 (Juni—August). **Neisse:** Hindenburgstraße (ul. Bohaterów Warszawy) 7, Tel. 37 31 (ganzjährig geöffnet).

PRIVATUNTERKÜNFTE: Neisse: BOT/WPTiW, Ring (Rynek) 59, Tel. 29 15.

CAMPING: **Ottmachau:** PTTK, Ottmachauer Stausee (Nordufer), Tel. 50 25.

GASTSTÄTTEN: **Ottmachau:** Zamkowa, Ring (Rynek). **Neisse:** Piastowska, Kaiserstraße (ul. Piastowska) 2; Stara Waga, Ring (Rynek) 32; Motel Lazurowy, Ottmachauer Straße (ul. Otmuchówska), Tel. 40 77. **Ottmachauer Stausee:** Sandecz (Nordufer).

CAFÉS: **Ottmachau:** Zamkowa, Ring (Rynek). **Neisse:** Malwa, Parkstraße (ul. Dabrowszczaków); Waga, Ring (Rynek) 32.

MILCHBAR: Ring (Rynek) 24.

KAFFEEBAR: Breslauer Straße (ul. Wrocławska).

POSTAMT: **Neisse:** Berliner Straße (ul. Krzywoustego)

31. Von Neisse nach Gleiwitz

Von Neisse wenden wir uns in Richtung Süden und fahren in den 23 km entfernten Kurort Bad Ziegenhals.

Die kleine Stadt **Bad Ziegenhals** (Głuchołazy) zählt 15 072 Einwohner (1986) und liegt am Nordhang des Altvatergebirges und an der alten Straße nach Böhmen. Über dem Ort an der Biele erhebt sich der malerische Holzberg (490 m) mit von Bäumen erschwertem Blick ins steil abfallende Bieletal.

Bad Ziegenhals wurde zwischen 1220 und 1232 auf der „wilden Wurzel" mit flämischem Stadtrecht gegründet und wurde bereits 1263 als „civitas" erwähnt. Bis in 18. Jahrhundert gehörte die ehemalige Bergwerksstadt zum Bischofsland. Unter Friedrich dem Großen wurde der Flachsanbau eingeführt, und Ziegenhals wurde Weberstadt. Ende des 19. Jahrhunderts entwickelte sich das Städtchen zum Kneipp-Bad und im 20. Jahrhundert außerdem zum Luftkurort. Daneben gibt es seit dem 19. Jahrhundert Klein- und Mittelindustrie.

Sehenswert ist vor allem die barocke katholische Stadtpfarrkirche **St. Lorenz**, ein ursprüngliches frühgotisches Bauwerk. Der jetzige Bau mit seinem prunkvollen Interieur wurde 1729 unter Fürstbischof Franz Ludwig neu errichtet. Zu den Sehenswürdigkeiten zählen die Pfarrkirche mit ihrer gotischen Fassade (zweite Hälfte des 13. Jahrhunderts) und einem prachtvollen Interieur aus dem 18. Jahrhundert im Barock- und Rokokostil und der gotische Torturm aus dem 14. Jahrhundert (1631 aufgestockt). Am Ring, an dem mehrere Barockhäuser (u. a. die alte Apotheke) erhalten sind, erhebt sich das kleine **Rathaus** mit einem alten Uhrturm. Unweit davon stehen das **Obertor** (15. Jahrhundert) und eine 1648 gepflanzte Linde. Nördlich des Ringes lohnt die **Rochuskapelle** (1627) einen Besuch.

Ein stadtnaher Ausflug bringt uns in 15 Minuten zum südlich der Stadt gelegenen **Holzberg** (Przednia Kopa), an dessen Fuß ein alter Stollen zur ehemaligen Goldgrube (Stara Sztolnia) führt. Von der Hohenzollernwarte (einst Aussichtsturm) bot sich ein großartiger Blick auf das Altvatergebirge (Góry Opawskie) und das Neißetal (heute leider zugewachsen). Das Altvatergebirge (Góry Opawskie) ist Teil der Ostsudeten und liegt fast ganz in der Tschechoslowakei. Die höchste Erhebung auf schlesischer Seite ist die Bischofskuppe (889 m, pol. Biskupia Kopa). An ihrem Fuße liegt die Sommerfrische **Wildgrund** (Pokrzywna). Im nahen **Zuckmantel** (Zlate Hory, Tschechoslowakei) wurde Franz Schuberts Mutter geboren.

Von Bad Ziegenhals hat man die Wahl zwischen der Hauptstraße (R 412) oder einer südlich davon entlang der böhmischen Grenze nach Neustadt/OS. Letztere ist landschaftlich schöner und führt am Fuß des Altvatergebirges entlang über Arnoldsdorf durch die Schlesische Schweiz nach dem 700 Jahre alten Neustadt.

Die 23 987 Einwohner zählende Stadt **Neustadt** (Prudnik) am Fuße der Bischofskuppe wurde 1279 mit deutschem Recht begabt und ist heute ein Zentrum der Baumwoll- und Schuhindustrie. Vor dem Kriege dominierten die Leinen- und Seidenweberei. Größtes Unternehmen war die Firma S. Fränkel, die bekannte Wohlfahrtseinrichtungen unterhielt. Zu den Sehenswürdigkeiten gehören das barocke **Rathaus** (1782), der **Adlerbrunnen** (1696), die **Mariensäule** (1694) und die **Nepomuksäule** (1733) am Ring sowie Patrizierhäuser aus dem 16., 17. und 18. Jahrhundert. Bemerkenswert sind ferner die spätbarocke Stadtpfarrkirche **St. Michael** (1331 erwähnt, 1730—1738 barockisiert). Westlich des Ringes steht ein **Rundturm** aus dem 13. Jahrhundert, Rest der von dem böhmischen Obermarschall Wog von Rosenberg errichteten Burg Wogendrossel. Aus dem 16. Jahrhundert stammt der **Niedertorturm**. Auf dem Kapellenberg südlich der Stadt befindet sich eine 1750 errichtete **Wallfahrtskapelle**. Beachtenswert ist auch das **Regionalmuseum** (Muzeum Ziemi Prudnickiej) im ehemaligen Arsenal, ul. Chrobrego 11.

Von Neustadt geht es nun weiter auf der R 408 nach Oberglogau an der Hotzenplotz (Osobłoga).

Die deutsche Bürgerstadt **Oberglogau** (Głogówek) mit 1986 6262 Einwohnern (1939: 7356) wurde im 13. Jahrhundert als „Zehntort" des Klosters Leubus gegründet und war bis 1275 die zweite schlesische Stadt mit Breslauer Ratsverfassung. 1593—1945 war Oberglogau Sitz der Standesherrschaft der Reichsgrafen v. Oppersdorff. Heute wird die Stadt von den Polen wegen der zahlreichen hier wohnenden Deutschen „Klein Berlin" genannt.

Auf dem Ring steht das hübsche, nach 1945 rekonstruierte **Renaissance-Rathaus** von 1608 mit herrlichem Giebel und Barockhaube.

Rechts und links sieht man **Giebelhäuser** aus der Renaissance und dem Barock. Beachtenswert sind ferner das 1264 gegründete **Minoriten-Kloster** mit der gotischen **Franziskanerkirche** (prächtiges Barock- und Rokokointerieur). Nahebei erhebt sich die gotische **Stadt-Pfarrkirche St. Bartholomäus** (14.—19. Jahrhundert) mit reicher Rokoko-Ausstattung (von dem Böhmen Franz Anton Sebastini, Grabmäler der Familie v. Oppersdorff). Im Norden der Altstadt steht das **Renaissanceschloß** (17. Jahrhundert), das 1945 geplündert wurde und heute verwahrlost ist. Es ist von einem Park mit alten Bäumen umgeben. Sehr schön ist das barocke Tor des Schlosses. Unter den Gästen des Schloßherrn befand sich 1806 auch Beethoven. Der Komponist widmete seine 4. (B-Dur) Symphonie dem Grafen. Heute erinnert die Beethovenstube im Schloß an ihn.

Der jetzt in Hessen lebende letzte Majoratsherr von Oberglogau, Wilhelm Hans Reichsgraf v. Oppersdorf hat sich sowohl um die Landsmannschaft Oberschlesien als auch als Beethoven- und Heimatforscher verdient gemacht. Er rettete u. a. die berühmte Oberglogauer Acht-Uhr-Glocke nach Fulda, wo sie jetzt im Dom zu sehen ist. Auch von der **Stadtmauer** (14.—15. Jahrhundert) haben sich Reste erhalten. Die alte **Synagoge** am Festungswall beherbergt heute einen Pewex-Laden.

Durch das fruchtbare Lößgebiet der südlichen Schlesischen Tiefebene mit ihren Weizen- und Zuckerrübenfeldern fahren wir von Oberglogau in die ehemalige Festungsstadt Cosel an der Oder.

Die Industriestadt **Cosel** (Koźle) (Zellulose- und Papierfabrik, Kesselschmiede, Sägewerke, Schiffbau u. a.) mit 14 000 Einwohnern liegt an der Oder. Unweit des Ortes, dessen Name germanischen Ursprungs ist und ähnlich wie Koslar bei Jülich (Rheinland) gebildet wurde, mündet der Gleiwitzer Kanal in den Fluß. Cosel ist einer der größten schlesischen und bis 1945 viertgrößter Binnenhafen Deutschlands.

Der Ort wird erstmals 1106 als Grenzburg erwähnt und war 1245 Sitz eines Kastellans der Herzöge von Ratibor-Oppeln. Kurze Zeit war Cosel Hauptstadt eines schlesischen Teilherzogtums. 1329 erhielt der Ort deutsches Stadtrecht. Von 1355 bis 1473 gehörte die Stadt zum Herzogtum Oels und zwischen 1563 und 1670 den Freiherrn von Oppersdorff. Ab 1744 wurde die Stadt zu einer starken preußischen Festung ausgebaut. 1807 konnte sich die Festung unter General von Neumann bis zum Tilsiter Frieden gegen König Jérôme halten. Vor 1945 war Cosel auch Sitz des oberschlesischen Landgestüts.

Das Panorama von Oberglogau

Größter Sohn der Stadt war der Franziskanermönch Nicolaus von Cosel (geb. 1390), der uns das „Pulchrum Evangelicum" und die erste vorreformatorische Fassung des späteren Lutherliedes „Wir glauben all' an einen Gott" überliefert hat.

Von den alten Bauwerken ist besonders die spätgotische katholische **Stadtpfarrkirche St. Sigismundis** (14.—15. Jahrhundert) beachtenswert. Die Marienkapelle soll vor 1323 entstanden sein und enthält ein Gnadenbild von 1420. Gegenüber sieht man die Reste des alten **Schlosses**. Auch die erhaltenen Teile der aus dem 18. und 19. Jahrhundert stammenden **Festung** lohnen eine Besichtigung. Das auf dem Ostufer der Oder gelegene **Heydebreck** (Kędzierzyn), das 35 000 Einwohner hat und Sitz eines riesigen Stickstoffwerks ist, wurde 1975 mit Cosel zur Stadt Kędzierzyn-Koźle vereint. Nach weiteren Eingemeindungen zählte die Stadt 1985 rund 60 000 Einwohner.

Von hier fahren wir durch den Kleinen Althammer Forst, über **Kieferstädtl** (Sośnicowice) mit spätbarockem Schloß der Fürsten v. Hohelohe-Waldenburg-Schillingsfürst und der Herzöge von Ratibor (1755) und vorbei am chemischen Kombinat und Wärmekraftwerk von **Stroppendorf** (Ostropa, mit der hölzernen Georgskirche von 1667) in die Industriestadt Gleiwitz.

KURZINFORMATIONEN

BAHN: Neustadt, Oberglogau und Cosel liegen an der Bahnlinie Gleiwitz—Kamenz.

BUS: PKS-Busse verbinden die wichtigsten Orte miteinander.

TANKSTELLE: Neustadt/OS: ul. Powtańcow Śląskie, Tel. 25 83.

HOTELS: Bad Ziegenhals: ** Leśny, ul. Świerczewskiego 4, Tel. 9 69; ** Sudety, ul. Grudnia 35, Tel. 5 06; Polonia, plac Wolności 12. Neustad/OS: Miejski, Ring (Rynek) 8, Tel. 24 12. Oberglogau: Ausflugshaus PTTK, Schloß. Cosel-Heydebreck: ** Miejska, ul. Piastowska, Tel. 2 19 72.

JUGENDHERBERGEN: Bad Ziegenhals: ul. Sklodowskiej—Curie 1, Tel. 3 40 (Juli—August). Oberglogau: ul. Batorego 2, Tel. 7 80 (Juli—August). Cosel: Schronisko PTSM, ul. Skarbowa 4, Tel. 2 21 81 (Juli—August).

BAUDEN: Bad Ziegenhals: Dom Wycieczkowy Wypoczynek Pod Wieżą, Tel. 9 86.

CAMPING: Bad Ziegenhals: ul. Grudnia 15 (beim Hotel Sudety).

GASTSTÄTTEN: Bad Ziegenhals: Hotel Sudety, ul. Grudnia 35, Tel. 5 06; Słąska, ul. 22 Lipca 3; Restaurant auf dem Holzberg (Przednia Kopa). Neustadt: Arkady, Ring (Rynek). Oberglogau: Glogowianka, ul. Kościuszki; Ausflugshaus PTTK, im Schloß. Cosel: Oaza, ul. Piastowka 5; Ratuszowa, ul. Armii Czerwonej 2; Stylowa, ul. Chrobrego 39. Heydebreck: Dworcowa, ul. Dworcowa 1.

CAFÉS: Bad Ziegenhals: auf dem Holzberg (Przednia Kopa). Neustadt: Stylowa, ul. Bohaterów Stalingradu. Cosel: Piast, ul. Sklodowskiej 7.

SCHWIMMBAD: Bad Ziegenhals: am Holzberg.

32. Gleiwitz und Umgebung

Die an der Klodnitz (Kłodnica) am westlichen Rande des Oberschlesischen Industriereviers gelegene Industriestadt **Gleiwitz** (Gliwice), die 222 532 Einwohner (1989) zählt, ist mit ihren zwei Kohlengruben und zwei Eisenhütten eines der wichtigsten oberschlesischen Bergbau- und Industriezentren (die Vereinigten Oberschlesischen Hüttenwerke A. G. umfaßte 1939 fast die ganze Eisenindustrie im deutschen Oberschlesien) und Sitz einer Technischen Hochschule. Der Binnenhafen am Gleiwitz-Kanal, der in die Oder mündet, bildet den Anfang einer 700 km langen Wasserstraße von Oberschlesien zur Ostsee bei Stettin.

Am Schnittpunkt wichtiger Reichsstraßen sowie der Haupteisenbahnlinie zwischen dem Westteil des Deutschen Reiches und dem oberschlesischen Industriebezirk gelegen, besaß Gleiwitz vor dem Zweiten Weltkrieg den zweitgrößten Güterbahnhof Deutschlands.

Der Ort Gleiwitz wird urkundlich erstmals 1276 als deutschrechtliche Stadt erwähnt. 1465 wurde das Magdeburger Stadtrecht erneuert. Bis 1596 gehörte Gleiwitz abwechselnd zu den Herzogtümern Oppeln, Beuthen-Cosel und Teschen. Dann kaufte sich der Rat vom König von Böhmen, der damals Pfandherr der Stadt war, los und wurde Immediatstadt. Als die Stadt 1742 an Preußen kam, lebten hier nur 1200 Menschen. Dann begann eine stürmische Entwicklung. Unter Friedrich dem Großen und seinem Berghauptmann Friedrich Wilhelm Graf v. Reden entstanden die erste Eisenhütte und 1796 der erste Kokskohlenofen. Bald folgten eine Kanonen-, eine Munitions- und eine Kunstgießerei. 1813 wurden in Gleiwitz die ersten Eisernen Kreuze hergestellt. 1921 stimmten 78 % der Einwohner für den Verbleib der Stadt beim Deutschen Reich. 1926 wurde Gleiwitz Sitz der Vereinigten Oberschlesischen Hüttenwerke AG.

Bis 1945 war die zur Gräflich Schaffgotschen Werke GmbH gehörende Gräfin-Johanna-Grube die größte europäische Zeche. Die Geschichte der Montan-Firma begann 1858 mit der Heirat von Hans Ulrich Graf Schaffgotsch-Koppitz (1831—1915) mit Johanna Gryczik, der Universalerbin des oberschlesischen Zinkkönigs Karl Godulla (1780—1848) aus Makoschau. Hannchen Gryczik, Tochter einer kranken Arbeiterfrau, war von Karl Godulla adoptiert worden und erhielt eine sehr gute Erziehung in Breslau. Nach ihrer Heirat wurde sie von König Friedrich Wilhelm IV. von Preußen als Johanna Gryczik v. Schomberg-Godulla geadelt. Karl Godulla wiederum begann als Verwalter der Gräflich Ballestremschen Güter und Industriebetriebe. Später machte er sich selbständig und erwarb zahlreiche Betriebe und das Rittergut Schomberg-Orzegow. Die Geschichte Godullas und Johannas wird in mehreren Romanen (u. a. „Zink wird Gold" von Hans Nowak) erzählt.

Weltgeschichte machte Gleiwitz am 31. 8. 1939, als Himmler mit Hilfe von SS-Einheiten und in polnische Uniformen gesteckten Sträflingen einen angeblichen polnischen Überfall auf den Reichssender Gleiwitz inszenierte. Hitler nahm den Vorfall als Vorwand für den Einmarsch nach Polen. Nachdem die Stadt 1945 den Russen und Polen unzerstört in die Hände gefallen war, wurden zahlreiche Gebäude zerstört.

Gleiwitz ist Geburtsort des Dichters Horst Bienek (geb. 1930), der zwischen 1951 und 1955 im russischen Arbeitslager Workuta gefangengehalten wurde.

Wir beginnen unseren Stadtrundgang am **Germaniaplatz** (plac Piastów) in unmittelbarer Nachbarschaft des Hauptbahnhofs und des Fernbusbahnhofs. Von hier gehen wir die **Wilhelmstraße** (ul. Zwycięstwa) entlang in südwestlicher Richtung. Vor dem Kriege war die Wilhelmstraße die eleganteste Einkaufsstraße von Gleiwitz. Heute gibt es hier zwar auch wieder Geschäfte wie das Warenhaus Ikar, doch wirkt die Szenerie grau. Hinter der Klodnitzbrücke erhebt sich das ehemalige Hotel **Haus Oberschlesien**, heute Sitz der Stadtverwaltung (Urząd Miejski). Davor steht der **Brunnen mit den Tanzenden Faunen** (1823). Über die nach Süden führende Helmut-Brückner-Straße (ul. Konstytucji) gelangt man zur **St.-Barbara-Kirche** an der Bahnhofstraße (ul. 1 Maja), die aus dem 14. Jahrhundert stammt. In der nach rechts von der Wilhelmstraße abzweigenden Niederwallstraße (ul. Dolnich Wałów) steht das sogenannte **Schlößchen** (1558), in dem sich das **Stadtmuseum** (Muzeum Miejskie), Tel. 31 58 16, befindet. Hier findet man noch Kunstwerke aus der alten Gleiwitzer Gießerei.

Von hier ist es über die Wilhelmstraße nur wenige Schritte zum **Ring**, dem Mittelpunkt der Altstadt. Neben mehreren restaurierten Laubenhäusern steht das **Rathaus** (16.—18. Jahrhundert, 1981/83 restauriert), mit dem Neptunsbrunnen von 1794. Im Nordwesten des Ringes erhebt sich die spätgotische katholische **Stadtpfarrkirche**

Ring mit Rathaus in Gleiwitz

Allerheiligen (15. Jahrhundert). Sehenswert ist besonders der Hochaltar im Stil der Spätrenaissance.

Von der Kirche führt unser Weg über den Fleischmarkt (plac Adama Mickiewicza) und dann entlang der Oberwallstraße (ul. Górnych Wałów) zur **Hl.-Kreuz-Kirche** in der Schröterstraße (ul. Ziemowita). Sie wurde im 17. Jahrhundert von den Franziskanern im Stil des Barock errichtet und nach dem Ersten Weltkrieg ausgebaut. Etwas östlich davon steht am Peter-Paul-Platz (Pierwszego Maja) die neogotische Kirche **St. Peter und Paul**.

Entlang der Klodnitz gelangt man zum westlich des Hauptbahnhofs gelegenen **Stadtpark** (Park im. F. Chopina) mit Palmenhaus, Alpinarium und Aquarien.

Im Norden der Stadt steht auf dem Hauptfriedhof an der Labander Straße (ul. Łabędzka) die **Schrotholzkirche Maria Himmelfahrt** von 1777. Bis 1923 befand sie sich in Zembowitz (Kreis Rosenberg).

Ein Ausflug lohnt sich von Gleiwitz in das 4 km südlich der Stadt gelegene Dorf **Schönwald** (Bojków). In diesem Waldhufendorf aus dem 13. Jahrhundert hatten sich bis 1945 eine altertümliche deutsche Mundart und alte Trachten (Schönwalder Stickereien) erhalten. Sehenswert ist die Teufelskanzel. Ein weiterer Ausflug führt in die **Richtersdorfer Schweiz** und zur **Buchenlust**.

KURZINFORMATIONEN

ORTSVERKEHR: WPK-Bus, ul. Chorzowska 150.

BEWACHTE PARKPLÄTZE: ul. Dunikowskiego, ul. Wybrzeże Czerwonej Armii

BAHN: Zugverbindungen u. a. nach Oppeln, Breslau, Kattowitz, Glatz und Görlitz. Hauptbahnhof (Dworzec Gliwice-Glówny), Auskunft Tel. 31 31 43.

BUS: PKS-Busse verbinden Gleiwitz mit zahlreichen Orten Schlesiens und Polens. Fernbusbahnhof (Dworzec PKS), ul. Bohaterów Getta Warszawskiego.

FLUG: LOT-Büro, Wilhelmstraße (ul. Zwyciestwa) 56, Tel. 31 28 03.

FREMDENVERKEHRSBÜROS: Orbis, Wilhelmstraße (ul. Zwyciestwa) 65, Tel. 31 88 00; it-Zentrum, Ring (Rynek); PTTK, Ring (Rynek) 12, Tel. 31 05 76.

AUTOREPARATUR: Polmozbyt, ul. Witkiewicza 12; Tel. 31 82 61; ul. Kilińskiego 1, Tel. 31 19 13.

STRASSENHILFSDIENST: ul. Lutycka 25, Tel. 31 59 24 (8—16 Uhr), Tel. 31 82 61(6—22 Uhr).

TANKSTELLEN: ul. Chorzowska; ul. Toszecka 8, ul. Nowotki.

HOTELS: ** Myśliwski, Wilhelmstraße (ul. Zwyciestwa) 30, Tel. 31 22 44; Wanderheim Dom Wycieczkowy Relax, Kattowitzer Allee (ul. Pstrowskiego) 26, Tel. 31 05 91.

JUGENDHERBERGE: Gliwice-Osiedle Gwardii Ludowej, ul. Belojannisa 60 (ganzjährig).

GASTSTÄTTEN: Hotel Myśliwski, Wilhelmstraße (ul Zwyciestwa) 30, Tel. 31 22 44; Piast, Germaniaplatz (plac Piastów) 12; Oaza, ul. PKWN 36; Polonia, Wilhelmstraße (ul. Zwyciestwa) 39; Pod Arkadami, Ring (Rynek) 24; Zameczek Lesny (Schlößchen).

CAFÉS: Agawa, Wilhelmstraße (ul. Zwyciestwa) 7; Kolorowa, al. Majowa 12; Lotos, ul. Chorzowska 1; Trójak, Ring (Rynek) 21.

IMBISS: Zameczek Leśny (Schlößchen; Ekspres, Wilhelmstraße (ul. Zwyciestwa) 53; Wrocławski, ul. Wrocławska.

THEATER: Staatliche schlesische Operette (Państwowa Operetka Śląska), Neue-Welt-Straße (ul. Nowy świat) 55, Tel. 32 11 01.

HAUPTPOST: Niederwallstraße (ul. Dolnych Walów).

33. Zwischen Gleiwitz und Kattowitz

Von Gleiwitz fahren wir ins 20 km östlich gelegene **Hindenburg** (Zabrze, spr. Sabsche).

Die 1922 aus mehreren Gemeinden entstandene Stadt hat 201 355 Einwohner und ist damit die zweitgrößte Stadt des oberschlesischen Industrie- und Bergbaugebietes.

Älteste Siedlung auf dem Gebiet des heutigen Hindenburg ist das 1245 erstmals urkundlich erwähnte Bischofsdorf (Biskupitz). Um 1300 legte der deutsche Lokator Kunrad (Konrad) das Dorf Kunzendorf (Cunczindorf) an. Der Ursprung des raschen Wachstums lag in der bergbaulichen und industriellen Entwicklung Oberschlesiens.

1798 begann durch die Anlage des Tiefschachtes der seit 1810 nach Königin-Luise genannten Grube der Steinkohlenbergbau in Hindenburg. 1851 wurden die Donnermarckshütte und 1863 das Borsigwerk gegründet.

1915 wurde der seit der Hussitenzeit als Zabrze bekannte Ort auf Initiative des Zentrums und der SPD in Hindenburg umbenannt, um den Sieger von Tannenberg zu ehren. 1921 stimmte die Mehrheit (21 233 gegen 14 837) der Hindenburger für den Verbleib beim Deutschen Reich. Ein Jahr später erhielt die Siedlung die Stadtrechte.

Heute ist die Stadt wieder ein bedeutendes Bergbau- und Industriezentrum mit sechs Steinkohlengruben, vier Kokereien, einer Eisenhütte und einer Bergbaumaschinenfabrik. Die staatliche Bergmannsphilharmonie von Hindenburg entstand 1950 als Amateurorchester und wurde von dem deutschen Professor Max Zimolong gegründet.

In der Kirchstraße (ul. Klimasa) erhebt sich die evangelische **Friedenskirche** (Kościół Pokoju) von 1874.

An der **Kronprinzenstraße** (ul. Wolności), der 9 km langen Hauptstraße, die Hindenburg mit Gleiwitz und Kattowitz verbindet, befand sich 1921 an der Nr..286 das Hauptquartier der polnischen Freischärler. In der Krypta der 1932 eingeweihten **St.-Josef-Kirche** steht in der Kapelle der Bergleute ein aus einem Stück Kohle gefertigter Altar. Sehenswert ist auch das **Bergbaumuseum** (Muzeum Górnictwa Węglowego), Tel.: 71 56 80, geöffnet Mi., Fr., Sa., So. 10—14 Uhr, Di., Do. 10—18 Uhr, Mo. geschlossen. Unweit des Bergbaumuseums kann man das **Untertage-Museum** (Kopalnia Zabrze – ściana turystyczna) auf der Guido-Grube besuchen.

Zu Spaziergängen laden der **Skagerakpark** (Park im. Poległych Bohaterów) am Beuthener Wasser (Bytomka) nördlich der Kronprinzenstraße (ul. Wolności), der **Steinhoffpark** (Park im. gen. K. Świerczewskiego) der Preußag im Süden und der **Hüttenpark** der Donnersmarck-Hütte (Park Hutniczy) im Norden ein.

6 km östlich von Hindenburg erstreckt sich die 1960 durch die Zusammenlegung mehrerer Bergbau- und Industriesiedlungen entstandene Stadt **Ruda** (167 695 Einwohner 1989) mit acht Kohlengruben (darunter dem aus dem Jahre 1741 stammenden ältesten Bergwerk in Schlesien). Die Brandenburggrube (Wawel) wurde 1752 gegründet und ist damit die älteste Kohlengrube Oberschlesiens. Eine der größten Betriebe des östlichen Mitteleuropa ist die 1840 entstandene Friedenshütte (Huta Pokój).

KURZINFORMATIONEN

ORTSVERKEHR: Stadtbusse.

TAXI: **Hindenburg**: Am Hauptbahnhof (Dwozec Glówny), Tel. 71 25 36; Dorotheenstraße (ul. 3 Maja), Tel. 71 03 70.

BAHN: Gute Verbindungen in alle Richtungen. Bahnhof (Dworcec PKP) am Bahnhofsplatz (plac Dworcowy).

BUS: PKS-Busse verbinden Hindenburg mit den meisten Orten Schlesiens.

FREMDENVERKEHRSBÜROS: **Hindenburg**: Orbis, Kronprinzenstraße (ul. Wolności) 276, Tel. 71 05 20.

AUTOREPARATUR: **Hindenburg**: Mototechnicka, ul. Pulaskiego 3, Tel. 71 18 24.

STRASSENHILFSDIENST: **Hindenburg**: Mototechnika, Kronprinzenstraße (ul. Wolności) 41, Tel. 71 29 21.

HOTEL: **Hindenburg**: Przodownik (ehem. Admiralspalast), Kronprinzenstraße (ul. Wolności) 305, Tel. 71 08 41.

JUGENDHERBERGEN: **Hindenburg**: Schronisko PTTK, plac Traugutta 2, Tel. 71 27 67 (ganzjährig).

GASTSTÄTTE: **Hindenburg**: Balaton, ul. Brodzińskiego 2, Tel. 71 31 10, Trójka, Kampfbahnallee (ul. Roosevelta) 22, Tel. 71 29 10; Gwarek, ul. Lompy 48, Tel. 71 43 34.

THEATER: **Hindenburg**: Neues Stadttheater (Państwowy — Teatr Nowy), pl. Teatralny 14, Tel. 71 32 56.

KONZERTE: Oberschlesische Philharmonie (Filharmonia Gornicza), Kronprinzenstraße (ul. Wolności) 325, Tel. 71 47 17.

FOLKLORE: **Hindenburg**: Kulturhaus (Dom Muzyki i Tańca), ul. de Gaullé a 17, Tel. 71 56 41.

TANZ: **Hindenburg**: Restaurant Gwarek, ul. Lompy 48, Tel. 71 43 34.

SPORT: **Hindenburg**: Stadion (KS Górnik Zabrze), Kampfbahnallee (ul. Roosevelta), Tel. 71 49 26.

SCHWIMMBAD: Schecheplatz (plac Krakowski).

Durch **Schwientochlowitz** (Świętochłowice), das 58 664 Einwohner zählt (1989) und neben drei Steinkohlengruben eine Eisen- und eine Zinkhütte Bethlen-Falva besitzt, die seit 1828 den Grafen Henckel v. Donnersmarck auf Neudeck gehörte, gelangen wir nach Kattowitz.

34. Kattowitz (Katowice)

Die mit 365 828 Einwohnern (1940: 127 000, auf kleinerer Fläche) Hauptstadt der Provinz Oberschlesien und größte Stadt des oberschlesischen Bergbau- und Industriegebietes ist Sitz zahlreicher Industriebetriebe und Bergwerke. Die Umweltverschmutzung und die dadurch hervorgerufenen Krankheiten sind erschreckend. Von den sechs Kohlengruben ist die Grube Hedwigswunsch (Jan) die größte. Daneben gibt es Eisenhütten und Zinkbetriebe. Kattowitz besitzt aber auch eine Reihe kultureller Einrichtungen, darunter vier Theater, die Schlesische Philharmonie und das weltberühmte Große Sinfonieorchester. Außerdem gibt es hier eine Universität und vier weitere Hochschulen.

1906 wurde in Kattowitz die Kernphysikerin Maria Goeppert-Mayer geboren, die 1963 den Nobelpreis für Physik erhielt. Sie starb 1972 in San Diego (Kalifornien). Auch der Schauspieler Willy Fritsch (1901—1973) stammte aus Kattowitz.

Im Jahre 1397 entstand an der Stelle des wüsten Dorfes Bogutschütz die Siedlung Bogutschützer Hammer. 1590 wurde daneben das deutsche Waldhufendorf Kattowitz gegründet. Mit dem Kauf des Gutes Kattowitz durch den Unternehmer Koulhaas begann die industrielle Entwicklung. Bis in die Mitte des 19. Jahrhunderts war Kattowitz ein mittelgroßes Dorf, das seit 1838 dem Grafen Thiele-Winckler gehörte und 1865 die Stadtrechte erhielt. Bis zum Ersten Weltkrieg entstanden mehrere Kohlengruben, eine Zinkhütte sowie ein Eisenwalzwerk. Die stürmische Entwicklung der Stadt wurde 1922 mit ihrer Besetzung durch Polen unterbrochen, obwohl am 20. 3. 1921 rund 85,25% der Bevölkerung für das Deutsche Reich optiert hatten. Bis zur Abstimmung kam es zu drei polnischen Aufständen.

Sport- und Veranstaltungshalle mit einem Denkmal der polnischen Aufstände in Kattowitz

Sie wurden angeführt von dem Journalisten Wojciech Korfanty (1873—1939) aus dem nahen Sadzawka, der von 1922—1923 polnischer stellvertretender Ministerpräsident war.

Einzige Sehenswürdigkeit ist der **Südpark** (Kościuszki-Park) am Stadtrand mit seinen historischen Holzbauten, die aus schlesischen Dörfern nach hier überführt wurden, darunter eine Fluchtkirche aus Syrynia koło Rybnika (1510) und ein Speicher von 1683.

KURZINFORMATIONEN

STADTBUSSE: WPK, Information: Ring (Rynek) 7, Tel. 59 99 48. Linien tramwajowe nach Königshütte (Chorzów): Nr. O und 15, nach Beuthen (Bytom) Nr. 7, nach Ruda (Ruda Śląskie) Nr. 23, nach Siemanowitz (Siemanowice) Nr. 23.

TAXI: Am Hauptbahnhof (plac Dworcowy): plac Andrzeja; ul. Dworcowa; ul. Powstzańców. Kattowitz ist dem Nahverkehrssystem des Oberschlesischen Industriereviers angeschlossen. Bahn- und Busverbindungen bestehen außerdem zu den wichtigsten Orten Schlesiens und Polens. Hauptbahnhof (Dworcec Glówny): plac Dworcowy. Fernbusbahnhof: PKS, Ecke ul. Skargi/ul. Zawadzkiego und vor dem Hauptbahnhof. Auskunft: ul. Skargi, Tel. 53 08 11.

FLUG: LOT, ul. Armii Czerwonej 36, Tel. 58 06 84. Flüge nach Danzig und Warschau. **Flughafen:** Pyrzowice (34 km).

FREMDENVERKEHRSBÜROS: Orbis, ul. Armii Czerwonej 2, Tel. 59 85 33; PTTK, ul. Warszawska 7, Tel. 58 87 68; Silesia-Tourist, ul. Teatralna 2, Tel. 58 84 74 und 58 77 35.

AUTOMOBILCLUB: PZM, ul. Bogucicka 7, Tel. 59 96 56.

AUTOREPARATUR: PP Polmozbyt, al. Rożdzieńskiego 170, Tel. 58 09 15; ul. Bogucicka 7, Tel. 59 96 56; al. Rodzieńskiego 10, Tel. 58 15 64; ul. Brynowska 94, Tel. 51 39 03; ul. Kopernika 32, Tel. 51 45 88; ul. Mikolowska, Tel. 51 92 94; ul. Warszawska 60, Tel. 58 76 96.

STRASSENHILFSDIENST: PZM, ul. Stanlislawa 4, Tel. 53 74 46.

TANKSTELLEN: ul. Armii Czerwonej 135; ul. Dabrowszczaków; ul. Dabrowskiego; ul. Roździeńskiego; ul. 1 Maja 5; ul. 1 Maja 145; ul. Murckowska.

HOTELS: *** Centralny, ul. Dworcowa 9, Tel. 53 90 41, ***Katowice, ul. Armii Czerwonej 9, Tel. 58 82 81 und 59 75 26; *** Orbis-Silesia, ul. Skargi 2, Tel. 53 92 21 und 53 98 85; ** Polonia, ul. Kochanowskiego 3, Tel. 51 40 51; ** Śląski, ul. Mariacka 15, Tel. 53 70 11; ** Orbis-Warszawa, als. w. Roździeńskiego, Tel. 59 86 11.

JUGENDHERBERGEN: ul. Graniczna 27a, Tel. 51 94 57; ul. Borki.

CAMPING: na Dolnie Trzech Stawow, Tel. 51 87 84.

GASTSTÄTTEN: Hotel Katowice, ul. Armii Czerwonej 9, Tel. 58 82 81; Centrum, ul. Armii Czerwonej, Tel. 58 60 61; Astoria, ul. Mariacka 1, Tel. 53 85 45; Atlantik, ul. 15 Grudnia 7, Tel. 53 88 26; Melodia, ul. 3 Maja 21, Tel. 58 66 69; Europa, ul. Mieckiwicza 8.

CAFÉ: Hotel Katowice, ul. Armii Czerwonej 9.

MILCHBAR: Centralny, ul. Armii Czerwonej 12.

HAUPTPOSTAMT: ul. Pocztowa 9 (auch Telegrafenamt).

BAHNPOSTAMT: ul. Sklodowskiej-Curie (auch Fernsprechamt).

THEATER: Schlesisches Staatstheater (Państwowy Teatr Śląski im. St. Wyspiańskiego), Ring (Rynek) 2, Tel. 58 89 67, Reservierung: Tel. 59 93 60; Kleine Bühne (Scena Kameralna), ul. Warszawska 4, Tel. 58 72 51; Puppenspieltheater (Atenum), ul. 15 Grudnia 15, Tel. 53 82 21.

KONZERTE: Schlesische Philharmonie (Śląska Filharmonia), ul. Zawadzkiego 2, Tel. 58 62 61; Radio- und Fernseh-Sinfonieorchester (Wielka Orkiestra Symfoniczna Polskiego Radia i Telewijzi), plac Dzierzyńskiego, Tel. 51 89 03.

35. Ausflüge von Kattowitz

Kattowitz bietet sich als Ausgangspunkt für eine 180 km lange Rundfahrt durch die Schlesischen Beskiden (Beskid-Śląski) an. Die Ausfahrt aus der Stadt erfolgt auf der ul. Warszawska und dann auf der E 75 in südlicher Richtung durch große Wälder nach dem 20 km entfernten **Tichau** (Tychy), einer modernen Industriestadt (1989: 187 616 Einwohner, 1939: 1000) mit Brauerei aus dem Jahre 1613 (dem Grafen v. Pleß gehörend), einem Barockschloß (erbaut von Prinz Friedrich Erdmann von Anhalt-Köthen) und einer barocken Pfarrkirche (1780—82). Südlich erstreckt sich der **Paprozan-See** (Jezioro Paprocańskie), ein beliebtes Erholungsgebiet.

20 km weiter liegt im oberschlesischen Hügelland einige Kilometer nordöstlich der Weichsel die 35 000 Einwohner zählende Stadt **Pless** (Pszczyna). Seit 1846 ist die an der Plesse (Pszczynka), einem Nebenfluß der Weichsel, gelegene Stadt, die 1276 mit deutschem Recht angelegt wurde, Sitz der Standesherrschaft der Fürsten von Pless aus dem uradeligen Hause Hochberg-Fürstenstein. Sehenswert ist das stattliche Barockschloß (1743—1767), in dem sich ein Museum der Innendekoration (Muzeum Wnętrz Pałacowych), geöffnet: Mai—Oktober, Di., Mi. 9—17 Uhr, Do., Fr., Sa. 9—15 Uhr, So. 9—16 Uhr; November—April, Di., Mi. 10—17 Uhr, Do.—So. 10—15 Uhr) befindet. Von 1915—1917 hatte Kaiser Wilhelm II. hier sein Großes Hauptquartier. Rund um das Schloß erstreckt sich ein 120 ha großer Landschaftspark aus dem 18. und 19. Jahrhundert (heute Stadtpark).

5 km nordöstlich von Pless befindet sich in der Nähe des Dorfes **Jankowitz** (Jankowice) im Plesser Forst (lasy pszczyńskie) ein 1865 angelegtes Wisent-Reservat. Durch den Kurort **Bad Goltschalkowitz** (Goczałkowice) in der Nähe eines 1955 errichteten 32 km^2 großen Stausees (Jez. Goczałkowickie) und den großen Eisenbahnknotenpunkt **Erbenfeld** bzw. **Dziedzitz** (Czechówice-Dziedzice) mit Steinkohlengrube, Erdölraffinerie und Kabelfabrik fahren wir durch das Beskiden-Vorgebirge nach Bielitz.

Bielitz-Biala (Bielsko-Biała), das bedeutende Textilzentrum mit 179 585 Einwohnern (1989), liegt im Tal der Biala und auf den bewaldeten Talhängen der Schlesischen Beskiden. Die Stadt gehörte bis 1920 zu Österreichisch-Schlesien und hatte damals 16 900 meist deutsche

Einwohner, während das gegenüber (am rechten Ufer der Biala) gelegene Biala zu Österreichisch-Galizien gehörte und 8300 Einwohner zählte. Die Stadt war einst wegen ihrer erstklassigen Wollgewebe in der ganzen Welt bekannt. Vom Wohlstand ihrer einstigen deutschen Bewohner zeugen noch heute zahlreiche stattliche, wenn auch jetzt verkommene Bauwerke.

Mitte des 13. Jahrhunderts entstanden in dieser Gegend die ersten deutschen Waldhufendörfer. Während die meisten Dörfer im 16. Jahrhundert polonisiert wurden, blieben Bielitz und acht Dörfer deutsch. Als 1457 das bislang zu Schlesien gehörende Herzogtum Auschwitz an Polen fiel, lag Bielitz an der Grenze Deutschlands. 1575 wurde die bis dahin zum Herzogtum Teschen gehörende Stadt als Minderstandesherrschaft dem kaiserlichen Oberamt in Breslau unterstellt. 1752 wurde Bielitz zum Fürstentum, 1754 zum Herzogtum erhoben. Seit 1553 war Bielitz die einzige protestantische Stadt Schlesiens. Als Schlesien 1742 an Preußen fiel, blieb Bielitz bei Österreich. 1920 wurde Bielitz von Polen besetzt, obwohl es mehrheitlich von Deutschen bewohnt war. 1951 wurden Bielitz und Biala vereinigt.

In der Stadtmitte steht an der Schloßstraße (ul. Zamkowa) das **Sulkowski-Schloß** (19. Jahrhundert), in dem sich heute das **Heimatmuseum** (Muzeum Okręgowe) befindet (geöffnet: Di., Do. 11—17 Uhr, Mi., Fr., Sa. 9—15 Uhr, So. 10—14 Uhr, Tel. 2 53 53). In der engen ul. Podcienie, die vom Markt abgeht, haben sich barocke und klassizistische **Laubenhäuser** aus dem 17. und 18. Jahrhundert erhalten.

Bielitz ist ein ausgezeichneter Ausgangspunkt für Wanderungen und Ausflüge in die schlesischen Beskiden, einem bis 1102 m hohen Mittelgebirge, und das Tal der Sola. Die landschaftlich schönste Strecke führt über **Mikusowitz** (Mikuszowice), einem Erholungsort mit Waldpark und einer Holzkirche aus dem Jahre 1690 in Richtung Szczyrk. Vom Tal von **Olszowka**, das 3 km rechts der Straße beginnt, gelangt man mit einer Schwebebahn auf den 1031 m hohen Szyndzielnia-Berg.

In **Bystra**, einem Klimakurort, befindet sich ein Tbc-Sanatorium. **Szczyrk**, das zwischen 500 und 700 m ü. M. liegt, ist ein beliebter Wintersport- und Luftkurort. Auf den umliegenden Gipfeln (Klimczok, 1034 m und Skrzyczne, 1257 m), die mit Schwebebahnen zu erreichen sind, gibt es Wanderherbergen. Vom **Skrzyczne**, der höchsten Spitze in den westlichen Beskiden, kann man über den 1220 m hohen Barania Góra zu den Quellen der Weichsel (Wisła) wandern. Ein weiterer Wanderweg führt über den 923 m hohen **Salmopolska-Paß** in das Dorf Weichsel. Man kann den Ort aber auch mit dem Wagen von Szczyrk erreichen.

Weichsel (Wisła) ist ein großer Erholungs- und Wintersportort mit Stausee und Skipisten. Mit 110 km^2 war es einst das flächengrößte Dorf Schlesiens und war seit dem 17. Jahrhundert bis 1945 mehrheitlich von evangelischen Deutschen bewohnt. 1989 lebten hier 11 353 Polen. Interessant ist das Ethnographische Museum. Wanderungen führen auf den 978 m hohen Stożek, der die Grenze zu Mähren bildet, sowie durch das Biała-Wisełka-Tal und vorbei an einem Wasserfall auf den 1220 m hohen Barania Góra. Ein Museum der sakralen Kunst kann man in einer kleinen hölzernen Kirche am **Kubalonka-Paß** sehen.

Von Weichsel geht es nun in malerischen Windungen durch dichte Wälder nach **Istebna**, dem Zentrum einer traditionsreichen Schnitzkunst und Spitzenklöpplerei. Bemerkenswert sind die Holzhäuser der Bergbauern aus dem 18. und 19. Jahrhundert. Sehenswert ist auch das Freilichtmuseum mit seiner Volkskunstwerkstatt.

Hinter Istebna biegt unsere Straße nach Osten ab. In dem kleinen Dorf **Koniaków** stehen ebenfalls zahlreiche Holzhäuser aus dem 18. und 19. Jahrhundert. Bekannt ist der Ort wegen seiner schönen Volkstrachten und Spitzen sowie eines Tanz- und Gesangsensembles.

Weiter führt unsere Route in die West-Beskiden (Beskid-Zywiecki) durch die Wasserscheide von Weichsel, Oder und Donau nach **Kasperki**, von wo eine Nebenstraße zum südwestlich gelegenen Wintersportort **Zwardoń** führt. Ein schöner Wanderweg verbindet den Ort mit dem Gipfel des Wielka-Racza (1236 m) und dem 1124 m hohen Przegibek.

Nach Kasperki zurückgekehrt, fahren wir auf einer schmalen Straße in östlicher Richtung nach **Rajcza**, wo wir durch das Tal der Sola ins nördlich gelegene **Milówka** mit seinem hölzernen Dorfgasthaus aus dem Jahre 1739 gelangen.

Über **Węgierska Górka** im Norden, Sitz einer alten Eisengießerei (1840), geht es dann nach **Saybusch** (Żywiec), einer von den Bergen der Kleinen Beskiden (Beskid-Mały) im Norden und den Schlesischen Beskiden im Westen eingeschlossenen Industriestadt an der Sola

(13 853 Einwohner 1989). Die Stadt besitzt eine spätgotische Pfarrkirche (15. und 16. Jahrhundert), ein Renaissance-Schloß (16. Jahrhundert) mit Arkadenhof und ein Palais der Habsburger aus dem 19. Jahrhundert. Auch die Heilige Kreuzkirche aus dem 15. Jahrhundert und die berühmte Brauerei sind besuchenswert. Saybusch ist Ausgangspunkt für Bergwanderungen und Skitouren. Nördlich der Stadt entstand 1966 ein Stausee.

Nach Bielitz zurückgekehrt, biegen wir in die nach Westen führende E 75 ein und fahren über die Sommerfrische **Alexanderdorf** (Wapienica) und den Ort **Grodziec** mit seinem in einem alten Park stehenden Schloß aus der Spätrenaissance (16.—17. Jahrhundert) durch das Weichseltal nach **Skotschau** (Skoczów). Vor dem Ersten Weltkrieg war das vor 1300 von Deutschen gegründete Städtchen Zentrum der „Schlonsaken", die eine deutsch-polnische Mischsprache („Wasserpolnisch") sprachen, sich jedoch zur deutschen Kultur bekannten. Hier wurde 1919 der Waffenstillstand zwischen Polen und der Tschechoslowakei nach der Auseinandersetzung um das Teschener Land abgeschlossen. Die Stadt besitzt ein spätbarockes Rathaus und eine Kirche aus dem 18. Jahrhundert und ist Sitz einer bekannten Hutfabrik.

Weichselabwärts liegt bei **Strumień** der große Goczałkowickie-See. Im nahen Dorf **Wisła-Mała** steht eine Holzkirche aus dem 18. Jahrhundert. Vom 10 km südlich gelegenen **Ustroń**, einem Klimakurort am Fuß des Jablunka-Gebirges mit einer Hütte aus dem Jahre 1772, kann man mit einem Sesselaufzug auf den 995 m hohen Czantory (Wielka Czantoriá) fahren. Vom Gipfel bietet sich ein herrlicher Blick auf das bereits im Sudetenland gelegene Olsa-Tal. 10 km westlich von Ustroń liegt am Nordrand der Karpaten die 32000 Einwohner (1980) zählende alte deutsche Handelsstadt Teschen.

Die auf einer Anhöhe über der Olsa (poln. Olza, tschech. Olsě) schön gelegene Stadt **Teschen** (Cieszyn) wurde im 8. Jahrhundert als Grenzfestung zwischen Böhmen und Schlesien gegründet und 1291 als Fürstentum Teschen böhmisches Lehen. 1374 erhielt Teschen Magdeburger Recht. Dann war sie Hauptstadt eines selbständigen Herzogtums, bevor sie 1653 unter der Herrschaft der Habsburger kam. Bis 1920 war die ehemalige Herzogstadt Hauptstadt des Österreichisch-Oberschlesien. 1910 hatte sie 22 489 Einwohner (65,3 % Deutsche). Trotzdem wurde der Ort 1920 zwischen Polen und der Tschechoslowakei aufgeteilt. Am 19. 9. 1938 überfiel Hitler zusammen mit Polen die Tschechoslowakei. Polen besetzte das Teschener Gebiet und vertrieb zahlreiche Tschechen, Deutsche und Juden. 1939 gelangte die Stadt und das umliegende Teschener Land an Schlesien zurück. Gleich nach dem Krieg wäre es hier um ein Haar zum Krieg zwischen Polen und der Tschechoslowakei um den Grenzverlauf in der Hohen Tatra gekommen.

An der Brücke über die Olsa (Most Przyjażny), auf der man nach dem tschechischen, heute rund 33 000 Einwohner zählenden Teschen (Český Těšin) im Sudetenland gelangt, steht auf dem **Schloßberg** die steinerne romanische **St.-Nikolaus-Kapelle** in Gestalt einer Rotunde aus dem frühen 11. Jahrhundert. Sie gehört zu den ältesten Gotteshäusern Schlesiens. Daneben ein viereckiger gotischer Turm (13.—14. Jahrhundert), Rest der ehemaligen Herzogsburg. Von hier hat man eine weite Aussicht über die Stadt. In der Vorburg stehen das neoklassizistische **Jagdschloß** des österreichischen Erzherzogs Karl von Sachsen-Teschen sowie eine Orangerie aus der Mitte des 19. Jahrhunderts, in der 1840 u. a. Franz Liszt spielte.

Vom Jagdschloß gehen wir durch die ul. Stroma zum östlich gelegenen Theaterplatz (plac Teatralny). Linker Hand steht die **Alte Münze** (1719), die Ende des 18. Jahrhunderts vom Freiherrn Bludowski zum Stadtpalais umgebaut wurde. Das **Theater** stammt aus dem Jahre 1910 und war der Stolz der deutschen Bürger.

Geht man von hier durch die ul. A. Fredry zum Alten Markt (Stary Targ) und biegt in diesen nach rechts ein, so gelangt man zur Tiefen Gasse (ul. Armii Czerwonej), die zum Ring führt. Hier erhebt sich die gotische **Pfarrkirche St. Magdalenen** (ursprünglich 13. Jahrhundert, 1789 barock umgebaut). Im Innern sind beachtenswert die Skulptur des Fürsten Przemysław (gest. 1410), der Altar von Andreas K. Schweigel (1794) und die Kanzel (1792) von Johann J. Schuber.

Südöstlich des Gotteshauses sieht man das **Alte Rathaus**, das im 15. Jahrhundert errichtet und mehrfach umgebaut wurde. Vor dem Bauwerk stehen ein Brunnen (1770) und die Figur des heiligen Florian. Gegenüber an der Ecke der ul. Regera lohnt das **Palais Larisch** von 1796 einen Besuch. In dem barock-klassizistischen Palais der Fürsten Larisch befindet sich das Stadtmuseum. In der Nähe des Rathauses findet man noch zahlreiche deutsche **Patrizierhäuser** mit barocken, klassizistischen und Jugendstil-Fassaden.

Nun gehen wir die ul. Szeroka in nördlicher Richtung entlang zur

Heilig-Kreuz-Kirche (Kościół św. Krzyża), die von den Jesuiten im Stil des Barock errichtet wurde. Folgt man der ul. Szeroka nach Westen, so stößt man auf die ul. Jana Matejki. In diese biegen wir nach rechts ein und besuchen die südlich des Bobreckbaches (Bobrówka) inmitten von Grünanlagen stehende **Heilige-Dreifaltigkeits-Kirche** (16.—19. Jahrhundert). Rechts daneben erhebt sich am plac Londzina die **Kirche der Barmherzigen Brüder** (Himmelfahrtskirche) von 1697 mit spätbarocken Skulpturen.

Nun führt unser Weg in südöstlicher Richtung zum an der ul. Kochanowskiego stehenden Cselestinum, dem 1820 von den Freiherrn Cselesta für Kinder des Adels errichteten Stift im klassizistischen Stil. Sehenswert sind auch die beiden Anfang des 19. Jahrhunderts an der ul. Wyższa Brama (Nr. 10 und 16) errichteten **Gasthöfe** und die südlich davon am plac Kościelny stehende spätbarocke **evangelische Gnadenkirche** (1709—59). Sie wird auch jetzt von Protestanten genutzt.

Von Teschen führt die Straße R 93 (E 75) aus dem Tal der Olsa bergan in das Karpaten-Vorgebirge und auf der Wasserscheide zwischen Weichsel und Oder entlang nach **Pawlowitz** (Pawłowice).

Nach links zweigt eine Nebenstraße durch das Kohlenrevier von **Rybnik**, Heimatort des Bundesvertriebenenministers Dr. Hans Lukascheck (1885—1960, von 1929—1933 Oberpräsident von Oberschlesien), mit heute 140 016 Einwohnern (1989) nach Gleiwitz ab. Sehenswert sind in Rybnik die barock-klassizistische **Pfarrkirche zur Schmerzhaften Mutter Gottes** (1798—1801) nördlich des Ringes und das in der ul. Kopernika westlich des Ringes stehende Schloß (1650 von den Grafen von Oppersdorff erbaut). In **Sohrau** (Żory), das im letzten Kriege zu 85 % zerstört wurde und einst eine bedeutende Tuchmacher- und Leinenweberstadt war, ist die katholische Pfarrkirche St. Philippus und St. Jakobus aus dem 15.—17. Jahrhundert beachtenswert.

Von hier durchquert die Straße weitläufige Wälder und führt dann über niedrige Anhöhen nach **Lazinsk** (Łazińska Górne) mit seiner aus dem 16. Jahrhundert stammenden Holzkirche (wertvolle Skulpturen). Über Nikolai (Nikolów) gelangen wir dann zurück nach Kattowitz.

KURZINFORMATIONEN

BAHN: Bielitz: Verbindungen über Pless nach Kattowitz und nach Saybusch (Żywiec). Hauptbahnhof (Bielsko-Biala Glówna).

BUS: Bielitz: PKS-Busse verbinden die Stadt mit zahlreichen Orten in der näheren und weiteren Umgebung.

FREMDENVERKEHRSBÜROS: Bielitz-Biala: Orbis, Kaiser-Franz-Josef-Straße (ul. Lenina) 9, Tel. 3 22 61, it-Zentrum, Ringstraße (ul. Piastowska). **Teschen:** Orbis, Ring (Rynek) 19, Tel. 2 12 40 und 2 18 96. Geöffnet: Mo.—Fr. 9—13 und 14—16 Uhr, Sa. 9—13 Uhr. it-Zentrum, Tiefe Gasse (ul. Armii Czerwonej).

AUTOSERVICE: Bielitz-Biala: Centrum, ul. Katowicka 24, Tel. 2 70 21 und 2 70 22.

STRASSENHILFSDIENST: Bielitz-Biala: PZM, Staffelgasse (ul. Armii Czerwonej) 4, Tel. 2 27 36. **Teschen:** ul. Bielska 200, Tel. 2 08 33. **Rybnik:** ul. Wysocka 2, Tel. 9 81 (9—16 Uhr), 2 28 35 und 2 28 74 (6—14 Uhr).

TANKSTELLEN: Rybnik: ul. Mikolowska, Tel. 2 16 44; ul. Piecka, Tel. 2 38 99.

HOTELS: Tichau: Mosir, ul. Engelsa 9, Tel. 28 21 88. **Pless:** Dom wy cieczkowy PTTK, ul. Brama Wybranców 2, Tel 32 33; Dom Wycieczkowy, ul. Wieczorka 14, Tel. 46 76. **Bielitz-Biala:** * Prezydent, ul. Lenina 12, Tel. 2 72 11; ** Pod Poczta, ul. 1Maja 4a, Tel. 2 60 37; Dom Wycieczkowy PTTK, ul. Krasńiego 38, Tel. 2 62 62; Breskid, ul. Piastowska 1, Tel. 2 60 39; Pod Orlem, ul. Dzierzyńskiego 46c, Tel. 2 60 81. **Szczyrk:** Motel. **Weichsel:** PTTK-Ausflugshaus Nad Zapora, ul. Czarne 3, Tel. 23 11 und 24 11. **Teschen:** Pod Jeleniem, Ring (Rynek) 20, Tel. 2 01 40; Motel Orbis, ul. Armii Ludowej 33, Tel. 2 99 30; Olza, ul. Armii Ludowej 93, Tel. 2 04 51. **Rybnik:** ** Rybnik, ul. Jankowicka 1, Tel. 2 16 23; Rynkowy, ul. Pstrowskiego 2, Tel. 2 18 23.

JUGENDHERBERGEN: **Bielitz-Biala:** ul. Komornicka; 25, Tel. 2 74 66. Mikusowitz: auf dem Debowiec-Berg und dem Szyndzielnia-Berg.

CAMPING: **Bielitz-Biala:** Pod Debowcem, ul. Karbowa 15, Tel. 2 07 27 (Mai—September); Wapienica, ul. Tartaczna, Tel. 209 (Juni—September). **Szczyrk:** Campingplatz. **Teschen:** al. Jana Lyska 12, Tel. 2 08 33. **Rybnik:** ul. Hotelowa 12, Tel. 2 21 40 (in Rybnik-Kamień).

GASTSTÄTTEN: **Pless:** Parkowa, ul. Dworcowa 2, Tel. 44 59; Pod Zubrem, Ring (Rynek) 18. **Bielitz-Biala:** Hotel Prezydent, ul. Lenina 12, Tel. 2 72 11; Hotel Pod Poczta, ul. 1 Maja 4a, Tel. 2 60 37; Starówka, ul. Smólki; Teatralna, ul 1 Maja; Elektron, ul. Greczki. **Teschen:** Hotel Pod Jeleniem, Ring (Rynek) 20, Tel. 2 01 40; Centralna, ul. Mennicza, Zamkowa, Schloßstr. (ul. Zamkowa). **Rybnik:** Jubilatka, ul. Zebrzydowicka 25; Rybniczanka, ul. Zawadzkiego 1; Teczowa, ul. Revolucji Październikowej 17. **Sohrau:** Myśliwska, ul. Kościuszki 12; Rynkowa, Ring (Rynek).

CAFÉS: **Bielitz-Biala:** Hotel Pod Poczta, ul. 1 Maja 4a, Klubowa, ul. Lenina; Mikron, ul. Barlickiego; Radosna, ul. Wolności. **Teschen:** Hotel Pod Jeleniem, Ring (Rynek) 20, Tel. 2 01 04; Arkady, Ring (Rynek).

IMBISS: **Bielitz-Biala:** Tempo, ul. Armii Czerwonej.

TEESTUBE: **Bielitz-Biala:** Herbaciarnia Chinka, ul. Schodowa.

MILCHBAR: **Bielitz-Biala:** Exspres, ul. Lenina.

THEATER: Polnisches Staatstheater (Państwowy Teatr Polski), ul. 1 Maja 1, Tel. 2 84 51; Puppenbühne (Państwowy Teatr Lalek Banialuka), ul. Mickiewicza 20, Tel. 2 10 46.

VERANSTALTUNGEN: **Weichsel:** Folklore-Festival (August).

36. Von Posen nach Breslau

Wir verlassen die ehemalige preußische Provinzhauptstadt Posen auf der E 261 in südwestlicher Richtung und fahren zunächst zum Obstanbauzentrum **Rosenhagen** (Szreniawa) mit seinem Landwirtschaftsmuseum. 6 km westlich des Ortes liegt das Dorf **Konarzewo**, wo ein von einem schönen Park umgebenes Barockschloß aus dem Jahre 1697 steht. Linker Hand erstreckt sich ein großer Nationalpark mit ausgedehnten Wäldern, Hügeln und Seen. Über die Kleinstadt **Stenschewo** (Stęszew), die am schönen Lipno-See liegt, führt unsere Route weiter in südlicher Richtung durch ein fruchtbares Ackerbaugebiet nach **Kosten** (Kościan). Hier steht eine stattliche gotische Pfarrkirche aus dem 14. und 15. Jahrhundert. 6 km südöstlich liegt das große Schloß und Gestüt von **Racot** vom Ende des 18. Jahrhunderts. In der hübschen Hügellandschaft bei **Schmiegel** (Śmigiel) kann man zahlreiche alte Windmühlen sehen. Nach weiteren 19 km sind wir in der ehemaligen Tuchmacherstadt Lissa.

Lissa (Leszno) (56 696 Einwohner 1989) ist eine der interessantesten Orte dieser Region. 350 Jahre lang (seit 1470) gehörte die Stadt der Magnatenfamilie Leszczyński. Im 16. und 17. Jahrhundert fanden hier aus Böhmen und Mähren vertriebene Böhmische Brüder und Tausende von Schlesiern aus dem Erbfürstentum Glogau und aus Guhrau Zuflucht. Die deutschen Siedler machten das vorher unbedeutende Nest zu einer blühenden Tuchmacherstadt. 1656 und 1707 besetzten und zerstörten die Polen die Stadt. Bis 1761 wurden in Lissa zahlreiche Juden aus weiten Teilen Schlesiens beerdigt, da sie dort keine Begräbnisplätze besitzen durften. Die Synagoge von Lissa war weithin berühmt. 1793 kam Lissa an Preußen. Als die Stadt 1920 erneut von den Polen besetzt wurde, wurden die deutschen Bürger vertrieben oder gingen freiwillig ins Reich.

Rings um den Ring, in dessen Mitte das aus dem 16. Jahrhundert stammende (1707 bis 1709 von dem Italiener Pomponius Ferrari barock umgebaut) **Rathaus** steht, haben sich mehrere Patrizierhäuser aus dem Barock (Nr. 15, 16, 26 und 29) erhalten. Südlich von hier steht die barocke **Pfarrkirche St. Nikolaus** (17.—18. Jahrhundert) mit reicher Stuckdekoration und den Grabmälern der Familie Leszczyński. In der aus dem 18. Jahrhundert stammenden **Heilig-Kreuz-Kirche** (św. Krzyża), dem architektonisch bedeutendsten evangelischen

Kirchenbau in der Provinz Posen, ist das prunkvolle Interieur sehenswert. Im danebenstehenden Pfarrhaus befindet sich ein **Heimatmuseum**. Besuchenswert ist auch die spätgotische **St. Johannes-Kirche** (św. Jana) der Böhmischen Brüder. Hier predigte Bischof Johann Amos Comenius (1592—1670), ein aus Südmähren gebürtiger Theologe und Pädagoge. Die von ihm 1655 eröffnete ev. Schule erlangte bald einen europäischen Ruf Doch 1655 mußte Comenius nach Holland weiterwandern, weil er sich auf die Seite der Schweden gestellt hatte. Nördlich des Ringes steht am plac Sułkowskich das barocke **Palais Sulkowsky** von 1755—1763.

Auf dem Segelflughafen von **Strzyżewice** im Südwesten der Stadt werden internationale Wettkämpfe ausgetragen. Das Schloß **Górzno** bei Lissa, das einst Frau Annemarie Müller gehörte, war zwischen 1920 und 1939 ein geistiges und musikalisches Zentrum des Posener Deutschtums.

11 km nordöstlich von Lissa stehen in **Storchnest** (Osieczna) ein barockes Kloster des Reformatenordens sowie das umgebaute Schloß der Familie v. Heydebrandt und der Lasa auf Storchnest aus dem Jahre 1530. Auf den Lissa umgebenden Höhen sieht man zahlreiche alte Windmühlen. Auch das 32 km östlich von Lissa gelegene Landstädtchen **Gostyń** lohnt einen Besuch. Auf dem „Heiligen Berg" steht ein gewaltiges Philippiner-Kloster. Das ovale Barockbauwerk wurde von den Italienern Catenazzi erbaut und besitzt eine Kuppel im venezianischen Stil. 15 km südwestlich von Lissa liegt die schlesische Kreisstadt **Fraustadt** (Wschowa). 1273 entstand hier das deutschrechtliche Dorf Frowenstadt. Es gehörte bis 1346 zum Herzogtum Glogau. Dann wurde es von Polen besetzt. Im Mittelalter war Fraustadt, das 1349 mit Magdeburger Stadtrecht begabt wurde, ein bedeutendes Tuchhandelszentrum. Die meisten Bürger waren Deutsche. Während der Zeit der Gegenreformation im Habsburgerreich ließen sich in Fraustadt zahlreiche schlesische Protestanten nieder. Andreas Gryphius, der hier das Gymnasium besucht hatte, heiratete in Fraustadt Anna Deutschländer. Im 18. Jahrhundert hielten hier die sächsisch-polnischen Könige Reichstage ab. 1793 kam das Fraustädter Ländchen an Preußen, und Fraustadt war 1815—1920 Kreisstadt in der Provinz Posen. 1920—1938 gehörte Fraustadt zur Grenzmark Posen-Westpreußen und kam dann zu Schlesien.

Auf dem Ring steht das eindrucksvolle **Rathaus** (15. Jahrhundert, 19. Jahrhundert umgebaut). Im Norden der Altstadt erhebt sich unweit den Resten der Stadtmauern die **kath. Stadtpfarrkirche** (14. Jahrhundert) mit ihrem hohen, 1580 gebauten Turm. Das barocke Interieur wurde von Pomponius Ferrari (1720—26) gestaltet. Vor der Stadtmauer im Osten steht das barocke **Bernhardiner-Kloster** mit Kirche. Die Kirche wurde im 18. Jahrhundert im Stil des Rokoko erneuert. Sehenswert ist auch die evangelische Kirche **„Zum Kripplein Christi"** (17. Jahrhundert). Die noch immer große Zahl von Windmühlen in Stadtnähe weist zurück in die Zeit, in der Fraustadt als „Stadt der 100 Windmühlen" bekannt war.

Einen Abstecher lohnt das an der Straße nach Guhrau (Góra) einige Kilometer südöstlich von Fraustadt gelegene **Seitsch** (Siciny) mit seiner aus dem 18. Jahrhundert stammenden St.-Martinus-Kirche. Das Gotteshaus wurde von dem Liegnitzer Baumeister Martin Frantz nach dem Vorbild der St.-Nikolaus-Kirche in der Prager Altstadt errichtet. Das prächtig ausgemalte Innere wurde von Johann Anton Felder und Ignaz Axter aus Böhmen gestaltet.

VON LISSA NACH BRESLAU

9 km hinter Lissa liegt die Kleinstadt **Reisen** (Rydzyna), eine ehemalige Magnatenresidenz mit barocker Anlage. Auf dem pittoresken Marktplatz erheben sich das spätbarocke Rathaus und die katholische Pfarrkirche (Mitte des 18. Jahrhunderts). Der stattliche Barockpalast der Fürsten Sułkowski von Pompeo Ferrari aus der Zeit zwischen 1696 und 1704 brannte 1945 aus, wurde jedoch inzwischen wieder aufgebaut. Sehr schön ist der alte Schloßpark. Im nahen **Bojanowo** kann man in einer traditionsreichen Brauerei eine Sammlung von Bierkrügen und -gläsern aus vier Jahrhunderten sehen.

Nach weiteren 13 km sind wir in **Rawitsch** (Rawicz). Die Stadt ist ein bedeutender Verkehrsknotenpunkt mit einem barocken Rathaus und mehreren deutschen Patrizierhäusern aus dem 18. Jahrhundert.

Ein Abstecher führt ins 25 km westlich gelegene **Guhrau** (Góra). Die 1289 mit Magdeburger Recht begabte ehemalige Tuchmacherstadt mit 1989 11 460 Einwohnern (1939: 5436) besitzt eine beachtliche Stadtpfarrkirche (St. Katharina) aus dem 15. Jahrhundert. Das Gotteshaus stürzte 1960 ein. Der spätgotische Flügelaltar von 1512 befindet sich jetzt im Posener Dom.

15 km südöstlich von Guhrau liegt das Städtchen **Herrnstadt** (Wąsosz), das ein altes Schloß (Renaissance und Barock) und eine Stadtpfarrkirche (St. Joseph), ursprünglich 1788, 1893–1984 neogotisch umgebaut, besitzt. 12 km sind es bis zu dem auf dem hier 180 m hohen Schlesischen Landrücken gelegenen Ackerbürgerstädtchen **Winzig** (Wińsko) mit seiner beachtenswerten dreischiffigen gotischen Hallenkirche (14. bis 16. Jahrhundert). Vom nahen Schwittalberg (202 m) bei Quallwitz (Chwałowice) 1,5 km südlich hat man einen weiten Blick.

Kurz hinter Rawitsch überschreiten wir die Grenze zwischen den ehemaligen preußischen Provinzen Posen und Schlesien. Durch große Wälder gelangen wir nach 16 km in das Städtchen Trachenberg.

Das Mühlen-Städtchen **Trachenberg** (Żmigród) mit heute 6069 Einwohnern (1939: 4570) liegt in einer fruchtbaren Niederung an den Ufern der Bartsch (Barycz) und des Schätzke-Baches (Kopanica). Die 1155 erstmals erwähnte Stadt wurde 1253 mit Goldberg-Löwenberger Recht begabt. 1212—1492 gehörte Trachenberg zum Herzogtum Oels, dann war es bis zum Anschluß an Preußen (1742) eine freie Standesherrschaft. Die Grafen von Hatzfeld, denen die Stadt seit 1641 gehörte, wurde 1741 in den Fürstenstand erhoben und tragen seit 1900 den Titel Herzöge von Trachenberg.

Gebürtige Trachenberger waren der Schriftsteller Hermann Goedsche (1815—1878, Pseudonym: Sir John Retcliffe) und der schlesische Oberpräsident Fürst Hermann von Hatzfeld.

Inmitten der Stadt erheben sich die Grundmauern des einst eindrucksvollen **Alten Schlosses** (13.—14 Jahrhundert) und des **Neuen Schlosses** (18. Jahrhundert) der Fürsten von Hatzfeldt-Schönstein mit großem Park, dem sich ausgedehnte Waldungen mit einst periodisch bewässerten Fischteichen der Militscher Seenplatte (Stawy Milickie) anschließen. Aus diesen Teichen stammten früher viele der im Deutschen Reich zu Weihnachten verzehrten Karpfen.

Vom Trachtenberger Schloß, der 1375 erstmals erwähnten **Burg Maria Trauburg**, die zwischen zwei Armen der Bartsch lag, ist nur der Renaissesanceflügel und der Wohnturm aus dem 16. Jahrhundert, auch „Schwedenturm" genannt, erhalten.

In diesem Schloß nahm ein Stück Weltgeschichte seinen Anfang. Denn hier fand am 12. Juli 1813 die Zusammenkunft König Friedrich Wilhelms II. von Preußen, des russischen Kaisers Alexander I., des

Kronprinzen Johann von Schweden und ihrer Generäle und Berater statt. Dabei wurde der Feldzugsplan ausgearbeitet, der in der Völkerschlacht bei Leipzig zum Sieg über Napoléon führte.

Ausflüge lohnen sich von Trachenberg in den Urwald der **„Luge"**, in die **„Grüne Heide"**, zu den Rieseneichen am Hammerdamm bei Althammer (Ruda Milicka) und in den 2000 Morgen großen Stadtwald an der Bartsch. 19 km östlich von Trachenberg liegt das Städtchen **Sulau** (Sułów), in dem ein zweigeschossiges Barockschloß (1680) der Grafen von Schweinitz steht. Zur Zeit beherbergt es ein Kindererholungsheim.

Im einige Kilometer südwestlich von Trachenberg gelegenen **Groß Peterwitz** (Piotrkowice) steht ein Schloß der Grafen Colonna (1693), das eine mit schönen Sgraffitomalereien versehene Fassade besitzt. Baumeister war der Leipziger Giovanni Simonetti. Einige Kilometer weiter südlich liegt das Städtchen **Stroppen** (Strupina), in dem eine 1654 erbaute evangelische Zufluchtskirche eine Besichtigung lohnt.

Von Trachenberg geht es weiter ins 12 km entfernte **Prausnitz** (Prusice), das ein kunstvolles Renaissance-Rathaus aus dem 15. bis 16. Jahrhundert hat. Sehenswert ist ferner die Stadt-Pfarrkirche St. Jakobi aus dem 15. Jahrhundert mit dem prunkvollen Grabmal des Grafen Melchior v. Hatzfeld (gestorben 1658).

Inmitten der lieblichen Hügellandschaft des bis 256 m hohen Katzengebirges (Wzgórza Trzebnickie), dem östlichen Teil des Schlesischen Landrückens (Wał Trzebnicki), liegt die einst von gepflegten Obst- und Blumengärten umgebene Kreisstadt Trebnitz, die 1945 zu 70 % zerstört wurde.

Das im Jahre 1990 11 381 Einwohner (1939: 8500) zählende Städtchen **Trebnitz** (Trzebnica) war früher geistiges Zentrum des Herzogtums Schlesien und ist auch heute noch ein bedeutender Wallfahrtsort (am St. Hedwigstag, 16. Oktober.).

Die Gegend um Trebnitz war schon in vorgeschichtlicher Zeit besiedelt. Der 1146 erstmals erwähnte Ort erhielt 1250 Neumarkter Recht. 1202 entstand hier das erste Frauenkloster Schlesiens. Die Nonnen kamen aus Bamberg. Nach dem Tode ihres Gatten im Kampf bei Wahlstatt gegen die Mongolen zog sich die 1174 in Andechs als Tochter des bayerischen Herzogs Berthold IV. von Andechs und Meran geborene Herzogin Hedwig hierher zurück. Von Trebnitz aus unterstützte sie die Gründung von zahlreichen Klöstern und Städten in Schlesien durch deutsche Mönche und Siedler. 1267 wurde Hedwig heiliggesprochen und zur Schutzpatronin von Schlesien erklärt.

Die 1202 von Heinrich dem Bärtigen gestiftete und 1224 erbaute dreischiffige Backsteinkirche **St. Bartholomäus**, das Zisterzienserinnen-Kloster von Trebnitz, gehört mit ihren beiden erhaltenen großartigen spätromanischen Portalen (gemeißelte Giebelfenster vom Anfang des 13. Jahrhunderts), prachtvollen Altären (von Mangoldt und Willmann gestaltet) und einer romanischen Krypta aus dem 13. Jahrhundert zu den schönsten Sakralbauten Schlesiens. In der frühgotischen St.-Hedwigs-Kapelle (1269) steht das einzigartige barocke Hoch-Grabmal der Herzogin, die hier 1243 beigesetzt wurde. Vor dem Hauptaltar kann man die Grabtafel ihres Gatten sehen. Beachtenswert ist auch das stattliche Klostergebäude mit schmiedeeisernem Portal im Stil des Spätbarocks, in dem heute ein psychiatrisches Krankenhaus der Borromäerinnen untergebracht ist.

10 km westlich von Trebnitz liegt der Ort **Obernigk** (Oborniki Śląskie). Vor dem Kriege war der Ort dank seiner gegen Nord- und Ostwinde geschützten Lage zwischen den bewaldeten Hügeln des Katzengebirges ein beliebter Kurort (Sittenbad) und bekannt für seine gepflegten Gärten und Parkanlagen.

Von Obernigk kann man die 21 km weiter westlich gelegene ehemalige Beamtenstadt **Wohlau** (Wołów) besuchen. Früher war Wohlau, das heute 11 997 Einwohner (1939: 7144) zählt und schon in vorgeschichtlicher Zeit besiedelt war, ein bedeutendes Tuchmacherzentrum, dessen Erzeugnisse bis nach Rußland und in die Türkei gingen. Sehenswert sind das Renaissance-Schloß der Herzöge von Wohlau (16. Jahrhundert), das Rathaus (1654) und die gotische Stadtpfarrkirche St. Laurentius (14.—15. Jahrhundert).

13 km südöstlich an der Oder von Wohlau liegt das Städtchen **Dyhernfurth** (Brzeg Dolny). Im nahen **Herrnmotschelnitz** (Moczydlnica Dworska) befindet sich auf dem alten Friedhof das Grab Franz Carl Archards (1753—1821) mit deutscher Inschrift. In dem nahen Ort Konary befinden sich konservierte Ruinen der Zuckerfabrik, die als erste in der Welt nach der Methode von F. C. Achard aus Rüben Zucker herstellte. Nach Trebnitz zurückgekehrt, fahren wir weiter auf der E 261 hinab ins Odertal. Nach 24 km sind wir in **Breslau**.

KURZINFORMATIONEN

BAHN: Lissa, Rawitsch, Trachenberg und Obernigk liegen an der Bahnstrecke Posen-Breslau. Eine zweite Linie verbindet Lissa mit Fraustadt, Glogau und Sagan.

BUS: PKS-Busse verbinden die meisten Orte dieser Region mit Zentren Schlesiens.

HOTELS: **Lissa:** *** Leszno, ul. Słowiańska 11, Tel. 22 17; ** Centralny, ul. Słowiańska 30, Tel. 22 10. **Trachenberg:** Żmigrodzianka, Ring (pl. Wojska Polskiego) 5, Tel. 37 78. **Trebnitz:** Motel, ul. Prusicka, Tel. 12 00 48.

JUGENDHERBERGEN: **Fraustadt:** ul. Matejki 2. **Lissa:** Szkola Podstanowa, pl. Dra Metziga 14, Tel. 40 02. **Rawitsch:** ul. Dabrowskiego 2.

CAMPING: **Trebnitz:** Leśna, Tel. 12 12 26; **Obernigk:** ul. Zielona 3, Tel. 81 85.

GASTSTÄTTEN: **Lissa:** Hotel Leszno, ul. Slowiańska 11, Tel. 22 17; Parkowa, ul. 17 Stycznia-w. Parku Tąsigclecia; Wielkopolanka, al. Czerwonej 18; Wieniawa, Ring (Rynek) 29. **Trachenberg:** Motel Żmigrodzianka, Ring (pl. Wojska Polskiego) 5, Tel. 37 78. **Prausnitz:** Slowiańska, Trachenberger Straße (ul. Żmigrodzka) 25. **Trebnitz:** Leśna 2, Tel. 12 04 70 (am Campingplatz). **Obernigk:** Relaks, ul. Zielona 1. **Dyhernfurth:** Parkowa, ul. Kolejowa.

CAFES: **Lissa:** Ratuszowa, Ring (Rynek); Trójka, ul. Sułkowskiego 46.

IMBISS: **Lissa:** Dworcowy, ul. Dworcowa.

MILCHBAR: **Lissa:** ul. Słowiańska 51.

37. Zwischen Kalisch und Oppeln

Von Kalisch fahren wir auf der Straße Nr. 25 in Richtung Südwesten. In **Szczypiorno**, einige Kilometer südlich der Stadt, befand sich im ersten Weltkrieg ein Kriegsgefangenenlager.

Hier wurden mehr als 9000 deutsche und jüdische Zivilisten festgehalten. 23 km südwestlich liegt die Industriestadt **Ostrowo** (Ostrów Wlkp.), einst bekannt für ihre Honigkuchenbäckerei.

Von hier gelangen wir in das 28 km westlich gelegene Städtchen **Krotoschin** (Krotoszyn), einem Eisenbahn- und Straßenknotenpunkt. Die Stadt war einst Hauptort eines den Fürsten von Thurn und Taxis gehörenden Fürstentums. Das Fürstenschloß (17. Jahrhundert) ist von einem großen Park umgeben. Früher gab es in Krotoschin eine bedeutende jüdische Gemeinde (großer Friedhof). Aus Krotoschin kam der aus einer alten schlesischen Rabbinerfamilie stammende Vater von Sir John Monas(c)h. Der Vater des 1865 in Melbourne geborenen Generals war 1853 nach Australien ausgewandert. John Monash ging als größter Feldherr und Ingenieur (er gründete nach dem Ersten Weltkrieg die victorianische Schwerindustrie) in die Geschichte des Fünften Kontinents ein. Am 8. August 1918 führte er die Alliierten gegen die deutschen Siedlungen bei Amiens und Hamel. Dieser Vorstoß war nach seinem ebenfalls aus der Provinz Posen (Kruszewnia) stammenden und im selben Jahr geborenen Gegenspieler Ludendorff kriegsentscheidend. Monash hatte als erster Feldherr Infanterie, Artillerie, Panzer und Luftwaffe koordiniert.

9 km südlich von Krotoschin liegt unmittelbar südlich der Grenze zwischen den preußischen Provinzen Posen und Schlesien der Marktflecken **Freyhan** (Cieszków). Hier steht eine kreuzförmige, von einer Kuppel gekrönte katholische Kirche von 1753. Das einstige Schloß der Grafen Pückler, das von einem herrlichen Park umgeben war, wurde 1945 zerstört und inzwischen abgetragen. Nach weiteren 13 km kommen wir in die alte Stadt Militsch.

Die Siedlung **Militsch** (Milicz) am Südufer der Bartsch (alte Furt) wird urkundlich 1136 erstmals als Burgflecken („castrum") an der Straße Breslau—Trebnitz—Krotoschin—Gnesen—Thorn—Danzig erwähnt und erhielt um 1300 deutsches Stadtrecht. 1358—1590 gehörte Militsch zum Herzogtum Oels und gelangte dann an die Freiherrn von Maltzan, die hier bis 1945 lebten. 1742—1945 war Militsch preußische Kreisstadt. Das klassizistische **Schloß** der Grafen von Maltzan (1797—1799), ein kuppelgekrönter Bau auf dem Hopfenberg im Südwesten des Stadtzentrums, steht auf den Fundamenten der alten Burg. Es wurde 1799 von Carl Gottfried Geißler für Graf Joachim Karl von Maltzan, dem preußischen Gesandten in London, erbaut. Der heute verwilderte Schloßpark wurde um 1800 als erster englischer Garten in Schlesien angelegt. Die evangelische **Gnadenkirche zum Heiligen Kreuz** im Osten des Zentrums dient z. Zt. der römisch-katholischen polnischen Gemeinde als Bethaus. Der guterhaltene Fachwerkbau von 1709—1719 besitzt drei Emporen, einen hübschen Taufstein und eine im Rokokostil geschnitzte Kanzel.

Östlich des Ortes dehnt sich die teichreiche Bartschniederung (Barycz), das **Militscher Seengebiet** (Stawy Milickie) mit einer einst bedeutenden Karpfenzucht, aus. 1963 wurde ein 5302 ha großes Gelände zum **Vogelschutzgebiet** erklärt. Hier sieht man u.a. Störche, Fischadler, Kraniche und Rote Milane. Zum Besuch des Reservats benötigt man einen Permit des Konservators in Breslau (Wojewódzki Konserwator Przyrody we Wrocławiu, plac Powstańców Warszawy, Tel. 3 70 31). Von Militsch bieten sich Wanderungen durch das Seengebiet über **Althammer** (Ruda Milicka) bis **Neuschloß** (Nowe Grodzisko, 5 km nördlich) und weiter über **Hochrode** (Trzebicko) nach Freyhan (Cieszków), nach Sulau (Sułów) im Westen und in das **Naturschutzgebiet** Wzgórze Joanny im Süden an. Im nahen **Gollkowe** wurde Ernst v. Heydebrand und der Lasa (1851 bis 1924) geboren. Er war seit 1888 der Vorsitzende der Deutsch-Konservativen Partei und wurde der „ungekrönte König von Preußen" genannt. 1909 stürzte er den Kanzler v. Bülow und kämpfte für die Beibehaltung des auf Besitz beruhenden Dreiklassenwahlrechts.

Wir fahren nun weiter in südöstlicher Richtung nach dem 5 km entfernten **Kraschnitz** (Krośnice), bis 1945 Sitz eines 1860 von Graf Adalbert v. d. Recke gegründeten Diakonissen-Mutterhauses und moderne Heil- und Pflegeanstalt. 13 km weiter liegt der Ort **Goschütz** (Goszcz) mit einem großen Barockschloß. Das 1947 ausgebrannte Bauwerk wurde 1750—55 von Heinrich Leopold Graf von Reichenbach errichtet. Die danebenstehende Schloßkirche ist verwahrlost, die Grabstätten wurden von den Polen geschändet, die auch die alte Orangerie abrissen.

Nach weiteren 4 km sind wir in dem von Wäldern umgebenen Städtchen **Festenberg** (Twardogóra). Der 1293 unter dem Namen Vestenberg erstmals erwähnte Ort war bis 1945 ein bedeutendes Möbelzentrum. Sehenswert sind das restaurierte Barockschloß und die evangelische Pfarrkirche zum Kripplein Christi (1887) am Obermarkt. Im einige Kilometer südlich gelegenen **Briese** (Brzezinka) lohnt die unter Baltahasar Promnitz erbaute massive evangelische Kirche von 1735 einen Besuch. Das einst sehr schöne Barockschloß der Grafen von Kospoth ist ausgebrannt.

Unser nächstes Ziel ist die östlich von Festenberg an der E 67 gelegene Stadt **Groß-Wartenberg** (Sycow), die 9566 Einwohner im Jahre 1990 (1939: 3089) zählt. 1276 wird der Burgort Warthenberg erstmals urkundlich erwähnt. 1312 erhielt der von deutschen Siedlern angelegte Ort Stadtrecht und 1369 Magdeburger Stadtrecht. 1737—1945 gehörte Groß Wartenberg den Prinzen Biron von Kurland. Das Schloß brannte 1945 ab und wurde später abgetragen. Im alten Schloßpark stehen noch einige Barock-Statuen. Sehenswert ist die schlichte neuklassizistische evangelische Kirche (18. Jahrhundert), die z. Zt. mit Spenden deutscher Groß-Wartenberger restauriert wird.

Nun geht es auf der E 67 weiter nach Osten in die alte deutsche Stadt **Kempen i. Posen** (Kępno), die zur ehemaligen preußischen Provinz Posen gehört. Beachtenswert ist das Regionalmuseum. Im 5 km westlichen **Bralin** steht links der Straße auf freiem Feld eine herrliche Holzkirche (1711) mit Ablaß-Wandelgang und spätgotischem Triptychon. Über **Schimmelwitz** (Siemianice), wo zwischen 1920 und 1939 entlang der Prosna die deutsch-polnische Grenze verlief, gelangen wir nach dem 27 km von Kempen entfernten schlesischen Ort **Pitschen** (Byczyna) an der Prosna. Ursprünglich gehörte das um 1250 als deutschrechtliche Stadt gegründete Pitschen zum Herzogtum Breslau. Im Mittelalter wurde sie häufig von den Polen überfallen und geplündert. Beachtenswert sind die Stadtmauer mit ihren beiden Tortürmen und dem Sandtor, das klassizistische Rathaus, die Pfarrkirche St. Nikolaus (13.—14. Jahrhundert, im 19. Jahrhundert erneuert), die St.-Hedwigs-Kapelle (14. Jahrhundert) auf dem Friedhof und die barocke Dreifaltigkeitskirche von 1767.

23 km südöstlich von Pitschen liegt in einem Talkessel an der Prosna das Städtchen **Landsberg** (Gorzów Śląski), das 1254 von Breslau aus gegründet wurde und 1368 von Glogau an das Herzogtum Oppeln kam. Im südlich gelegenen **Josefhöhe** (Kozłowice) steht eine dem hl. Johannes geweihte Schrotholzkirche aus dem 16. bis 17. Jahrhundert.

23 km weiter südlich liegt über dem Stobertal die Kleinstadt **Rosenberg**

(Olesno), die 9863 Einwohner hat (1989). Vor der Stadt steht die berühmte Schrotholzkirche St. Anna aus dem 16.—17. Jahrhundert mit fünf in der Form eines Rosenblattes angeordneten Kapellen und einem gotischen Schnitzaltar (16. Jahrhundert). Die Stadt wurde um 1267 mit deutschem Recht gegründet. 1532 gelangte sie mit dem Herzogtum Oppeln an Böhmen, 1742 an Preußen. Von 1608—1801 waren die Grafen von Gaschin Grundherren der Mediatstadt (seit Ende des 14. Jahrhunderts). Im Mittelalter war Rosenberg ein bedeutender Handelsplatz. Im 19. Jahrhundert entstanden die ersten Industriebetriebe (u. a. Lederfabriken). Sehenswert ist die katholische Pfarrkirche St. Michael (14. Jahrhundert, zuletzt im 19. Jahrhundert umgebaut).

In der Umgebung von Rosenberg gibt es zahlreiche Schrotholzkirchen, darunter die Magdalenenkirche in **Alt-Rosenberg** (Stare Olesno, 6 km nordwestlich) und die Martinskirche in **Brückenort** (Borki Wielkie, 10 km östlich). Wanderungen lohnen sich zur **Stoberquelle** (Wachówice), ins Landschaftsschutzgebiet von **Sausenberg** (Szumirad) mit alten Holzbauten und nach **Bankau** (Bąków), wo der erste Hochofen Schlesiens stand, im Nordosten. Dann fahren wir von Rosenberg in die nordwestlich im Stobertal gelegene Stadt Kreuzburg.

Kreuzburg (Kluczbork), die im 13. Jahrhundert von den Kreuzherren vom „Roten Stern" aus Prag gegründete oberschlesische Handels- und Kreisstadt mit 24 245 Einwohnern im Jahr 1986 (1939: 11 693), ist ein wichtiger Verkehrsknotenpunkt und Geburtsort der Dichter Gustav Freytag (1816—1895) und Heinz Piontek (geb. 1925).

Inmitten des Ringes erhebt sich das barocke **Rathaus** (1737). Daneben stehen zwei barocke Patrizierhäuser. Bis 1945 befand sich vor dem Rathaus der **Gustav-Freytag-Brunnen**. Heute steht dort ein sowjetisches Kriegerdenkmal. Beachtenswert auch die evangelische **St.-Salvator-Kirche** (ursprünglich von 1298, im 18.Jahrhundert erneuert) im Westens des Ringes. Im ehemaligen **Schloß** befindet sich das Muzeum im. Jana Dzierżonia, in dem die Geschichte der Bienenzucht dargestellt wird. Der Schlesier Johannes Dzierżoń (1811—1906), stammte aus Bienendorf (Łowkowice) und erfand die bewegliche Wabe. Das im Geburtshaus des Romanciers Gustav Freytag eingerichtete Museum befindet sich z. Zt. in Wangen / Allgäu. Sein Roman „Soll und Haben", der in Breslau spielt, stellt den deutschen Kaufmann als Vertreter solider Tüchtigkeit dar, während sein Romanzyklus „Die Ahnen" die Schicksale einer deutschen Familie von der germanischen Vorzeit bis zur Gegenwart schildert.

Schrotholzkirche in Bürgsdorf, Kreis Kreuzburg

Wir verlassen Kreuzberg auf der nach Südwesten führenden Straße. Zwischen den beiden 45 km entfernten Städten Kreuzberg und Oppeln dehnt sich ein großes Waldgebiet aus, das aus mehreren Forsten besteht und zur Zeit den Namen Bory Stobrawskie trägt.

KURZINFORMATIONEN

TAXI: **Kreuzberg**: Am Ring (plac Boh, Armii Czerwonej); ul. Krakowska, Tel. 6 99.

BAHN: Zugverbindungen auf den Strecken Kalisch—Ostrów—Krotoschin—Militsch—Oels—Breslau; Oels—Festenberg—Neumittenwalde sowie Oels—Namslau—Kreuzburg—Rosenberg—Lublinitz. **Auskunft**: Kreuzburg: Tel. 16 29.

BUS: PKS-Busse verbinden die wichtigsten Orte der Region mit dem übrigen Schlesien und Posen. **Auskunft**: Kreuzburg: Tel. 19 39.

HOTELS: **Karlstadt** (Karlowa), 3 km südlich von Militsch: ** Borowik, ul. Poprzeczna 13, Tel. 2 15. **Kempen**: Hotel. **Groß-Wartenberg**: Hotel. **Kreuzburg**: Stobrawa, ul. Mickiewicza 29, Tel. 14 51.

JUGENDHERBERGE: **Kreuzburg**: PTSM, ul. Kościuszki 1, Tel. 512 (Juli—August).

CAMPING: **Karlsstadt**: ul. Wojska Polskiego.

GASTSTÄTTEN: **Karlstadt**: Relax, ul. Poprzeczna 13, Tel. 2 15. **Militsch**: Rybacka, Ring (pl. Świerczewskiego), Tel. 3 13. **Kraschnitz**: Ustronie. **Rosenberg**: Oaza, ul. Kościuszki 10; Ratuszowa, ul. Armii Czerwonej 7. **Kreuzburg**: Hotelowa, ul. Mickiewicza 29; Ratuszowa, ul. 15 Grudnia 2.

CAFES: **Militsch**: Parkowa, ul. Marchlewskiego 3, Tel. 2 81. **Rosenberg**: Teczowa. Kreuzburg: Ewa, ul. 22 Lipca, Jubileuszowa, ul. 15 Grudnia.

IMBISS: **Kreuzburg**: Bar Mleczny, Ring (plac Boh. Armii Czerwonej 20).

MILCHBAR: **Rosenberg**: ul. Pieloka 7.

Wissenswertes von A-Z

ANGELN (wędkowanie)

In den zahlreichen Binnengewässern gibt es einen reichen Fischbestand. Die besten Angelreviere liegen im Riesengebirge und in den Beskiden. Angelgenehmigungen erhält man in allen Orbis-Büros und it-Zentren. Auskunft erteilt auch Polski Związek Wędkarski (Polnische Anglervereinigung), ul. Krajowej Rady Narodowej 42, Warschau, Tel. 20 50 81-89.

ANTIQUITÄTEN siehe Einkäufe und Souvenirs

APOTHEKEN (apteka)

Medikamente sind in Polen Mangelware. Die örtlichen Apotheken haben ein sehr beschränktes Sortiment. Auch in den Krankenhäusern sieht es nicht besser aus. Deshalb sollte man bei Reisen in dieses Land unbedingt eine gut sortierte Hausapotheke mitnehmen.

ÄRZTLICHE BETREUUNG (pomoc lekarska)

Im Krankheitsfall können Reisende das nächste Gebiets-Ambulatorium aufsuchen, wo man Hilfe erhält bzw. zum Facharzt oder ins Krankenhaus überwiesen wird. In Notfallen hilft auch der Rettungsdienst (Tel. 9 99), und zwar kostenlos. Ein Haus- oder Hotelbesuch des Arztes dagegen kostet 20 000 złoty, der Besuch einer Ärzte-Genossenschaft 30 000 złoty. Beim Facharzt muß man ca. 60 000 złoty zahlen. Wichtig: unbedingt eine Quittung ausstellen lassen. Man erhält dann die aufgewendeten Kosten von der heimischen Krankenkasse wieder zurück. In Warschau kann man sich von dem Lufthansa-Vertragsarzt Dr. Boleslaw Złotnicki, al. Niepodległości 245, Tel. 28 37 73, behandeln lassen.

ARBEITSMÖGLICHKEITEN

Neben berufsbezogenen Praktika im wirtschaftswissenschaftlichen Bereich bietet Polen deutschen Interessenten u. a. eine Weiterbildung für Stukkateure und Restauratoren an. Informationen darüber erhält man bei der polnischen Botschaft oder in der Broschüre „Jobben in Europa" (Athenäum Verlag).

AUSKUNFT (informacja)

Bundesrepublik Deutschland: Polorbis, Hohenzollernring 99, 5000 Köln 1, oder Pferdmengestr. 30, Tel. 02 21/52 00 25, und Glockengießerwall 3, 2000 Hamburg 1, Tel. 0 40/33 76 86; sowie Orbis, Wiesenhüttenplatz 36, 6000 Frankfurt/Main, Tel. 0 69/23 19 81; sowie 1000 Berlin, Warschauer Str. 5, Tel. 5 89 45 30.

Österreich: Polorbis, Schwedenplatz 5, 1010 Wien, Tel. 63 08 10.

In **Schlesien** unterhält das staatliche polnische Reisebüro Orbis in den größeren Orten und Touristenzentren Zweigstellen. Orbis besorgt neben Tickets auch Theaterkarten und wechselt Devisen. Weitere Tourismus-Organisationen sind: PTTK (Polskie Towarzystwo Turystyczno-Krajoznawcze = Polnische Gesellschaft für Touristik und Landeskunde), ul. Senatorska 11, Warschau, Tel. 26 22 51, Juventur (Büro für Jugendreisen), ul. Malczewskiego 54, Tel. 44 65 75, Almatur (Studentenreisen), ul. Ordynacka 9, Warschau, Tel. 26 53 81 . PZ Mot (Polski Zwiazek Motorowy/Polnischer Motorsportverband), al. Jerozolimskie 63, Warschau, Tel. 29 45 50. In jedem touristisch interessanten Ort findet man außerdem ein „it-Zentrum" (informacja turystczna).

BANKEN siehe Geld und Geldwechsel

BOTSCHAFTEN siehe Diplomatische Vertretungen

CAMPING

Die Campingplätze sind in drei Kategorien eingeteilt. Die Gebühren in der ersten Kategorie betragen pro Person ca. 10 000 złoty, ein Zeltplatz für bis zu vier Personen ca. 15 000 złoty, ein Platz für Wohnwagen inklusive Stromanschluß etwa 20 000 złoty. Dazu kommt eine Parkgebühr von ca. 15 000 złoty. Nicht-Camper können in preiswerten Holzhäuschen übernachten, die es auf fast allen Campingplätzen gibt. Die meisten Büros auf Campingplätzen sind von 8—17 Uhr geöffnet. Die Campingsaison reicht vom 15. 6. bis 30. 9. Auskunft:

in den it-Zentren des nächsten Ortes oder bei der polnischen Camping-Förderation, ul. Krolewska 27, Tel. 26 80 89. Karten, auf denen alle Campingplätze verzeichnet sind, gibt es bei Polorbis oder in den RUCH-Kiosken in jeder Stadt.

DEVISENBESTIMMUNGEN siehe Geld und Geldwechsel

DIPLOMATISCHE VERTRETUNGEN (ambasada i konsulat)

Botschaften und Konsulate Polens im westlichen Mitteleuropa:

Bundesrepublik Deutschland, Leyboldtstr. 74, 5000 Köln 51, Tel. 02 21/38 02 61, Sprechzeiten: Mo.—Fr. 9—16.30 Uhr, Konsulat: Mo., Di., Do., Fr. 9—12 Uhr. Tel. 0 22 03/38 70 13. Visa erhält man bei Polorbis in Köln oder Hamburg. Militärmission und Konsulat, Lassenstr. 19—21, Berlin 33, Tel. 0 30/8 26 20 46. Sprechzeiten: Mo., Di., Do., Fr. 9—13 Uhr. Konsulat in Hamburg ist geplant.

Bundesrepublik Österreich, Hietzinger Hauptstr. 42c, 1130 Wien, Tel. 82 32 72.

Schweiz, Elfenstr. 20, Bern, Tel. 031/44 04 52.

BOTSCHAFTEN UND KONSULATE IN POLEN

Bunderepublik Deutschland (Niemcy): ul. Katowicka 31, Warschau, Tel. 022/17-60-65. Generalkonsulat der BRD ul. Podwale 76, Wrocław, Tel. 0 71/44 20 06 und 44 26 04

Bundesrepublik Österreich (Austria): ul. Gagarina 34, Warschau 1, Tel. 0 22/41 00 81 .

Schweiz (Szwajcaria): al. Ujazdowskie 27, Warschau, Tel. 0 22/ 28 04 81.

DOLMETSCHER (tlumacz)

Benötigt man einen Übersetzer oder Dolmetscher, so helfen die Botschaft oder das staatliche Reisebüro Orbis.

EINKÄUFE UND SOUVENIRS

Polen ist bekannt für sein kunstgewerbliches Angebot, darunter vor allem Holzschnitzereien, Keramik, Teppiche, Kristallglas (aus dem Riesengebirge) und Bernstein (von der Ostseeküste).

In den Geschäften der Kunstgewerbezentrale CEPELIA erhält man u. a. Keramiken, Holzschnitzereien, Stoffe und Stickereien, in den Jubiler-Läden Schmuck und bei Pewex oder Baltona ausländische Waren. Kunstwerke gegen Devisen verkaufen die DESA-Läden. Rechnung und die Genehmigung des Denkmalkonservators müssen bei Kunstwerken an der Grenze vorgelegt werden. Die Ausfuhr vor dem 9. 5 . 1945 gedruckter Bücher oder hergestellter Kunstwerke ist streng verboten. Deshalb sollte man beim Kauf besonders darauf achten. Denn die Verkäufer bei DESA teilen einem von selbst nicht mit, was vom Export ausgeschlossen ist. Wird man an der Grenze mit einem von der Ausfuhr ausgeschlossenen Gegenstand erwischt, verhängen Spruchkammern häufig hohe Strafen. Aber auch bei wertvollen Gegenständen, die den Exportvermerk tragen, kann man beim Zoll eine böse Überraschung erleben: Häufig werden hier bis zu 200 Prozent Gebühren auf den Ladenpreis erhoben.

EINREISE-, AUFENTHALTS- UND AUSREISEBESTIMMUNGEN

Bürger der Bundesrepublik Deutschland und Österreichs sowie der Schweiz benötigen ein Einreisevisum, das die jeweils zuständigen polnischen Konsulate ausstellen. Transitvisen sind maximal 48 Stunden gültig. In der Bundesrepublik Deutschland erledigt Polorbis, Hohenzollernplatz 99, 5000 Köln 1, Tel. 02 21/52 00 25, oder Glockengießerwall 3, 2000 Hamburg 1, Tel. 0 40/33 76 86, die Visabeschaffung.

Man benötigt einen dreifach ausgefüllten Visumantrag, den man bei Reisebüros erhält, sowie zwei (Berliner: drei) Paßbilder. Der Paß bzw. der „behelfsmäßige Personalausweis" für West-Berliner muß noch neun Monate gültig sein. Wichtig: Reisende, die vor dem 9. Mai 1945 in den deutschen Ostgebieten geboren wurden, können den Namen ihres Geburtsortes in deutscher Sprache eintragen. Anderslautende polnische Hinweise verstoßen gegen die Bestimmungen des Warschauer Vertrages. Die polnische Bezeichnung kann man aber in Klammern hinzufügen. Allerdings muß das Reiseziel in polnischer Sprache geschrieben werden. Die Visumgebühr beträgt 37 DM. Dazu kommen noch 20 DM Bearbeitungsgebühren.

Alle Reisenden müssen sich innerhalb von 48 Stunden nach Überschreiten der Grenze am jeweiligen Aufenthaltsort anmelden, bei Reisen in grenznahen Gebieten innerhalb von 24 Stunden. Die Anmeldung erfolgt in der Regel durch die Hotelrezeption oder die Verwaltung des Campingplatzes.

Bei Aufenthalt in Privatpensionen, bei Verwandten oder Bekannten muß man die Anmeldung zusammen mit dem Quartiergeber im Vermittlungsbüro für Privatquartiere vornehmen. Ist ein solches Büro am Ort nicht vorhanden, so wende man sich an die lokale Meldebehörde.

Personen, die sich länger als 90 Tage in Polen aufhalten wollen, müssen sich persönlich bei den Woiwodschafts- oder Stadtbehörden anmelden. Nichtbeachtung der Vorschriften wird mit Geld- oder Freiheitsstrafen geahndet.

Ein Tip: Visa kann man am schnellsten in Warschau, ul. Okrzei 13 (Stołeczny Urząd Spraw Wewnętrznych, Wydział Kontroli Ruchu Granicznego) verlängern lassen. Die Bearbeitungsdauer in Köln oder Hamburg beträgt gewöhnlich 30 Werktage. Will man das Visum innerhalb von einer oder zwei Wochen haben, so muß man eine 100 bzw. 50 % höhere Bearbeitungsgebühr entrichten. Transitvisa für die Tschechoslowakei oder die Sowjetunion erhält man bei den konsularischen Vertretungen dieser Länder in Bonn, Wien oder Zürich.

ERSTE HILFE siehe Ärztliche Betreuung

FEIERTAGE, FESTE UND VERANSTALTUNGEN

Öffentliche Feiertage:

1. Januar: Neujahr (Nowy Rok), Ostermontag (Wielkanoc), 1. Mai: Tag der Arbeit (Święto Pracy), 3. Mai: Nationalfeiertag (Święto Narodowe), Fronleichnam (Boże Ciało), 15. August Mariä Himmelfahrt (Wniebowzięcie Matki Boskiej), 1. November: Allerheiligen (Wszystkich Świętych), 11. November: Nationalfeiertag (Święto Narodowe), 25. und 26. Dezember: Weihnachten (Boże Narodzenie).

Bedeutende Feste und Veranstaltungen:

Mai: in Breslau Festival „Jazz an der Oder".

Juni: in Oppeln: das Festival der polnischen Schlager.

August: In Breslau: Musikfestspiele (Oratorien und Kantaten); in Bad Reinerz: Chopin-Festival, das internationale Straßentheater-Festival.

September: in Grünberg: das Festival der russischen und sowjetischen Lieder

Zu unterschiedlichen Terminen finden „Tage" der einzelnen Städte statt.

FERIENJOBS siehe Arbeitsmöglichkeiten

FOTOGRAFIEREN (fotografowanie)

Da es in Polen außerhalb der großen Städte oft keine oder nur wenige Filme schlechter Qualität gibt, sollte man diese in genügender Zahl von zu Hause mitbringen. Streng verboten ist das Fotografieren von Militär-, Industrie- und Verkehrsanlagen. Dazu gehören auch Bahnhöfe, Flugplätze, Häfen und Brücken und Objekte, an denen Schilder mit einem durchgekreuzten Fotoapparat angebracht sind. Das Verbot des Fotografierens wird heute nicht beachtet.

FREMDENFÜHRER (Przewodnik)

Orbis oder it-Zentren vermitteln Fremdenführer.

GASTFREUNDSCHAFT

Die Bewohner Schlesiens sind zumeist sehr gastfreundlich und hilfsbereit. Man sollte das jedoch nicht ausnützen und bei größeren Gefälligkeiten ein Geschenk bereithalten.

GELD UND GELDWECHSEL (wymiana pieniędzy)

Die polnische Währungseinheit ist der złoty (Zl.) zu 100 Groschen (Groszy). Banknoten gibt es zu 10, 20, 50,100, 500,1 000, 2 000, 5 000, 10 000, 20 000, 50 000, 100 000, 200 000 und 500 000 złoty, Münzen zu 1, 2, 5,10 und 20złoty.

Die Ein- und Ausfuhr polnischer Währung ist streng verboten. Devisen aus Hartwährungsländern dürfen dagegen in unbegrenzter Höhe mitgebracht werden. Bei der Ausreise dürfen keine höheren Beträge mitgeführt werden, als bei der Einreise deklariert wurden.

Gewechselt werden kann außer bei der Polnischen Nationalbank in allen Orbis-Hotels und in zahlreichen Wechselstuben in jeder Stadt. Euroschecks, Reiseschecks und Kreditkarten werden in Polen als Zahlungsmittel anerkannt. Mit Devisen kann man in einigen Geschäften in- und ausländische Waren preisgünstig einkaufen. Die Quittungen müssen an der Grenze vorgelegt werden.

Ein Tip: In vielen Ämtern, Restaurants u. a. Orten wird rnan bevorzugt bedient, wenn man dem Verantwortlichen DM oder Dollars zusteckt.

GESCHÄFTSZEITEN siehe Öffnungszeiten

GESUNDHEITSVORSORGE

Weil in Polen Medikamente aller Art Mangelware sind, sollte man sich damit bereits vor Reiseantritt eindecken.

GEWICHTE UND MASSE

Es gilt das metrische System.

GRENZÜBERTRITT siehe Einreise

HOTELS siehe Unterkunft

INFORMATION siehe Auskunft

JAGD (polowanie)

Schlesien besitzt berühmte Jagdreviere. Bei den Konsulaten erhält man einen Permit für die Mitnahme von Jagdwaffen und Munition.

Auskunft auch im Orbis-Jagdbüro, ul. Stawki 2, Warschau, Tel. 39 64 38, oder bei Polski Związek Łowiecki (Polnischer Jagdverband), ul. Nowy Świat 35, Warschau, Tel. 27 45 45.

JUGENDHERBERGEN siehe Unterkunft

KARTEN UND STADTPLÄNE (mapa geograficzna)

Neben einer Übersichtskarte empfiehlt sich die Mitnahme von Woiwodschaftskarten im Maßstab 1:500 000. Die besten Autokarten sind die zweisprachige Straßenkarte VR Polen (1:750 000), RV-Karte „Polska" (1:1 000 000) sowie die Touristische Landkarte „Polen" (1:750 000), die man bei Polorbis erhält.

KLEIDUNG siehe Reisezeit

KÜCHE UND RESTAURANTS

In Schlesien, dessen polnische Küche stark von Deutschland, Rußland und besonders Italien beeinflußt wurde (zahlreiche Gemüsearten tragen kaum entstellte deutsche oder italienische Namen), wird reichlich gespeist.

Die Polen nehmen im allgemeinen täglich drei Mahlzeiten ein, von denen der Morgen- und der Abendtee bzw. -kaffee nur leicht sind.

Zum Frühstück (7—10 Uhr) ißt man kaltes Fleisch und abends (18 bis 21 Uhr) beschließt man den Tag mit einem kleinen warmen Gericht. Das Mittagessen dagegen stellt die Hauptmahlzeit dar und umfaßt folgende Gänge: Suppe, Fisch, Fleisch und Nachtisch. Am Nachmittag geht man in Polen gern in die Konditorei (cukiernia) und nicht etwa ins Café. Hier genießt man Tee, der oft in Gläsern gereicht wird, und ißt dazu von dem mannigfaltigen Kleingebäck.

Vom Käse halten die Polen wenig. Nur einem Weißkäse kommt gastronomische Bedeutung zu. Man hält sich lieber an Sahne, die vielen Speisen reichlich zugesetzt ist. An Sommerabenden labt man sich besonders auf dem Lande gern an erfrischender Sauermilch, die zusammen mit Kartoffeln oder Kluski, einer Art Klößchen aus Mehl, Eiern und Wasser bereitet, serviert wird.

Suppen (Zupy): Am berühmtesten ist die Barszcz-Suppe (spr. Barschtsch), eine klare, fette Brühe mit roten Rüben und saurer Sahne. Chłodnik, eine dicke Suppe mit Gurken und reichlich Sahne, wird eisgekühlt gereicht. Kapuśniak besteht aus Sauerkraut und Speck. Zupa grzybowa, eine Fleischbrühe mit getrockneten Steinpilzen gekocht, wird durch Sahne angereichert, die natürlich auch bei zupa ogórkowa, einer mageren Wassersuppe aus frischen Gurken, nicht fehlen darf. Zupa pomidorowa kann ihren italienischen Ursprung nicht verleugnen: es handelt sich um Tomatensuppe mit einem Schuß Sahne. Zupa szczawiowa ist eine Sauerampfersuppe (mit Sahne), deren Geschmack durch Beigabe von Räucherspeck herzhaft-kräftig wird.

Fleischgerichte und -waren: (potrawy miesne) Die Polen lieben das Fleisch lange geschmort, so daß es ganz durchbraten ist. Eine Ausnahme bilden nur die befsztyki, die einem innen noch blutigen Steak ähneln. Braten wird oft gefüllt gereicht. Pieczeń huzarska ist ein Rinderbraten, der mit Brot, Pilzen und Sahne gefüllt wird. Potrawki bezeichnen Ragouts, die aus allen Fleischarten zubereitet werden. Kołduny sind Teigklößchen mit einer köstlichen Füllung aus rohem Rindfleisch und Rindermark, gewürzt mit Majoran. Sie werden im Wasser schwimmend gekocht und zergehen förrnlich auf der Zunge. Kurcze sind ganz kleine Masthühnchen, die meist mit geriebenem Brot, Petersilie und Eidotter gefüllt verzehrt werden. Man berechnet pro Person ein ganzes Hähnchen. Sehr beliebt in der polnischen Küche sind auch bażant (Fasan), gęś (Gans) und kaczka (Ente). Gans und Ente werden meist mit Apfeln gereicht, während man Fasan ungefüllt vorzieht.

Zając bezeichnet den Hasen, dessen Rücken gebraten wird und mit Sahnesauce und feinen roten Rüben garniert wird.

Der polnische Aufschnitt ist wegen seiner Vielfalt und Qualität zu Weltruhm gelangt. Ein besonderes Lob verdient der Schinken, der noch immer nach uraltem Rezept geräuchert wird.

Fisch: (ryby) In Polen bevorzugt man im allgemeinen Süßwasserfische, die entweder als Gelee, gebraten mit oder ohne Füllung verzehrt werden. Dazu reicht man gern eine Sahnesauce.

Gemüse: (jarzyny) Häufig kommen Pilze auf den Tisch, die in den endlosen Wäldern Polens sehr zahlreich vorhanden sind. Sie werden meist mit Sahne zubereitet gegessen. Größter Beliebtheit erfreut sich der bigos: Bei diesem fetten Gericht handelt es sich zur einen Hälfte um Sauerkraut, zur anderen um Kohl. Diese Zusammenstellung wird tagelang mit verschiedenen Fleischsorten und Wild zusammen gekocht, bis das Fleisch zergeht und sich mit den anderen Bestandteilen vereint. Dieses Nationalgericht wurde von dem Dichter Mickiewicz in einem Gedicht verewigt.

Süßspeisen und Gebäck: (leguminy i ciasta) Das Nationalgebäck baba oder babka besteht aus einem sehr hohen Napfkuchen, der aus Hefeteig hergestellt wird und dem Gugelhupf ähnelt. Jedoch darf er im Gegensatz zu diesem keinesfalls mit einem Zusatz von Rum aromatisiert werden. Faworki sind Storchennester, die in Fett gebacken werden. Man genießt sie mit Zimt und Zuckerguß überzogen. Mazurki ist die Bezeichnung für eine Vielfalt verschiedener Kuchen aus Mürbeteig, in Tortenform gebacken.

Getränke: (napoje) Das historische Getränk war der miód (Met), ein gegorener Honigwein. Man bekommt ihn heute nur noch in einigen Lokalen in Krakau. Bei Tisch trinkt man üblicherweise Bier und zum Abschluß der Mahlzeit Tee. Als Nationalgetränk gilt wódka (spr. Wutka). Die bekanntesten Sorten sind Żubrówka und Jarzębiak. Viele Landwirte brauen aber auch ihren eigenen wódka. Als Dessertlikör dienen nalewki. Sie werden aus wódka, in dem man Früchte kalt ziehen läßt, hergestellt. Auch Cognac (koniak) ist beliebt. Eine Tasse Kaffee wird häufig von einer kożuszek, einer Milchhaut, gekrönt, die man ganz besonders zu diesem Zweck aufbewahrt hat. Hinweis: Der Verkauf von alkoholischen Getränken ist (auch in Restaurants) vor 13 Uhr verboten.

Restaurants: (restauracje) sind in mehrere Kategorien von „Luxus" bis Kat. V. eingeteilt. In der Regel wird volle Verpflegung serviert, d. h. Frühstück, Mittag- und Abendessen. Außer den selbständigen Restaurants, die sich in allen Städten befinden, gibt es in Hotels höherer Kategorien und in Gasthöfen eigene Restaurants. In den Großstädten findet man auch ausländische Spezialitätenrestaurants.

Bars: (bary) bieten ebenfalls Verpflegung, doch sind sie auf schnelle Bedienung eingestellt. Preise sind niedriger als in Restaurants. Zu den populärsten gehören Milchbars, wo man vegetarische Speisen (Milchprodukte und Gemüse) erhält.

Cafés: (karwiarnie) bieten Kaffee, Tee, kalte Getränke, Kuchen, Wein und Cognac an. In den Hotelcafés kann man auch frühstücken.

Cocktail-Bars: verkaufen Milch-Cocktails, Speiseeis, Getränke und Kuchen.

KUREN UND KURORTE (Kuracja i zdorjowisko)

In Schlesien gibt es zahlreiche Heilquellen und altrenommierte Kurorte. Neben Säuerlingen sind es hauptsächlich Solquellen, Schwefelquellen und Bitterwässer. Die berühmtesten Kurorte sind die Bäder Bad Warmbrunn, Bad Altheide, Bad Kudowa, Bad Reinerz und Bad Salzbrunn. Bei Orbis kann man preisgünstige Pauschalkuren (Mindestaufenthalt: 10 Tage) buchen.

MÄRKTE (targ)

In fast allen größeren Orten gibt es einen oder mehrere Wochenmärkte. Dazu kommen zahlreiche Basare und Flohmärkte.

MEDIEN

Presse (gazeta)

Die wichtigsten polnischen Tageszeitungen sind in **Warschau:** Dziennik Ludowy, Express Wieczorny, Kurier Polski, Rzeczpospolita, Życie Warszawy, Gazeta Wyborcza, in **Breslau:** Gazeta Robotniczna, Słowo Polskie, Wieczór Wrocławia, Dziennik Dolnośląskie, **in Kattowitz:** Trybuna Robotnicza. Dazu kommen zahlreiche Wochenzeitungen und Zeitschriften wie Tygodnik Powszechny, Polityka, Przekrój, Panorama, Przegląd Tygodniowy und das Frauenmagazin „Przyjaciółka".

Westliche Zeitungen und Zeitschriften sind in fast allen Kiosken und Buchhandlungen zu kaufen. Man kann sie aber auch bei den Botschaften einsehen. Inländische Presseerzeugnisse sind in den RUCH-Kiosken erhältlich.

Rundfunk (radio)

Im Sommer (21. Juni bis 21. September) sendet Radio Warschau (Polski Radio i Telewizja) im 1. Programm (1321 m/Mittelwelle)

Nachrichten in deutscher, englischer und französischer Sprache. Ratsam ist die Mitnahme eines handlichen Kurzwellenempfangers, der den Empfang der Voice of America (VoC), der BBC, der Deutschen Welle, der österreichischen ORTF sowie der schweizerischen SRG ermöglicht.

NACHTLEBEN

Nur in den größeren Städten und in den Touristenzentren gibt es Nachtlokale, Bars und Discos. Ansonsten geht man in Polen in Kneipen.

NOTRUF

Polizei—997, Feuerwehr—998, Rettungsdienst—999.

Zwischen dem 23. 6. und dem 30. 9. werden in der Zeit von 9 bis 12Uhr im 1. Programm von Radio Warschau (1200 m Langwelle) Autoreiserufe (Funknotrufe) in polnisch und der Muttersprache des Gesuchten ausgestrahlt. Anmeldung unter Telefon 45 92 77.

ÖFFNUNGSZEITEN

Lebensmittelläden sind im allgemeinen Mo. bis Fr. von 6—19 bzw. 7—18 oder 8.30—20 Uhr, Sa. bis 13 Uhr geöffnet, Selbstbedienungsläden und Delikatesy-Läden von 8—21 Uhr, Kaufhäuser von 8.30— 20.30 Uhr, an arbeitsfreien Samstagen 10—16 Uhr, einige Geschäfte sind auch sonntags von 7—10 Uhr geöffnet, Pewex-Läden von 8.30— 19 Uhr. Banken sind Mo. bis Fr. von 8 oder 9—12 Uhr, z. T. auch 13—17 Uhr, Behörden von 8—15 Uhr, Postämter von 8—20 Uhr geöffnet. Gewöhnlich wird jeden letzten Samstag im Monat und manchmal an den anderen gearbeitet. Dann unterhalten nur die wichtigsten Versorgungsgebiete eine Art Notdienst. Museen sind montags, einige auch dienstags geschlossen. An einem Wochentag ist dort übrigens der Eintritt frei.

PANNENHILFE

Der Polnische Motorclub (Polski Związek Motorowy, PZM) unterhält einen landesweiten Pannendienst. PZM-Büros gibt es in allen größeren Städten (Adressen siehe dort).

POLIZEI (policja)

Verkehrspolizei (policja) und Staatspolizei (Policja Państwowa) sind in jedem Ort zu finden.

POST, TELEFON, TELEGRAMM, TELEX (poczta)

Briefmarken erhält man außer in Postämtern (Poczta) auch in RUCH-Kiosken. Die Postämter sind Mo.—Fr. von 8—20 Uhr, Hauptpostämter täglich Tag und Nacht geöffnet. Die Laufzeit von Postsendungen ins westliche Europa dauert zwischen 7 und 16 Tagen (sogar, wenn es sich um Luft- oder Eilpost handelt). Am schnellsten und sichersten kommt eine Postkarte per Einschreiben an.

Porto: Nach Westeuropa: Brief 1500 zł, Luftpostzuschlag 2500 zł, Inland 700 zł.

Briefkästen (skrzynka pocztowa): Beachten Sie die verschieden gestrichenen Briefkästen: Grün gilt für Ortspost, Rot für Fernpost (Landweg).

Telefonieren (zatelefonować): Fernmeldeämter sind in den größeren Städten bis 24 Stunden geöffnet. Ein Normalgespräch im Inland (3 Min.) kostet bei einer Entfernung über 100 km ca. 10 000 złoty. Eilgespräche kosten dreimal, Blitzgespräche fünfmal so viel. In der Zeit von 16—6 Uhr zahlt man bei Gesprächen von öffentlichen Telefonen die halbe Gebühr. Für die Selbstwählautomaten benutzt man den Jeton „A" (150 zł). Die Jetons kann man an der Post und am Kiosk kaufen. Ein Lokalgespräch kostet 150 zł (Jeton „A"), eine Minute nach Deutschland ca. 17 000 złoty.

Im Selbstwählferndienst (nur im Inland möglich) sind Gespräche etwas billiger. Allgemein gilt: Außer beim Selbstwählen muß man in Polen viel Geduld mitbringen. Zwischen Anmeldung und Gespräch können Stunden liegen.

Informationen über Telefonnummern in Warschau und internationale Verbindungen erhält man unter der Rufnummer 913, über Rufnummern anderen Städten unter 912. Die Vorwahl für Warschau ist 0 22 (von außerhalb Polens: 00 48 22).

Telegramme (telegram): Die Gebühr für ein Wort ist unterschiedlich und beträgt für Inlandstelegramme 200 zł. (Mindestgebühr: 3000 zł.), für Telegramme nach Westdeutschland (in deutscher Sprache) 6300 zł pro Wort. Die Telegrammannahme in Warschau ist unter der Rufnummer 905 zu erreichen. In Wrocław 905.

Telex: Auskunft bei den Post- oder Fernmeldeamtern.

SPORT

In Schlesien können fast alle Sportarten betrieben werden. Am beliebtesten ist der Fußballsport. Auf den Binnengewässern wird naturgemäß der Wassersport groß geschrieben. In einigen Fremdenverkehrsorten kann man Segel-, Paddel oder Ruderboote ausleihen. Wildwasserfahrer kommen besonders auf der Neiße auf ihre Kosten. Zu den beliebtesten Wintersportgebieten gehört das Riesengebirge. Zu den schönsten Urlaubssportarten zählt das Reiten. In der Reiterpension Fürstenstein (Książ) bei Waldenburg kann man Ferien machen. Wer das Wandern vorzieht, findet besonders im Riesengebirge (Kammweg) herrliche Wanderstrecken. Auskunft über Sportanlagen und -clubs erhält man von den lokalen Fremden-verkehrsbüros.

SPRACHEN

Staatssprache ist das Polnische. In den größeren Orten und in den Fremdenverkehrszentren versteht man aber auch Englisch, Deutsch oder Französisch.

STROMSPANNUNG

In der Regel 220 Volt Wechselstrom.

STRASSENVERHÄLTNISSE

Die Hauptstraßen sind zumeist in gutem Zustand. Auf Nebenstraßen und besonders in ländlichen Gebieten dagegen sind die Verhältnisse oft schlecht. Außer von Schlaglöchern drohen hier dem Autofahrer besonders von achtlos über die Straße gehenden Menschen oder Tieren Gefahren.

TANKSTELLEN (stacja benzynowa)

Etwa alle 20 bis 30 km steht eine CPN-Tankstelle. Die meisten sind im Sommer Mo.—Fr. von 6 bis 22 Uhr, an Sonn- und Feiertagen von 7 bis 17 Uhr geöffnet. Einige Tankstellen haben einen 24-StundenService.

TAXI

Die Preise fürs Taxi ändern sich sehr oft und sind in den einzelnen Städten verschieden. Durchschnittlich wird die Taxameteranzeige mit 150 multipliziert. Nachts sowie an Sonn- und Feiertagen wird ein Zuschlag von 50 % erhoben. Preiswert sind Überlandfahrten. Man sollte den Preis jedoch unbedingt vor Fahrtantritt aushandeln. In Warschau kann man ein Taxi unter der Rufnummer 9 19 bestellen.

TOILETTEN (ustepy)

Öffentliche Toiletten gibt es vor allem auf den Bahnhöfen. Allerdings entsprechen sie oft nicht unseren Hygienevorstellungen. Seife und Toilettenpapier muß zumeist mitgebracht werden.

TRINKGELD (napiwek)

In Hotel- und Restaurantrechnungen sind bereits 10 bis 15 % Bedienungsgeld enthalten. Taxifahrer und Friseure bekommen ca. 10%, Gepäckträger ca. 2000 złoty pro Gepäckstück, für kleinere Dienstleistungen sind 2000 — 5000 złoty angemessen. Am liebsten werden aber DM oder Dollar angenommen.

TRINKWASSER (woda do picia)

Wasser sollte man erst nach dem Kochen trinken.

UMWELT

Polen weist die höchste Umweltverschmutzung aller europäischen Länder auf. Sowohl die Luft als auch das Wasser, der Boden, die Wälder und die Lebensmittel sind davon betroffen. Aber auch Baudenkmäler werden von Staub, saurem Regen und Abgasen in Mitleidenschaft gezogen. Besonders stark ist die Luftverschmutzung in den Industriegebieten von Oberschlesien, Breslau und Liegnitz.

Die größten Umweltsünder sind neben den Kohlekraftwerken die mit schlechtem Benzin betriebenen Kraftfahrzeuge. Viele Betriebe schalten außerdem Entstaubungsanlagen und Klärwerke ab, um die Ergebnisse ihres Wirtschaftsplanes nicht zu gefahrden.

Katastrophale Ausmaße hat das Waldsterben angenommen. Rund 77 % aller Wälder in Polen sind davon betroffen. Große Teile der Beskiden und der Sudeten sind bereits völlig kahl. Besonders traurig sieht es auf den Wegen zur Schneekoppe im Riesengebirge und im Isergebirge aus. Uberall sieht man Flächen mit kronenlosen Bäumen, die nur noch der Borkenkäfer genießen kann.

Experten rechnen damit, daß es im Jahre 2000 auf dem gesamten Gebiet Polens keinen einzigen Wald mehr geben wird. Schlimm sieht es auch mit den Gewässern und der Trinkwasserversorgung aus. Rund 80 % aller Abwässer fließen ungeklärt ins Meer oder in die Flüsse. Nicht einmal jede zweite Stadt besitzt eine Kläranlage. Viele Gewässer, darunter die Oder, sind durch Abwässer von privaten Haushalten und Industriebetrieben sowie die Einleitung von großen Mengen Öl bereits heute biologisch fast tot.

Und dabei sind die Wasservorräte nicht sehr groß. Sie betragen nur ein Fünftel jener Menge, die für die übrige Welt ausgerechnet wurde. Jedem Einwohner steht nur soviel Wasser zur Verfügung wie einem Ägypter. In vielen Regionen wurde das Wasser bereits rationiert.

Unter der Wasserverschmutzung leiden aber nicht nur die Einheimischen, sondern auch die Touristen, welche eigentlich die knapper werdenden Devisenvorräte ergänzen sollen.

UNTERKUNFT

Man kann in Hotels, Motels, Pensionen, Jugendherbergen, Wanderheimen oder Privatzimmern übernachten. Da die Zahl der Unterkunftsmöglichkeiten jedoch beschränkt ist, sollte man bei Reisen während der Hochsaison seine Unterkunft schon frühzeitig in einem hiesigen Reisebüro buchen.

Die Hotels sind offiziell eingeteilt in: Luxushotels (*****), erstklassige Hotels (****), recht komfortable Hotels (***), Hotels mit durchschnittlichem Komfort (**) und einfache Hotels (*). In lokalen Reiseführern wird noch die alte Einteilung in Kategorien I—IV benutzt, wobei die I. Kategorie die beste ist. In kleineren Orten gibt es außerdem einfache kommunale Hotels und an den Fernstraßen Motels sowie Rasthäuser (Zajazd oder Gościniec) und Pensionen.

Privatzimmer werden durch die örtlichen Reisebüros oder durch das Biuro Zakwaterowania in Warschau vermittelt. Preiswert sind die Dom Turysty oder Dom Wycieczkowy genannten Touristenheime bzw. Ausflughäuser von PTTK in den Städten, die Bootshäuser an den Seen und die Herbergen und Berghütten (Schronisko) in den Gebirgen Die Berghütten muß man wenigstens zwei Monate vor Anreise gebucht haben.

Die polnische PTSM, Zentrale: Warschau, ul. Chocimska 28, verfügt über 1500 Jugendherbergen (Schronisko Młodzieżowe), von denen 100 ganzjährig geöffnet und die übrigen nur in der Sommersaison geöffnet sind. Eine Liste der Herbergen erhält man bei PTSM. Reservierungen kann man über Camptur, ul. Królewska 27, Warschau, vornehmen. Oder man wendet sich an die Studentenorganisation Almatur in Warschau, Warschau, ul. Ordynacka 9, wo man auch Auskunft über die Übernachtung in Studentenwohnheimen erhält. Auf zahlreichen Campingplätzen kann man in Bungalows übernachten. Es gibt auch Zelte zu mieten. Die Polska Federacja Campingów, Warschau, ul. Nowakowsliego 10, hat einen Campingführer herausgegeben.

VERPFLEGUNG

Ein großes Problem für den Einzelreisenden ist die Verpflegung. Denn die Lebensmittelläden haben oft nur wenig anzubieten, und in den wenigen Restaurants muß man oft lange warten, bis man einen Platz erhält. Pauschaltouristen haben es da leichter, da sie in der Regel schon vorher Vollpension gebucht haben. Ein Tip für Selbstversorger: zum nächsten Bauernhof gehen und dort für Hartwährung wie DM oder Dollar Lebensmittel kaufen.

ZEITDIFFERENZ

In Polen wird in der Übergangszeit vom Winter zum Frühling die mitteleuropäische Zeit (MEZ) auf osteuropäische Zeit (OEZ) umgestellt, indem man die Uhrzeit um eine Stunde vorrückt. Ende September kehrt man dann wieder zur MEZ zurück.

ZOLLBESTIMMUNGEN

Reisende über 18 Jahre dürfen zollfrei einführen: 250 Zigaretten oder 50 Zigarren oder 250 g Tabak, 21 Wein oder Spirituosen, eine angemessene Menge Kosmetika und Medikamente zum persönlichen Gebrauch sowie Geschenke bis zum offiziellen polnischen Marktwert von 10 000 złoty. Auch alle Dinge des persönlichen Bedarfs sowie zwei Fotoapparate, eine Kamera (bis 16 mm) und je zehn Filme kann man zollfrei einführen. Ausgeführt werden dürfen Waren bis zum Wert von 2000 złoty. Frei konvertierbare ausländische Währungen können (mit Deklaration) unbeschränkt ein- und bis zur Höhe des eingeführten Betrages, abzüglich der umgetauschten Beträge (Umtauschquittung aufbewahren!), wieder ausgeführt werden. Die Ausfuhr von Kunstgegenständen und Antiquitäten unterliegt besonderen Bestimmungen. Die Hinweise des Formblatts zur Währungsdeklaration sind unbedingt zu beachten.

WAS TUN, WENN...

... Geld oder Paß gestohlen werden?

Zunächst die Polizei, dann die Konsularabteilung der Botschaft benachrichtigen. Den Polizeibericht benötigt man für die Versicherung. In besonderen Härtefällen streckt das Konsulat die Rückreisekosten vor. Für die Ausstellung eines provisorischen Passes werden die Verlustanzeige bei der Polizei und zwei Paßbilder benötigt. Hinweis: Registriernummern aller Ausweispapiere (auch der Wagenpapiere) fotokopieren und getrennt aufbewahren.

... die Traveller-Schecks verlorengehen?

Sofort die Bank benachrichtigen, die sie normalerweise einlöst, und die Schecks sperren lassen. Dazu sind folgende Angaben nötig:
—Personalien und Paßnummer,
—wann und bei welcher Bank wurden die Reiseschecks gekauft?
—Nummer, Anzahl und Beträge der abhandengekommenen Schecks
—Wann und wo wurden diese Schecks gestohlen?

Notieren Sie diese Daten vor der Reise und bewahren Sie die Liste gesondert auf. Lassen Sie sich zumindest einen Teilbetrag von der Bank sofort auszahlen.

... man verhaftet wird?

Das Konsulat und Angehörige benachrichtigen. Vom Konsulat wird ein deutschsprachiger Rechtsanwalt vermittelt. Bei Rauschgiftdelikten wird einem allerdings kaum aus der Klemme geholfen.

... man einen Unfall hat oder krank wird?

Bei einem Verkehrsunfall mit Personenschaden sofort die Polizei benachrichtigen (Tel. 9 97). Bei Verletzungen oder Unfall: Ambulanz oder Notarzt anrufen.

... man geneppt wird?

Polizei oder Fremdenverkehrsbüro benachrichtigen.

Hinweise zur Schreibweise und Aussprache im Polnischen

a	= kurzes a	z. B. Kanne
ą	= nasales o	z. B. Balkon, Orange
	nicht nasal vor b und p	z. B. ząb (Zahn), gesprochen: somb
au	= wie kurzes a mit nachfolgendem kurzen u.	
c	= wie tz	z. B. Satz
ć	= wie dsch	z. B. Dschunke
ch	= wie ch	z. B. Bach
ck	= wie zk	
cz	= wie tsch	z. B. deutsch
e	= kurzes e	z. B. Decke
ę	= nasales e	z. B. Bassin, Teint
	nicht nasal vor b u. p	z. B. Zęby (Zähne), gesprochen: sembi
eu	= wie kurzes e mit nachfolgendem kurzen u	
i	= langes i	z. B. nie
ie	= wie i mit nachfolgendem kurzen ä, also nicht wie in deutsch langes i	
ł	= wie w in englisch	z. B. what, where
ń	= wie nj	
o	= wie kurzes o	z. B. Sonne
ó	= langes u	z. B. Union
rz	= wie g in Gelee, manchmal wie sch	z. B. Schuh
s	= wie ß oder ss	z. B. heiß, beißen
ś	= Laut zwischen s und sch	
sz	= wie sch	z. B. Schule, naschen
y	= kurzes i	z. B. in, bitte
z	= wie s	z. B. sagen, Wesen
ż	= wie g in Gelee oder Journal	
ź	= Laut zwischen s und sch	

Kleines Lexikon

bitte — danke	prosze dziękuje
ja — nein	tak — nie
ich — du	ja — ty
rechts — links — geradeaus	prawo — lewo — prosto
Guten Morgen, guten Tag	dzień dobry
Guten Abend, gute Nach	dobry wieczór, dobranoc
Auf Wiedersehen	do widzenia
gut, einverstanden	dobrze
Vorsicht	uwaga, baczność
Anfang — Ende	początek — koniec
Umleitung	objazd
Eingang, Einfahrt, Eintritt	wejście, wjazd, wstęp
Ausgang — Ausfahrt	wyjście — wyjazd
verboten	wzbroniony, zakazany
erlaubt, frei	wolny
Ankunft — Abfahrt	przyjazd — odjazd
für Raucher — Nichtraucher	dla palących — niepalących
für Damen	dla pań (Symbol: O)
für Herren	dla panów (Symbol: △)
Stadt	miasto
Dorf	wieś
See	jezioro
Fluß	rzeka
Straße	ulica
Weg	droga
privat	prywatnie
halt!	stoj! stać!
besetzt	zajęty
geschlossen	zamknięte
polnisch	polski, adv.: po polsku
deutsch	niemiecki, adv.: po niemiecku
Bundesrepublik Deutschland	RFN
DDR	NRD

Ortsnamen-Konkordanz

Verzeichnis der nach 1933 eingeführten deutschen sowie der polnischen bzw. tschechischen Namen. Die Kreisangabe (Stand: Ende 1938) erfolgt nur bei Namensgleichheit innerhalb des Verzeichnisses.

Altstett = Deutsch Neukirch
Andreashütte = Zawadzki

Baborów = Bauerwitz
Bardo = Wartha
Benešov (tschech.) = Beneschau
Bergen = Borganie
Bergstadt = Leschnitz
Biała = Zülz
Biechów = Bechau
Biedrzychowice = Friedersdorf a. Queis
Bielawa = Langenbielau
Bielsko = Bielitz
Bieruń Stary = Alt Berun
Bierutów = Bernstadt
Bierutowice = Brückenberg
Biestrzyków = Eckersdorf, Kr. Breslau
Bilchengrund = Pilchowitz
Bischofstal = Ujest
Blüchersruh = Krieblowitz
Blüchertal = Schawoine
Bobolice = Schräbsdorf
Bobrzanie = Boborane
Boguszów = Gottesberg
Boguszowice = Boguschowitz
Bojadła = Boyadel
Bojków = Schönwald
Bolesławice, Kr. Bunzlau = Tillendorf
Bolesławice Kr. Schweidnitz = Bunzelwitz
Bolesławiec = Bunzlau
Bolesławów = Wilhelmsthal
Bolków = Bolkenhain
Borek Strzeliński = Großburg
Borów = Markt Bohrau
Borzygniew = Borganie
Borzysławice = Borislawitz
Bożków = Eckersdorf, Kr. Glatz
Branice = Branitz
Brochów = Brockau
Brzeg = Brieg
Brzeg Dolny = Dyhernfurth
Brzezinka = Briese
Brzeziny Śląskie = Birkenhain
Brzozowice-Kamień = Brzezowitz-Kamin
Buchenhöh = Zyrowa
Bukowiec = Buchwald
Burgwasser = Dobrau
Burkatów = Burkersdorf
Byczyna = Pitschen, Kr. Kreuzburg O.S.
Bystrzyca, Kr. Löwenberg = Wiesenthal
Bystrzyca Kłodzka = Habelschwerdt
Bytom = Beuthen O.S.
Bytom Odrzański = Beuthen a. Oder, Kr. Glogau

Cerekwica = Zirkwitz
Chałupki = Neuhaus, Kr. Frankenstein
Chełmsko Śląski = Schömberg
Chobienia = Köben a. Oder
Chocianów = Kotzenau
Chocianowiec = Groß Kotzenau
Chojnów = Haynau
Chorzów = Königshütte
Chróstnik = Brauchitschdorf
Chruszczów = Schomberg
Chrzelice = Schelitz
Chudów = Chudow
Chwałowice = Chwallowitz
Ciechanowice = Rudelstadt
Cieplice Śląskie Zdrój = Bad Warmbrunn
Ciepłowody = Tepliwoda
Cieszków = Freyhan
Cieszyn = Teschen
Cisów = Zeisburg
Ciszyca = Ruhberg
Czarne = Schwarbach
Czarnowąsy = Czarnowanz
Czarny Bór = Schwarzwaldau
Czechowice-Dziedzice = Czechowitz-Dzieditz
Czernica = Langenau, Ober u. Nieder, Kr. Löwenberg
Czernina = Tschirnau
Czerwieńsk = Rothenburg a. Oder
Czerwionka = Czerwionka
Czerwony Kościół = Rothkirch
Czeszów = Deutsch Hammer

Dąbrowa = Dambrau
Dąbrówka Wielka = Groß Dombrowka
Dalków = Dalkau
Długopole Górne, Dolne, Zdrój = Langenau, Ober, Nieder, Bad, Kr. Habelschwerdt
Dobra = Dobrau
Dobrodzień = Guttentag
Dobromierz = Hohenfriedeberg
Dobroszyce = Juliusberg
Domanice = Domanze
Domasław = Domslau
Dramatal = Broslawitz
Duszniki Zdrój = Bad Reinerz
Dziadoszanie = Dedosize
Dzierżoniów = Reichenbach (Eulengeb.)
Dzietrzychowice = Dittersbach
Dziewin = Dieban

Ehrenforst = Slawentzitz
Erlenburg = Puschine
Erlenbusch O.S. = Olschowa

Flößingen = Plawniowitz
Friedrichstein N.S. = Hussinetz
Fürsteneich = Saabor

Gaworzyce = Quaritz
Gęsiniec = Hussinetz
Giebułtów = Gebhardsdorf
Gliwice = Gleiwitz
Głogów = Glogau
Głogówek = Oberglogau
Głubczyce = Leobschütz
Głuchołazy = Ziegenhals
Głuszyca = Wüstegiersdorf
Goczałkowice Zdrój = Nieder Goczalkowitz
Godnów = Gnadenberg
Gołęszyce = Golensize

Góra = Guhrau
Góra Bazaltowa = Breiter Berg
Góra Swarna = Streitberg
Góra Świętej Anny = Sankt Annaberg
Góra Zwycięstwa = Streitberg
Gorce = Rothenbach
Górka = Gorkau
Góry Wałbrzyskie = Waldenburger Bergland
Gorzanów = Grafenort
Gorzów Śląski = Landsberg O.S.
Gościęcin = Kostenthal
Gościszów = Gießmannsdorf
Goszcz = Goschütz
Gozdnica = Freiwaldau
Grafenweiler = Kolonnowska
Gręboszów = Grambschütz
Grobniki = Gröbnig
Grodków = Grottkau
Grodno, Zamek = Kynsberg
Grodziec Kr. Goldberg = Gröditzberg
Grodziec Kr. Oppeln = Friedrichsgrätz
Grodziszcze = Gräditz
Grodztwo = Kreppelhof
Gryf = Greiffenstein
Gryfów Śląski = Greiffenberg

Halemba = Halemba
Heerwegen = Polkwitz
Henryków, Kr. Frankenstein = Heinrichau
Henryków Lubański = Kath. Hennersdorf
Herby = Herby
Heydebreck = Kandrzin
Hlučin (tschech.) = Hultschin
Hlučinsko = Hultschiner Ländchen
Hohenschanz = Laßwitz
Hołdunów = Anhalt
Horneck = Tworog
Hummelstadt = Lewin

Iława = Eulau
Iłowa = Halbau
Imielin = Imielin

Jagielno = Deutsch Jägel
Jagniątków = Agnetendorf
Jakubów = Jakobskirch
Jamna = Tiefensee
Janowice Wielkie = Jannowitz
Janowiec = Johnsdorf
Jaroszówka = Vorhaus
Jastrzębie Zdrój = Königsdorff-Jastrzemb
Jawor = Jauer
Jaworzna Śląska = Königszelt
Jedlina Zdrój = Bad Charlottenbrunn
Jędrzychów = Groß Heinzendorf
Jelcz = Jeltsch
Jelenia Góra = Hirschberg
Jelenin = Hirschfeldau
Jemielnica = Himmelwitz
Jordanów Śląski = Jordansmühl

Kalety = Stahlhammer
Kamień Śląski = Groß Stein
Kamieniec Ząbkowicki = Kamenz
Kamienna Góra = Landeshut
Kanał Góra = Klodnitzkanal

Karłowice = Karlsmarkt
Karpacz = Krummhübel
Karpień = Karpenstein, Burgruine
Karpniki = Fischbach
Katowice = Kattowitz
Kąty Wrocławskie = Kanth
Kazimierz = Kasimir
Kędzierzyn = Kandrzin
Kiefernwalde = Laskowitz
Kietrz = Katscher
Kłaczyna = Kauder
Klenica = Kleinitz
Kliczków = Klitschdorf
Kłodnica = Klodnitz
Kłodzko = Glatz
Klosterbrück = Czarnowanz
Kluczbork = Kreuzburg O.S.
Knurów = Knurow
Kolonowskie = Kolonnowska
Konary = Kunern
Konotop = Kontopp
Koperniki = Köppernig
Kopice = Koppitz
Korfantów = Friedland O.S., Kr. Falkenberg
Kostomłoty = Kostenblut
Kostuchna = Kostuchna
Koszęcin = Koschentin
Kotlarnia = Jakobswalde
Kowary = Schmiedeberg
Koziniec = Löwenstein
Koźle = Cosel
Koażuchów = Freystadt i. Niederschl.
Kranstädt = Kranowitz
Krapkowice = Krappitz
Krasków = Kratzkau
Krobielowice = Krieblowitz
Kromolin = Schönau, Kr. Glogau
Krośnice = Kraschnitz
Krupski Młyn = Kruppamühle
Krzanowice = Kranowitz
Krzeszów = Grüssau
Krzyżowa = Kreisau
Książ = Fürstenstein
Kudowa Zdrój = Bad Kudowa
Kuźnia Raciborska = Ratiborhammer
Kuźnice Świdnickie = Fellhammer

Łabędy = Laband
Lądek Zdrój = Bad Landeck i. Schl.
Laskowice Kr. Neustadt O.S. = Laßwitz
Laskowice Oławskie = Laskowitz
Lauenbrunn = Tepliwoda
Łażany = Laasan
Łaziska Górne = Ober Lazisk
Łaziska Średnie = Mittel Lazisk
Łazy = Lahse
Lędziny = Lendzin
Legnica = Liegnitz
Legnickie Pole = Wahlstatt
Łęknica = Lugknitz
Leśna = Marklissa
Leśnica, Stadtkr. Breslau = Deutsch Lissa
Leśnica, Kr. Groß Strehlitz = Leschnitz
Lesten = Tschirnau
Leszczyny = Leschczin
Lewin Brzeski = Löwen
Lewin Kłodzki = Lewin

Lewiński Zamek = Hummelschloß
Lipa = Leipe
Loben = Lublinitz
Łomnica = Lomnitz
Łosiów = Lossen
Lubań = Lauban
Lubawka = Liebau
Lubiąż = Leubus
Lubin = Lüben
Lubliniec = Lublinitz
Lubomierz = Liebenthal
Luboswzów = (Lipschau-) Dohms
Łubowice = Lubowitz
Lutynia = Leuthen
Lwówek Śląski = Löwenberg i. Schl.

Maciejowiec = Matzdorf
Maków = Makau
Malczyce = Maltsch
Małomice = Mallmitz
Małujowice = Mollwitz
Markstädt = Laskowitz
Mechtal = Miechowitz
Miasteczko Śląskie = Georgenberg
Miechowice = Miechowitz
Miedzianka = Kupferberg
Międzybórz = Neumittelwalde
Międzygórze = Wölfelsgrund
Międzylesie = Mittelwalde
Miejsce = Städtel
Mierczyce = Mertschütz
Mieroszów = Friedland, Kr. Waldenburg
Mikołajowice = Nikolstadt
Mikołów = Nikolai
Mikuszowice Śląskie = Nikelsdorf
Miłaków = Milkau
Milicz = Militsch
Milin = Fürstenau
Minkowskie = Minkowsky
Mirsk = Friedeberg a. Queis
Modła = Modlau
Murcki = Emanuelssegen
Mysłakowice = Zillerthal-Erdmannsdorf
Mysłowice = Myslowitz

Nakło = Naklo
Namysłów = Namslau
Nawojów Łużycki = Sächsisch Haugsdorf
Niedobczyce = Niedobschütz
Nielestno = Waltersdorf
Niemcza = Nimptsch
Niemodlin = Falkenberg
Nowa Cerekwia = Deutsch Neukirch
Nowa Ruda = Neurode
Nowa Sól = Neusalz
Nowe Grodzisko = Neuschloß
Nowe Miasteczko = Neustädtel
Nowogród Bobrzański = Naumburg a. Bober, Kr. Freystadt
Nowogrodziec = Naumburg a. Queis, Kr. Bunzlau
Nowy Dwór = Neuhaus, Stadtkr. Waldenburg
Nowy Kościól = Neukirch
Nysa = Neisse

Oberquell = Quaritz
Oborniki Śląski = Obernigk
Odertal O.S. = Deschowitz

Okręg po Kwisę = Queiskreis
Oława = Ohlau
Ołdrzychów = Ullersdorf a. Queis, Kr. Bunzlau
Ołdzychowice Kłodzkie = Ullersdorf, Kr. Glatz
Oleśnica = Oels
Oleśnica Mała = Klein Öls
Olesno = Rosenberg O.S.
Olszowa = Olschowa
Olszyna = Langenöls, Bez. Liegnitz
Opavice (tschech.) = Troplowitz
Opawica = Troplowitz
Opolanie = Opolane
Opole = Oppeln
Orzesze = Orzesche
Osiecznica = Wehrau
Ostroszowice = Weigelsdorf
Otmuchów = Ottmachau
Otyń = Deutsch Wartenberg
Owiesno = Habendorf
Ozimek = Malapane

Paczków = Patschkau
Parowa = Tiefenfurt
Pastuchów = Puschkau
Paszowice = Poischwitz
Pawłowiczki = Gnadenfeld
Piechowice = Petersdorf
Piekary Śląskie = Deutsch Piekar
Pielaszkowice = Pläswitz
Pielgrzymka = Pilgramsdorf
Pieńsk = Penzig
Pieszyce = Peterswaldau
Piława = Peilau
Piława Górna = Gnadenfrei
Pilchowice, Kr. Löwenberg = Mauer
Pilchowice, Kr. Tost-Gleiwitz = Pilchowitz
Pilszcz = Piltsch
Piotrkowice = Groß Peterwitz
Piotrowice Świdnickie = Peterwitz, Kr. Schweidnitz
Płakowice = Plagwitz
Pławniowice = Plawniowitz
Płonina = Nimmersath
Pobiedna = Wigandsthal
Podgórki = Tiefhartmannsdorf
Podgórze = Dittersbach
Pogorzeliska = Kriegheide
Pokój = Carlsruhe O.S.
Polanica Zdrój = Bad Altheide
Polkowice = Polkwitz
Prochowice = Parchwitz
Prószków = Proskau
Prudnik = Neustadt O.S.
Prusice = Prausnitz
Przechód = Psychod
Przecław = Ottendorf
Przemków = Primkenau
Przewóz = Priebus i. Schl.
Przydroże Małe = Klein Schnellendorf
Przyłęk = Frankenberg
Psary = Hünern
Pszczyna = Pleß
Pszów = Pschow
Puszyna = Puschine
Pyskowice = Peiskretscham
Pyszczyn = Pitschen, Kr. Neumarkt

Racibórz = Ratibor
Racibórz Ostróg = Ostrog

Radków = Wünschelburg
Radlin = Radlin
Radociny = Neudorf
Radosno = Freudenburg
Radzionków = Radzionkau
Rakowice Wielkie = Groß Rackwitz
Randsdorf = Wieschowa
Ratno Górne, Dolne = Rathen, Ober, Nieder
Rędzin = Ransern
Repty Stare = Alt Repten
Rogów Sobocki = Rogau
Rogoźnica = Groß Rosen
Romanów = Rummelsberg
Rothbach = Rothsürben
Roztoka = Rohnstock
Ruda Śląska = Ruda
Rudna = Raudten
Rudy = Groß Rauden
Rybnica = Reibnitz
Rybnik = Rybnik
Rychtal = Reichthal
Ryczeń = Rützen
Ryczyn = Ritschen
Rydułtowy = Rydultau
Rząsiny = Welkersdorf

Sądowel = Sandewalde
Sarny = Scharfeneck
Säßstädt = Borislawitz
Schlesiersee = Schlawa
Schwarzengrund = Koppitz
Schwertburg = Schwerta
Ścinawa = Steinau a. Oder, Kr. Wohlau
Ścinawa Mała = Steinau O.S., Kr. Neustadt O.S.
Seydlitzruh = Minkowsky
Siedlisko = Carolath
Siemianowice Śląskie = Siemianowitz/Laurahütte
Skała = Hohlstein
Skoczów = Skotschau
Skorogoszcz = Schurgast
Sława = Schlawa
Sławięcice = Slawentzitz
Ślęza = Lohe
Ślęża = Zobtenberg
Ślężanie = Slensane
Słupiec = Schlegel
Służejów = Schlause
Smogorzów = Schmograu
Śnieżka = Schneekoppe
Sobieszów = Hermsdorf (Kynast)
Sobolice = Zöbelwitz
Sobota = Zobten a. Bober, Kr. Löwenberg
Sobótka = Zobten, Kr. Breslau
Sokołowsko = Görbersdorf
Solniki = Zölling
Sośnicowice = Kieferstädtel
Sosnówka = Seidorf
Spalice = Spahlitz
Śrebrna Góra = Silberberg (Eulengeb.)
Środa Śląska = Neumarkt
Staniszów = Stonsdorf
Stara Kamienica = Altkemnitz
Stare Bielsko = Albielitz
Stary Zdrój = Altwasser
Stillersfeld = Stollarzowitz
Stolarzowice = Stollarzowitz
Stoszowice = Peterwitz, Kr. Frankenstein
Strachocin = Schreckendorf
Stronie Śląskie = Seitenberg

Siciny = Seitsch
Siedlęcin = Boberröhrsdorf
Strumień = Schwarzwasser
Strupina = Stroppen
Strzegom = Striegau
Strzelce Opolskie = Groß Strehlitz
Strzeleczki = Klein Strehlitz
Strzelin = Strehlen
Strzeszów = Striese
Strzybnica = Friedrichshütte
Sucha = Tzschocha
Sudice (tschech.) = Zauditz
Sulików = Schönberg OL
Sułow = Sulau
Świdnica = Schweidnitz
Świebodziece = Freiburg i. Schl.
Świecie = Schwerta
Świeradów Zdrój = Bad Flinsberg
Świerzawa = Schönau a. Katzbach, Kr. Goldberg
Świętoszów = Neuhammer
Świny = Schweinhaus
Syców = Groß Wartenberg
Szalejów Dolny = Niederschwedeldorf
Szczawno Zdrój = Bad Salzbrunn
Szczerba = Schnallenstein
Szczodre = Sibyllenort
Szczytna = Rückers
Szklarska Poręba = Schreiberhau
Szlichtyngowa = Schlichtingsheim
Szprotawa = Sprottau
Szydłowiec = Schedlau
Świerklaniec = Neudeck
Swietochłowice = Schwientochlowitz

Tabor Wielki, Mały = Tabor, Groß, Klein
Tarnau = Polnisch Tarnau
Tarnów = Polnisch Tarnau
Tarnowskie Góry = Tarnowitz
Těšin (tschech.) = Teschen
Toszek = Tost
Trachy = Althammer
Trzebień = Kittlitztreben
Trzebina = Kunzendorf
Trzebnica = Trebnitz
Trzebowianie = Trebowane
Tułowice = Tillowitz
Tunskirch = Tworkau
Turawa = Turawa
Twardocice = Harpersdorf
Twardogóra = Festenberg
Tworków = Tworkau
Tworóg = Tworog
Tychy = Tichau
Tyniec nad Ślęzą = Groß Tinz a. d. Lohe

Ujazd = Ujest
Uraz = Auras
Ustrón = Ustron

Wałbrzych = Waldenburg
Waldfurt = Psychod
Walim = Wüstewaltersdorf
Wały śląskie = Dreigräben
Wambierzyce = Albendorf
Warmątowice = Eichholz
Warta Bolesławiecka = Alt Warthau
Wąsosz = Herrnstadt

Węgliniec = Kohlfurt
Wesoła = Wessolla
Wiązów = Wansen
Wichów = Weichau
Wierzbice = Schlanz
Wierzbna = Würben
Wieszowa = Wieschowa
Wilcze Gardło = Glaubensstatt
Wilkanów = Wölfelsdorf
Wilków, Kr. Goldberg = Wolfsdorf
Wilków Wielki = Groß Wilkau
Wińsko = Winzig
Wisła = Weichsel
Witków = Wittgendorf
Witostowice = Schönjohnsdorf
Wleń = Lähn
Wleński Gródek = Lehnhaus
Wodzisław = Loslau
Wojaczów = Vogelsang
Wojanów = Schildau
Wojcieszów = Kauffung
Wojnowice = Wohnwitz
Wołczyn = Konstadt
Wołów = Wohlau
Woźniki = Woischnik
Wrocław = Breslau
Wrocław-Osobowice = Oswitz
Wrocław-Pilczyce = Pilsnitz
Wrocław-Psie Pole = Hundsfeld
Wschowa = Fraustadt
Wysoka Cerekiew = Hochkirch

Ząbkowice Śląskie = Frankenstein
Zabór = Saabor
Zabrze = Hindenburg
Żagań = Sagan
Zakrzów = Sakrau
Zaręba Dolna = Nieder Lichtenau
Żarów = Saarau
Zarzyska = Sarsisk
Zawadzkie = Zawadzki
Zawidów = Seidenberg
Zawonia = Schawoine
Zbrosłlawice = Broslawitz
Zdzieszowice = Deschowitz
Zebrzydowa = Siegersdorf
Żelowice = Silbitz
Żerniki Wielkie = Groß Sürding
Zgorzelec = Görlitz-Ost
Zgorzelec-Ujazd = Moys
Ziębice = Münsterberg i. Schl.
Zielona Góra = Grünberg
Ziethen-Hennersdorf = Kath. Hennersdorf
Złotniki Lubańskie = Goldentraum
Złotoryja = Goldberg
Złoty Stok = Reichenstein
Żmigród = Trachenberg
Zöbeln = Zöbelwitz
Żółkiewka = Pilgramshain
Żory = Sohrau O.S.
Żukowice = Herrndorf
Żurawina = Rotshürben
Żyrowa = Zyrowa

AUTOREN-VITA

Johannes Schultz-Tesmar, geboren 1938 in Oliva (Freie Stadt Danzig), stammt väterlicherseits aus einer alten Danziger Patrizierfamilie und mütterlicherseits aus einer uradeligen pommersch-preußischen Familie. Seit seiner Jugend ist der Autor ins Reisen vernarrt. Schon als Schüler heuerte er während der Ferien als Steward auf Frachtern an und unternahm ausgedehnte Reisen nach Nord-, Mittel- und Südamerika, in die Karibik und nach Afrika. Nach einem ebenfalls während der Ferien absolvierten Kurs der Seemannsschule Hamburg-Blankenese und dem Abitur trat er eine Lehre als Schiffsmakler an.

Nach dieser Lehrzeit sattelte der Autor um und volontierte bei einer Tageszeitung im Rheingau.

Danach folgten mehrere Jahre auf „Wanderschaft" rund um den Erdball. Längere Zeit hielt sich der Autor in Australien, Tahiti, Neuseeland und auf Bali auf. Von dort unternahm er Reisen durch die Südsee und in die Antarktis. Nach Europa zurückgekehrt, arbeitete Schultz-Tesmar einige Jahre als Redakteur bei verschiedenen deutschen Tageszeitungen, u. a. in Dortmund, Lübeck, Darmstadt, Kiel, Ludwigsburg und Lüneburg, sowie als Pressereferent.

Dann folgte abermals eine längere Reiseperiode, in welcher der Autor Asien zwischen dem Bosporus und Japan erkundete. Heute lebt Schultz-Tesmar als Buchautor, Lektor, Reiseleiter sowie Korrespondent für den „Australienkurier" (Sydney), Olympic Press (New York), Bangkok Post (Bangkok), Criticón (München) und np-Reise- und Chefredakteur der „Afghanistanblätter" (Hamburg) abwechselnd in Hamburg, Sydney und Chiang Mai, dem Heimatort seiner Frau.

Neben zahlreichen Zeitungs- und Zeitschriftenartikeln liegen bisher folgende Bücher vor: zwei Reiseführer über Australien, ein Südsee- und Antarktis-Handbuch, Reiseführer über Kopenhagen, Ägypten, Burma, Neuseeland, Schottland und Thailand sowie Bücher über die Geschichte Australiens und die Deutschen in Australien und der Südsee. Zwei Bücher (Australien und Neuseeland) wurden ins Englische übersetzt. Außerdem schrieb der Autor für den APA Guide „Germany" mehrere Kapitel.

Findex